CW00732346

L'HELLÉNISME

EN FRANCE

LEÇONS

SUR L'INFLUENCE DES ÉTUDES GRECQUES

DANS LE DÉVELOPPEMENT

DE LA LANGUE ET DE LA LITTÉRATURE FRANÇAISES

PAR

E. EGGER

MEMBRE DE L'INSTITUT, PROFESSEUR A LA FACULTÉ DES LETTRES

———

I

PARIS

LIBRAIRIE ACADÉMIQUE

DIDIER ET Cⁱᵉ, LIBRAIRES-ÉDITEURS

55, QUAI DES AUGUSTINS

—

1869

AVANT-PROPOS.

Pour la première fois depuis que j'ai l'honneur de professer à la Faculté des lettres, je publie un de mes cours sous la simple forme de leçons, et je le publie quelques mois seulement après l'avoir professé en Sorbonne. Peut-être dois-je expliquer cet empressement étranger à mes habitudes. Surtout pour des matières comme celles qui font le sujet de mon enseignement, il m'a paru jusqu'ici que des leçons librement improvisées, même après mûre préparation, ne pouvaient pas être imprimées comme autant de chapitres d'un livre. Quelques maîtres éminents ont eu le privilége que leur science gardât sous cette forme une juste et durable autorité; je ne me croyais pas à ce point de leur famille, et, sauf de rares analyses communiquées à des Revues, je n'ai jamais publié mes travaux de professeur qu'après en

b

avoir fait des livres ou des mémoires académiques. Le sujet de mon cours de 1867-1868 m'a semblé permettre une exception à cette règle. D'abord, il offre un ensemble qui se détache de la série de mes études d'histoire et de critique sur la littérature grecque. De plus, par une rencontre que je ne prévoyais pas, puisque mon programme était officiellement arrêté depuis le mois de mai 1867, ces leçons sur l'histoire de l'hellénisme en France ont coïncidé avec d'assez vives discussions sur l'utilité des études de langue et de littérature grecques, avec des tentatives ou des propositions de réforme dont le public s'est vivement ému (1); elles ont eu ainsi un à-propos dont je ne voulais pas plus me défendre que je ne l'avais cherché. Cet à-propos me décide à publier sans retard la série de mes leçons de 1867-1868, rédigée avec le concours opportun et obligeant d'un de mes auditeurs (2). D'ailleurs, en remaniant la première rédaction faite au jour le jour, je m'y suis permis tous les changements d'ordre, toutes les additions bi-

---

(1) C'est le sujet même des *Observations sur quelques réformes proposées pour l'enseignement du grec dans les établissements d'instruction secondaire,* qu'a publiées l'Association pour l'encouragement des études grecques, dans le Supplément à son Annuaire de 1868.

(2) M. A. Soury, licencié ès lettres, archiviste paléographe.

bliographiques et autres, toutes les corrections qui pouvaient la rendre plus digne des lecteurs à qui j'allais la présenter (1). Même après cette révision laborieuse, le livre aura encore bien des défauts que je vois, sans compter ceux qui m'échappent. Pour plusieurs parties de mon sujet, j'avais été prévenu par des écrivains dont l'œuvre n'était pas à refaire. Je me suis contenté, en pareil cas, de renvoyer à leurs livres, et je me suis surtout attaché aux périodes de l'histoire et aux faits qui n'avaient pas été mis jusqu'à présent en une juste lumière. De là une certaine disproportion, que je n'ai pu tout à fait éviter, entre les diverses parties de cet ouvrage ; de là pour moi la tentation d'y joindre quelques travaux antérieurs qui le complètent et qui, je pense, le rendront plus utile. Toutes ces irrégularités de composition serontelles rachetées par l'intérêt qui s'attache aux formes plus libres et plus digressives de l'enseignement public ? Je le souhaite plutôt que je ne l'espère. Mais à quoi bon prolonger là-

(1) Ce que je dis ici s'applique uniquement à mes leçons d'histoire et de critique littéraires. Les auditeurs de mon cours savent que j'ai l'habitude de faire, en outre, chaque année, une série d'explications philologiques portant sur des auteurs et des morceaux choisis dans les divers programmes de licence et d'agrégation : c'est la partie de ce cours qui répond le plus directement, pour la langue et la littérature grecques, au programme naguère inauguré de l'École des hautes études.

dessus les explications et les excuses? Elles
défendraient toujours mal un livre qui ne saurait pas se défendre lui-même contre l'indifférence ou les sévérités de la critique.

Août 1869.

L'HELLÉNISME

EN FRANCE.

PREMIÈRE LEÇON.

DISCOURS D'OUVERTURE.

Considérations générales sur la part des études grecques dans le développement de la langue et de la littérature françaises. — État actuel de ces études ; leur rôle dans l'éducation générale des esprits. — Analogies originelles du génie grec avec le génie gaulois et avec le génie français.

MESSIEURS,

Ceux d'entre vous qui ont suivi quelques-uns de mes cours précédents savent quelle est la méthode habituelle de cet enseignement. Ils savent que, chargé seul ici d'enseigner la langue et la littérature grecques, je me renferme presque sans réserve dans les limites de ce programme et me permets très-peu de digressions comparatives sur le domaine des autres littératures. Le champ des lettres grecques me semble assez vaste déjà, même à ne pas dépasser les périodes classiques. Je me réfère d'ailleurs bien volontiers aux jugements de mes maîtres ou de mes

1

collègues, soit dans la Faculté, soit au dehors, sur
les points où les auteurs grecs se rapprochent de
leurs imitateurs latins ou français. Les brillants et
féconds aperçus de M. Villemain, dans un cours à
jamais mémorable ; plus près de nous dans vos souvenirs, les ingénieuses et aimables analyses de
M. Saint-Marc Girardin ; en dehors de l'enseignement public, les études approfondies de M. Patin
sur le théâtre grec, et quelques excellents morceaux
de M. Sainte-Beuve dans la collection si riche et si
variée de ses portraits et de ses critiques littéraires,
me dispensent le plus souvent de comparer les auteurs grecs avec les auteurs français, sauf le cas
où ces rapprochements me paraissent nécessaires
pour mettre en un jour plus saisissant les caractères
d'une œuvre antique. Cette année, pourtant, je vais
suivre une autre méthode, et la brièveté toujours
un peu obscure du programme qui figure sur l'af-
fiche de la Faculté me fait doublement un devoir de
vous dire aujourd'hui pourquoi je me suis écarté de
mes habitudes, qui sont devenues les vôtres.

Notre langue est aujourd'hui toute pleine de mots
grecs (1) ; notre littérature est tout imprégnée d'idées
grecques. D'où vient cela, et comment tant de souvenirs et d'emprunts se mêlent-ils à l'incontestable
originalité de notre génie ? Ces questions valaient la
peine d'un examen spécial, qui n'a jamais été régulièrement entrepris. Il y a quarante ans environ,
l'Académie de Toulouse mettait au concours la ques-

(1) Sur cette partie de notre sujet, voir surtout les vıᵉ et
xᵉ leçons.

tion suivante : « A laquelle des deux littératures,
grecque ou latine, la littérature française est-elle le
plus redevable ? » Les deux mémoires écrits et publiés en réponse à cette question, l'un surtout littéraire, par mon ancien collègue M. J. P. Charpentier (1), l'autre surtout érudit, par feu M. Berger de
Xivrey (2), mon ancien confrère à l'Institut, laissent
beaucoup à désirer, chacun en son genre, ce qui
n'étonnera personne, si l'on songe que les deux auteurs étaient fort jeunes l'un et l'autre quand ils
entreprirent un si difficile travail. Il se trouve donc
que notre sujet de cette année ne manque pas de
nouveauté, au moins dans son ensemble. Même si
je me bornais à rassembler et à coordonner sous une
seule vue tous les jugements des critiques modernes
sur l'influence qu'ont exercée chez nous les modèles
et les préceptes de la Grèce antique, un tel résumé
ne manquerait déjà pas d'intérêt. Mais si nous cherchons, comme je me propose de le faire, à exposer ce

(1) M. Charpentier l'a fait imprimer en 1843 dans son *Histoire de la Renaissance des lettres au* xve *siècle*, t. II, p. 184
et suiv.

(2) *Recherches sur les sources de la littérature française*
(Paris, 1829, in-8°). Dans cet ouvrage, l'auteur a multiplié les
citations, et d'ordinaire il place les textes grecs en regard des
traductions dont il cite des exemples. J'ai cru devoir aussi, dans
l'intérêt du lecteur, citer beaucoup d'extraits, surtout des auteurs du seizième siècle, dont les livres sont souvent rares et
difficiles à consulter. Mais, pour les traductions, la crainte de
grossir outre mesure ces deux volumes m'empêche d'ajouter les
textes grecs à la citation des morceaux français correspondants.
D'ailleurs ces textes originaux sont de ceux auxquels les amateurs pourront toujours facilement recourir.

que j'appellerais volontiers l'histoire des idées grecques dans notre pays ; si nous retrouvons, si nous
apprécions dans l'hellénisme(1) un des éléments primitifs et durables de notre génie national, une telle
étude vous semblera peut-être encore plus opportune
et plus originale. C'est ce que je vais essayer de vous
faire voir, en vous signalant la variété des points de
vue qu'elle nous présente, pour vous donner comme
un avant-goût du sérieux plaisir de curiosité qu'elle
peut nous promettre.

I.

La plus superficielle attention nous montre, dans
l'histoire de la littérature française, l'action exercée
sur notre génie par les œuvres du génie grec. Cette
action est tantôt directe et tantôt indirecte, tantôt
simple et tantôt complexe ; en tout cas, elle ne s'est
jamais interrompue.

Maintes fois, depuis la Renaissance, elle est directe, quand nos écrivains imitent des modèles grecs,

(1) Je ne sais pourquoi ce mot, si commode pour exprimer
le génie de la belle antiquité, surtout représentée par la Grèce,
n'est pas plus en usage dans notre langue. G. Budé essayait
déjà de l'accréditer, au moins sous sa forme latine, dans son
livre *De transitu Hellenismi ad Christianismum*, et le dernier
biographe de Budé, M. Rebitté, ne craint pas de l'employer fréquemment dans le sens le plus compréhensif. Le Dictionnaire
de M. Littré l'admet, à peu près dans le même sens. On me
permettra de suivre ces exemples ; aucun mot ne marque plus
clairement ni plus brièvement l'ensemble des idées et des faits
que nous allons étudier dans ces chapitres de notre histoire
littéraire.

en font passer dans notre langue l'idée principale,
et, jusqu'à un certain point, la forme littéraire,
comme cela se voit dans quelques tragédies de Racine. Elle est indirecte, quand le modèle original ne
s'est montré à nous qu'à travers les imitations latines.
Ainsi, la comédie française n'a guère pu se rattacher
à la comédie d'Aristophane, trop inabordable à nos
écrivains, dans sa liberté démocratique et dans l'audace de son langage ; et quant à la comédie de Ménandre, si nous l'avons reproduite en quelque mesure, c'est grâce aux imitations latines de Plaute et
de Térence. De même, l'ode pindarique nous a été
moins connue par les odes de Pindare que par les
pièces lyriques d'Horace ; là encore le latin s'est in-
terposé entre l'original grec et la copie française.

Quelquefois les modèles ont excité l'émulation de
nos poëtes par leur seule beauté, comme dans le
genre lyrique et dans le genre pastoral. Mais souvent
aussi, à la séduction de l'exemple s'est jointe l'autorité des préceptes. A cet égard, on ne saurait cal-
culer l'influence persistante et par moments tyran-
nique qu'a exercée chez nous sur les plus féconds et
les plus libres génies la *Poétique* d'Aristote. J'ai fait
ici jadis (c'était l'année même de mes débuts dans
cette Faculté) un examen spécial de la *Poétique*, et j'ai
montré comment l'autorité de la logique d'Aristote,
s'étendant à son œuvre de critique, œuvre pourtant
si imparfaite et si mutilée aujourd'hui, l'avait fait
accepter comme le code suprême de l'épopée et de
l'art dramatique. La domination de la *Poétique* d'A-
ristote a duré ainsi plus de deux siècles après la Re-

naissance ; elle a discipliné l'heureux et souple talent
de Racine ; elle a soumis à de véritables tortures le
talent moins docile de Corneille ; elle a trouvé Voltaire même obéissant et respectueux, malgré son
habituelle pétulance, et c'est de nos jours à peine
qu'elle a cédé devant une critique devenue plus large
parce qu'elle était mieux éclairée par les leçons de
l'histoire. Que de poëtes ont gémi sous le joug des
trois fameuses unités prétendues aristotéliques ! Que
de luttes l'esprit dramatique a soutenues contre les
exigences d'une impérieuse théorie, rétrécie comme
à plaisir par le pédantisme des commentateurs ! C'est
pis encore pour l'épopée : en Italie et en France, les
deux pages de la *Poétique* sur ce sujet ont produit
toute une législation, dont la rédaction la plus minutieuse et la plus puérile est dans le célèbre livre du
Père Le Bossu, et dont les règles sont devenues
autant d'entraves à la liberté du génie épique, en
même temps qu'elles ont souvent trompé la critique
sur les vrais caractères de l'épopée grecque et latine (1).

Enfin il est arrivé quelquefois qu'un mince ouvrage, venu à nous des temps classiques de la littérature grecque, a fourni le sujet d'un chef-d'œuvre
de la langue française : vous devinez que je pense à

_____

(1) Mon cours de 1840-1841 forme le principal fonds du volume
que j'ai publié en 1849 sous le titre d'*Essai sur l'histoire de la
Critique chez les Grecs, suivi de la Poétique d'Aristote, avec
une traduction nouvelle et un commentaire*. On en pourra rapprocher le discours d'ouverture de cette même année, reproduit
dans mes *Mémoires de Littérature ancienne* (1863, in-8°).

Théophraste, à ces vingt ou trente portraits, réduits et altérés souvent par de maladroites mutilations, qui n'en ont pas moins inspiré, pour l'éternel honneur de notre littérature, les *Caractères* de La Bruyère.

Tous ces exemples frappent les yeux et montrent d'une manière éclatante comment nos écrivains se sont souvent faits les élèves des écrivains grecs, car cette tradition se marque quelquefois par des ouvrages de premier ordre jusqu'à la fin du dix-huitième siècle. Enfin, au temps de la Révolution française, André Chénier est en plusieurs genres l'heureux imitateur des poëtes grecs, dont l'esprit même avait, pour ainsi dire, passé dans le sien, en s'y mêlant comme une seconde et naturelle inspiration.

II.

Mais ce n'est pas là seulement, c'est aussi dans l'éducation générale de l'esprit français que nous retrouvons la trace des influences helléniques. Une fois ranimée par la Renaissance et propagée par l'imprimerie, l'étude du grec n'a plus cessé de tenir sa place dans l'enseignement scolaire en France. Elle y a eu ses vicissitudes, sans y jamais souffrir de véritable interruption, et, pendant les trois derniers siècles, elle a contribué plus ou moins activement à l'éducation de tous les Français qui se destinaient aux professions libérales. Il y a eu d'abord, au seizième siècle, la période de l'érudition passionnée et parfois un peu aveugle ; il y a eu, cent ans plus tard, l'école

des hommes de goût, qui n'aimaient de l'antiquité
que ses chefs-d'œuvre, n'en voulaient goûter que la
fleur et les parfums les plus exquis; il y a eu les
luttes du pédantisme contre le patriotisme dédaigneux qui ne comparait les anciens aux modernes
que pour décerner à ceux-ci tous les avantages du
savoir et du talent. Les méthodes ont varié de l'Université aux Jésuites et des Jésuites aux Oratoriens ;
mais enfin, à travers toutes ces alternatives, ces défaillances passagères et ces retours de passion, la
langue et la littérature grecques n'ont pas cessé de
préoccuper les esprits, de servir d'aliment à la curiosité, de présenter des modèles à l'émulation.

Bien plus, cette part des lettres grecques dans l'é-
ducation générale de notre pays n'a pas cessé de
s'accroître à travers nos révolutions, malgré les distractions de tout genre que nous apportait le progrès
rapide des sciences et de l'industrie, malgré une curiosité chaque jour croissante pour les productions
des littératures étrangères. J'entends dire sans cesse
que le grec s'en va et que son temps est fini.

> Qui nous délivrera des Grecs et des Romains?

voilà un vers qui court le monde depuis M. Berchoux (1), et je suis vraiment las, permettez-moi cet
aveu, de l'entendre répéter. Il est fâcheux que l'on
fasse la guerre à Homère, à Sophocle et à Démosthène, au nom d'un auteur qui n'a jamais traité que
de l'art de bien manger, de bien boire et de bien di-

---

(1) Berchoux lui-même l'avait emprunté au poëte satirique
Clément.

gérer, qui connaissait fort peu les Romains et les
Grecs, et qui, pour le noter en passant, négligeait
chez ces derniers toute une tradition de plaisanteries
piquantes sur la gastronomie et la cuisine(1).

Mais, pour revenir au sérieux, jamais peut-être
nous n'avons été plus loin que nous le sommes aujourd'hui (et j'en félicite notre siècle), de rompre avec
l'antiquité grecque. Je puis, ce me semble, porter
ici, sans être suspect de vanité, un témoignage tout
personnel. M. le ministre de l'instruction publique
m'a demandé naguère un rapport sur les progrès
des études grecques en France durant les trente dernières années, comme il a demandé à d'autres personnes, selon leur compétence, des rapports sur le
progrès des autres études littéraires ou scientifiques.
J'étais déjà persuadé que l'étude du grec ne déclinait
pas depuis le temps où je l'avais appris au collége,
et que mes excellents maîtres d'alors avaient laissé
d'assez nombreux héritiers ; mais, en rassemblant
les notes sur lesquelles j'ai rédigé le Rapport, d'ailleurs très-court, que vous pourrez lire(2), j'ai constaté mieux encore que, loin de diminuer, le nombre s'est fort accru, au contraire, des hellénistes qui
chez nous publient, commentent ou traduisent les
auteurs grecs, des amateurs qui achètent leurs livres,

(1) Voir dans mes *Mémoires d'histoire ancienne et de philologie*, n° XX, un examen de la Collection des fragments des comiques grecs qui fait partie de la Bibliothèque grecque-latine de
F. Didot.

(2) On trouvera plus loin ce Rapport reproduit avec quelques additions dans un Appendice du tome II.

des gens de toute classe qui s'y intéressent. A cet
égard, le dix-neuvième siècle est certainement en progrès, au moins sur le siècle qui l'a précédé : il l'est
pour l'abondance et la sûreté de l'érudition, il l'est
aussi pour la justesse de la critique ; car jamais l'antiquité grecque n'a été mieux comprise, mieux sen-
tie, mieux interprétée qu'elle ne l'est de nos jours (1).

Mais voici une preuve plus récente encore de l'heureuse faveur dont elle jouit. Il y a cinq mois à peine,
quelques hommes, qui n'étaient pas tous des professeurs ni des hellénistes de métier, ont eu l'idée de
créer une Association pour l'encouragement des études grecques dans notre pays. Leur appel a été bien
vite entendu, accueilli avec un remarquable zèle, et
par les maîtres dans nos écoles, et par les gens du
monde. L'Association compte aujourd'hui près de
cinq cents membres, et elle ne cesse pas de s'étendre.
Ce qui n'est pas moins remarquable, c'est que, sor-
tie d'une initiative personnelle et indépendante, si
elle a trouvé dans l'autorité supérieure un appui libéral et empressé, elle a pu du moins se constituer
toute seule et fonder, à l'aide de libres contributions,
des prix destinés à soutenir le zèle des élèves dans
nos lycées, comme celui des hellénistes de toute spé-
cialité en dehors de l'enseignement (2).

N'est-ce pas là une preuve très-frappante du ré-

_____

(1) Voir là-dessus, dans mes *Mémoires de Littérature ancienne*, n° II, le morceau intitulé : *du Nouvel Esprit de la Critique en matière de littérature grecque.*

(2) Voir l'*Annuaire* de cette Association pour 1868, avec le
Supplément publié au mois d'août de la même année.

veil d'activité qui a suivi l'affaiblissement des études helléniques dans le dix-huitième siècle et dans
les premières années du dix-neuvième?

Il y a, ce me semble, à cette perpétuité vivace des
traditions grecques en France des raisons profondes.
Ce n'est point là une affaire de routine : cette éducation de toute la jeunesse qui se destine aux professions libérales, cette préparation de tant de jeunes
intelligences à l'aide des modèles et des préceptes
de la Grèce antique, n'a pu se propager et se soutenir
chez nous que parce qu'elle développe dans les esprits et dans les âmes un fonds d'idées et de sentiments qui nous est commun avec la race hellénique.
Par leurs qualités, en effet, et par leurs défauts, les
Français et les Grecs se ressemblent en bien des
points, malgré la distance des temps et celle des
lieux, et cette analogie profonde nous prédispose
à rester en communion fidèle avec ces générations
depuis si longtemps éteintes, mais qui nous ont laissé
tant de monuments de leur fertile génie.

Il faut que je vous montre, par quelques traits au
moins (1), comment se marquait dès l'antiquité le
caractère de la race gauloise, de celle qui forme le
fonds le plus ancien de la nationalité française. Vous
verrez par là combien nous sommes, en quelque
sorte, la descendance morale de ces fiers Hellènes

---

(1) Nulle part ces rapprochements ne sont plus complète-
ment exposés que dans l'*Éthnogénie gauloise* de M. Roget de
Belloguet, ouvrage dont le troisième volume (troisième partie : *Preuves intellectuelles*) vient de paraître.

dont nous nous obstinons si justement à perpétuer parmi nous les souvenirs par l'enseignement de leur histoire, de leur langue et de leur littérature:

III.

Il y a deux mille ans, le vieux Caton disait de nos ancêtres les Gaulois, alors indépendants, alors voisins de Rome, puisqu'ils occupaient la haute Italie : « Les Gaulois ont presque tous deux grandes passions, l'art militaire et le beau parler. » *Pleraque Gallia duas res industriosissime persequitur, rem militarem et argute loqui* (1). *Industriosissime*, remarquez, je vous prie, en passant, l'énergie de cet adverbe : c'était un mot rare, et voilà pourquoi il a été cité par le grammairien auquel nous devons de connaître ce mémorable jugement d'un grand homme.

Les Gaulois étaient donc d'abord de braves soldats, des hommes passionnés pour le métier de la guerre : c'est qu'ils aimaient leur patrie et qu'ils n'avaient pas peur de la mort. Horace le dit à Auguste, dans une des odes (2), où il célèbre les victoires du jeune empereur :

> Te non paventis funera Galliæ
> Duræque tellus audit Iberiæ;

et, un siècle plus tard, Lucain (3) nous explique en

---

(1) Caton, *Origines*, l. II, cité par Charisius, p. 180 des *Grammatici latini* de Putsch.

(2) IV, 14, v. 49-50.

(3) I, v. 456-457.

vers admirables d'où venait chez. les Gaulois ce
mépris de la mort. S'il y avait parmi eux tant de
guerriers .tout prêts à se jeter sur le fer, *ruendi in
ferrum mens prona viris*, s'il y avait tant d'âmes ou-
vertes à la mort, *animæque capaces mortis*, c'est
qu'on tenait pour lâche de préférer cette vie à une
seconde vie dont on se croyait sûr quand on avait
bien fait son devoir sur le champ de bataille : ....*et
ignarum redituræ parcere vitæ.* Puis, comme l'héroïsme appelle naturellement la poésie qui en propage le souvenir, nous ne nous étonnerons pas qu'un
auteur grec atteste chez les Gaulois l'existence d'une
poésie toute militaire en l'honneur des soldats morts
à l'ennemi (1).

Or ce courage, ces dévouements, ces nobles espérances d'une autre vie, et ces éloges du patriotisme
courageux, tout cela est grec autant que gaulois. La
Grèce a célébré sur tous les tons les glorieux morts
de la guerre de Troie, ceux de Marathon, ceux de
Salamine et de Platée. Athènes avait fait de ces éloges une solennité annuelle, et, pour ne citer qu'un
exemple du lieu commun patriotique qu'a tant de
fois renouvelé l'éloquence athénienne, rappelez-vous
cette oraison funèbre retrouvée de nos jours (2),
par un rare bonheur, sur un papyrus provenant
d'Égypte, l'oraison que prononçait Hypéride en
l'honneur des soldats morts en combattant sous la

(1) Élien, *Hist. var.*, XII, 23.

(2) Publiée en 1856. par M. Churchill Babington ; bientôt traduite en français par M. Dehèque, à Paris, et par M. Caffiaux,
à Valenciennes.

conduite de Léosthène, dans la guerre Lamiaque, contre les Macédoniens. Rappelez-vous cette belle page où les derniers défenseurs de l'indépendance hellénique sont représentés dans le voisinage de Marathon, au milieu des souvenirs et presque en présence des ombres de leurs nobles ancêtres, s'encourageant à défendre au péril de leur vie la libre constitution de leur patrie; puis, après le sacrifice de cette vie mortelle, entrant le front levé, dans la jeunesse et comme dans la verdeur de leur héroïsme, aux Champs-Élysées, où ils vont être accueillis par Miltiade et par les braves d'autrefois, par Agamemnon et par les héros de ces fabuleuses aventures qui représentent de plus anciennes luttes contre la barbarie et le despotisme. Tout cela ne relève-t-il pas des mêmes inspirations, des mêmes sentiments que ceux qui animaient la poésie des bardes après une victoire des Gaulois sur leurs ennemis ?

La seconde passion de nos ancêtres, au dire du vieux Caton, c'est la passion de l'éloquence, et voici encore un Grec qui va commenter pour nous le témoignage de l'auteur latin. C'est le sophiste Lucien qui, au deuxième siècle après J.-C., voyageant à travers la Gaule, y rencontre quelque part une peinture représentant le personnage qu'on tenait pour être l'Hercule gaulois (1), et qui nous raconte comment un savant du pays, familier avec l'usage de la langue grecque, lui a expliqué cette image d'Hercule. Pour les Gaulois, le dieu de l'éloquence n'est pas l'Apollon jeune

(1) Nᵒ LV, selon l'ordre habituel dans les éditions de Lucien.

et beau, si poétiquement réalisé par la peinture et la
sculpture helléniques ; c'est un vieillard à cheveux
blancs, au teint hâlé par le soleil, « comme serait celui d'un vieux marin » ; il porte une peau de lion, un
carquois suspendu à ses épaules; il tient une massue
de la main droite, et, de la gauche, un arc tendu.
Mais la massue et les flèches ne sont pas les vrais instruments de sa puissance : celle-ci est tout entière
dans la séduction de sa parole. A l'extrémité de sa
langue se rattachent des chaînes d'or et d'ambre, qui
vont de là aux oreilles d'une foule de captifs volon-
taires, et ces captifs suivent avec plaisir le dieu qui
les maîtrise. Voilà une image étrange, assurément, et
qui ne devait avoir pour les yeux aucun attrait ;
mais, du moins, elle marque avec énergie l'autorité
de l'éloquence sur ces âmes sensibles et ardentes,
que nous avons vues tout à l'heure si faciles à émouvoir aux chants de leurs poëtes. Eh bien ! c'est encore un de ces traits où la peinture qui nous est
faite du caractère gaulois répond au caractère des
Hellènes. Horace nous le fait sentir dans l'heureuse
précision de ces vers, qui sont presque passés en
proverbe, et qui expriment comme l'hommage des
Romains à la Grèce en matière de poésie et d'éloquence :

> Graiis ingenium, Graiis dedit ore rotundo
> Musa loqui (1).

Ore rotundo loqui nous rappelle les deux mots
mêmes de Caton, et, quant à l'action de l'éloquence

(1) *Ep. ad Pis.*, v. 323.

sur les âmes, les Grecs ont pour l'exprimer un mot
qui semble résumer toute la description de l'Hercule
gaulois dans Lucien, ψυχαγωγία, « la conduite ou l'entraînement des âmes ».

Mais achevons la citation d'Horace :

præter laudem nullius avaris ;

elle va mettre en relief un nouveau trait de caractère qui rapproche les Grecs d'autrefois et les Français d'aujourd'hui. Les Hellènes étaient avant tout
avides de ce bruit qu'on appelle la gloire ; ils la voulaient retentissante, ils la rêvaient prolongée à l'in-
fini dans le temps et dans l'espace. C'est Eschine
qui, lors de sa mémorable lutte contre Démosthène,
s'écrie dans un accès d'enthousiasme, en rappelant
les victoires d'Athènes sur les barbares : « Vraiment, nous autres Hellènes, nous avons vécu d'une
vie plus qu'humaine, et le récit de nos actions fera
l'éternel étonnement de la postérité (1) ; » et ce sentiment éclate d'une manière si vive dans leur histoire
et dans leur littérature, qu'il est à peine besoin
d'une longue familiarité avec eux pour l'y saisir.
Écoutez ce que disait madame de Staël après une
rapide excursion à travers les monuments littéraires
du temps de Périclès : « Toutes les institutions d'A-
thènes excitaient l'émulation. Les Athéniens n'ont
pas toujours été libres ; mais l'esprit d'encouragement n'a pas cessé d'exercer parmi eux la plus
grande force. Aucune nation ne s'est jamais mon-

(1) *Contre Clésiphon,* § 132, éd. Voemel.

tréc plus sensible à tous les talents distingués. Ce
penchant à l'admiration créait les chefs-d'œuvre
qui la méritent. La Grèce, et dans la Grèce l'Attique,
était un pays civilisé au milieu du monde encore
barbare. Les Grecs étaient peu nombreux, mais l'u-
nivers les regardait. Ils réunissaient le double avantage des petits États et des grands théâtres : l'émulation qui nait de la certitude de se faire connaître
au milieu des siens, et celle que doit produire la
possibilité d'une gloire sans bornes (1). »

C'est à la fin du dix-huitième siècle que madame
de Staël écrivait ces lignes qui semblent briller d'un
reflet du génie hellénique. Or, jamais le génie français, à son tour, ne déploya plus qu'à cette époque
et sa confiance et son intempérante audace ; jamais
il ne se montra plus fièrement le représentant, le
défenseur et le propagateur des idées qu'il tenait
pour salutaires à toute l'humanité ; jamais il n'affecta
plus hautement la prétention de réformer tous les
peuples, de leur donner l'exemple, de pratiquer à
leur égard une politique d'affranchissement, ce que
volontiers nous appelons aujourd'hui la politique
désintéressée, par excellence, la propagande des principes sans aucune vue d'ambition nationale. Assurément, les horizons de la vie sociale se sont fort
étendus depuis que la petite ville d'Athènes livrait
au monde une expression si bruyante de ses idées
et de ses nobles passions, et l'on ne comparera pas
l'œuvre de notre Constituante de 89 avec les déli-

(2) *De la Littérature*, c. Ier.

bérations du sénat athénien ou de l'assemblée du
peuple dont il préparait et dirigeait les travaux au
temps de Périclès et de Démosthène ; il y a cependant quelques idées profondément justes et vraies qui
se retrouvent, à cette distance, chez les deux peuples. Il y a une chose surtout dont les Grecs, avant
nous, étaient fiers : c'est d'avoir fondé la liberté civile et politique. Leurs orateurs, leurs publicistes,
leurs historiens, ont répété sur tous les tons et en
toute occasion l'antithèse des sociétés asiatiques et
de la société grecque : là, des despotes gouvernant
des esclaves ou des sujets ; ici, la loi obéie librement
et avec intelligence par des citoyens, qui ne reconnaissent pas d'autre maître. Même à Sparte, ville
gouvernée par des rois, soumise au régime d'une
austère aristocratie, despotique envers les esclaves
qui cultivaient son sol, envers les alliés qui subis-
saient sa tutelle, la loi avait pour image vivante le
pouvoir des *éphores*, espèce de surveillants supré-
mes qui représentaient, dans toute l'abstraction dont
elle est susceptible, la justice publique et l'autorité
d'une constitution qu'admiraient même les républi-
cains d'Athènes. A cet égard, ce que les Athéniens
pensaient du grand roi au temps de Marathon et de
Salamine, ils le pensaient de Philippe et d'Alexandre
au temps de Chéronée (1) ; ils avaient la conscience

(1) Entre les nombreux témoignages qui pourraient être cités
ici, qu'on veuille bien lire ceux d'Hérodote (particulièrement
l. VII, 135), qui se rapportent au temps des guerres médiques,
et celui d'Hypéride (*Oraison funèbre*), qui se rapporte au temps
de la guerre Lamiaque.

d'avoir, pour la première fois, donné au monde le spectacle d'un peuple de citoyens qui, ne reconnaissant d'autre autorité que celle de la loi, cherchent à la réaliser de leur mieux dans le règlement de leur vie publique et de leur vie privée, l'améliorent, la réforment sans cesse, mais enfin la respectent toujours, même dans l'instabilité de ces réformes, dans l'agitation d'une existence troublée par bien des passions, d'une liberté sans cesse compromise et déshonorée par tant de crimes et de vices.

Eh bien, Messieurs, n'est-ce pas là aussi l'idéal que se propose, avant tout, l'Européen civilisé de notre Occident? N'est-ce pas celui que la Révolution française a proclamé en 1789, en résumant dans la mémorable *Déclaration des droits de l'homme et du citoyen* l'expérience des siècles passés et les plus sages théories de nos publicistes ? S'il est une chose dont nous puissions être justement fiers, c'est de croire toujours à la vertu de ces principes, c'est de renouveler sans cesse, à travers toutes les déceptions que nos fautes entraînent, l'essai des gouvernements libres, où l'autorité nationale, quelque nom qu'elle porte, tire toute sa force de son alliance avec la loi. La *Déclaration* d'août 1789, si claire et si généreuse, même en ce qu'elle a de trop abstrait pour être facilement réalisable au milieu d'une société aussi vieille que la nôtre, cette Déclaration n'est, en définitive, autre chose qu'une idée grecque élargie, rajeunie, fécondée par l'esprit moderne. Ainsi, la plus grande, la plus hardie nouveauté de notre histoire se présente à nous comme le dernier anneau d'une

chaîne qui remonte aux exemples et aux théories de
l'hellénisme.

De toutes ces idées, Messieurs, de toutes ces com-
paraisons, de tous ces rapprochements, il en est
plusieurs qui n'appartiennent pas à l'objet spécial
de notre cours, et que je n'essayerai pas d'y faire
entrer avec effort ; mais, à nous renfermer même
dans l'histoire du goût, dans les traditions de l'art
et de la critique, à ne toucher la philosophie et la
politique que pour la part qu'elles ont dans les inspirations de la poésie et de l'éloquence, encore
voyons-nous éclater sur bien des points l'intime
ressemblance du génie grec avec le génie français.
Cette ressemblance tient-elle uniquement à la parenté originelle des deux races, aujourd'hui démontrée par tant de preuves diverses ? En quelle mesure
tient-elle à la perpétuité d'une éducation commune,
à la transmission quelquefois subtile, mais néanmoins appréciable, des idées et des formes de l'art ?
C'est ce qui, assurément, méritera d'être examiné ici
en détail, et, pour saisir tout de suite votre sympa-
thique et curieuse attention du problème complexe
que je viens de poser, je traiterai devant vous, dans
ma prochaine leçon, de l'introduction de l'hellénisme
en Gaule et du rôle qu'il a pu jouer dans les premiers développements de la civilisation sur le sol où
se sont mêlées tant de races, où se sont fondus tant
d'éléments, pour produire l'unité de la nation et du
génie français.

DEUXIEME LEÇON.

L'HELLÉNISME EN FRANCE DEPUIS LES ORIGINES JUSQU'AUX INVASIONS DES BARBARES.

———

Méthode à suivre dans ces études. — D. Rivet et les premiers volumes de l'*Histoire littéraire de la France*. — L'hellénisme à Marseille ; l'édition marseillaise d'Homère. — Progrès de l'hellénisme dans le centre et dans le nord de la Gaule romaine. — Comment il a résisté aux ravages de l'invasion barbare, et quelles traces il a laissées, soit sur les monuments, soit dans les langues du pays.

La nation française, telle que nous la voyons aujourd'hui, si une et si fortement constituée, s'est composée d'éléments bien divers, que le travail des siècles a lentement fondus en un seul tout : le Celtique et l'Ibérien, puis le Phénicien et le Grec, puis le Romain, enfin le Germanique et le Scandinave, ont, en des proportions diverses et en divers temps, contribué à former un ensemble duquel il est bien difficile de dégager chaque élément pour l'examiner à part. La chimie possède, pour analyser un composé, si multiple qu'il soit, des procédés d'une précision qui manque à l'histoire. Qu'un bloc minéral tombe du ciel, le chimiste peut assez facilement dire

le nombre et la proportion des corps élémentaires
dont se compose ce fragment d'un astre brisé. Il sait
jusque dans l'atmosphère, jusque dans les ondes lu-
mineuses, surprendre et déterminer avec des instruments et par des calculs d'une justesse admirable les
doses infinitésimales de substance qui composent un
gaz ou qui modifient l'action de la lumière. L'histoire,
qui a pour objet l'activité libre de l'homme et les
produits de cette activité, ne les réduira jamais aux
calculs exacts, aux subtiles pesées du chimiste et
du physicien. Ce sont là des éléments moins pondé-
rables encore et moins calculables que les plus subtils
agents de la nature.

La critique historique est surtout embarrassée
pour les périodes et pour les peuples qui n'ont pas
laissé de monuments écrits. Voyez la marche de cette
science nouvelle qui vient de s'ajouter sous nos yeux
à l'histoire, et qu'on a déjà décorée du nom un peu
obscur de *paléogéologie*. Elle a pour objet de recon-
stituer par conjecture les périodes qu'on appelait autrefois antéhistoriques, et elle s'appuie pour cela sur
l'examen d'ossements entassés dans de vieilles sé-
pultures, sur la comparaison des premiers ustensiles
de l'industrie humaine, des premiers essais de l'art
du dessin (1). Toute une galerie de la grande Expo-
sition universelle, au Champ-de-Mars, nous offrait

(1) Parmi les nombreux ouvrages où cette science est aujour-
d'hui exposée, je citerai de préférence et comme remarquable
par la méthode, le livre du professeur Sven Nillson, *les Habitants primitifs de la Scandinavie, essai d'ethnographie comparée*, 1re partie, trad. du suédois (Paris, 1868, in-8).

naguère les archives de cette humanité antérieure
aux documents écrits, et l'on peut encore les étudier
dans les salles du musée de Saint-Germain. Or, combien la science n'a-t-elle pas de peine à coordonner
ces documents sans date, depuis l'âge de pierre jusqu'à l'âge de fer ! Que d'hésitations ! que d'essais in-
fructueux ! Voici un de ces os travaillés où l'on a
cru voir d'abord le plus ancien morceau ciselé par
une main humaine ; il provient d'une de ces grottes
d'où sont sortis tant de précieux débris du même
genre. Eh bien ! je sais un grand connaisseur qui
distingue dans cette image la trace d'une imitation
gauloise de l'art grec, comme il y en a de si nombreuses et de si bien constatées dans le travail des
monétaires gaulois depuis le troisième siècle avant
Jésus-Christ. C'est-à-dire que nous voilà transportés,
des origines mêmes de l'homme, à la troisième ou
à la quatrième période de son développement sur la
terre : grande leçon de modestie pour les antiquaires
de la nouvelle école. Aussi, je ne me sens pas le goût
(heureusement , ce n'est pas non plus mon devoir)
d'interroger ces périodes reculées de notre histoire
et ces monuments mystérieux des premières races
qui ont peuplé le sol de la France. Je crois volontiers que les Celtes et les Bretons primitifs ont eu
quelques-unes des vertus, quelques-uns des talents
que la tradition leur prête, ou que semblent attester,
soit la conformation de leurs crânes, soit les objets
d'art que l'on attribue à leur industrie ; mais, n'ayant
pas à sonder aujourd'hui ces antiques et obscures
périodes de nos annales, je suis heureux de pouvoir

commencer l'histoire des Lettres sur notre sol, en vous parlant d'un peuple qui, du moins, y apporta, avec la connaissance de l'écriture, le goût de fixer par ce moyen les souvenirs de sa vie.

Les Phéniciens furent peut-être les premiers qui, sur leurs vaisseaux de commerce, vinrent, du fond de la Méditerranée, répandre le long des rivages de la Gaule comme de l'Espagne l'art de l'écriture; mais c'est avec les Grecs que s'ouvre pour nous une tradition régulière et solidement appuyée sur les monuments; c'est d'eux que date pour nous le vrai commencement de la civilisation. On parle d'abord d'une colonie rhodienne qui serait venue s'établir sur nos côtes (1). Ce qui est plus certain, c'est que les Ioniens de Phocée sont venus, dès le sixième siècle avant l'ère chrétienne, fonder à l'embouchure du Rhône la ville de Massalia, aujourd'hui Marseille; c'est que Massalia, bientôt puissante, fonda, à son tour, des colonies le long de ce littoral et jusqu'en Espagne (2); c'est que cette population a marqué sur la pierre de ses monuments, sur ses médailles et dans des livres qui n'ont pas tous péri, le témoignage de sa prospérité commerciale, de son activité litté-

---

(1) R. Rochette, *Histoire des Colonies grecques*, t. III, p. 421-422, d'après Scymnus de Chios, Strabon et Eustathe.

(2) A Ampurias (ancienne Emporion), colonie sur laquelle il faut lire avant tout le remarquable témoignage de Tite-Live (XXXIV, 9). Quant à l'inscription latine, citée jusqu'à nos jours (v. Ampère, *Hist. litt. de la France*, t. I, p. 115) comme une preuve de la longue conservation des usages grecs et de la langue grecque dans cette colonie de Marseille, elle est certainement fausse, et les historiens feront bien de ne la plus citer.

raire et savante. Depuis longtemps déjà ces documents sont réunis et discutés par la critique, et
ils présentent un ensemble qui nous permet de ca-
ractériser avec quelque sécurité la part, dès lors notable, de l'hellénisme dans la constitution de la nationalité française. A notre laborieuse école des
Bénédictins appartient l'honneur d'avoir, pour la
première fois, rassemblé, avec une érudition presque
toujours judicieuse, ces matériaux de nos annales.
Le premier volume de l'*Histoire littéraire de la
France*, par Dom Rivet, est une œuvre où la modestie habituelle du langage ne doit pas faire méconnaître la solidité du savoir. On sait mieux aujour-
d'hui certaines choses de ces temps reculés ; on a,
pour les apprécier, bien des textes, bien des monuments qui n'étaient point découverts ou publiés
en 1732. Tous les Bénédictins, d'ailleurs, n'étaient
pas des hellénistes comme le Père de Montfaucon ;
Dom Rivet nous laisse quelquefois voir qu'il ne
comprend pas bien les textes grecs ; même en latin (1)
il lui arrive de se méprendre sur le sens ou sur la
valeur historique de quelques témoignages ; mais
ceux qui, après les Bénédictins, ont, comme M. Amédée Thierry, M. Fauriel, M. Ampère, M. Henri Martin (2), repris l'examen de ces questions délicates,

---

(1) Voir, par exemple, tome I, 1ʳᵉ partie, p. 270, 272, 274,
pour le grec ; et, pour le latin, p. 254, la note où il corrige mal
un hendécasyllabe de Pline ; p. 145, le passage où l'on voit que
l'auteur prend pour des discours sérieux les déclamations réunies dans le Recueil de Sénèque le père, etc.

(2) Ajoutez quelques dissertations spéciales, comme celles de

rendent un juste hommage aux créateurs d'une
science qui a pris, depuis un siècle, tant d'heureux
développements. .

Tout d'abord, Dom Rivet se montre trop indulgent
pour des légendes sans autorité sérieuse. S'il écarte
certaines généalogies de rois fabuleux, il admet encore avec trop de complaisance qu'un roi grec,
nommé Hermès, fut l'inventeur de l'écriture, vers
le temps où Joseph était le premier ministre d'un
pharaon; que l'invention d'Hermès fut apportée par
le commerce dans la Gaule, alors soumise à la
théocratie des Druides; que les Druides gardaient
dans leur philosophie quelques souvenirs de la pure
religion des Hébreux; que cette philosophie a pu
inspirer et diriger les premiers sages de la Grèce, etc.:
autant de faits ou évidemment fabuleux ou trop peu
démontrés pour qu'il soit nécessaire aujourd'hui
de les réfuter en détail. Plus réservés et plus curieux
de certitude historique, nous écarterons toutes ces
gloires douteuses de nos ancêtres, et nous ne croi-
rons à leur civilisation qu'à partir du moment où
elle commence à nous être attestée par quelques
preuves authentiques, c'est-à-dire au siècle où la
colonie phocéenne de Marseille se montre fortement
assise sur plusieurs points de nos côtes, maîtresse
du terrain qu'elle s'est choisi, résignée à ne pas

Ch. Monnard, *de Gallorum oratorio ingenio, rhetoribus, et
rhetoricæ, Romanorum tempore, scholis* (Bonnæ, 1848, in-8°);
et celle de E. Jung, *de Scholis romanis in Gallia comata* (Parisiis, 1855, in-8°). Cf. C. G. Barthius, *de Studiis Romanorum in
Urbe et provinciis* (Halæ, 1698, in-4°).

pousser très-loin ses conquêtes autour d'elle, toute
occupée à s'organiser intérieurement, à entretenir
de justes relations avec la mère-patrie, à faire ex-
plorer par ses navigateurs les côtes de l'Océan atlantique : ce sont là des faits solidement établis, et qui
suffisent à honorer beaucoup ces descendants des
Phocéens, comme ils aiment à s'appeler encore.

Sans doute quelques fables entourent le berceau
de la colonie marseillaise; mais deux faits, à eux
seuls, démontrent bien les rapides progrès de sa
puissance (1).

D'abord, c'est au temps d'Alexandre le Grand
qu'elle produisit Pythéas, le hardi navigateur qui
reconnut une partie des côtes de l'Atlantique et,
peut-être, pénétra jusqu'à l'Islande (*terrarum ultima
Thule*, comme l'appelle un poëte latin du premier
siècle après J. C.) : de telles entreprises, dussent-
elles n'avoir pas tout le succès qu'on en attend, un
si courageux effort, dût-il être mêlé de quelque entraînement d'imagination, supposent une race énergique et intelligente, déjà enrichie par le commerce,
déjà passionnée pour les idées généreuses (2).

Puis, c'est vers le même temps que, dans son
grand recueil d'observations sur les Constitutions

(1) Voir Johannsen, *Veteris Massiliæ res et instituta ex fon-
tibus adumbrata* (Kiel, 1817, in-8°); et H. Ternaux, *Historia
Reipublicæ Massiliensium* (Göttingen, 1826, in-4°).

(2) Les derniers travaux sur ce sujet sont la dissertation de
Max. Fuhr, *de Pythea Massiliensi* (Darmstadt, 1835); et celle de
l'abbé Aoust, *Étude sur Pythéas de Marseille* (1866). Ne pas
oublier toutefois un estimable Mémoire de Bougainville, au
tome XIX du Recueil de l'Académie des Inscriptions.

des États, Aristote avait décrit la constitution de
Marseille (1). Cette ville n'était donc plus un simple
comptoir de commerce ; elle était signalée pour son
importance au grand observateur qui se préparait
à écrire la théorie des gouvernements. Trois siècles
plus tard, le gouvernement de Marseille nous est
représenté par Strabon comme un modèle de sagesse
et de régularité. C'est une sorte d'aristocratie libé-
rale, où le pouvoir est habilement concentré entre
les mains d'une commission exécutive de quinze
membres, qui elle-même se choisit un chef unique (2) ; c'est une *police*, comme on disait encore au
temps de Bossuet et de Montesquieu, qui unit la sé-
·vérité des coutumes doriennes à l'élégance du caractère ionien. Strabon ajoute que l'attrait de cette
culture élégante avait rendu les Gaulois d'alentour
philhellènes à ce point qu'ils écrivaient en grec tous
leurs contrats ; on sait que César attribue aussi aux
Gaulois de cette même contrée l'usage de l'alphabet
grec (3).

Un attrait moins louable poussait, en 279, vers la
Grèce continentale ces armées gauloises dont une partie sans doute échoua sous les murs de Delphes (4),

(1) C. Müller, *Fragmenta hist. græc.*, t. II, p. 176.
(2) *Geogr.*, IV, 1, § 5, p. 149, éd. Müller. Cf. IV, 4, § 6, un témoignage moins clair d'Éphore sur le philhellénisme des Gaulois.
(3) *De Bello Gallico*, I, 29 ; VI, 14. Cf. V, 48.
(4) Les dernières discussions critiques des textes anciens sur
ce sujet sont celles de M. Bazin, *Mémoire sur l'Étolie*, dans le
tome 1 des *Nouvelles Archives des missions scientifiques*, et
celles de M. Foucart, *Mémoire sur les ruines et l'histoire de
Delphes*, (II, 6, dans le tome II du même recueil.

mais dont l'autre réussit à fonder en Asie un royaume
assez fort pour avoir pendant quelque temps tenu
en échec les armées de Rome (1). Aucun souvenir littéraire ne se rattache à ces grands événements ; toutefois il n'est pas sans intérêt de rappeler que c'est à
Ancyre, capitale du royaume galate de l'Asie, que
s'est conservée en grec, sur les murailles du temple
d'Auguste, l'exemplaire le plus complet du Testament
politique de cet empereur (2).

Mais revenons à Marseille, d'où ces souvenirs nous
ont un instant écartés.

Les auteurs romains ne font que renchérir sur
les Grecs lorsqu'ils nous parlent de Marseille et de
ses institutions. Cicéron admire son gouvernement
aristocratique, si beau, dit-il, « qu'on peut plus facilement le louer que l'imiter (3) ». Tacite, comme
Cicéron, oublie presque qu'il est Romain dans l'é-
loge qu'il fait des Marseillais et de leur élégante civilisation ; il ne croit pas pouvoir donner une meilleure idée de l'éducation d'Agricola que de nous le
présenter comme un disciple de ces écoles et de cette
société marseillaises où la sévérité des mœurs provinciales s'unissait aux délicatesses du goût hellénique (4).

(1) Voir le Mémoire de M. F. Robiou, *Histoire des Gaulois
d'Orient* (Paris, 1866, in-8°), et la thèse de M. G. Perrot, *de
Galatia provincia romana* (Parisiis, 1866, in-8°).

(2) Le dernier et le plus complet travail sur ce sujet est le
Mémoire de Th. Mommsen, rédigé d'après le texte qu'ont rapporté d'Ancyre MM. Perrot et Guillaume (Berlin ,1865, in-4°).

(3) *Pro Flacco*, c. 26. Cf. *de Republica*, I, 27, 28.

(4) *Agricola*, c. 4.

On cite comme originaires de Marseille plusieurs médecins, plusieurs géographes, plusieurs orateurs qui n'ont pas manqué de renom : cela suffit à expliquer, même au siècle d'Auguste, le prestige d'une réputation qui paraissait alors balancer celle même d'Athènes, et nous comprenons que les honnêtes gens de Rome hésitassent parfois entre ces deux villes, quand il fallait choisir pour leurs enfants une école où ils pussent aller, après les premiers éléments, perfectionner leur éducation morale et littéraire (1).

De cette passion des Marseillais pour les lettres on a même retrouvé naguère un précieux témoignage. A l'imitation de plusieurs autres villes grecques, ils avaient fait faire pour leur usage, par quelque grammairien dont le nom ne nous est pas parvenu, une édition spéciale des poëmes homériques. Il nous reste aujourd'hui une quarantaine de variantes provenant de cette *édition marseillaise* (ἔκδοσις Μασσαλιωτική) : c'est assurément une des plus précieuses reliques de notre érudition nationale (2). L'an dernier, me trouvant à Aix, devant un auditoire où les Marseillais étaient en grand nombre, je leur rappelais ce trait honorable de leur histoire ancienne, et je leur disais : « On voit sur l'une de vos places publiques, à côté d'un lavoir, le buste d'Ho-

_____

(1) Strabon, *Geogr.*, IV, 1, § 5.
(2) Voir l'Index des *Scholies*, dites *de Venise*, sur l'Iliade, éd. I. Bekker, et, entre autres ouvrages récents sur l'histoire critique du texte d'Homère, *die Homerische Textkritik im Alterthum*, par J. La Roche (Leipzig, 1866, in-8°, p. 18-19).

mère placé sur le haut d'une maigre colonne : c'est
le seul hommage que paraissent avoir rendu au
grand poëte les *descendants des Phocéens*, comme ils
s'intitulent sur la colonne. Cet hommage est peu
digne d'une telle renommée. J'en imaginerais un
plus délicat, et qui rappellerait mieux ce que fut
autrefois Homère pour vos ancêtres. Que ne fait-on
exécuter à Marseille, aux frais de la ville, et par les
soins de quelque helléniste du pays, une réimpression de l'*Iliade*, où seraient mis en relief (je ne de-
manderais même pas que ce fût en lettres d'or) le
petit nombre de passages où la leçon marseillaise
d'Homère nous a été conservée par les scholiastes
anciens ? On ferait ainsi, avec les ressources dont
dispose la typographie moderne, un monument digne du plus grand nom de poëte dont s'honore la
Grèce. » L'appel que je me permettais d'adresser au
patriotisme marseillais fut alors chaleureusement accueilli ; je souhaite pour l'honneur des lettres qu'il
ait un jour quelque effet. Les Marseillais n'ont jamais oublié leur origine et les monuments d'antiquité qui en témoignent. Au dernier siècle, J.-B.
Grosson publiait un recueil estimable, quoique fort
imparfait, de dessins des antiquités de Marseille (1),
où il regrette avec raison que la colonie phocéenne
ait laissé tomber en désuétude certains usages de la
mère patrie. Vers le même temps, le Marseillais Guys,
revenant de Grèce, signalait et décrivait « quelques

(1) *Recueil des Antiquités et monuments marseillois qui peuvent intéresser l'histoire et les arts* (Marseille, 1730, in-4°).

usages grecs qui se trouvent à Marseille » (1). Ce
sont là de bonnes pensées et de bons sentiments
qu'il convient d'entretenir.

Au reste, le latin n'était pas moins cultivé que ne
l'était le grec. Le grammairien Gnipbon, Cornélius
Gallus et Varron d'Atace, deux poëtes surtout connus comme traducteurs ou imitateurs de la poésie
alexandrine, Roscius, le célèbre acteur, qui écrivit
une théorie de son art (je ne puis ni ne veux citer
plus de noms), tous ces maîtres en des genres divers,
qui émigrèrent de la Narbonaise en Italie pour enseigner dans les écoles, briller dans les cercles élégants (2) ou régner sur la scène dramatique, montrent en quelle étroite alliance vivaient les deux langues et les deux littératures dans la Gaule devenue
romaine. Les monuments témoignent dans le même
sens. Une inscription grecque que j'ai sous les yeux
nous montre Marseille pourvue d'un gymnase, dont
l'organisation rappelle exactement celle des gymna-
ses athéniens (3) : voilà pour les traditions helléniques. Une autre inscription, découverte il y a

(1) *Voyage littéraire de la Grèce*, Paris, 1776, in-8°, t. II,
lettre xlii.

(2) De ces derniers il faut pourtant exclure le célèbre auteur
du *Satiricon*, Pétronius Arbiter, dont l'origine gauloise ne se
fonde que sur une prétendue inscription tumulaire, copiée
vers 1560, près du village de Peyruis, sur les bords de la Du-
rance, par le médecin Pierre Bérenguier. Cette inscription qui,
depuis Bouche (*Chorographie de Provence*, p. 240), a passé dans
beaucoup de recueils épigraphiques, est aujourd'hui reconnue
pour apocryphe, comme le constate mon confrère M. L. Renier,
dans une note qu'il a bien voulu me remettre sur ce sujet.

(3) Voir ma *Note sur une inscription de Marseille*, dans le

une quinzaine d'années, est l'épitaphe d'un grammairien romain, γραμματικὸς ῥωμαϊκός : voilà pour l'étude de la langue latine (1). D'autre part, la numismatique marseillaise figure fort honorablement dans
nos collections pour la variété comme pour l'élégance
originale de ses types (2); et je dis originale, parce
qu'on sait que les monétaires gaulois ont souvent
reproduit plus ou moins grossièrement les types de
la monnaie macédonienne depuis Philippe (3). Rien
ne nous manque donc à la rigueur, pour nous faire
une idée complète de cette puissante et ingénieuse
cité où toutes les nobles ambitions trouvaient à se
satisfaire, où s'entretenait sans cesse une juste émulation pour tous les genres de talents.

Malheureusement Marseille, comme la plupart des

compte-rendu des travaux du Congrès scientifique d'Aix-en-Provence, en décembre 1866, avec un fac-simile d'après le dessin
conservé dans les papiers de Peiresc.

(1) Elle est reproduite et commentée dans mes *Mémoires
d'Histoire ancienne et de philologie*, nᵒ X : « De l'étude de la
langue latine chez les Grecs dans l'Antiquité. » Cette inscription et la précédente ne figurent pas dans le recueil, d'ailleurs
estimable, des inscriptions de la Gaule narbonaise, qui fait
suite au livre de M. Herzog, *Galliæ Narbonensis historia* (Lipsiæ, 1864, in-8ᵒ).

(2) Voir surtout F. de La Saussaye, *Numismatique de la
Gaule Narbonaise* (Blois, 1842, in-4ᵒ).

(3) Voir, entre autres ouvrages, celui de Duchalais : *Description des médailles gauloises faisant partie des collections de la
Bibliothèque royale* (Paris, 1846, in-8ᵒ), p. 307 et suivantes ; et
le mémoire de M. Ch. Lenormant sur la *Monnaie des Arvernes*,
dans la *Revue numismatique* de 1856, où sont surtout discutées
les circonstances de l'importation de la monnaie macédonienne
en Gaule par les compagnons du second Brennus.

villes de guerre et de commerce, a été souvent ra-
vagée : comme ville de guerre, elle avait, dans les luttes de César et de Pompée, pris parti pour Pompée et
pour le sénat, ce qui attira sur elle de grands désastres; comme ville de commerce, elle tendait sans cesse
à se transformer, à s'agrandir, ce qui ne se fait guère
(nous le voyons chaque jour dans notre Paris) sans
un grave détriment pour les monuments antiques.
Aussi l'architecture et la statuaire massaliotes ont-
elles laissé bien peu de traces à Marseille , et le zèle
patriotique des artistes marseillais d'aujourd'hui ne
réussit qu'avec force conjectures à retrouver la série de leurs ancêtres (1). Mais, si l'art de la métropole marseillaise n'est plus guère représenté dans la
métropole elle-même, il l'est au moins dans ses colonies et dans quelques villes voisines, telles que
Nîmes, Aix, Saint-Remi, Orange et Arles, où subsistent tant d'édifices d'une beauté vraiment classique.
Il ne se peut guère que les architectes et les sculpteurs à qui l'on doit de tels monuments fussent tous
d'origine étrangère; et quand la Narbonaise envoyait
des professeurs de belles - lettres à l'Italie, il n'est
guère probable qu'elle en reçût tous ses artistes.
Partout sur cette côte on retrouve la trace d'institutions et de concours gymnastiques : cela seul suffirait
à prouver que les descendants des Hellènes y conser-
vaient des usages qui, dans leur mère patrie, étaient

(1) Voir Ét. Parocel, *Discours et Fragments* (2ᵉ édit., Marseille, 1867, in-8°), p. 69 : « De l'importance des artistes provençaux dans l'Antiquité, » chapitre intéressant, mais écrit avec
trop peu de critique.

en étroit rapport avec le culte du beau et avec l'éducation des artistes. Nommer Arles, Nimes et Saint-Remi, c'est montrer que l'hellénisme, dès le premier siècle de l'Empire romain, n'était plus borné, en Gaule, à la ligne du littoral de la Méditerranée, et qu'il commençait à répandre son influence vers le nord, surtout en remontant le cours du Rhône. Dès le milieu du premier siècle, Lyon, la colonie de Munatius Plancus, est une ville demi-grecque et demi-romaine. Germanicus et Claude, qui tous deux y étaient nés, pratiquaient également l'une et l'autre langue. Claude avait même pour le grec une prédilection particulière (1). Les célèbres jeux fondés à Lyon auprès de l'*Autel de Rome et d'Auguste* appelaient aux mêmes concours des rhéteurs grecs et des rhéteurs latins. Une fête religieuse annuelle rassemblait auprès de ce célèbre sanctuaire les délégués des soixante nations de la Gaule (2). Il était difficile que l'hellénisme ne profitât pas un peu de tels rapprochements, et il faut bien qu'il ait poussé plus avant ses pacifiques conquêtes, puisqu'au deuxième, au troisième siècle de notre ère, on le voit pénétrer, à l'ouest, jusqu'à Bordeaux, au nord, jusqu'à Trèves. Le célèbre Fron-

---

(1) Pour ces écrivains, je renvoie au tome 1er de l'*Histoire littéraire de la France*, où tous les témoignages anciens sont réunis avec un soin scrupuleux.

(2) Voir A. Bernard, *le Temple d'Auguste à Lyon et la nationalité gauloise* (Lyon, 1863, in-folio) ; ouvrage qu'il sera bon de compléter et de corriger par le mémoire de M. Anatole de Barthélemy, *les Assemblées nationales dans les Gaules, avant et après la conquête romaine* (Extrait de la Revue des questions historiques, Paris, 1868, in-8).

ton, précepteur de Marc-Aurèle, qui, lui aussi, écrivait dans les deux langues , décernait un jour le titre d'Athènes des Gaules à la capitale des Rémois, c'est-à-dire. à *Durocortorum* , dont le rude nom ne rappelle que trop l'ancienne barbarie gauloise (1). N'est-il pas probable que cette gracieuse flatterie s'adresse à une ville qui renfermait des écoles grecques ? D'ailleurs, c'est vers le même temps que le rhéteur grec Lucien donnait dans quelques-unes de nos villes des séances de sophistique en langue grecque, et Lucien a pour contemporain Favorinus , le rhéteur et philosophe d'Arles, dont l'érudition et les talents variés ont jeté un grand éclat sur le siècle des Antonins.

Favorinus aussi savait le latin, mais il parait n'avoir jamais écrit que le grec. C'est en grec qu'il avait prononcé un jour le beau plaidoyer, que nous a conservé Aulu-Gelle (2), en faveur de l'allaitement des enfants par leur propre mère et pour combattre la mollesse des jeunes Gallo-Romaines trop promptes à se décharger de ce soin sur une nourrice mercenaire.

---

(1) Page 334, éd. Mai (Romæ, 1823), fragment cité par le grammairien Consentius. Quant à Fronton lui-même, Dom Rivet l'avait classé parmi les écrivains de la Narbonaise. C'est une erreur, aujourd'hui démontrée par la découverte des ouvrages, alors inédits, de ce rhéteur. Voir la Note de M. P. Paris, qui corrige l'erreur, p. 444 de ce premier volume, dans l'utile réimpression, commencée en 1865 et qui s'achève rapidement, des XII premiers volumes de l'*Histoire littéraire*, sous la surveillance de ce savant. (Librairie V. Palmé.)

(2) *Noctes Atticæ*, XII, 1 : « Hæc Favorinum dicentem audivi græca oratione. »

Le commerce rapprochait aussi, en Gaule, les Grecs
mêmes de l'Orient avec les populations soit romaines, soit indigènes de notre sol. Une inscription
d'Ainay, récemment découverte (1), constate en deux
langues la prospérité d'un Grec de Syrie qui avait
de riches entrepôts en Aquitaine et à Lyon, et qui
est mort dans cette dernière ville : curieux rapprochement qui atteste, dans l'ancien monde, un esprit d'active sociabilité.

Le christianisme aussi fut pour nos ancêtres une
occasion nouvelle de cultiver les lettres grecques. A
Lyon, du moins, les noms de saint Pothin et de
saint Irénée, prédicateurs chrétiens venus de l'Asie
grecque, témoignent avec éclat de la popularité de la
prédication chrétienne en cette langue.

Une inscription grecque de onze vers, récemment
découverte à Autun, expose ou, tout au moins,
mentionne assez clairement le sacrement principal de
l'Église chrétienne (2). On a de graves raisons de
croire que le récit du martyre des premiers chrétiens lyonnais, conservé sous forme épistolaire dans
l'*Histoire ecclésiastique* d'Eusèbe, était primitivement écrit en grec. Saint Pothin et saint Irénée
d'ailleurs ne sont pas seulement des apôtres, ils sont
des théologiens : le second surtout, par son ouvrage *Contre les hérésies*, inaugure en quelque sorte

(1) Cette inscription a été publiée par M. Almer dans les Mémoires de la Société impériale des Antiquaires, t. XXVII.

(2) E. Le Blant, *Inscriptions chrétiennes de la Gaule*, n° 4
où l'on trouvera indiqués tous les autres travaux dont ce texte
important a été l'objet.

en n'otre pays la controverse savante sur cette matière. Il a pour disciple saint Hippolyte, qui laisse
aussi dans l'Église, outre le souvenir de grandes vertus, celui d'une érudition variée (1).

Par un contraste que nous ne cherchons pas,
mais qui se présente naturellement à l'esprit, les
pieux docteurs de cette école nous rappellent cet ad-
versaire attardé du christianisme, Julien l'Apostat,
qui passa dans les Gaules quelques années de sa
courte et brillante vie. Julien est un prince de naissance romaine, mais qui toujours préféra la Grèce à
sa mère patrie, et qui porta en Gaule sa prédilection pour les études helléniques. On sait qu'il ha-
bita le palais des Thermes, le plus considérable des
monuments romains qui subsistent à Paris, et c'est
à lui que nous devons la première description un
peu développée que nous ayons de la capitale des
Parisiens, description écrite en grec, dans un ouvrage plein d'élégance, et qui ne se ressent pas du
mauvais goût que Julien reproche quelque part (2)
aux Gaulois. Au même séjour de Julien dans notre
pays se rattache le souvenir de son médecin Oribaze,
auteur d'une grande compilation médicale qui fut

(1) Même après l'ouvrage des Bénédictins, il faut lire, sur
cette partie du sujet, le premier volume de l'*Histoire littéraire
de la France*, par J.-J. Ampère (t. I, Paris, 1839; réimprimé
en 1867), livre I, c. 2 et 3, et les Mémoires de M. de La Saussaye,
qui forment quatre *Chapitres de l'Histoire littéraire de Lyon*
(1858-1862).

(2) *Lettre* 72º (à Priscus) : Εἰ μὴ [τὴν] τῶν Γαλατῶν ἀμουσίαν
διευλαβηθείης.

aussi rédigée en Gaule (1). Tout ce savoir et toute cette élégance pouvaient fort bien ne rencontrer que peu d'appréciateurs dans la vieille Lutèce, où nous ne voyons pas que les lettres grecques aient jamais été cultivées ; mais elles en eurent plus avant encore dans le monde barbare. Quelques années après la mort de Julien, nous trouvons sur les bords de la Moselle, à Trèves, des chaires de rhéteurs et de grammairiens latins instituées par un rescrit de Valentinien II et de Gratien (2). Une inscription antique de Trèves est l'épitaphe d'un certain Épictétus ou Hédonius qui s'intitule lui-même *grammairien grec* (3).

L'hellénisme, d'abord implanté à Marseille, avait donc peu à peu étendu ses rameaux jusqu'aux extrémités de la Gaule du nord, jusqu'aux confins de la Germanie. Il avait contribué pour une certaine part à former la civilisation qu'à cet égard on a tort d'appeler uniquement *gallo-romaine* et qui, soutenue et vivifiée par le christianisme, put subir tant d'invasions barbares sans disparaître absolument de notre sol). Il est permis de croire qu'un peu de la sève hellénique animait ces populations de la Gaule romaine, et que le génie grec, qui avait jeté tant d'éclat depuis plusieurs siècles dans la Narbonaise, n'a-

---

(1) Une édition complète de cette compilation s'achève en ce moment par les soins du docteur Daremberg, aidé de M. Bussemaker. (Impr. impér., 4 vol. in-8°, 1851-1862.)

(2) *Code Théodosien*, XIII, 3, *de Medicis et professoribus*, loi II.

(3) *Corpus inscript. Rhenanarum*, ed. Brambach, n. 801.

vait pas complétement disparu, au quatrième et au
cinquième siècle de l'ère chrétienne, ni du cœur de
.la Gaule, ni de la frontière du Rhin. On voudrait,
néanmoins, en retrouver la trace mieux appréciable,
soit dans la littérature de ce temps, soit dans les
dialectes romans, et surtout dans ceux du midi. En
littérature, il faut avouer que l'hellénisme ne se
montre que bien mêlé aux idées romaines et bien
dominé par elles. Les Sidoine Apollinaire et les Fortunat, s'ils doivent quelque chose à la Grèce, ne
l'ont reçu d'elle que par l'intermédiaire du latin.
Quant à notre langue elle-même, si elle renferme
bien des mots d'origine grecque, presque tous ces
mots avaient traversé la forme latine avant de devenir français ; c'est ce que nous montrerons mieux
dans la sixième leçon. Mais dès aujourd'hui un simple rapprochement nous indique quelle a pu être la
proportion de l'élément hellénique dans la formation des langues romanes entre le cinquième et le
neuvième siècle de l'ère chrétienne : les inscriptions
latines de la Gaule antérieures au sixième siècle sont au
nombre de cinq ou six mille ; les inscriptions grecques retrouvées jusqu'ici ne vont pas beaucoup au-
delà de cinquante (1) ; cela ne peut être un effet du
hasard. Il en ressort évidemment qu'au temps où

(1) *Corpus Inscript. græc.*, n. 6764-6801, 8632, 8696, 8710,
8728, 8735, 8761, 8763, 8792, 8609, 8910, 9836, 9886-9893 (y
compris celles de Germanie et de Belgique) ; quelques inscriptions de cette classe ont, il est vrai, échappé aux rédacteurs du
Corpus, ou n'étaient pas encore découvertes lors de sa publication.

s'élaboraient dans le creuset populaire les idiomes
néo-latins, ramenés plus tard à l'unité de la langue
française, le grec n'était plus guère parlé parmi le
peuple et l'était moins de jour en jour dans ce qu'on
pouvait appeler encore la société cultivée. Jamais,
sans doute, excepté sur les côtes de la Méditerranée,
il n'avait pénétré bien profondément dans les campagnes ; jamais il n'avait servi aux relations admi-
nistratives et militaires. En dehors de la Narbonaise, ce n'était, à vrai dire, qu'une langue savante.
Aussi, quand vinrent les Barbares, il dut bientôt
dépérir sous ce flot de l'invasion. Dans quelques
chrétientés, comme celle d'Arles (1), on le retrouve
encore employé au temps des premiers Mérovingiens ; mais, au-delà de la Loire, il semble avoir
presque complétement disparu dès les premières
victoires des Francs. A Trèves, où nous l'avons
vu tout à l'heure encouragé par un rescrit de Valentinien II et de Gratien, le texte même du rescrit impérial montre que l'on ne pouvait pas sans peine se
procurer des rhéteurs grecs (2). Or, Trèves est précisément de toutes les cités de cette région celle qui
souffrit le plus des invasions successives de la barbarie. Elle eut à subir plusieurs siéges, plusieurs
saccagements, qui noyèrent dans le sang ses palais
et ses églises, dispersèrent ses fidèles, interrompirent
brusquement le cours d'une longue et brillante pros-

---

(1) *Histoire littéraire de la France*, I, p. 59 et 230.
(2) *Code Théodosien*, XIII, 3 ; *de Medicis et professoribus*,
loi II : « ..... Item viginti grammatico latino, græco etiam, si
quis reperiri potuerit, duodecim præbeantur annonæ. »

périté (1). Il n'est guère douteux que la culture hellénique ait disparu complétement au milieu de pareils désastres. Du moins, à partir du cinquième siècle, on n'en suit plus la trace qu'à la lueur de rares documents et de conjectures douteuses.

(1) Voy. Hezrodt, *Notice sur les anciens Trévirois*, Trèves, 1809, in-8°; E. Le Blant, *Note épigraphique sur l'état de l'Église de Trèves après l'invasion des Ripuaires* (*Revue archéologique* de 1864); G. Perrot, dans la *Revue des Deux-Mondes* de 1865, t. LVI, p. 690, mémoire résumé par l'auteur lui-même dans le *Tour du Monde*, livraison du 1ᵉʳ semestre de 1868.

TROISIÈME LEÇON.

DES ÉTUDES DE LANGUE ET DE LITTÉRATURE GRECQUES EN FRANCE AU MOYEN AGE.

Le grec à la cour de Charlemagne. — Rapports de l'Orient grec avec l'Occident latin. — Les croisades ont-elles contribué à développer en France la connaissance des Lettres grecques? — Les livres de Denys l'Aréopagite. — Ce que savaient de grec les grammairiens et les philosophes scolastiques. — Ce qu'en savaient les romanciers et les chroniqueurs.

Les historiens des lettres françaises, et particulièrement les historiens de l'Université de Paris (1), ont déjà relevé avec une louable patience les traces de la culture hellénique en France durant le moyen âge; naguère l'Académie des Inscriptions a mis au concours de nouvelles recherches sur cet intéressant sujet, et elle a décerné le prix, en 1847, à un Mé-

(1) Outre les grands ouvrages de Du Boulay et de Crevier, on consultera surtout avec fruit la thèse de M. Ch. Thurot, *de l'Organisation de l'Enseignement dans l'Université de Paris au moyen âge* (Besançon, 1850, in-8°), ouvrage scrupuleusement écrit d'après les documents originaux.

moire, encore inédit, de M. E. Renan (1). Ces savants
travaux nous dispensent d'entrer ici dans le détail
d'une étude dont les résultats principaux sont depuis longtemps acquis à la critique.

Tout d'abord, nos dépôts de manuscrits témoignent avec une triste évidence du grand affaiblissement des études grecques dans notre pays durant le moyen âge. Je ne sais pas, à vrai dire, si,
depuis le sixième siècle jusqu'au commencement du
quinzième, il a été écrit en France une seule copie
d'un auteur grec, soit sacré, soit profane. Tandis que
les manuscrits latins attestent, siècle par siècle, la
main des scribes occidentaux, tous les manuscrits
grecs que nous possédons sont d'origine orientale,
si l'on excepte toutefois quelques glossaires bilingues
fort grossièrement rédigés. Tant que Constantinople
fut rattachée au siége épiscopal de Rome, la Gaule,
et particulièrement la Bourgogne, conserva quelques
relations avec les théologiens et les lettrés de Byzance. Au huitième siècle, une fille de Charlemagne
ayant dû épouser un fils de l'impératrice Irène, deux
lettrés byzantins furent envoyés à la cour du grand
empereur pour apprendre le grec à cette jeune princesse (2). Alcuin déclare avec emphase qu'il avait

(1) L'amitié de l'auteur m'a permis de faire au manuscrit
de son Mémoire les emprunts qui me semblaient utiles pour
mes propres travaux.

(2) Chronique de Théophane, dans dom Bouquet, t. V, p. 187.
Ce texte et les autres témoignages relatifs à Charlemagne sont
indiqués par M. Fr. Monnier, auteur d'une très-bonne thèse sur
Alcuin et Charlemagne (1853), récemment réimprimée (1864)
avec d'utiles augmentations.

dans sa bibliothèque « tous les trésors transmis aux
Latius par l'illustre Grèce » :

> Græcia vel quidquid transmisit clara Latinis (1).

Eginhard prétend même que ce prince comprenait
le grec mieux qu'il ne le parlait (2) : ce serait déjà
beaucoup pour le huitième siècle ! Il ajoute que
les ambassadeurs grecs, dans leurs discours de réception, parlaient toujours devant lui leur propre
langue (3); mais on se demande si un interprète n'é-
tait pas là, pour aider à l'intelligence de ces discours. A cet égard, la bonne volonté du grand empereur n'est pas douteuse : il voulait, au moins dans
l'intérêt de sa politique, s'assurer avec l'Orient des
relations faciles, et c'est pour cela qu'un de ses
capitulaires (4) accorde des immunités et des dona-
tions à l'Église d'Osnabruck, sous la condition qu'elle
lui fournira, au besoin, des négociateurs également
habiles à parler le grec et le latin. Deux siècles plus
tard, la province de Trèves, où nous avons vu l'hellénisme briller encore au temps de l'invasion barbare, reçoit des colonies d'Irlandais et de moines

---

(1) Alcuini *Opera*, t. II, p. 257, éd. Froben.

(2) *Vita Karoli Magni*, c. 25 : « Græcam linguam melius
intelligere quam pronuntiare poterat. »

(3) *Annales*, anno 812.

(4) T. I, p. 419, éd. Baluze (sous la date de l'an 804) : « Et
hac de causa statuimus, quia in eodem loco græcas et latinas
scholas in perpetuum manere ordinavimus, et nunquam cleri-
cos utriusque linguæ gnaros ibidem deesse in Dei misericordia
confidimus; » texte que m'indique M. L. Maistre, dans l'ouvrage qui sera cité plus bas.

grecs qui viennent s'établir en communauté dans les
environs de Metz, de Toul et de Verdun (1).

Par malheur ces événements et ces efforts favorables à l'entretien de la culture hellénique coïncident
avec la séparation religieuse de l'Orient et de l'Occident. Désormais les deux Églises, divisées par le
dogme, répugneront à s'unir par la communion des
langues ; et en dehors de la politique et de la théologie, il n'y avait pas place pour une alliance supérieure des esprits dans l'amour des beaux-arts et des
lettres antiques. Aussi voit-on que les hommes les
plus renommés de l'Occident pour le savoir ignorent
la langue grecque : Gerbert en est un frappant exemple (2) ; un autre homme, célèbre par son érudition
en ces siècles de ténèbres, Loup de Ferrières, avoue
quelque part dans ses Lettres qu'il a grand'peine à
expliquer certains mots grecs, et qu'il aurait besoin
pour cela de recourir à des Grecs d'origine (3).

Les Croisades ne réparèrent pas le mal causé par
le schisme de Photius. Au contraire, on voit par les
historiens de ces expéditions avec quelle défiance les
chrétiens d'Occident abordaient les Grecs, quel mépris les rudes barons français affectaient pour l'élégance byzantine, et combien ce violent rapprochement des deux races contribua peu à leur concorde.

---

(1) Dom Calmet, *Historia episcoporum Tullensium*, I, p. 146.
(2) *Œuvres de Gerbert*, éd. Oleris (Paris et Clermont-Ferrand, 1866, in-4°), p. xxxii, xl et 33.
(3) *Epistolæ* 5 et 38. Pour plus de détail, voyez B. Nicolas,
Étude sur les Lettres de Servat-Loup, abbé de Ferrières (Clermont-Ferrand, 1861, in-8°).

L'occupation de Constantinople par les Croisés, en
1204, et l'institution d'une monarchie franque sur
ce trône antique ne firent qu'ajouter aux humiliations des Grecs, sans répandre davantage parmi les
nouveaux maîtres de l'Orient le goût de la culture
hellénique. Toute cette génération des empereurs
français de Byzance, des ducs d'Athènes et de Sparte,
se montra fort insouciante des glorieux souvenirs
qu'elle rencontrait sur ce sol tant de fois illustré par
l'héroïsme, par les sciences, par les arts de la Grèce.
Il est presque incroyable, et pourtant il est vrai,
qu'on rencontre à peine quelques témoignages épars
d'un effort tenté par les Orientaux pour apprendre le
français ou par les Français pour apprendre le grec.
Par exemple, j'ai eu l'occasion de publier quelques
lignes en langue romane traduites mot à mot en
grec dans des manuscrits de ce temps : ce sont des
termes usuels rassemblés là pour servir à quelques
pèlerins qui se préparaient au voyage de la Terre
sainte, de courtes phrases destinées aux plus stricts
besoins du voyageur, pour demander son gîte et sa
nourriture. Ailleurs, c'est une traduction romane du
Credo, qu'on a dictée à quelque moine de Byzance,
et que celui-ci a transcrite en caractères grecs, à la
suite sans doute d'une conférence avec certains clercs
qui accompagnaient, en 1204, l'armée des Croisés.
Mais, chose caractéristique, dans ce document, arrivé à l'article de la *procession du Saint-Esprit*,
c'est-à-dire au point de la dissidence entre les Églises de Rome et de Constantinople, le scribe s'arrête
pour intercaler cette imprécation : « Ces deux mots

(*du fils*) sont le blasphème des Latins », τὸ βλάσ-
φημα τῶν Λατίνων (1). On voit par là si les deux Églises étaient près de s'entendre.

Durant cette période où la société du moyen âge
travaillait si péniblement à restaurer l'œuvre de la
civilisation détruite par l'invasion barbare, un seul
auteur grec paraît avoir été vraiment connu, au
moins dans les cloîtres : c'est saint Denys l'Aréopagite, ou plutôt le Platonicien mystique dont on a,
sous ce nom, d'intéressants écrits (2). Pépin le Bref
ayant envoyé à Saint-Jean-de-Latran des clercs pour
étudier le chant et les arts libéraux et pour demander des livres, le pape Paul Iᵉʳ lui avait envoyé un
certain nombre d'ouvrages écrits en grec parmi lesquels deux portent des noms d'auteurs, une *Grammaire* d'Aristote (c'était sans doute le *Perihermenias*
ou Traité du Langage, déjà connu en Occident par
la traduction latine de Boëce) et « les livres de Denys
l'Aréopagite (3) ». Une légende nationale, qui confondait l'Aréopagite converti par saint Paul avec le
premier apôtre chrétien de la Gaule du nord, disposait les esprits savants à s'intéresser aux ouvrages

(1) Voir le texte de ces documents dans mes *Mémoires d'Histoire ancienne et de philologie*, n. XIX, p. 451 et suiv.

(2) Voir la thèse de E. Montet sur *les Livres du Pseudo-
Denys l'Aréopagite*, Paris, 1848, in-8°.

(3) *Epistola Pauli I*, apud Dom. Bouquet, t. V, p. 513 :
« Direximus Præcellentiæ vestræ libros quantos reperire potui-
mus, id est antiphonale et responsale, insimul Artem grammaticam Aristotelis, Dionysii Areopagitæ libros, Geometriam, Or-
thographiam, Grammaticam, omnes græco eloquio scriptos, nec
non et horologium nocturnum. »

du faux Denys, et la légende, à son tour, recevait par là une sorte de consécration qui l'a perpétuée jusqu'à la fin du dix-huitième siècle. On avait institué de bonne heure dans l'église de Saint-Denys une messe grecque en l'honneur de son patron, et, jusque dans un temps où la critique avait fait justice de l'erreur accréditée par la légende, ce pieux usage s'est néanmoins perpétué. La messe grecque de saint Denys a été deux fois imprimée, en 1656 et en 1777 (1), et, jusqu'à la Révolution française, on la chantait en grec le 16 octobre, dans cette célèbre basilique.

Une autre tentative de rapprochement, plus politique, il est vrai, que littéraire, est la fondation par Philippe-Auguste d'un collége constantinopolitain (il était situé près de la place Maubert), où de jeunes Grecs devaient apprendre la langue française, et abjurer, s'il se pouvait, quelque chose de leurs antipathies contre la race franque. Mais il est probable que le bienfait de cette institution ne s'étendit pas loin (2).

Tous ces témoignages, qu'on rassemble à grand'-peine, ne font que mieux ressortir par leur rareté l'affaiblissement des souvenirs et des traditions de

(1) *Messe greque* (sic) *en l'honneur de S. Denys, apôtre des Gaules, premier évêque de Paris*, etc. Paris, 1777, in-12.

(2) M. Vict. Le Clerc. (*Hist. litt. de la France*, t. XXIV, p. 528), avoue que les renseignements historiques que l'on peut recueillir sur ce sujet lui laissent bien des doutes, surtout quant à la date de la fondation de ce collége. Cf. Heeren, *Geschichte der klassischen Literatur*, t. 1, p. 294.

4

l'hellénisme dans les pays de langue française (1)
au moyen âge. Chose singulière, de toutes les tentatives qui eurent lieu pour réveiller alors le goût des lettres grecques en France, la plus efficace encore fut
peut-être celle de Charlemagne, et Charlemagne,
pour avoir des maîtres dans les chaires de sa célèbre
école palatine, fut obligé de les faire venir d'Irlande.
Longtemps protégée contre les barbares par son éloi-
gnement même, l'Irlande avait gardé quelques dépôts
de la science hellénique (2). Ce furent des maîtres
irlandais qui apprirent à Charlemagne ce qu'il savait de grec, au rapport de son biographe Alcuin,
et ce qu'il en savait était sans doute peu de chose.
Alcuin et les professeurs de cette école épelaient sans
trop de peine des textes grecs élémentaires ; ils pouvaient calquer tant bien que mal une phrase latine
sur une phrase grecque, et ils ne manquaient pas de
faire sonner très-haut, dans leurs controverses, le
petit nombre de mots grecs qu'ils avaient pu retenir
dans leurs lectures. Scot Érigène, le dernier et le

(1) On me pardonnera cet anachronisme de langage pour
éviter le mot *langue romane*, qui pourrait s'appliquer trop facilement à l'Europe méridionale. Sur l'*Étude du grec dans les
Pays-Bas avant le quinzième siècle*, il y a une dissertation
estimable et instructive, quoique rarement écrite d'après les
documents originaux, par M. Le Glay (2ᵉ édition, Cam-
brai, 1828, in-8°). Sur les auteurs étudiés alors dans les Écoles
on trouvera aussi d'utiles renseignements dans l'ouvrage de
MM. Stallaert et Van den Haegben sur l'*Instruction publique
au moyen âge* (en Belgique), *du huitième au seizième siècle*
(Bruxelles, 1854, in-8°).

(2) Voir B. Hauréau, *Singularités historiques et littéraires*.
(Paris, 1861, in-12), n° I : « École d'Irlande. »

plus éclatant représentant de l'érudition irlan-
daise (1), surpassait certainement de beaucoup cette
mesquine érudition, comme la hardiesse de sa pensée éclipse les timides subtilités de la scolastique
carlovingienne. Pour traduire d'un bout à l'autre,
comme il le fit, les écrits de philosophie alexandrine
qui portent le nom de Denys l'Aréopagite, il devait
vraiment les bien comprendre dans leur langue originale : mais Scot Érigène est dans son siècle une exception et presque un prodige.

Il faut donc avoir peu étudié l'histoire de ce temps
pour croire, avec un écrivain moderne, que le grec
et les langues orientales fussent alors connues de
tous les esprits cultivés (2).

Nous avons d'ailleurs une preuve bien certaine
de l'oubli profond où était tombée la langue grecque dans presque toutes les écoles de la Gaule : c'est
la série des écrits grammaticaux qui, entre Priscien
et Alexandre de Villedieu, servirent à l'éducation de
tous les lettrés du moyen âge. Naguère encore ces
écrits nous étaient bien peu connus. Mon collègue
M. Charles Thurot vient de les étudier, de les analyser dans un mémoire dont l'impression s'achève
en ce moment (3). il l'a fait avec une remarquable

(1) Voir Saint-René Taillandier, *Scot Érigène et la philosophie scolastique*: (Strasbourg et Paris, 1843, in-8°).

(2) Léon Maistre, *les Écoles monastiques et épiscopales de
l'Occident depuis Charlemagne jusqu'à Philippe-Auguste*. (Paris, 1866, in-8°).

(3) *Notices et Extraits des manuscrits*, t. XIX. Dès 1850,
M. Thurot avait traité avec beaucoup de soin cette partie du su-

connaissance des documents originaux et une rare
intelligence des doctrines. J'ai pu jouir par anticipa-
tion des résultats de ce travail, et je ne sais rien qui
montre mieux à quel état d'indigence était tombée
alors l'érudition grammaticale. Le latin (et quel latin
encore !) est la seule langue que connaissent et que
traitent scientifiquement tous les grammairiens. S'ils
citent du grec, çà et là, ou même de l'hébreu, c'est
presque toujours sans le comprendre, sur la foi
d'auteurs plus anciens, et d'après des transcriptions
plus ou moins barbares (1). Cela est surtout visible
dans la liste de *schèmes* et de *tropes* dressée par ces
grammairiens, et dans laquelle presque tous les mots
sont expliqués d'une façon qui prouve une profonde
ignorance de la langue grecque. Cinq lignes d'un
Abrégé de la Prosodie d'Hérodien, copiées et traduites assez exactement par l'un d'eux, sont une exception presque étonnante au milieu de si nombreuses méprises (2).

La grammaire, alors, avait les mêmes méthodes que

jet dans sa thèse *de Alexandri de Villa-Dei Doctrinali ejusque
fortuna*.

(1) Voir surtout, dans les livres XVII et XVIII de Priscien, où
l'auteur traite de la syntaxe et cite beaucoup d'exemples empruntés aux écrivains grecs, combien ont été altérés par l'ignorance des copistes ces textes grecs que la diligence des éditeurs
et particulièrement de M. Spengel (à la suite du Varron, *de Lingua latina*, Berolini, 1826), et de M. Halm (éd. de Priscien, Lipsiæ, 1855-1858), n'a pas toujours pu ramener à leur intégrité.

(2) Ce fragment est peut être inédit. M. Thurot et moi nous
ne l'avons retrouvé jusqu'ici dans aucune édition des opuscules
et fragments d'Hérodien.

la philosophie; elle subtilisait puérilement sur des faits mal connus et sur des axiomes obscurs ou douteux. On dirait même que la belle littérature latine lui était inconnue ou indifférente, bien qu'elle fût toujours cultivée par une certaine élite d'esprits curieux, au moins dans les cloîtres. Le latin de la Vulgate et de ses commentateurs, le latin des conciles et du droit canon, sont pour ces grammairiens comme une sorte de langue sacrée et universelle, qui représente, à elle seule, sinon tout le vocabulaire, au moins tous les procédés de la parole humaine.

Quand les règles posées par les anciens sont en désaccord avec le latin de la Vulgate, on prend parti pour ce dernier. Donat enseignait qu'on doit écrire *scalæ, scopæ, quadrigæ* (au pluriel). « Nous ne le suivrons pas, dit le grammairien glossateur Smaragdus, parce que nous savons que l'Esprit-Saint a toujours employé ces mots au singulier (1). »

Même ignorance du grec se voit chez les philosophes, les historiens, les géographes et les poëtes. C'est toujours à travers le latin qu'ils saisissent ou essaient de saisir la pensée des auteurs grecs. On a cru longtemps, et quelques personnes croient encore, que les *Summulæ* de Pierre Lombard (treizième siècle) étaient traduites d'un opuscule du Byzantin

(1) « Donatum et eos qui semper ea disserunt pluralia non sequimur, quia singularia ab Spiritu Sancto cognoscimus dictata. » Manuscrit de la Bibliothèque impériale n. 7551, fol. 29 recto. On trouve de semblables assertions f. 21 v.; 39 v.; 47 v. (Ch. Thurot.)

Michel Psellus ; c'est le contraire qui paraît décidément établi (1). Les Byzantins , alors , malgré leur antipathie pour les catholiques romains, ont traduit plus d'ouvrages latins que les scolastiques n'ont traduit d'ouvrages grecs (2). Il ne faut pas se laisser prendre à une certaine coquetterie d'hellénisme qu'affectent alors les clercs de l'Occident ; elle ne fait guère que les exposer à de ridicules méprises. Il serait trop facile d'en multiplier les exemples; quelques-uns suffiront. Au treizième siècle, un sénéchal du roi d'Arles, Gervais de Tilbéry, dans un grand traité géographique, qui fait partie de ses *Otia imperialia*, veut expliquer ce que c'est que l'*Académie* d'Athènes ; il traduit ce mot par les mots *tristesse du peuple* (sans doute ἄχος δήμου). « C'est un lieu, dit-il, très-sujet aux tremblements de terre, et voilà pourquoi les disciples de Platon l'avaient choisi pour séjour ; la crainte de ce fléau devait sans cesse les détourner des désirs sensuels; » et, un peu plus bas, il explique le nom des *péripatéticiens* par ce fait que les disciples d'Aristote fou-

---

(1) Voir la démonstration décisive, à mon avis, de M. Thurot (dans la *Revue archéologique* de 1864, p. 267 et suiv., et dans la *Revue critique* de 1867, nº 13), à laquelle M. Prantl a voulu répondre dans son mémoire intitulé : *Michael Psellus und Petrus hispanus* (Leipzig, 1867, in-8°).

(2) Voy. Vict. Le Clerc, dans l'*Hist. litt. de la France*, t. XX, p. 265, et pour les romans, en particulier, le mémoire de M. Gidel, couronné par l'Académie des inscriptions : *Études sur la littérature grecque moderne. Imitations en grec de nos romans de chevalerie, depuis le douzième siècle* (Paris, 1866, in-8°. Impr. impériale).

laient (περιπάτουν), en quelque sorte, le domaine de
la vérité (1).

En histoire, les prétendus annalistes grecs, Dictys
de Crète et Darès le Phrygien, dans la traduction attribuée à Cornélius Népos (2), remplacent Hérodote,
Thucydide et Diodore. L'autorité des poëtes est sans
cesse confondue avec celle des prosateurs : Virgile
témoigne comme ferait Tite-Live ou Tacite sur les
plus anciennes traditions des peuples. A côté de Virgile s'est même introduit, sous le nom étrange de
Pindare ou *Pandare le Thébain*, un obscur abréviateur d'Homère qui avait résumé, en vers passables
d'ailleurs, l'*Iliade* et l'*Énéide* (3). C'est dans cet arsenal historique, mêlé de quelques vérités et de
beaucoup de fables, que vont puiser tous les chroniqueurs ou en vers ou en prose; c'est de là que sont
sorties toutes ces fabuleuses générations de rois
qu'ils alignent complaisamment le long des premiers siècles dans les annales de la Gaule et de la
Bretagne.

L'histoire ancienne proprement dite n'est pas
mieux connue que la poésie et se confond même
avec elle. La vie d'Alexandre, par exemple, de bonne

(1) *Histoire littéraire de la France*, t. XVII, p. 82-109. Cf.
Saint Basile, *Aux Jeunes gens*, § 19 ; Diog. Laërte, III, 7.

(2) Le dernier résultat des recherches de la critique sur ce
sujet se trouve dans les deux éditions publiées par M. Dederich
de Dictys et de Darès (Bonn, 1833, 1835, in-8°).

(3) Wernsdorf (*Poetæ latini minores*, t. IV, p. 546) établit
avec vraisemblance que l'auteur pourrait être Aviénus, le même
à qui nous devons des fables ésopiques en vers et une traduction du poëme géographique de Denys le Periégète.

heure défigurée par l'esprit romanesque et par l'i-
magination populaire dans les récits grecs du faux
Callisthène et dans les récits latins de Quinte-Curce,
sert de texte à mainte composition, en vers et en
prose, où le véritable caractère du conquérant ma-
cédonien devient absolument méconnaissable; il s'est
changé en une sorte de type idéal de la grandeur
royale et de l'ambition militaire (1). Nul souci des
dates, de la diversité des religions et des nationalités,
dans cette confusion des souvenirs et des inventions
légendaires. En même temps que le poëte Virgile est
devenu un savant magicien (2), Hippocrate, dont la
doctrine médicale gardait pourtant son autorité dans
quelques écoles, devient le héros d'une ridicule aventure d'amour. L'idée même de l'histoire ne se conserve que sous la plus humble forme, celle de la chronique monacale.

En philosophie, il y a bien longtemps que ni Platon ni Aristote ne sont plus étudiés dans l'original :
le premier n'est guère connu que par ses interprètes
et ses continuateurs alexandrins, et le second ne
l'est que par Boëce, traducteur de l'*Organum*. A

---

(1) Voir, pour plus de détails, mes *Mémoires de Littérature
ancienne*, n. XIII, p. 344 et suiv., et les ouvrages auxquels je
renvoie dans ce morceau.

(2) Voir Fr. Michel, *Quæ vices quæque mutationes et Virgi-
lium ipsum et ejus carmina per mediam ætatem exceperint*
(Paris, 1846), thèse pour le doctorat ès-lettres; Édél. du Méril,
de Virgile l'Enchanteur, dans ses *Mélanges archéologiques et
littéraires* (Paris, 1850, in-8°); F.-W. Genthe, *Leben und Fort-
leben des Publius Virgilius Maro als Dichter und Zauberer*
(Magdebourg et Leipzig, 1857, in-16).

qui devra-t-on une plus ample et plus exacte connaissance de leur philosophie ? Ce n'est ni aux Grecs
de l'Italie ou de la Sicile, ni même à ceux de Constantinople, qui commençaient à ne plus guère étudier
ces grandes doctrines que dans de maigres et informes abrégés ; c'est aux Arabes. On a ici un des
plus étranges exemples des vicissitudes humaines. La
philosophie péripatéticienne, introduite et devenue
populaire en Syrie durant les derniers siècles du
paganisme, y avait trouvé de nombreux traducteurs (1), comme, plus au nord de l'Asie, elle en
trouvait chez les Arméniens (2). Maîtres de la Syrie,
les Arabes se sont, à leur tour, épris d'Aristote et
de ses doctrines. Ils les ont traduites, non plus sur
le grec, mais sur le syriaque. De Bagdad ils les ont
transportées en Afrique et en Espagne, et jusque
dans le midi de la France, envahi successivement par
leurs armées. Les Juifs érudits de ce temps se sont
emparés, à leur tour, des traductions arabes, et
c'est tantôt sur l'arabe, tantôt sur l'hébreu, que
plusieurs écrits d'Aristote, entre autres la *Métaphysique*, la *Rhétorique* et la *Poétique*, ont été alors traduits en latin et livrés ainsi à la curiosité des sco-

(1) Voir E. Renan, *de Philosophia peripatetica apud Sy-
ros* (Paris, 1852, in-8°).

(2) Voir Placido Sukïas Somal, *Quadro della storia litteraria
di Armenia* (Venezia, 1829, in-8°). Pour plus de détails sur les
ouvrages grecs que nous ont ainsi conservés les traducteurs arméniens, voir, à la fin de notre second volume, l'Appendice intitulé : *D'une nouvelle Renaissance des Lettres grecques et
latines au dix-neuvième siècle.*

lastiques (1). Les formúles du raisonnement, cette
algèbre du syllogisme, jadis si fortement conçues,
si sévèrement exposées par Aristote, ne perdaient que
peu de leur rigueur à passer d'une langue à l'autre;
mais les règles de l'éloquence et celles de la poésie,
mais les spéculations de la métaphysique, comment
pouvaient-elles se transmettre avec fidélité à travers
tant de mains et tant d'idiomes divers? Lorsqu'aujourd'hui on rapproche du texte aristotélique quelques pages des traductions arabes d'Averroës, mises
en latin par Hermann l'Allemand, on reste confondu devant les erreurs de tous genres qui devaient donner le change aux lecteurs de ce temps
sur la pensée d'Aristote. D'abord, ce sont les noms
propres que l'on voit défigurés de siècle en siècle,
jusqu'à devenir méconnaissables ; puis, les expressions techniques, et quelquefois les expressions les
plus simples et les plus claires dans la langue grecque, qui se sont obscurcies faute d'équivalents naturels dans des langues dont la littérature manquait
absolument de compositions analogues aux ouvrages
que définissait Aristote. Nous étudierons plus loin
ces tristes déformations des idées et du langage ;
mais, pour en citer ici un exemple, chez Averroës,
qui n'avait jamais lu de sa vie une tragédie ni une
comédie grecque ou latine, la tragédie était devenue
« l'art de louer » et la comédie « l'art de blâmer » :
calculez maintenant les conséquences d'une telle

_____

(1) Voir A. Jourdain, *Recherches critiques sur l'âge et l'origine des traductions latines d'Aristote.* 2ᵉ édition, publiée par
C. Jourdain. (Paris, 1843, in-8ᵒ.)

méprise dans le reste de la *Poétique* d'Aristote. Un Traité de métrique du quatorzième siècle divise la poésie en quatre genres, comédie, tragédie, satire, élégie, *ad similitudinem quatuor virtutum*, et cite comme exemples de tragédie les poëmes de Lucain et de Stace (1) !

Une conséquence de l'altération des noms propres, c'est qu'il n'y a plus, à vrai dire, pour les scolastiques d'histoire de la philosophie. Quels furent les maîtres de Platon et d'Aristote, et les maîtres de ces maîtres eux-mêmes ? La scolastique n'en sait rien, ou elle en sait si peu de chose que Platon et Aristote, le dernier surtout, sont pour elle comme des génies surhumains et sans ancêtres, ayant vécu dans la contemplation de la vérité absolue, dont ils sont devenus les témoins et les prophètes auprès de la faible humanité. En adaptant, par un effort plus ou moins heureux, les doctrines aristotéliques aux dogmes du christianisme, on a formé un ensemble et comme un édifice dont la belle apparence, dont les divisions multiples et régulières, masquent les fondements ruineux et dissimulent la construction étrangère à toute critique, à tout sentiment du progrès dans les systèmes et dans le développement de la pensée. Par leurs dimensions, par leur symétrie, par l'énorme labeur qu'elles supposent, ce sont des œuvres vraiment majestueuses que celles d'un Vincent de Beauvais, d'un Albert le Grand,

(1) Manuscrit du Fonds de Sorbonne, n. 1782, analysé par M. Ch. Thurot dans le mémoire auquel nous avons fait plus haut d'autres emprunts.

d'un saint Thomas d'Aquin ; mais, si le moyen âge s'y montre tout entier dans l'ardeur de sa foi et dans la subtilité de sa logique, l'antiquité grecque n'y laisse plus voir qu'une image bien affaiblie de ses vraies doctrines. Dans la littérature proprement dite, c'est pis encore : ni les troubadours au midi, ni les trouvères au nord, ne se font plus la moindre idée de l'art grec ; et, grâce à leur ignorance même, ils ont produit une poésie singulièrement abondante et variée, parfois très-habile en ses procédés de langage, mais qui ne doit rien de ses qualités ni de ses défauts aux leçons de la Grèce.

A partir du treizième siècle, je le sais, l'esprit novateur commence à souffler dans nos écoles. Quelques manuscrits grecs arrivent d'Orient et sont déchiffrés avec autant d'avidité que d'inexpérience. Aristote est bientôt combattu ; il est condamné par les conciles, quand on s'aperçoit que sa philosophie n'est pas aussi conforme qu'on l'avait cru d'abord à l'orthodoxie religieuse ; il trouve des défenseurs aussi ardents que l'étaient ses adversaires. Platon reparaît aussi dans les arènes de la controverse sous un costume où il est un peu moins difficile de le reconnaître. D'autres philosophes secondaires et longtemps oubliés, comme Sextus Empiricus, sont traduits du grec en latin (1). Bientôt Nicole Oresme donnera, d'après le latin, il est vrai, la première traduction française de plusieurs longs écrits d'Aristote (2).

(1) Ch. Jourdain, *Sextus Empiricus et la philosophie scolastique* (Paris, 1858, in-8°).

(2) Voir, sur cet écrivain laborieux et qui fut quelquefois ori-

Nous arrivons ainsi à la fin du quatorzième siècle.

Nous avons cherché en conscience tout ce qui pouvait, au moyen âge, attester quelque intelligence des livres grecs, des idées helléniques, et, sauf de rares exceptions, nous avons dû reconnaître que, pendant près de mille ans, cette pure lumière de l'hellénisme n'avait guère jeté sur la France que des reflets lointains, indirects et trompeurs. Certes, ce n'est pas un médiocre honneur pour le génie d'Athènes que la domination d'Aristote sur la scolastique; mais, si l'on ne se paie pas de mots, il faut avouer que le philosophe reconnu alors comme le roi de l'école et le législateur de la pensée humaine, était loin du véritable Aristote que la Grèce avait admiré, qu'elle avait commenté, discuté jusqu'à l'établissement du christianisme, et que les Byzantins eux-mêmes pouvaient encore lire assez couramment dans sa propre langue, quand ils voulaient bien en prendre la peine. Vous avez vu quelquefois, en tête des éditions du quinzième et du seizième siècle, les portraits fantastiques où Aristote nous est représenté avec une casaque de velours, un manteau et un bonnet de docteur en Sorbonne; c'est là une image du travestissement que son œuvre avait subi entre les mains des scolastiques.

En résumé et pour nous borner à ce choix de preuves qu'il eût été facile, mais peu utile, de multiplier, à partir du cinquième siècle de l'ère

ginal, l'excellente thèse de F. Meunier, *Essai sur la vie et les ouvrages de Nicole Oresme* (Paris, 1857, in-8°).

chrétienne, c'est en latin et par les Latins que se fit
toute l'éducation de la Gaule d'abord, puis de la
France littéraire et savante. En quelle mesure tous
ces maîtres romains ont-ils conservé la tradition de
l'hellénisme, et quelle part les idées grecques ont eue
dans leur enseignement, cela vaut la peine d'un
examen spécial, qui fera le sujet de notre prochaine
leçon.

QUATRIÈME LEÇON.

TRADITION LATINE DE L'HELLÉNISME EN FRANCE
DURANT LE MOYEN AGE.

En Gaule, comme en Italie, la littérature latine est toute mêlée d'hellénisme. — Comment l'éducation chrétienne et la littérature chrétienne s'écartent d'abord de ces traditions. — Comment elles y reviennent et s'y attachent. — L'esprit chrétien dans l'histoire. — Persistance des idées païennes chez Ausone et chez Sidoine Apollinaire. — Originalité chrétienne d'Alcimus Avitus. — Décadence de la philosophie naturelle et de l'histoire. — Les troubadours et les trouvères doivent peu, comme écrivains, à l'antiquité classique.

Vous avez vu que, si l'hellénisme, introduit en Gaule par la colonie phocéenne de Marseille, n'a pas cessé d'y faire des progrès jusqu'au complet établissement du christianisme, néanmoins l'usage de la langue grecque n'y a jamais été fort général dans les provinces du centre et du nord, et que, vers le temps de Charlemagne, il avait à peu près disparu même de la Provence. Mais l'hellénisme n'était pas seulement représenté dans l'éducation des Gallo-Romains par les maîtres grecs et par les ouvrages écrits en

cette langue ; il l'était aussi par les maîtres et par
les livres latins, et, à cet égard, nous n'avons pas
même besoin de distinguer entre les Romains nés en
Gaule, et de sang gaulois, et les Romains de l'Italie ,
car les deux pays étaient réunis par les plus grandes
facilités de relations commerciales et littéraires. Au
premier, au deuxième siècle de l'ère chrétienne ,
notre pays était sillonné par des routes nombreuses,
dont les restes montrent assez combien d'argent
Rome consacrait·à ces utiles dépenses, et que d'habiles ingénieurs elle avait à son service. Le régime
des postes impériales, pour les voies de terre (1),
l'organisation des compagnies de mariniers pour les
voies fluviales (2), offraient évidemment aux voya-
geurs de toute condition des moyens commodes pour
traverser notre pays dans tous les sens. Pline le
Jeune écrit dans une de ses lettres à un ami : « J'ap-
prends, ce que j'ignorais, qu'il y a des libraires à
Lyon et que mes livres s'y vendent (3). » Pure coquetterie que cet étonnement, car depuis longtemps
la puissante colonie lyonnaise, si protégée par les
empereurs, et qui avait vu naître plusieurs Césars,
Lyon, avec son Autel de Rome et d'Auguste, où se
réunissaient tous les ans les délégués des soixante

(1) Voir là-dessus le Mémoire de M. Naudet, t. XXIII, 2e
partie, du Recueil de l'Académie des inscriptions et belles-lettres.

(2) Entre autres ouvrages, voir, sur ce régime de nos voies
fluviales, l'*Histoire des marins fréquentant la rivière Loire et
ses affluents*, par M. Mantellier (Orléans, 1868, in-8°).

(3) *Epist.*, IX, 11 : « Bibliopolas Lugduni esse non putabam,
ac tanto libentius ex litteris tuis cognovi venditari libellos
meos, etc. »

principales nations de la Gaule (1), où l'on célébrait,
au temps de Juvénal (2), des fêtes littéraires, ou-
vertes aux orateurs grecs comme aux orateurs latins, Lyon devait être pour les livres, comme pour
le reste, le foyer d'un commerce très-actif et varié.
L'inscription, que je citais naguère, d'un commer-
çant né en Syrie, enrichi dans l'Aquitaine et dans
la Lyonnaise, où il finit ses jours, et où l'on grava
sur sa tombe une épitaphe grecque et latine, est encore une preuve de cette facilité des échanges entre
la Gaule et les pays méditerranéens. Il est certain
que la Provence envoya plus d'une fois à Rome, et
cela dès le premier siècle avant l'ère chrétienne, des
professeurs et des littérateurs distingués. A leur
tour, les lettrés romains fréquentaient souvent la
Gaule, et, en tout cas, y étaient facilement connus par
leurs livres. La Narbonaise a produit, pour sa part,
d'habiles traducteurs des ouvrages grecs, comme
Varron d'Atace, qui mit en vers latins les *Argonau-
tiques* d'Apollonius de Rhodes ; d'habiles imitateurs,
comme Cornélius Gallus, l'ami de Virgile, qui fit
passer en latin quelques-unes des beautés de l'élégie alexandrine ; comme Trogue Pompée, qui semble avoir suivi de très-près, dans ses *Histoires phi-
lippiques*, le grand ouvrage de Théopompe. Mais, à
vrai dire, ces Gaulois hellénistes étaient aussi populaires dans les provinces italiennes de l'empire que
dans leur patrie, et, réciproquement, il n'y a guère

(1) Voir la IIe leçon, ci-dessus, p. 35.
(2) *Satires*, I, v. 44.

5

de réputation littéraire romaine qui n'ait pénétré
dans les écoles et dans les cercles élégants de la Gaule.

Or toute cette littérature classique des Romains
s'est formée à l'école de la Grèce et porte la profonde
empreinte de l'hellénisme. C'est Horace qui a dit :

> Græcia capta ferum victorem cepit, et artes
> Intulit agresti Latio ;

et ailleurs :

> .... Vos exemplaria græca
> Nocturna versate manu, versate diurna (1).

La métrique de ce même Horace, comme celle d'Ennius, de Lucrèce, de Catulle, n'a presque pas une
forme de vers qu'elle n'ait empruntée à ces modèles.
Le vieux vers saturnin, qu'on tenait pour éminemment national, ne se présente guère à nous que sous
sa forme plus moderne, laquelle est visiblement calquée sur des exemples grecs (2).

Depuis Fabius Pictor jusqu'à Tacite, depuis Li-
vius Andronicus et Ennius jusqu'à Virgile et à Lucain, il n'y a pas un genre de composition où les
modèles et les préceptes grecs n'aient contribué soit
à inspirer, soit à diriger l'esprit romain. N'est-ce pas
un Romain qui , au commencement de l'Empire,
s'écrie :

> ...... Non possum ferre, Quirites,
> Græcam urbem (3)?

---

(1) Horace, *Épîtres*, II, ɪ, v. 156 ; *Art poétique*, v. 268.
(2) Voir Pfau, *de Metro saturnino* (Quedlinburg, 1864, in-8°).
(3) Juvénal, *Satires*, III, 61. Cf. Pétrone, fragm. 37, édition
Büchler.

La satire elle-même, dont Quintilien voulait assurer l'honneur à ses propres compatriotes (1), n'a rien de particulier ni d'original, chez les Romains, que sa forme de discours ou de dialogue en vers hexamètres. Encore, chez Varron, les satires, d'une espèce particulière, qu'on appelait *ménippées* étaient-elles, pour le fond et pour la forme, de véritables imitations de modèles grecs. Lucilius, dans ses vers (2), et Cicéron, dans la prose de ses lettres, mêlent sans cesse au latin des phrases ou des mots grecs, comptant bien, néanmoins, être compris de leurs lecteurs.

Devenir Romain, pour un provincial de l'Espagne ou du nord de la Gaule, c'était donc, en même temps et dans une certaine mesure, devenir Grec. Rome avait si bien adopté les idées religieuses et les formes littéraires de la Grèce, qu'il n'y avait, à proprement parler, sous l'Empire, qu'une seule littérature parlant avec une facilité presque égale deux langues également classiques. Pline le Jeune, sous Trajan, a des amis romains qui versifient en grec de façon à rendre Athènes jalouse de leur succès (3), comme jadis le rhéteur Molon pleurait en entendant Cicéron déclamer avec éclat dans la langue de Démosthène. Fronton, le maître de Marc-Aurèle, nous est connu par une correspondance où se mêlent des lettres écrites dans les deux langues, et, quant à Marc-Aurèle (qui, comme on le sait,

(1) *Instit. Orat.*, X, 1, § 93.
(2) Horace, *Satires*, I, x, v. 30.
(3) *Epist.*, IV, 3.

appartient à la Gaule narbonaise par les origines
de sa famille), s'il était bon orateur dans la langue
de Cicéron pour soutenir son rôle d'empereur (1),
il écrivait aussi, comme philosophe, celle de Zénon
et d'Épictète : le recueil de ses Pensées en est un beau
témoignage.

On voit donc que, par elle-même et par ses relations avec Rome, la Gaule s'était naturellement
imprégnée d'hellénisme, si je puis ainsi dire, et
qu'elle était entrée presque sans réserve dans l'esprit de la civilisation gréco-romaine, comme elle
avait subi l'ascendant politique de la cité conqué-
rante. Il est remarquable aussi à quel point les
monuments religieux de la Gaule témoignent de
cette profonde assimilation. Bien des divinités gauloises sont encore mentionnées dans les inscriptions
païennes de la Gaule, mais elles le sont presque
toujours avec des surnoms ou des épithètes qui
constatent comme leur naturalisation dans l'Olympe
latin. Tel de ces dieux voit joindre à son nom le
titre d'*Augustus :* c'était une manière de l'associer
à la divinité vivante de l'empereur ; tel autre, comme
le dieu *Borbo,* ou *Borvo,* de la source thermale de
Bourbonne les-Bains (2), s'appelait en même temps
Apollon, c'est-à-dire qu'il se confondait avec une

(1) P. 95 et 143, éd. Naber (Lipsiæ, 1867).

(2) Voir sur ce sujet la dissertation spéciale de Berger de Xivrey (*Lettre à M. Hase,* Paris, 1833). La principale inscription
en l'honneur de ce dieu est reproduite dans le Recueil d'Orelli,
n° 5880 (Supplément de Henzen). Cf. Ausone, *Urbes,* XIV, 31 :

Salve, urbis genius, medico potabilis haustu,
Divona Celtarum lingua fons addite divis.

des divinités helléniques les plus facilement adop-
tées par les Italiens. Il ne pouvait d'ailleurs que
plaire aux Gaulois de voir les Romains reconnaître
si complaisamment dans les grossières images de
leurs dieux barbares les dieux de l'Italie, auxquels
l'art hellénique avait su donner des formes si nobles
et si gracieuses.

Il y eut néanmoins un temps où la Gaule dut ré-
pudier ces traditions de l'hellénisme gréco-romain :
c'est le temps de ses grands efforts pour devenir
chrétienne. Alors, sans doute, tout ce luxe d'élégance et de finesse, dont la pensée s'enveloppait chez
les rhéteurs et chez les poëtes, sembla superflu et
même nuisible ; mais, par-dessus tout, l'esprit éminemment païen de la poésie et même de l'éloquence
grecque dut offenser l'austérité des docteurs qui
s'étaient donné la tâche d'évangéliser nos ancêtres.
Il y eut, dès ce temps, toute une école de sévères
théologiens, comme Tertullien, qui prétendirent
qu'il fallait rompre avec Virgile et avec Homère, si
l'on voulait former des disciples de l'Évangile, et,
par un singulier contraste, Julien l'Apostat pense
et agit comme Tertullien, lorsque, dans un rescrit
célèbre (1), il veut interdire aux chrétiens le métier
de professeur, parce qu'ils ne sauraient parler des
dieux de la Grèce sans les maudire, ni interpréter
Sophocle ou Démosthène sans manquer à l'esprit
même de la religion que professaient ces grands
hommes. Simplifier ainsi l'éducation en la ramenant

_____

(1) Il figure parmi les Lettres de Julien, n° 42, éd. Heiler.

au strict enseignement évangélique, c'était arrêter,
ou peu s'en faut, tout développement de la culture
littéraire, par défiance des périls qu'elle pouvait en-
gendrer. En effet, il semble que le troisième siècle de
l'ère chrétienne et la première moitié du siècle suivant aient beaucoup souffert de cette exclusion. Les
œuvres littéraires de ce temps ont péri presque
toutes, mais il ne paraît pas qu'elles soient bien regrettables. Tout l'effort de la pensée, toute la cha-
leur des passions généreuses, se portaient alors aux
grandes luttes de la religion ; l'éloquence religieuse
elle-même ne pratiquait aucune méthode savante,
et semblait peu préoccupée d'en chercher une.
Quelque chose de cette pauvreté, de cette nudité du
christianisme primitif, se voit dans les premières
inscriptions chrétiennes de la Gaule. Ces épitaphes
sont d'ordinaire très-courtes et dénuées des plus
innocentes élégances ; non-seulement on ne veut
plus s'y parer de tous les titres qu'invente la vanité
mondaine (1), mais c'est à peine si l'on y marque
avec quelque soin les relations les plus élémentaires
de la parenté (2); surtout on n'y a guère souci de
la langue, qui se déforme avec une prodigieuse ra-
pidité (3). Quand le scribe a tenté quelque effort
pour mettre en vers un pieux éloge du défunt, on
surprend trop facilement, à ses défaillances, à l'in-
correction de sa métrique, de sa syntaxe, de son

---

(1) Voir le Recueil de M. Le Blant, *Inscriptions chrétiennes de
la Gaule*. Préface, p. xcix.
(2) Le Blant, *Ibid.*, p. vi, xxiii, xxxii.
(3) Le Blant, *Ibid.*, p. cxvii.

orthographe (1), combien l'instruction s'est affaiblie dans les écoles, par ce divorce des esprits avec la tradition littéraire et païenne des siècles précédents.

Mais, quand la société gallo-romaine est presque tout entière ralliée au christianisme, il semble que les docteurs et les adeptes de la religion nouvelle perdent leur défiance à l'égard des lettres classiques. La littérature grecque reprend alors quelque peu du terrain qu'elle avait perdu ; elle le reprend d'abord par les nécessités de la polémique religieuse et philosophique, puis par la séduction, qui semble de moins en moins dangereuse, de ses fables et de ses gracieux symboles.

Il y a, en effet, une première période de propagande, durant laquelle le christianisme fit plus de conquêtes en touchant les âmes qu'en persuadant les esprits. L'exemple seul des martyrs était plus contagieux et plus efficace que de bien longues controverses. Mais, après ce premier élan de la foi triomphante, et surtout dans les hautes régions de la société, on voit naître bientôt le besoin de luttes savantes, où le dogme, de mieux en mieux déterminé, fût aussi démontré avec précision aux incrédules, défendu contre les objections des philosophes, contre les subtilités et les erreurs des hérésiarques. Pour cela, il fallait autre chose que la simplicité d'une parole toute nue ; il fallait encore les ressources de la logique et de l'érudition : c'est cette logique et cette érudition qui caractérisent l'éloquence chré-

(1) Voir surtout l'inscription métrique d'Autun (Le Blant, *Inscr. chrét. de la Gaule*, n° 4), cités dans notre II° leçon.

tienne chez ceux qu'on a justement nommés, à ce
titre, les Pères de l'Église. Saint Augustin résume cet
esprit d'un christianisme savant et raisonné dans le
livre qu'il intitule *de Doctrina Christiana*, et qui
est la Rhétorique d'une Éloquence nouvelle. Or, en
Gaule, les écrivains qui représentent ce mouvement
de la controverse philosophique et religieuse vivent
en étroite familiarité avec les anciennes écoles du
paganisme (1). L'auteur (et c'est un Gaulois de
Vienne) du traité *de Statu animæ*, Claudien Mamert,
qu'on lit bien peu aujourd'hui, et qui cependant
soutient une thèse originale contre certains matéria-
listes de son temps (2), se montre fort au courant
des doctrines de Pythagore et de Platon; il nous
a même conservé quelques fragments précieux de
deux pythagoriciens, Philolaüs et Archytas. Sidoine Apollinaire a des amis qu'il appelle ses col-

(1) Consulter, sur cet état des esprits et des études au quatrième et au cinquième siècle de l'ère chrétienne : 1° la thèse de
l'abbé Lalanne, *Influence des Pères de l'Église sur l'éducation
publique pendant les cinq premiers siècles de l'ère chrétienne*
(Paris, 1851, in-8°); — 2° H. Doergens, *der heilige Basilius und
die classischen Studien* (Leipzig, 1857, in-8°); — 3° les deux
thèses de l'abbé Leblanc, *Utrum B. Gregorius magnus litteras
humaniores et ingenuas artes odio persecutus sit; — sur l'Étude
et l'Enseignement des Lettres profanes dans les premiers siècles
de l'Église* (Paris, 1852, in-8°); — 4°, en ce qui concerne la
Gaule, la thèse de l'abbé Goux, *Lerins au cinquième siècle* (Paris, 1856, in-8°), dont il faut rapprocher celle de M. E. Jung,
de Scholis romanis in Gallia comata (Paris, 1855, in-8°).

(2) Voir l'article sur Claudien Mamert dans le *Dictionnaire des
sciences philosophiques*, et la dissertation de A. C. Germain, *de
Mamerti Claudiani scriptis et philosophia* (Paris, 1839, in-8°).

lègues ou confrères en platonisme (1). La logique
d'Aristote se répand dans les écoles, grâce aux traductions latines de Boëce (2). Bornons-nous à citer encore Lactance, qui écrivait dans la ville de
Trèves. Si, par son style, Lactance mérite le surnom
un peu ambitieux qu'on lui a donné de *Cicéron chrétien*, il ne le mérite pas moins par son goût pour
la littérature grecque et par le fréquent usage qu'il
fait des documents grecs dans sa défense de la tradition chrétienne. Surtout il cite souvent (ce n'est
pas le lieu de dire avec quel esprit critique) les
célèbres Vers Sibyllins, confus arsenal de prédic-
tions obscures, où les Juifs avaient jadis déposé
mainte prévision sinistre de la chute de Rome, et où
les faussaires chrétiens ajoutèrent ensuite bien des
pages, qui devaient un jour passionner les théologiens, mais qui apportent peu de lumière aux historiens impartiaux (3).

L'esprit de l'histoire se renouvelle en quelque
mesure dans ces ardentes disputes. C'est alors que
saint Augustin ébauche, que l'Espagnol Paul Orose et
Salvien de Marseille développent l'idée d'une grande
direction de tous les événements humains par la Providence en vue des triomphes du christianisme (4).

---

(1) *Complatonici*. *Epist.* IV, 1; *Carm.* 13.

(2) Stahr, *Aristoteles bei den Römern* (Leipzig, 1834, in-12).

(3) *Oracula Sibyllina*, éd. C. Alexandre (Paris, 1841-1856,
2 vol. in-8°), t. II, p. 271.

(4) Sur P. Orose, voir mon *Examen critique des Historiens
anciens de la vie et du règne d'Auguste*, p. 312, et sur Salvien,
la thèse latine de S. R. Taillandier, *de Summa providentia res*

Les païens aux abois accusaient la religion nouvelle
de tous les désastres que la barbarie avait déchaînés
sur le monde, et des fléaux même que le ciel avait
pu y ajouter. Les défenseurs de la foi fouillèrent
activement l'histoire profane, pour y montrer, à
toutes les dates, ces misères dont on voulait, par
privilége, les rendre responsables. Là encore, il fallut
remuer bien des livres et renouer la chaîne des traditions, en remontant le plus loin que l'on pouvait
dans les annales de tous les peuples connus, pour les
ramener à l'unité d'un dessein providentiel. Quelque
chose de cette doctrine hardie se montre déjà dans
la préface de Diodore de Sicile (1), qui n'en paraît
guère comprendre toute la portée, et qui peut-être
l'empruntait aux Stoïciens : en tout cas, c'était là
une idée d'origine grecque, qui se développait à
travers les siècles et s'agrandissait par les progrès
même de la science historique et de ce qu'on pourrait appeler l'expérience commune de l'humanité.

Mais c'est surtout chez les poëtes qu'il est intéressant de voir à quel point se perpétuait ou se renouvelait l'autorité des fables helléniques, la popularité
des noms que consacrait ou l'histoire ou la légende.
Deux écrivains sont particulièrement remarquables,
à cet égard : Ausone et Sidoine Apollinaire.

Ausone, né à Bordeaux, est un chrétien par sa

humanas administrante quid senserint prioris ecclesiæ scrip-
tores (Paris, 1843, in-8°).
(1) Pour lui, les écrivains d'histoires universelles sont
« comme des ministres de la Providence divine ». Cf. le Thesaurus d'H. Estienne, au mot Πρόνοια.

vie, on n'en peut guère douter ; mais il l'est si peu
dans ses écrits, il a tant de complaisance pour les
fables de la Grèce païenne, et même pour l'esprit
licencieux de la poésie païenne, qu'on le croirait par
moment un païen, et de la pire école. Les premiers
vers de son recueil, adressés au pieux empereur
Théodose, reconnaissent Cérès pour la déesse des
moissons, Mars pour le dieu des combats, Neptune
pour le dieu de la mer. Les autres pièces du recueil
rappellent bien souvent cet étrange début : ce ne sont
partout que souvenirs de la langue et de la littérature grecques. Tel morceau s'intitule *Ephemeris* :
c'est la description des occupations d'une de ses
journées ; une digression l'accompagne, qui s'appelle
Parabasis ; donnant des conseils, sous le titre de *Protrepticon,* à son petit-fils, alors élève dans une école
de Bordeaux, Ausone n'oublie pas de lui expliquer
l'origine grecque du mot *schola* :

> Graio schola nomine dicta est,
> Justa laboriferis tribuantur ut otia Musis.

Le singulier opuscule qu'il intitule pédantesque-
ment *Technopægnion* se compose d'une centaine
de vers laborieusement alignés pour commencer
tous et finir tous par un monosyllabe. On se croirait au temps des subtilités alexandrines, lorsque,
pour décrire un œuf, un autel ou une hache, on
choisissait et disposait des vers dont la série sur
une même page reproduisit les contours matériels de
l'objet décrit (1), ou lorsqu'on s'amusait à composer

(1) *Anthologie palatine,* chap. XV. Cf. Boissonade, *Critique*

des pièces de vers dont on avait exclu telle ou telle
lettre de l'alphabet (1). Ce n'est pourtant pas le dernier terme du pédantisme et de l'hellénisme poussé
jusqu'à la manie. Non content d'écrire des épigrammes moitié en grec et moitié en latin, Ausone
s'amuse à écrire une lettre (c'est la douzième) en hexamètres dont chacun est mi-parti grec et mi-parti
latin; il pousse même la puérilité jusqu'à donner
à certains mots latins des terminaisons grecques.
Tout cela n'est que ridicule. Mais, ce qui est plus
grave, c'est l'impureté de certaines compositions
qui compromettraient beaucoup non-seulement la réputation d'un chrétien, mais même celle d'un païen
honnête, si l'on devait y voir des souvenirs personnels, non de simples jeux d'esprit. Au reste, ce poëte
érotique, qui nous rappelle avec tant de complaisance
Catulle, Ovide ou Anacréon, trouve aussi de jolis
tours de phrase pour les sentences pythagoriciennes.
Il met agréablement en scène les sept Sages de la
Grèce, et il leur fait débiter en assez bon langage
les maximes que leur attribuait une antique tradition. Voilà le bel esprit qui domine, chez Ausone, le
chrétien d'ailleurs convaincu, à en juger par sa correspondance avec le tendre et sincère Paulin de Nole.

A cette même école se rattache un célèbre Arverne,
Sidoine Apollinaire (2), dont les lettres et les poëmes

littéraire sous l'Empire, t. I, p. 370 : « sur les Poésies figu-
rées. »

(1) Denys d'Halicarnasse, de la Composition des mots, c. 14 ;
Athénée, Dipnos., X, p. 448 D, 459 B.

(2) Voir, sur les études chez les Arvernes, la dissertation de

érudits et raffinés offrent assurément un des témoignages les plus naïfs de l'état de la société gallo-romaine à la fin du cinquième siècle. Le premier de ces poëmes est un panégyrique de l'empereur Anthémius, précédé d'une préface où, comme chez le Bordelais Ausone, les dieux païens reçoivent les premiers hommages. L'installation du nouveau César est assimilée à celle de Jupiter dans l'Olympe. Même érudition mythologique dans la préface d'un Panégyrique d'Avitus, le beau-père du poëte, dans l'Épithalame de Ruritius et d'Heria. Une ou deux fois seulement, dans les vingt-quatre ou vingt-cinq pièces qui forment ce recueil poétique, l'auteur s'est un peu défendu de ce goût pour les fables qui avaient instruit et charmé son enfance. Ainsi, écrivant un jour à un évêque, il lui faut bien quitter Phœbus et les Muses pour se souvenir de la Bible; mais il retourne bien vite à ses prédilections : « Vous ne trouverez rien ici, dit-il dans sa pièce seizième, où notre Thalie rebatte les vieilles ornières : »

Nec quidquam invenies ubi priorum
Antiquas terat orbitas Thalia.

Mais Thalie oublie bien vite l'engagement qu'elle

J. Danglard, de Litteris apud Arvernos a primo ad sextum usque sæculum (Clermont-Ferrand, 1864, in-8°); — A. Germain, Essai littéraire et historique sur Apollinaris Sidonius (Montpellier, 1840, in-8°); — Fertig, C. Sollius Apollinaris Sidonius und seine Zeit (Passau, 1848); — l'abbé L.-A. Chaix, Saint Sidoine Apollinaire et son siècle (Clermont-Ferrand, 1867, 2 vol. in-8°), ouvrage dont l'auteur a connu trop tard la dissertation de M. Germain.

a pris, et le morceau qui commence par ces belles
promesses est tout plein des noms qui retentissent
dans Homère, dans Pindare et dans Virgile. La
lettre finale du Recueil, qui est comme une sorte de
circulaire à tous les amis que va trouver ce petit
volume, nous le montre entrant en certaine petite
ville où saint Julien est honoré d'une dévotion particulière, et notre poëte, aussitôt après avoir fait au saint
une pieuse révérence, court bien vite à des sujets
profanes. Quelque part il se plaint de la barbarie
qui l'entoure et il décrit plaisamment ces grossiers
Burgundes, leur chevelure enduite de beurre rance,
leur taille gigantesque, les chants qu'ils faisaient
retentir parmi les viandes et le vin; or savez-vous ce
qu'il regrette surtout dans ces barbares? Ce n'est
pas leur résistance à la prédication chrétienne, mais
leur mauvais goût, qui fait fuir les Muses et ne lui
laisse pas le loisir de composer des épithalames.
Dans cette plainte, qu'il développe en vers hendéca-
syllabes, voici encore Vénus qui reparaît sous le
nom de Dioné; voici la muse Thalie qui, chassée par
les rudes accents de la lyre barbare, se venge des
Burgundes par des plaisanteries, faut-il le dire? par
des calembours :

> Exhinc Barbaricis abacta plectris
> Spernit senipedem stilum Thalia,
> Ex quo septipedes videt patronos.

Elle méprise les vers de *six* pieds depuis que des
géants de *sept* pieds lui imposent leur patronage !
Plus bas, ces géants eux-mêmes rappellent au poëte

le palais d'Alcinoüs, dont les riches cuisines n'auraient pu rassasier leur vorace appétit :

> Tot tantique petunt simul gigantes
> Quot vix Alcinoi culina ferret.

Décidément, on le voit, l'imagination païenne était
incorrigible et restait obstinément attachée à ses
dieux. C'est la même poétique que Fortunat promènera encore dans la cour des rois mérovingiens (1).
Lorsque, vers le même temps, le célèbre Alcimus
Avitus essaiera de mettre d'accord la poésie et le
christianisme en Gaule, il lui faudra, pour commencer, écarter absolument tous ces fantômes de la Grèce
païenne, ne demander à la poésie latine que son
vocabulaire, et se réduire au simple devoir de mettre
en vers les récits de la Bible (2). Ce n'est pas pour
lui un médiocre honneur, après s'être renfermé en
ce rôle modeste, d'avoir rencontré çà et là des inspirations qui l'ont fait compter parmi les ancêtres
de l'auteur du *Paradis perdu* (3).

(1) Voir Aug. Thierry, *Récits des temps mérovingiens*, cinquième Récit.

(2) Voir la thèse de M. V. Cucheval, *de S. Aviti operibus* (Paris, 1863); et la dissertation de l'abbé P. Parizel, *Saint Avite,
évêque de Vienne, sa vie et ses écrits* (Louvain, 1859, in-8°).
L'occasion m'est bonne pour signaler un précieux supplément
aux œuvres d'Avitus, publié par M. L. Delisle dans les *Études
paléographiques et historiques sur des Papyrus du sixième
siècle, en partie inédits, renfermant des homélies de saint Avit
et des écrits de saint Augustin* (Genève et Bâle, 1866, in-4°).

(3) M. Guizot paraît avoir, le premier en France, présenté
cette intéressante comparaison, dans la XVIIIe leçon de son
Histoire de la Civilisation.

Il est donc vrai que la Grèce est encore présente
à tous les esprits cultivés de ce temps; qu'elle l'est
par les noms et les légendes de ses dieux, de ses
demi-dieux, de ses héros; qu'elle l'est par les noms
de ses personnages illustres dans la paix ou dans la
guerre; qu'elle l'est par les nombreuses variétés de
sa métrique transportées dans la langue latine. Néanmoins, il ne faut pas se le dissimuler, toute cette
vie de l'hellénisme dans la littérature de plus en
plus chrétienne de notre Gaule, a quelque chose de
bien artificiel et cache un fond assez pauvre sous de
brillantes apparences. La philosophie théologique et
morale ne manque alors ni d'érudition, ni d'efficace.
L'éloquence du prédicateur et du controversiste, sans
avoir grand besoin des préceptes d'Aristote ou de
Cicéron, s'est fait des lois et des règles et a trouvé
une inspiration vraiment originale. L'ouvrage composé par saint Augustin pour l'instruction des prédicateurs, *de Doctrina christiana* (1), a précisément
pour objet ce nouvel art oratoire, un peu dédaigneux
des subtilités du bon goût antique, mais qui sup-
plée à la méthode par je ne sais quelle force inté-
rieure capable d'atteindre au but suprême de la
parole, la persuasion (2). Mais, en dehors du dogme
et des éloquentes disputes qu'il soulève, en dehors
de la prédication populaire et de ses bienfaisants
triomphes, toutes les sciences que la Grèce avait

(1) Voir, sur les emprunts de S. Augustin aux rhéteurs païens,
la thèse latine de M. Sadous (Paris, 1847, in-8°).

(2) Voir surtout ce qu'en dit Fénelon, à propos de S. Augustin
(*Lettre sur les occupations de l'Académie*, c. IV).

portées si haut vont s'abaissant chaque jour. Déjà
les Romains n'avaient guère été que des abrévia-
teurs de la philosophie, et surtout de la philosophie
naturelle, des Grecs. Rome n'a pas eu un mathé-
maticien, pas un physicien, pas un astronome original. Ce que Sénèque et Pline savent de cosmogra-
phie, ce qu'ils savent de la constitution de notre
globe et des êtres qui l'habitent, c'est aux Grecs
qu'ils le doivent. Or cette science, déjà si amaigrie
entre leurs mains, s'amaigrira encore entre les mains
des maîtres d'école qui deviendront les instituteurs
des barbares ralliés au christianisme. Le manuel de
Martien Capella, qui prélude à la réduction de toute
science dans la célèbre mais étroite unité du *Tri-
vium* et du *Quadrivium*, nous donne une fidèle et
triste idée de cet abaissement des intelligences (1).

L'esprit même du christianisme n'est pas étranger à une si fâcheuse décadence. Assurément, c'est
une grande et noble pensée que celle d'une Providence souverainement puissante et paternelle. A cet
égard, la Providence chrétienne dépasse de beaucoup
la Providence timidement introduite dans la philosophie par les Stoïciens. Le monde, sous son gouvernement, suit une marche à la fois dramatique et
majestueuse, dont la description, ébauchée par S. Augustin, par Salvien, par Paul Orose, a pris sous la
plume de Bossuet un incomparable caractère de

_____

(1) Ozanam, *la Civilisation au cinquième siècle*, leçon III*.
Cf. Ch. Jourdain, *État de la Philosophie naturelle en Occident
et principalement en France pendant la première moitié du
douzième siècle* (Paris, 1838).

grandeur (1). Et pourtant, il est certain que la méditation journalière de cette pensée, qu'une foi absolue et sans réserve dans l'intervention journalière de
Dieu en nos moindres actes, conduit à une sorte de
quiétisme, à une sorte d'indifférence pour la vérité
scientifique, sentiment fort contraire à l'esprit de
recherche dans les matières de science positive.
Ouvrez ces recueils de sermons consacrés à exposer
aux yeux des fidèles les merveilles de l'*OEuvre des
six jours*, et que pour cela on appelle des *Hexaéméron*, vous y trouverez maintes pages tour à tour
gracieuses ou sublimes sur l'œuvre de la création ;
l'âme tendre et élevée d'un Basile ou d'un Am-
broise excelle à signaler les beautés extérieures et
les harmonies de la nature (2) ; l'ingénieuse subtilité de Lactance (3) fait très-bien ressortir la perfection du corps humain et de ses organes en
rapport avec la destinée supérieure de l'homme.
Mais dans tout cela vous cherchez en vain le moindre encouragement à scruter les secrets du ciel et
de la terre, à analyser par l'observation et l'expérience la nature complexe des êtres, à perfectionner
les merveilleuses méthodes de la géométrie et du
calcul. La religion de la cause première supprime,
ou restreint au moins entre d'étroites limites, l'é-

(1) Personne, je crois, ne l'a mieux apprécié en cela que
M. Sainte-Beuve, *Nouveaux Lundis*, t. IX (23 février 1865).
(2) Voir la thèse de l'abbé P. Cruice sur l'*Hexaéméron de
saint Basile* (Paris, 1844, in-8°), et l'*Étude littéraire* de M. Fia-
lon *sur saint Basile* (Paris, 1861, in-8°).
(3) *De Fabrica corporis humani.*

tude scientifique des causes secondes. Il n'y a plus dans le monde chrétien que deux choses : un Dieu, de qui tout dépend, et l'humanité qui doit attendre de Dieu tout ce que sa vie comporte de bonheur. L'homme est si petit, en présence du mystère de la création ainsi comprise, qu'il n'a plus qu'à s'incliner avec piété devant l'être seul capable d'agir utilement pour le bien des créatures. Un Père de l'Église latine raille quelque part la météorologie et ses vaines prétentions : s'il pleut ou s'il tonne, ce n'est plus la science qu'il faut interroger ; chrétiens, entrez dans une église, et priez celui qui tient en sa main la pluie et le tonnerre.

Nous sommes nés si curieux et nous avons en nous un si vif besoin de savoir qu'une telle doctrine ne peut convaincre tout le monde, et qu'il y a toujours des esprits qui ne se résignent pas à l'obéissance commune ; mais, à travers le moyen âge, ces exceptions sont rares, il faut le reconnaître, et la tradition des fortes écoles d'Athènes et d'Alexandrie est bien interrompue. Pline explique très-sensément, d'après les Grecs, les phénomènes du flux et du reflux par l'action, tantôt simultanée, tantôt divergente, du soleil et de la lune : c'est la théorie que Newton et Laplace ont développée en étroit rapport avec celle même de l'attraction universelle (1). Mais, au moyen âge, la très-simple explication de Pline a de bonne heure disparu et fait place à la conception

(1) Voir le mémoire de H. Martin, *Notions des anciens sur les Marées et les Euripes*, dans les Mémoires de l'Académie de Caen, 1866.

grossière d'un monstre marin, qui tour à tour avale
et revomit les flots de l'Océan, de manière à produire
les alternatives de la marée.

Comme les sciences naturelles, l'histoire va bientôt s'amoindrir dans les écoles du moyen âge.
Du point de vue où se plaçait l'exégèse chrétienne,
en dehors des traditions bibliques et de ce qui s'y
rattache, plus ou moins directement, dans la vie
des autres peuples, le détail des histoires particulières perdait beaucoup de son importance. Aussi les
plus maigres abrégés des annales grecques et romaines suffisaient à Paul Orose pour esquisser à
grands traits son tableau général des âges de l'humanité avant et après le christianisme. De là bien des
erreurs, bien des méprises. En histoire, il y a une
part de la vérité qui disparait nécessairement dans un
abrégé trop court des événements. Là où le récit n'a
pas une certaine étendue, il devient, par cela même,
inexact et mensonger; il ne représente plus sous
leur vrai jour ni les hommes ni leurs actions (1).
L'abréviateur, au moyen âge, commet sans cesse de
ces méfaits innocents, qui tiennent à sa préoccu-
pation et à son ignorance. Il n'appartient qu'aux
rayons du soleil traversant nos lentilles d'abréger
un tableau sans effacer un seul trait de la réalité. Le
pinceau et la parole n'ont pas cet heureux privilége.
Surtout ce n'est pas à des rhéteurs, ni même à des
philosophes d'un siècle de décadence, qu'il faut de-

(1) Voir notre jugement sur Paul Orose et sur les autres abré-
viateurs, dans l'*Examen critique des historiens anciens de la
vie et du règne d'Auguste*, p. 312 et suiv.

mander un effort de talent, auquel n'a pas même suffi
le génie de Bossuet. Par cet oubli d'elle-même et de
ses devoirs, l'histoire laisse peu à peu le champ libre
au roman, à la légende, en général, à tout ce travail
de l'imagination populaire, qui bientôt va transformer les personnages et les événements jusqu'à les
rendre méconnaissables, au point qu'après ce long
rêve, pour ainsi dire, du moyen âge, il faudra que
l'esprit moderne retrouve, avec grand effort, les
vraies méthodes et le vrai génie de la science historique (1).

Des hommes qui laissaient ainsi dépérir l'histoire
et la science de la nature, pouvaient-ils garder une
idée juste des formes littéraires consacrées chez les
Grecs et chez les Romains? Que devaient être pour
eux l'épopée, l'ode pindarique, la tragédie et la
comédie? De moins en moins on lisait Homère,
Sophocle, Aristophane et Ménandre. Il ne restait
plus guère chez nous de leurs œuvres que ce que
les Romains en avaient mis sous forme latine (2), et de
ces œuvres romaines elles-mêmes quelques-unes seulement se perpétuaient par les manuscrits; les autres
ne laissaient que de vagues souvenirs dans les livres
des grammairiens qui leur avaient emprunté des

_____

(1) Voir plus haut, III° leçon, p. 55 et suiv.

(2) Pour Aristophane et Ménandre, je songe à Virginius Ro-
manus, qui nous est signalé par un témoignage de Pline le
jeune, *Epist.*, VI, 21; et pour Ménandre, en particulier, à Pom-
ponius Bassulus, traducteur de ce poëte comique, qui nous est
connu par une épitaphe en vers (Mommsen, *Inscript. Regni Nea-
pol.*, n° 1137), dont M. Quicherat a restitué le texte dans un article de la *Revue archéologique* (XI° année).

citations. La tragédie grecque est presque méconnaissable dans le petit poëme anonyme qui porte le titre d'*Orestis tragœdia* ; la comédie du *Querolus* représente à peu près tout ce qui restait alors du génie comique de la Grèce et de Rome (1). Homère n'était guère connu que par un seul de ses imitateurs, Virgile, ou plutôt encore par son abréviateur Aviénus (2); et quant aux genres secondaires, produits délicats d'une civilisation raffinée, ils n'avaient guère plus de place dans la rude simplicité de cette vie nouvelle que se faisait la barbarie sur les ruines de la société gallo-romaine.

Ce n'est pas que le génie poétique fût éteint; il ne saurait périr chez les races véritablement fortes. Mais on peut dire qu'il était en désarroi, dépourvu de règle et de méthode, et quand il retrouvera sa voie, ce sera en dehors des traditions classiques. Les compositions de la littérature romane, au midi chez les troubadours, au nord chez les trouvères, portent, en général, des noms et offrent des caractères

(1) La dernière et la meilleure édition de l'*Orestes* est celle de J. Maehly (Lipsiæ, 1866, in-12), qui rapporte volontiers la composition de ce petit poëme au temps de Corippus et de Sédulius. Sur le *Querolus seu Aulularia*, voir le dernier éditeur de cette pièce (Amsterdam, 1829, in-8º), M. Kleinkhamer; Édél. du Méril, *Origines latines du théâtre moderne*, p. 14 et suiv., et les auteurs cités par Bähr, *Geschichte der römischen Literatur*, I, p. 274 de la 4ª édition (1868).

(2) C'est l'opinion de Wernsdorf (et je ne crois pas qu'elle ait été combattue) que ce petit poëme, reproduit dans les manuscrits sous le nom de *Pindarus* ou *Pandarus thebanus*, appartient en réalité à l'Aviénus auteur de fables ésopiques et d'une paraphrase en vers de Denys le Périégète.

plus ou moins étrangers à l'antiquité classique.
Celle-ci n'a pas absolument disparu, mais les débris
qu'elle a laissés sont épars sur le sol et comme
étouffés sous les constructions accumulées par tant
de conquêtes et d'invasions successives. Je ne sais
quelle séve de l'hellénisme circule encore dans la
Gaule devenue française, anime encore l'esprit de
notre vieille littérature ; beaucoup de noms illustres
de l'antiquité classique demeurent familiers à notre
poésie populaire. Mais ni les troubadours ni les
trouvères ne sont, pour cela, des élèves des Grecs
ou même des Romains, et, comme nous l'avons dit
au début de ces études, la véritable Grèce et la véritable Rome classiques étaient bien mortes pour le
génie européen, lorsqu'au quatorzième et au quinzième siècle se prépara et s'accomplit leur féconde
renaissance.

CINQUIÈME LEÇON.

LA LITTÉRATURE GRECQUE EN ORIENT AU MOYEN AGE.
PREMIERS RAPPROCHEMENTS ENTRE L'ORIENT GREC
ET L'OCCIDENT LATIN AVANT LA RENAISSANCE.

———

La philosophie et les sciences naturelles dans les écoles byzantines. — Les jurisconsultes. — Les poëtes et la nouvelle versification. — Séparation profonde entre la langue vulgaire et celle des lettrés. — Effets divers de cette séparation. — Les annalistes byzantins. — Les érudits : Photius, Psellus, Eustathe, Planude. — Un empereur lettré : Manuel Paléologue. — Un réformateur platonicien au quinzième siècle : Gémiste Pléthon. — Le schisme religieux et ses conséquences.

Nos précédentes études nous ont amenés au temps où la chute de Constantinople marque le rapprochement décisif de l'Occident latin avec l'Orient grec. Pour bien apprécier les effets de ce rapprochement, il faut d'abord nous demander ce que l'hellénisme était devenu lui-même, non pas à Athènes, non pas à Alexandrie, où depuis longtemps il n'y avait plus d'écoles savantes, mais à Constantinople, dans les écoles et dans les monastères byzantins. Sur ce théâtre,

assurément secondaire, la littérature grecque est fort
amoindrie et fort abaissée. En physique, en mathématiques, même en philosophie, toute la science se
réduit à de maigres manuels ; toute l'activité critique de l'esprit se renferme en des discussions sans
portée, parce qu'elles sont sans méthode, sur les
choses de la nature. Nul effort de recherche originale, soit par l'observation des phénomènes, soit
par la méditation des vérités abstraites. Nul sentiment
d'un progrès à accomplir : les esprits se nourrissent
sur un vieux fond de doctrines, soit surannées autant
qu'elles sont fausses, soit devenues à peu près sté-
riles dans les informes abrégés où on les apprend.
Telle est à peu près l'érudition des Psellus et
des Nicéphore Chumnus (1). La philosophie, comme
en Occident, ne connaît plus guère que deux autori-
tés, celle de Platon et celle d'Aristote, qu'elle s'exerce
tant bien que mal à concilier entre elles, et cela sans
toujours les connaître d'après l'ensemble des écrits
de ces deux philosophes. Il est d'ailleurs assez remarquable que, de la doctrine aristotélique, ce que l'on
cultive le mieux, ce n'est pas la théorie du syllogisme ; rien ne représente, dans la théologie et dans la
philosophie byzantine, ce qu'on appelle en Occident
la scolastique. Un scolastique, à Byzance, n'est pas
un docteur démontrant la théologie par les procédés
de l'analytique péripatéticienne ; c'est tout simplement un *homme de lettres*, et quelquefois, chose assez

(1) Voir, dans les *Anecdota græca* de Boissonade, les divers
opuscules qu'il a publiés de cet auteur.

naturelle, un *pédant* (1). Ce n'est pas que la théologie byzantine n'ait sa part de recherches subtiles
et de puérilités ; elle a produit de nombreux et quelquefois d'énormes volumes de controverse. Mais
peut-être, à cet égard, s'est-on trop moqué de la littérature monastique des Byzantins. Montesquieu et
Gibbon en ont parlé fort légèrement ; nous nous
habituons volontiers à juger sur leur parole toutes
les controverses théologiques qui occupaient les
Grecs d'Orient au moyen âge. L'esprit libéral de
notre temps s'étonne avec raison de l'importance
qu'a prise alors la querelle des images, si graves et
si nombreuses qu'en aient été les conséquences. Il
est même disposé à trouver peu sérieuses les questions de doctrine qui, surtout depuis Photius, divi-
sent les deux Églises de Rome et de Constantinople (2). On doit avouer pourtant que des convictions
très-vives, que de fort nobles pensées animent quelques-unes de ces controverses ; surtout il faut reconnaître que le grec des théologiens orientaux est
incomparablement supérieur au mauvais latin de

(1) Voir le *Philogelos* d'Hiéroclès, éd. de Boissonade (Paris, 1848, in-8°), à la suite des Μελέται de Pachymère.
(2) Voir l'*Histoire du schisme des Grecs* par le P. Maimbourg
(Paris, 1686, in-4°) ; et les deux Histoires de Photius par l'abbé
Faucher (1772) et par l'abbé Jager (Paris, 1854, in-12), dont la
seconde copie souvent mot pour mot des pages entières de la
première. Il est juste d'en rapprocher le discours sur Photius
de M. Zanos, dans les Mémoires du *Syllogos hellenicos* de Constantinople, I, p. 225, et l'étude savante qui accompagne les
Lettres de ce patriarche dans l'édition qu'en a donnée, à Londres,
M. Valetta (1864, in-4°).

nos scolastiques. J'en dirais volontiers autant des jurisconsultes qui continuent et interprètent en grec la législation de Justinien : ces hommes-là ont encore, quand ils traitent des matières du droit civil, une clarté, une dignité de langage qu'on chercherait inutilement chez leurs contemporains de Rome et de Paris (1).

Pour le noter en passant, une chose surtout a fait tort aux pauvres Byzantins dans l'esprit des nations occidentales : ils n'avaient pas à un très-haut degré l'esprit militaire, et, bien que ce ne soit pas pour eux un médiocre honneur d'avoir résisté mille ans de plus que Rome elle-même aux assauts de la barbarie, nos barons et leurs soldats, on le sait par les historiens occidentaux des croisades, ont largement médit de ces Grecs toujours occupés de belle littérature et de disputes savantes, et qui s'entendaient si mal à manier l'épée. On n'avait guère souci alors de leur chercher la moindre excuse, surtout depuis Photius ; c'étaient des schismatiques, et l'on allait jusqu'à leur reprocher de méconnaître, dans leur obstination, l'intérêt politique qu'ils auraient eu à se rallier aux puissances catholiques romaines. On était peu sensible à ce qu'il y avait de généreux et de désintéressé dans leur obstination même.

Pour revenir aux lettres proprement dites, le goût en était alors très-vif dans la société byzantine. Sans doute il n'y faut plus chercher ni des poëmes

(1) Voir Mortreuil, *Histoire du droit byzantin* (Paris, 1843-6, 3 vol. in-8°), et les trois volumes de textes inédits qu'a publiés M. Zachariæ, *Jus græco-romanum* (Lipsiæ, 1856-7, in-8°).

épiques à la façon d'Homère ou d'Apollonius, ni des
comédies ou des tragédies régulières : on ne mettait
plus en vers que des chroniques ou des légendes des
saints. Des rapsodies comme la *Passion du Christ*,
attribuée à Grégoire de Nazianze(1), suffisaient alors
aux amateurs de poésie dramatique. La poésie religieuse d'un caractère intime et personnel, comme
on la trouve dans Synésius et dans Grégoire de Nazianze (2), n'avait pas fait école ; mais en revanche
la poésie légère, et même fort légère parfois, celle
qui a rempli de tant de pièces charmantes le recueil
connu sous le nom d'*Anthologie*, ne cessa guère d'être cultivée avec amour par les versificateurs byzantins. Agathias en faisait un recueil au sixième siècle,
Constantin Céphalas le remaniait au douzième, avec
beaucoup d'indulgence encore pour les œuvres de
l'antiquité païenne ; Planude le remaniait encore,
mais cette fois plus chrétiennement, au quatorzième (3). Tous ces imitateurs du bel esprit des

(1) Sur l'origine de ce médiocre ouvrage, voir les articles de
Ch. Magnin, dans le *Journal des Savants* de 1849. Une édition
classique du Χριστὸς πάσχων, par l'abbé Lalanne, est précédée
d'une dissertation instructive, quoique très-incorrecte, sur le
même sujet (Paris, 1852, in-12) ; la dernière édition que j'en
connaisse est celle qu'on trouvera dans le premier volume des
Analekten d'Ellissen (1855), recueil cité plus bas dans cette leçon, p. 95, note 2.

(2) Voir la thèse de M. Druon sur Synésius (Paris, 1859,
in-8°), et celle de M. P. Albert sur les Poésies de S. Grégoire de
Nazianze (Paris, 1858, in-8°.).

(3) Entre autres ouvrages, voir, sur ce sujet, la Préface de la
traduction française de l'Anthologie grecque, par M. F. Dehèque
(Paris, 1863, 2 vol. in-12).

temps ptolémaïques, dont nous lisons des milliers
d'épigrammes et de jolies pièces érotiques, n'ont pas
le même don d'élégance et de bon goût (1); mais,
assurément, ils ne manquent pas d'habileté, puisque
tant de pièces auxquelles ils avaient donné fort in-
nocemment le titre d'*Anacréontiques*, sans prétendre
à les faire accepter pour du pur Anacréon, ont, durant plus de trois cents ans, passé pour être des
œuvres du charmant poëte de Téos. C'est seulement
de nos jours qu'on a reconnu que ce petit recueil ne
contenait pas plus de deux ou trois pièces authentiques d'Anacréon (2). Un des indices de son origine,
c'est précisément la monotonie des rhythmes et la
pauvreté des combinaisons métriques. En effet, la
riche versification des anciens Hellènes s'était peu à
peu appauvrie et simplifiée. On ne connaissait guère
plus qu'à titre de curiosité historique la savante
variété des rhythmes jadis employés par les Archi-
loque, les Alcman, les Sappho et les Simonide.
L'hexamètre héroïque lui-même et son compagnon
dans le distique élégiaque, le pentamètre, tombèrent
de bonne heure en désuétude. La quantité des syllabes ne fut guère plus notée avec soin que par les
grammairiens commentateurs des œuvres de l'antiquité. La pratique journalière en tenait peu de
compte, les poëtes finirent par s'en déshabituer, et le

(1) Voir surtout le *Supplément à l'Anthologie grecque*, par
le docteur Piccolos (Paris, 1853, in-8°).
(2) Voir la thèse de M. F. Colincamp, *de Ætate carminum
anacreonticorum* (Paris, 1848, in-8°), où toute cette controverse
est bien résumée.

vers *politique*, fondé uniquement sur le nombre des
syllabes et sur la distribution des accents, se sub-
stitua au vers qui se fondait sur la distinction des
brèves et des longues. On en vint même bientôt,
comme dans l'Occident, à écrire des vers rimés (1).

Un autre symptôme de décadence, c'est la séparation de plus en plus prononcée entre la langue
vulgaire et celle des lettrés. Ici se manifeste un
des contrastes les plus remarquables entre la littérature grecque orientale et celles de l'Occident romain. En Italie, en France, en Espagne, le latin
reste la langue de l'Église, longtemps même la langue de la politique et du droit; mais, à côté de lui,
les dialectes néo-latins se font bien vite leur place :
en vers comme en prose, on les parle, on les écrit
sur tous les tons, depuis le simple jusqu'au sublime,
depuis le badinage jusqu'à l'éloquence. Au douzième
siècle, ils ont déjà une littérature, des plus riches
en tous les genres, bien supérieure en originalité à
ce qui se perpétuait de littérature latine dans les
cloîtres. Quand Villehardouin apportait à Constantinople l'usage de cette langue qu'on appelait déjà la
langue française et que, pour sa part, il parlait si
bien sans être un littérateur de profession, à peine

---

(1) Sur cette transformation, consulter, entre autres écrits,
1° Henrichsen, à la suite de sa dissertation sur la prononciation
grecque moderne, traduite du danois en allemand par Frie-
derichsen (1839); — 2° la Préface des Poésies de Manuel Phi-
les, publiées par E. Miller (Paris, 1855-1857, 2 vol. in-8°); —
3° le livre de M. E. Gidel cité plus haut dans notre troisième
leçon.

y avait-il, dans les villes de l'empire grec, un ou deux
lettrés qui daignassent employer, soit en vers, soit en
prose, la langue vulgaire dont cependant l'existence
nous est maintes fois attestée à travers le moyen
âge (1). Mais si ce grec populaire était compris, s'il
était familièrement parlé au palais et dans les camps,
on se serait bien gardé de l'écrire. Tel était le prestige
de la belle langue antique que l'on ne songeait pas à
l'abandonner et à prendre pitié de ce pauvre idiome
du peuple, qui pourtant aurait pu, lui aussi, se faire
une littérature. Siméon Seth, à la fin du onzième
siècle, Théodore Prodrome, au douzième, puis, dans
les derniers temps qui précèdent la prise de Constantinople, quelques autres écrivains se hasardent
à l'employer, et cela surtout quand il s'agit de
traduire en grec des productions de notre littérature
française (2). Voilà comment le romaïque parvint
jusqu'à la Renaissance sans être représenté par un
seul poëte, par un seul prosateur de quelque renom;
voilà comment, négligé de plus en plus pendant la
longue oppression des Grecs sous le gouvernement
turc, qui semblait prolonger pour eux le moyen âge,
il est arrivé jusqu'à nous comme un pauvre patois,
sans s'élever à la dignité d'une langue littéraire.

De ce divorce entre le peuple et la société lettrée

(1) Voir ci-dessous l'Appendice à cette leçon.
(2) Outre l'ouvrage, cité plus haut, de M. Gidel, voir la précieuse collection d'Ellissen, *Analekten der mittel- und neu-grie-
chischen Literatur*, 5 vol. in-12 (Leipzig, 1855-1862), et la
Grammaire du grec vulgaire de Mullach (Berlin, 1856, in-8°,
en allemand), *Introduction*, p. 72 et suiv.

résulte une conséquence : c'est que la vie élégante,
chez les Byzantins, se concentre de plus en plus
dans un cercle qui semble assez étroit. Il se passe là
quelque chose de semblable à ce que nous aurions
vu dans l'Europe occidentale, si notre société savante
se fût obstinée à ne parler, à n'écrire jamais qu'en
latin. Mais, d'un autre côté, cette fidélité passionnée
pour les traditions du grec antique maintient la littérature byzantine à un certain niveau de dignité
que n'atteignent pas également durant la même période les littératures néo-latines. Surtout, c'est à ce
culte de l'antiquité, perpétué même en dehors des
monastères, que nous devons de posséder dans
leur texte original ceux des chefs-d'œuvre grecs
qui, après avoir échappé aux ravages de la barbarie
ou de l'intolérance, devaient servir, un jour, à renouveler l'éducation des écoles d'Occident, à y réveiller le génie de la science, à y raviver quelques-
unes des plus belles inspirations de la poésie. Au
douzième, au treizième siècle de l'ère chrétienne, on
comprend jusqu'à un certain point l'orgueil des Hellènes qui employaient encore avec noblesse, avec goût,
la langue de leurs ancêtres (1). On comprend que
ces hommes, toujours capables de lire Homère, Pindare et Sophocle dans l'original, montrassent quelque dédain pour les grossiers barons qui s'imposaient
à eux par le droit de conquête, et même pour les

(1) On connaît là-dessus les témoignages expressifs d'Anne
Comnène, *Alexiade*, l. XV. Cf. L. Feugère, *Études de Littérature byzantine* (extraites du Journal général de l'Instruction
publique) : *Anne Comnène et Jean Cinname.*

clercs et les scribes qu'ils amenaient à leur suite.
Ce n'est pas un médiocre bonheur pour la race hellénique que cette perpétuité de savoir et d'élégance,
qui relie les lettrés du moyen âge aux lettrés d'A-
lexandrie sous les Ptolémées, aux lettrés d'Athènes
sous Périclès. A comparer l'Europe latine et romane
avec l'empire grec, on garde quelque estime pour
ces nombreux copistes occupés dans les monastères
à la reproduction des manuscrits (1), pour ces écoles d'écrivains qui transmettent jusqu'à nous avec
une fidélité inégale, mais toujours laborieuse, les
traditions des maîtres classiques. Le neuvième siècle, par exemple, ne saurait opposer en Occident
aucune réputation à celle de Photius en Orient.
Comme épistolier, comme compilateur, comme théologien, Photius est véritablement un personnage
remarquable. Il possède une riche bibliothèque, il
lit et il analyse en homme de goût des centaines
d'ouvrages de littérature, et il compose des notes
et extraits de ses lectures une *Bibliothèque* que l'on
a, trop complaisamment peut-être, comparée à nos
journaux savants (2); il correspond, sur les sujets les

(1) M. de Montalembert est donc moins équitable encore que
Montesquieu et Gibbon quand il écrit (*les Moines d'Occident*,
t. I, p. 133) : « Le dépôt du savoir antique échappa lui-même
à leurs débiles mains. Ils n'ont donc rien sauvé, rien régénéré,
rien relevé. Ils ont fini, comme tout le clergé d'Orient, par
être esclaves de l'Islamisme et complices du schisme. » Montfaucon (*Palæogr. gr.*, p. 404-5) avait déjà relevé, preuves en mains,
l'erreur du voyageur français Belon, qui, en 1553, accusait
les moines de l'Athos de mépriser toute autre espèce de livres
que les livres de théologie.

(2) C'est du moins ce que m'indique le titre de deux disserta-

7

plus divers, avec les princes, avec les prêtres, avec
les simples particuliers, en un langage élégant et
clair ; il écrit sur les matières de dogme avec force,
avec vigueur, et la langue grecque garde sous sa
plume, en ces matières difficiles, quelques-unes des
qualités qui la distinguent chez les Basile et les
Chrysostome.

Deux siècles après Photius, le polygraphe Michel
Constantin Psellus ne mérite peut-être pas le pom-
peux éloge que fait de lui certain historien moderne
de la littérature grecque (1) ; mais c'est un esprit
singulièrement actif et curieux, qui unit, et quelquefois confond sans critique, les lettres sacrées avec
les lettres profanes, et qui a beaucoup contribué à
entretenir dans sa patrie le goût de l'érudition. Au
douzième siècle Eustathe, l'archevêque érudit, est
pour nous un autre prodige, au milieu des déchirements de l'empire voué à une destruction prochaine. Il n'a pas, quand il raconte l'histoire contemporaine, la simplicité ni la clarté des classiques;
mais, comme interprète d'Homère, l'abondance de
son érudition grammaticale et la régularité de son
langage font un contraste remarquable avec la bar-

tions que je n'ai pu lire, l'une de Const. Wolf (Wittenberg, 1689),
l'autre de J.-G. Philippi (*Ibid.*, 1699), toutes deux intitulées :
de Photio ephemeridum eruditarum inventore.

(1) Schoell, t. VII, p. 168 : « C'est par un dernier effort que
la nature, avant la décadence entière des lettres et des sciences
à Constantinople, paraît avoir produit Michel Constantin Psellus, etc. » On trouvera une appréciation plus modeste et plus
équitable des mérites de cet écrivain dans le Dictionnaire des
sciences philosophiques, article *Psellus.*

barie et l'obscure subtilité des latinistes français du
même temps. N'est-ce pas chose honorable pour la
société grecque d'alors qu'on préparât, à son usage,
un Homère commenté en quatre ou cinq volumes
in-folio, et qu'un pareil livre trouvât des copistes, des
libraires, des lecteurs ? Si j'avais le temps de pénétrer aujourd'hui dans le détail de cette littérature
byzantine, j'y pourrais signaler bien d'autres épisodes surprenants pour nous, habitués que nous
sommes à envelopper d'un même dédain la politique
et la littérature de ces siècles de décadence. J'y mon-
trerais, par exemple, un grand nombre d'empereurs,
de princes, de généraux, qui furent des écrivains,
quelquefois distingués. A côté des hommes de lettres, plusieurs femmes, plusieurs princesses très-
jalouses des plaisirs de l'esprit, quelquefois même
de la science sérieuse : une Eudoxie qui rédige en
vers de pieuses légendes (1) ; une autre Eudoxie qui
compile un petit dictionnaire historique (2) ; une
princesse, allemande de naissance, grecque par son
éducation, à qui Tzetzès dédie, en l'appelant *la plus
homérique* des princesses, un recueil d'interpréta-
tions allégoriques des fables d'Homère (3). La correspondance de Tzetzès est un monument curieux
de ce bel esprit pédantesque auquel parfois les fem-

(1) Photius, *Bibliotheca*, Cod. 183, 184. Cf. Brunet de Presle,
la Grèce depuis la conquête romaine jusqu'à nos jours
(dans l'*Univers pittoresque*), p. 70.

(2) Publié dans les *Anecdota græca*, de Villoison (Venise,
1781). Cf. Wyttenbach, *Bibliotheca critica* (pars II, pag. 2).

(3) Publié, en 1851, par M. Boissonade.

mes donnaient le ton dans la haute société byzantine
et qui rappelle par quelques traits notre Hôtel de
Rambouillet et nos célèbres Précieuses. En un autre genre, n'est-ce pas une physionomie assez originale que celle du moine Planude, auteur de tant
d'écrits divers, dialogues sur la grammaire (1),
traités d'arithmétique (2), rédactions d'apologues
ésopiques, biographie d'Ésope, collection de petits
vers (nous avons vu qu'il a donné son nom à la
dernière rédaction de l'*Anthologie*), et surtout (ce
qui marque une sorte d'effort pour rapprocher l'O-
rient grec de l'Occident latin) traductions en prose
grecque des *Métamorphoses* d'Ovide (3) et de la
Consolation de Boëce (4).

Mais c'est surtout dans le genre historique que
la littérature byzantine soutient, à son grand avantage, la comparaison avec les écrivains occidentaux.
Le père Maimbourg l'a remarqué avec raison dans
la préface de son Histoire du schisme : nul peuple au
monde, hormis le peuple grec, ne possède une série
d'annales ainsi régulièrement rédigées pendant une
période de près de deux mille ans. Mais, pour ne
parler que du moyen âge, depuis Agathias jusqu'à

(1) Publiés dans les *Anecdota græca* de Bachmann (Leipzig, 1828).

(2) M. Thurot a constaté que ce dialogue sur la Syntaxe n'est
guère qu'une traduction de Priscien, c'est-à-dire d'un auteur
qui, lui-même, a bien souvent traduit le Grec Apollonius.

(3) Publié, en 1822, par M. Boissonade, à la suite du texte
latin d'Ovide, dans la Collection Lemaire.

(4) M. C.-P. Weber a publié en 1832, à Darmstadt, une partie de cette traduction.

Cantacuzène (1) et George Frantza, il y a là une série d'annalistes, fort inégaux sans doute pour le talent, mais qui tous pratiquent avec un certain respect d'eux-mêmes et de leur langue les devoirs de l'historien. Une femme, Anne Comnène, porte dans ce travail je ne sais quel accent de noblesse et de fierté qui nous séduit et nous intéresse malgré bien des défauts de style. La fille des Comnènes écrit en princesse, comme écrira plus tard une fille des Bourbons, la Grande Mademoiselle; mais elle est plus savante et moins futile. Cantacuzène est, au quatorzième siècle, un assez bon écrivain, formé à l'école de Thucydide et de Xénophon, trop verbeux dans ses harangues, mais en cela bien excusable, si on le compare à quelques écrivains du haut empire, par exemple à Dion Cassius (2); car dans l'art historique, comme ailleurs, le mauvais goût, il faut le dire, ne date pas précisément de la décadence byzantine.

Dans le siècle même qui vit tomber avec Constantinople le dernier rempart de la chrétienté hellénique, deux personnages représentent avec éclat les brillantes et fortes qualités de cette race qui avait donné au monde tant de grands hommes; je veux parler de Manuel Paléologue et de George Gémiste Pléthon.

Rien n'est intéressant comme la vie publique et la

(1) Voir l'étude consciencieuse et approfondie de Val. Parisot, *Cantacuzène homme d'État et historien* (Paris, 1845, in-8°).

(2) Voir notre *Examen critique des historiens anciens de la vie et du règne d'Auguste*, p. 280 et suiv.

vie littéraire de ce Paléologue (1). Fils d'empereur,
retenu comme otage dans le camp de Bajazet, auprès
des ruines d'Ancyre, devant les débris de cette ancienne civilisation qui nous rappelle à la fois les
Grecs et les Galates nos ancêtres, il écrit des lettres où respire une touchante mélancolie, une gracieuse et candide admiration pour les chefs-d'œuvre
de l'ancienne Grèce. Chrétien passionné pour le
dogme oriental, il soutient contre un docteur mu-
sulman une controverse savante, qu'il rédige en fort
beau grec, sur les principes de l'islamisme comparés
avec ceux de la religion chrétienne (2). Quelques
années après, nous le retrouvons à Londres et à
Paris, éblouissant la cour de Charles VI et celle de
Henri de Lancastre par le charme de ses manières
à la fois élégantes et majestueuses. C'est un roi malheureux, qui va mendier les secours de l'Occident
pour livrer à la barbarie musulmane un dernier
combat; ce roi est en même temps un parfait che-
valier à la façon occidentale. C'est toujours l'écrivain raffiné que nous avons vu dans les lettres de sa
jeunesse; il se plaît à décrire dans le meilleur style
l'ameublement d'une chambre qu'il habite au palais
du Louvre. C'est encore, à Paris, le théologien qui
disputait contre les adversaires de sa foi dans le

(1) Elle est exposée en détail dans un excellent mémoire de
feu notre confrère Berger de Xivrey (tome XIX, 2ᵉ partie du
Recueil de l'Académie des inscriptions et belles-lettres).

(2) M. Hase en a publié une analyse et des extraits intéressants dans les *Notices et Extraits des manuscrits*, tome IX,
pag. 177.

camp d'un sultan des Turcs ; il a rencontré dans notre grande ville un docteur qu'il a voulu convertir sur la double procession du Saint-Esprit, et il réfute ce docteur dans un traité en forme, qui nous montre le disciple érudit de Photius.

Gémiste Pléthon, dont l'œuvre étrange et complexe a été récemment mise en lumière par M. Alexandre (1), Gémiste Pléthon ne nous étonne pas moins en cet âge de décadence. Historien élégant jusqu'à l'atticisme, d'abord défenseur, dans les conciles, des principes de son Église orientale, puis dégoûté des querelles de religion et se rejetant avec ardeur vers l'étude de la philosophie ancienne, le voilà qui, plus qu'octogénaire, tente, huit cents ans après Proclus, une rénovation hardie du platonisme, et non pas seulement du platonisme dogmatique, mais du platonisme pratique. Comme les derniers Alexandrins, il rêve et il tente de refaire une religion païenne épurée par la philosophie : il en dresse le programme, et sa main érudite en rédige, pour ainsi dire, le nouvel évangile. L'intolérance de ces temps ne l'a laissé parvenir que bien mutilé jusqu'à nous, mais les fragments qui en restent suffisent pour nous montrer une haute et sereine figure de penseur. Celui-là mourut tout juste trois ans avant la

(1) Pléthon, *Traité des Lois, ou Recueil des fragments, en partie inédits, de cet ouvrage, texte revu sur les manuscrits*, etc., par C. Alexandre, *traduction par* A. Pellissier (Paris, 1858, in-8°). Cf., dans la quatrième partie des *Analekten* d'Ellissen (Leipzig, 1860), l'édition nouvelle et plus complète des Mémoires historiques de Pléthon sur le Péloponnèse.

prise de Constantinople. Il fermait ainsi la chaîne des docteurs platoniciens qu'allaient reprendre et continuer les platoniciens de l'Italie.

Cette rapide esquisse nous fait voir une société encore familière avec les traditions les plus pures et avec les principaux monuments du génie grec. L'Europe occidentale aurait donc pu, si elle l'avait voulu, rester utilement, ou se remettre de bonne heure à l'école des Grecs. Byzance, même dégénérée, ne manquait ni de livres ni de maîtres au service de nos lettrés. Des livres, elle en avait parfois envoyé, mais en petit nombre; des maîtres, elle en envoyait moins souvent : leur titre de schismatiques était contre eux un préjugé, et eux-mêmes ils n'étaient guère plus disposés à la tolérance envers les catholiques romains que ceux-ci ne l'étaient envers les défenseurs de l'orthodoxie orientale. Le schisme de Photius a été de tout temps, on doit le dire, comme il l'est aujourd'hui, la cause d'une incurable division entre la Grèce chrétienne et l'Occident. Quelles qu'en soient les causes, et elles sont multiples, dans la politique, dans le dogme, dans les mœurs, le schisme qui, en réalité, préexistait à Photius (1), lui a obstinément survécu; depuis qu'il est consommé, on a maintes fois essayé le rappro-

---

(1) Voir surtout, au *Code Justinien*, I, 2, l. vi, un rescrit de Théodose II, qui réserve le droit de décision, en matière ecclésiastique, à l'évêque de Constantinople (*quæ Romæ veteris prærogativa lætatur*) et à son conseil (*conventui sacerdotali sanctoque judicio reservari*). Cf. Bergier, *Dictionnaire de Théologie*, à l'article *Saint-Esprit*.

chement des deux Églises, on a cru par moments y .
réussir, et toujours cette espérance a été trompée.
Pour ne citer ici que deux dates mémorables, après
le concile de Pise, que présidait un pape Hellène de
naissance, notre compatriote J. Gerson, qui y avait
pris part comme recteur de l'Université de Paris,
prononçait dans cette ville, en présence du roi
Charles VI, un discours sur ce sujet, discours pédantesque, comme l'était alors toute éloquence, mais
empreint, du moins, d'un sincère esprit de conciliation et d'une vive espérance de concorde. Il laisse
volontiers aux Grecs toute la liberté de leur liturgie
particulière, il leur permet le mariage des prêtres, etc. : vain effort de mansuétude, qui semble
n'avoir laissé aucune trace durable (1). Quelques années après, l'œuvre est reprise, dans le concile de
Bâle et de Florence, par d'éminents théologiens, qui
s'accordent pour la rédaction d'un formulaire commun entre Rome et Byzance. Nous avons à la Bibliothèque impériale, sur un splendide parchemin,
l'acte bilingue et officiel de la réunion des deux
Églises ; il est signé du pape, signé de l'empereur grec,
signé de leurs orateurs théologiens, et il resta lettre
morte, comme toutes les autres chartes d'alliance
sur le même sujet (2)! Le débat dure encore aujour-

(1) Ce précieux document a été publié en 1859 par le prince
Augustin Galitzin. Le texte latin en était seul connu jusqu'ici.

(2) L'exemplaire de l'instrument original, conservé à la Bibliothèque impériale, y porte le n° 430 (Manuscrits grecs). Cf.
Brunet de Presle, *la Grèce depuis la conquête romaine jusqu'à nos jours*, p. 259, 268, 277, 289, 320, où sont fidèle-

d'hui (1), à peine attiédi par l'esprit de plus en plus
tolérant de notre siècle, et je pourrais montrer par
des exemples empruntés aux plus récents ouvrages
qu'ait produits la Grèce contemporaine, par exemple,
aux écrits de madame Dora d'Istria (2), avec quelle
vivacité s'expriment encore les répugnances de l'orthodoxie hellénique pour l'autorité qui siége au
Vatican. Ainsi s'explique trop bien le peu de goût
qu'avaient les Grecs du quinzième siècle à vivre en
pays latin, l'indifférence ou l'hostilité des Latins pour
ceux qui avaient cependant entre les mains tant de
trésors précieux, inconnus à tous les savants et à
tous les hommes de goût de notre Europe. Jusqu'à
la prise de Constantinople, c'est à peine si deux ou
trois professeurs grecs ont apporté chez nous les
premiers éléments de leur langue. Barlaam et Léonce

---

ment résumées les diverses tentatives de rapprochement entre
les deux Églises.

(1) Voir 1° J.-G. Pitzipios, *l'Église d'Orient, exposé de sa
séparation et de sa réunion*, etc. (Rome, 1855, en trois parties,
in-8°, imprimerie de la Propagande); véritable pamphlet d'un
Grec rallié à l'orthodoxie catholique, et qui traite avec la dernière violence ses anciens coreligionnaires; — 2° et en sens
contraire, Andronicos Demetrakopoulos, Ἱστορία τοῦ Σχίσματος
τῆς λατινικῆς ἐκκλησίας ἀπὸ τῆς ὀρθοδόξου ἑλληνικῆς (Leipzig, 1867);
— 3° K. Pichler, *Geschichte der kirchl. Trennung zwischen
dem Orient und Occident*, u. s. w. (Munich, 1864-1865, 2 vol.
in-8°); — 4° Ad. d'Avril, *Documents relatifs aux Églises d'O-
rient* (Paris, 1862, in-12). Je ne cite que les ouvrages les plus
récents.

(2) *Excursion en Roumélie et en Morée* (Paris, 1863), partie II, ch. 1. On peut lire encore, dans le même sens, le manifeste de Cyriaque Lampryllos, *le Turban et la Tiare* (Paris, 1865, in-8°).

Pilate, qui apprirent un peu de grec à Pétrarque et
à Boccace, n'étaient pas des Grecs d'Orient : ils
étaient nés en Calabre. La prise de Constantinople
devait brusquement changer cette disposition des
esprits. Elle dompta par l'humiliation et la misère
l'orgueil des Hellènes, et, d'un autre côté, elle fléchit
par la compassion l'orgueil non moins intraitable
des clercs de l'Occident. Toute prévue qu'elle était,
cette catastrophe de la ville impériale produisit dans
l'Europe un retentissement immense. Les Grecs une
fois opprimés, à ce qu'il semblait, sans retour, on
oublia qu'ils étaient schismatiques pour se souvenir
qu'ils étaient chrétiens. Une grande émotion de piété
souleva toute l'Europe en leur faveur, et les pauvres
exilés qui arrivèrent d'Orient, si humble que fût
leur condition, si maigre que fût leur science, se
virent accueillis avec une sorte de respect par l'Europe inquiète et attristée (1). Ils étaient, après tout,
bien peu nombreux (l'histoire n'en connaît guère
qu'une dizaine); mais ils arrivaient les mains pleines
de livres, l'esprit plus ou moins orné d'une littérature dont l'Europe commençait à redevenir curieuse,
surtout grâce aux vives excitations de quelques
hommes de cœur et de génie tels que Pétrarque;

(1) Leurs misères et leur arrivée en Europe sont le sujet du
tableau éloquent que M. Villemain a publié, en 1825, sous le
titre de *Lascaris, ou les Grecs au quinzième siècle*. Dans mon
cours de 1861-1862, dont cette cinquième leçon est en partie le
résumé, j'ai moi-même esquissé un épisode de cette dispersion des
Grecs; l'esquisse est devenue plus tard un mémoire académique,
que l'on trouvera ci dessous reproduit, comme Appendice, avec
quelques changements et additions.

enfin ils étaient comme consacrés par le malheur, et cette petite bande de pauvres exilés se trouva ainsi assez forte pour contribuer largement à l'un des plus féconds progrès de l'esprit humain, à l'inauguration d'une ère nouvelle dans les travaux de la pensée.

SIXIÈME LEÇON.

QUELS ÉLÉMENTS LE GREC A FOURNIS A LA LANGUE FRANÇAISE DEPUIS SES ORIGINES JUSQU'A LA FIN DU QUINZIÈME SIÈCLE.

———

Méthode à suivre dans cette recherche. — Revue critique des principaux ouvrages où l'on expose les rapports de la langue française avec la langue grecque — Périon, H. Estienne, Lancelot, etc. — Les Académiciens du dix-huitième siècle et Turgot. — Jauffret, Morin, Roquefort, les philologues provençaux et languedociens. — Essai d'une statistique des mots français d'origine grecque en usage avant le seizième siècle. — Caractère surtout latin de notre langue et de sa grammaire jusqu'à la Renaissance.

Avant d'aborder la mémorable époque que l'on appelle si justement la Renaissance, et pour bien apprécier ce qu'alors l'esprit français et la langue française ont dû au renouvellement des études grecques, il nous importe de savoir quel était, à la fin du quinzième siècle, l'état de notre langue, ce qu'elle avait gardé ou acquis d'éléments helléniques, depuis la fondation des premières colonies grecques sur la côte de Provence, et à travers toutes les vicissitudes que notre pays avait successivement éprouvées du-

rant le moyen âge. C'est là un sujet plus difficile à
traiter qu'il ne semble au premier coup d'œil, si
l'on ne veut pas s'en tenir à de vagues aperçus,
mais arriver à des preuves positives et entrer dans
le détail des faits. Les preuves et les faits relèvent
ici d'une science encore peu développée et qui ne
s'est donné qu'en ces derniers temps sa véritable
méthode, je veux dire la science de l'étymologie.

Il est presque incroyable à quel point l'ignorance,
la routine et la prévention ont dominé dans ces
études depuis le seizième siècle jusqu'au commencement du dix-neuvième. Faisons-le voir par quelques
exemples, en négligeant, comme étrangères à notre
sujet, les étymologies qui portent sur les éléments
celtiques ou germaniques de la langue française.

En 1555, Joachim Périon composait en latin et
dédiait à Henri II ses Dialogues sur la langue française, premier essai, à vrai dire (1), d'une recherche
méthodique sur les origines de notre idiome, essai
où, par conséquent, l'inexpérience n'a rien qui nous
étonne. L'index qui ouvre ce volume nous apprend,
par exemple, que *butiner* vient du grec βουθυτεῖν, que
brave vient de βραβεύς; que *coin* vient de γωνία; que
dépeser (dépecer) vient de δέψειν, etc. : ce sont là les
premiers tâtonnements de l'étymologie. On reprend
la science à peu près au point où Varron l'avait
laissée, quinze siècles avant la Renaissance. Mais,

_____

(1) On ne peut guère, en effet, tenir compte ici du livre de
Ch. de Boville, *de Differentia linguarum vulgarium et gallici
sermonis varietate* (Paris, 1533, chez Rob. Estienne), bien
qu'il renferme quelques observations intéressantes.

dix ans plus tard, le grand Henri Estienne, reprenant le même sujet, ne le traite guère mieux dans sa
Conformité du langage françoys avec le grec (1). Il
tire de δαπάνησις le français *despense*, qui n'est autre
que le participe latin *dispensa*, devenu substantif et
légèrement altéré dans sa terminaison ; il tire *crou-
ler* du verbe κρούειν, qui n'offre avec le mot français
qu'une identité matérielle, et probablement acciden-
telle, dans la première syllabe, et une analogie douteuse pour le sens ; de μαλακός, *malade*, de θύειν,
tuer, de μόνος, *moine*, qu'il faudrait au moins rattacher au dérivé grec μόναχος par le latin *monachus*.
Comme Périon, dont pourtant il parle quelque part
avec sévérité, il rattache à γωνία le mot français
coin, sans songer au latin *cuneus*. Chose plus étrange
encore, il cherche dans le verbe ἀρδεύειν (*arroser*)
l'origine du nom commun *jardin*, qui est certainement germanique (*Garten*) et qui ne se rattache que
par une très-antique communauté de racine au latin
hortus et au grec χόρτος, etc. Henri Estienne est
pourtant le prince des hellénistes ; il semble que
la préparation de son *Thesaurus*, où les mots sont
rangés par ordre de racines, devait le familiariser
avec la méthode étymologique. Bien plus, en compa-
rant le français et le latin, il a eu quelquefois, en
matière d'étymologie, des vues très-justes et très-
heureuses dans ses *Hypomneses de gallica lingua* (2);

(1) 1565 et 1569, réimprimé, en 1853, par L. Feugère, avec
une introduction et des notes utiles, mais où la critique grammaticale est encore très-indécise et sujette à bien des erreurs.

(2) Publiées en 1582 et qui mériteraient bien d'être réimpri-

mais il est loin de savoir comment doit être traitée
la dérivation des mots, et qu'il faut éviter les étymologies isolées, rapprocher beaucoup de mots analogues, enfin, faire une égale attention à la terminaison et au radical, si l'on veut arriver à des
résultats précis.

Je passe bien des noms intermédiaires (1). Cent ans
après Henri Estienne, le grammairien de Port-Royal
à qui nous devons le célèbre petit livre des *Racines*
est peut-être moins avancé encore à cet égard, et
cela même après qu'il a pu, qu'il a dû faire son
profit des objections sérieuses dirigées contre lui
par le jésuite Labbe. J'ouvre dans l'édition *revue et
corrigée* de 1682, qui est la quatrième, le « Recueil
des mots françois pris de la langue grecque ou qui
y ont quelque rapport soit par allusion ou par étymologie ». Ce titre seul montre déjà combien peu
de critique il faut attendre de l'auteur. Et en effet,
rien qu'à le parcourir au hasard, j'y relève mainte
erreur énorme : par exemple, le mot *trouver* dérivé
d'εὑρεῖν, avec lequel il n'a aucun rapport, sinon de
sens ; *vêtement* de ἐσθής, quand il est si facile d'y
reconnaître le latin *vestimentum* ; *vilain*, de βλεννός
(*sordidus*), quand on y reconnaît si naturellement
l'adjectif latin *villanus*, dérivé lui-même de *villa* ;

mées comme l'ont été, par L. Feugère, la *Précellence* et la *Conformité.*

(1) Par exemple, Trippault (1586), Boxhorn (1654), et surtout
Ménage, dont le célèbre ouvrage, publié pour la première fois
en 1650, est fort amélioré dans la seconde édition (1694,
in-folio).

taxer, de τάξειν, futur de τάσσω, qui lui-même sert
un peu plus bas à expliquer le substantif *tas*, et,
par son composé ἐντάσσω, le verbe *entasser*. On dirait
souvent de purs jeux d'esprit. Là même où Lancelot
sait la véritable étymologie, il semble ne pas tenir à la
reconnaître, et il lui préfère quelqu'une de ces « allusions » qu'il annonce dans le titre de son lexique. Par
exemple, après avoir expliqué le mot *essein* (essaim)
par ἑσμός, il ajoute : « D'autres néanmoins aiment mieux
prendre *essein* d'*examen*, de même qu'*airain* d'*æra-
men*. » C'est précisément la seconde explication qu'il
fallait adopter, sans même essayer la première. Tant
de méprises perpétuées et quelquefois augmentées,
depuis 1657 (1), dans d'innombrables éditions du *Jardin des Racines grecques*, me persuadent que cet ouvrage a été chez nous un des plus grands obstacles
au progrès des méthodes grammaticales (2). Aussi,

(1) Dans une réimpression faite au commencement de ce
siècle, j'ai lu le mot *abavent* (abat-vent) expliqué par ἀ privatif et βαθύς ! La seule réimpression accompagnée d'un travail
vraiment critique sur la matière, je veux dire l'édition de
M. Adolphe Regnier (1840), n'a pas eu l'heureux effet que j'en
attendais moi-même lorsque je la signalais à nos collègues de
l'Université (dans le *Journal général de l'Instruction publique*,
du 24 février 1841), avec une estime dont je n'ai, d'ailleurs,
rien à rabattre aujourd'hui.

(2) Lancelot, dans la Préface de sa deuxième édition *revue et
corrigée de nouveau* (1664), défend avec esprit sa méthode contre
les objections de son concurrent le père Labbe. Mais, sans être
un bien habile helléniste, le père Labbe avait, il faut l'avouer,
raison, sur presque tous les points, contre l'auteur des *Racines*.
Cf. Sainte-Beuve, *Port-Royal*, t. III, p. 455 de la deuxième édition.

8

sans avoir jamais eu à donner mon avis sur ce sujet,
quand j'ai vu supprimer, par arrêté ministériel du
4 décembre 1863, l'usage du livre de Lancelot dans
nos classes, je n'ai pu le regretter : c'était vraiment une œuvre à reprendre d'après les vrais principes de la linguistique (1).

Cette science, en effet, marcha sans règle ni méthode, durant tout le dix-septième siècle. J'aperçois
seulement, dans une lettre de Daniel Huet à Ménage, l'utile distinction des radicaux et des terminaisons ; encore y mêle-t-il une erreur, en conseillant
de ne tenir compte que du radical dans la recherche
des étymologies (2).

Au sein de l'Académie des inscriptions, un seul
homme peut-être, le célèbre Fréret, avait bien posé
ce problème complexe de l'origine des langues européennes et de leurs rapports étymologiques (3).
Le temps lui manqua pour achever ses recherches
sur ce sujet et pour en produire les résultats. Du-
clos, en 1740, dans son mémoire *sur l'Origine et les
révolutions des langues celtique et françoise* (4),

(1) Ce travail vient d'être fait par M. Anatole Bailly, professeur au Lycée impérial d'Orléans (Paris, 1868, in-12).

(2) *Dissertations sur différents sujets*, publiées par l'abbé de
Tilladet (La Haye, 1720, in-12), t. II, p. 111, lettre du 12 décembre 1691 : « La principale cause de ce défaut (des étymologies proposées par Ménage), c'est de n'avoir pas assez bien su,
ou de ne vous être pas assez fidèlement assujetti à ce grand
principe de l'art étymologique, de distinguer les lettres radicales et les lettres serviles, et de ne chercher l'origine des mots
que dans les premières. »

(3) Mémoires de l'Académie des inscriptions, t. XV, p. 565.

(4) Même recueil, t. XX, p. 1.

montre bien la nécessité d'unir l'histoire des peuples
à celle des langues qu'ils ont parlées. Falconet, en
1745, dans sa dissertation *sur les Principes de l'étymologie par rapport à la langue françoise*, établit
avec assez de précision des principes fort sages,
que, dans le même volume, il applique avec peu de
succès (1). Quelques années plus tard, Bonamy sou-
levait une question intéressante, lorsqu'il traitait *de
la Conformité du grec vulgaire avec notre langue* (2);
mais il expliquait à tort cette conformité par le
séjour des croisés français dans l'Orient grec, et ne
savait pas y reconnaître l'effet de deux révolutions
parallèles : l'une, celle qui du latin avait fait sortir le
français, l'autre, celle qui du grec ancien avait fait
sortir le romaïque. C'étaient là des essais curieux et
dont aucun ne mérite absolument d'être oublié par
les étymologistes modernes. Mais, en somme, c'est un
économiste, le célèbre Turgot, qui garde l'honneur
d'avoir le premier exposé les véritables règles de la
méthode étymologique, dans un article de l'*Encyclopédie*, qu'on n'a pas omis de réimprimer dans ses œuvres complètes. Malheureusement, cet excellent morceau n'a guère attiré l'attention des lecteurs, plus
soucieux de chercher dans ce recueil maint chapitre
d'un tout autre intérêt, sur des matières de finances

---

(1) Même recueil, t. XX, p. 24 et suiv., « Dissertation sur le
mot *Dunum*. »

(2) Même recueil, t. XXIII. Cf., t. XXIV, le Mémoire du même
auteur *sur l'Introduction de la langue latine dans les Gaules*.
Le tome XXXVIII (*Histoire*, p. 56) contient l'analyse d'un Essai de Supplément au traité d'H. Estienne, par J. Dacier.

et d'économie publique. Ce qui est certain, c'est
que les éditions des *Racines* de Port-Royal, et les
lexiques de mots français tirés du grec qui ont paru
depuis l'excellent article de Turgot, n'ont guère
profité de ses conseils. Les théories, d'ailleurs ingénieuses, et souvent vraies en général, du président
de Brosses (1), et les rêveries de Court de Gébelin (2)
ont eu beaucoup plus d'autorité en ces matières que
les idées de Turgot. On en jugera par le *Dictionnaire
étymologique de la langue française*, de Jauffret (3),
formant la deuxième livraison d'une collection de
nouveaux livres élémentaires. La préface de l'auteur
expose avec une candeur singulière les avantages
de ce qu'il s'obstine à nommer l'*art étymologique*,
avec des considérations étranges sur la *mimologie*
et la *mimographie*, deux prétendus principes dont
l'application l'entraîne à d'étranges absurdités. Jauffret, évidemment, connaît mal le grec et l'organisme
grammatical de cette langue. Toutes les fois qu'il
faut un certain effort pour remonter du mot français à la racine hellénique, il s'égare en chemin ;
souvent même il s'égare pour courir après des chi-
mères, quand il lui suffirait d'ouvrir un dictionnaire grec pour y trouver en toutes lettres le mot
qu'il veut expliquer. On n'a qu'à voir, par exemple,
l'article *Aphorisme*, où, au lieu de reconnaître dans
ce mot la transcription française d'ἀφορισμός, il cher-

(1) *Traité de la formation mécanique des langues* (1765).

(2) Voir surtout l'*Histoire naturelle de la parole*, extraite du
Monde primitif, et réimprimée en 1816 par Lanjuinais.

(3) Paris, an VII, 2 vol. in-12.

che, avec une subtilité malheureuse, à le décomposer
en un *alpha* privatif et un substantif φόρυτρον, qui n'y
a pas le moindre rapport.

Le *Dictionnaire étymologique des mots français
tirés du grec* (1), par Morin, auquel Villoison fournit
quelques bonnes notes, et qui fut deux fois imprimé du vivant de l'auteur, est une œuvre beaucoup
plus estimable. Toute la nomenclature des sciences
et des arts y est rassemblée et traitée avec soin; mais
les mots qui, en passant du grec dans notre langue,
ont subi des altérations plus ou moins régulières,
sont expliqués là encore avec peu de rigueur. Morin procède à leur analyse aussi capricieusement
que pouvaient le faire ses devanciers. Il a, en général, une idée fausse des rapports du grec et du
latin, et, chaque fois qu'une même racine existe dans
ces deux langues, il ne sait pas dire nettement à laquelle des deux remonte en droite ligne le mot français qui renferme la racine en question. Par exemple, le latin *bibere* et le grec πίνειν ayant une même
racine, il en rapproche le français *boire*, quand il
devrait simplement expliquer l'infinitif *boire* par
l'infinitif *bibere*, sauf à remarquer ensuite que le
mot latin se rattache historiquement au même radical que le verbe πίνειν (au futur πιοῦμαι). Il en est de
même pour le mot *fable*, certainement produit par le
latin *fabula*, quel que soit d'ailleurs le rapport de parenté originelle qui l'unit à la racine φα qu'on trouve

(1) 1ʳᵉ édition, 1803; 2ᵉ édition, 1809. Villoison était mort
en 1805.

dans φημί. Par suite de cette méprise, Morin remplit
des pages entières de mots qui n'ont aucun rapport
direct avec la langue grecque et qui, par conséquent,
n'avaient pas droit à figurer dans son *Dictionnaire*.
Telle est la page où sont réunis les verbes *précéder*,
précompter, *prédire*, *préface*, *préférer*, etc. : c'est
là du travail en pure perte pour l'objet que l'auteur
s'est proposé.

Le *Dictionnaire étymologique de la langue fran-*
çaise de M. de Roquefort (1), « où les mots sont
classés par familles..... » et que précède une dissertation sur l'étymologie par Champollion-Figeac,
marque un véritable progrès sur tous les ouvrages
précédents (2). La dissertation de Champollion-Figeac exprime (et c'est la première fois, si je ne me
trompe, en ces sortes d'écrits) les vrais principes
de la théorie analytique des langues. «Outre les mots,»
y lit-on (p. xxxiii), « notre langue a aussi sa constitution grammaticale, et cette constitution est, à
l'égard de toutes les langues, l'essence même de la
science étymologique; c'est l'ensemble des règles
pour la formation des mots, conséquemment aussi,
la règle de leur décomposition et de leur étymologie. Ignorer ces règles, c'est vouloir analyser

(1) Paris, 1829, 2 vol. in-8°.
(2) On ne s'étonnera pas de retrouver les erreurs de la vieille
méthode, augmentées encore par les préjugés du patriotisme,
dans l'estimable *Essai historique sur la littérature fran-*
çaise récemment publié, en grec moderne, à Athènes (1845),
par un jeune Hellène de Crète, M. N. Minolos, que la Faculté
des lettres de Paris comptait alors parmi ses auditeurs assidus.
Voir la page 355 de cet ouvrage.

chimiquement une substance solide en la brisant à
coups de marteau. On doit connaître les lois essen-
tielles de la vitalité de notre langue. Les principales sont, en outre de toute la phraséologie, 1° les
désinences, 2° les augments initiaux, 3° le radical,
4° l'euphonie, 5° l'orthographe et ses variations.»
Malheureusement, comme il est moins difficile d'avoir
de bons principes que de les bien appliquer, le Dictionnaire de Roquefort, même amélioré par son
dernier éditeur, contient encore plus d'une erreur,
et il n'a été définitivement surpassé que par le travail de M. Ad. Regnier, dans son édition des Racines
de Port-Royal (1), et dans le beau Dictionnaire de
M. Littré.

Même inexpérience chez les écrivains qui ont
voulu montrer la persistance du grec dans le midi de
la France, où l'on doit naturellement supposer qu'il
avait jeté des racines plus ou moins profondes. Pour
en citer quelques-uns, Voltaire, au mot *Grèce*, dans
le *Dictionnaire philosophique*, exprime là-dessus des
idées générales fort justes assurément ; mais quand
il vient aux preuves, la plupart de ses exemples
se fondent sur des méprises. En 1776, le voyageur
Guys, natif de Marseille, se plaît à signaler la ressemblance de quelques usages et celle d'un certain
nombre de mots marseillais avec des usages et des
mots grecs correspondants ; il dresse, notamment,
une liste de poissons dont les noms provençaux lui
paraissent d'origine hellénique et le sont, en effet,

(1) Voir plus haut, page 113, note 1.

pour la plupart, mais par l'intermédiaire du latin;
la liste est d'ailleurs peu nombreuse, et, en dehors
de cette nomenclature spéciale, qui est très-fau-
tive, les exemples allégués sont presque tous sans
valeur. Comment croire qu'il y ait le moindre rapport entre le grec πόρος et le provençal *bourdigue?*
entre le verbe καλέω et le substantif *caleno* (repas du
soir à la veille de Noël)? *Arton*, qu'on « entendait
encore prononcer, à la campagne », au temps de
Guys, pour signifier du pain, est certainement identique avec l'accusatif du grec ἄρτος, qui a le même
sens. Mais c'est là un exemple isolé, et qui, à cause
de cela même, nous devient suspect (1). Le patriotisme provençal, il est vrai, en trouve ou croit en
trouver beaucoup d'autres. Mais quand on examine
avec quelque sévérité ces découvertes, on en voit bien
diminuer le nombre, je ne saurais trop le redire,
au risque de contrister un peu les érudits qui s'attachent à ces recherches avec une passion d'ailleurs
si honorable. Tout récemment encore on essayait
de prouver l'existence d'une colonie grecque dans
les Landes de Gascogne, en se fondant sur l'identité ou l'analogie, presque toujours illusoire, des
noms de lieux (2). Dans le dialecte catalan, M. Cam-

(1) *Voyage littéraire de Grèce*, Lettres XXIV et XLII. L'auteur dit même quelque part (t. I, p. 418): « Vous pouvez parler grec à nos prud'hommes, qui vous entendront. » Il veut
dire, sans doute, ceux qui avaient fait de bonnes études au collége.

(2) H. Ribadieu, *une Colonie grecque dans les landes de Gascogne entre l'an* 1200 *et l'an* 500 *avant Jésus-Christ* (Paris,
1864, in-8°).

buliu (1) signalait une trentaine de mots qui rappellent autant de mots grecs, mais qui presque tous
n'ont avec ces derniers qu'une ressemblance douteuse. Comment croire, par exemple, que *basca* (éva-
nouissement) provienne de βασκαίνω (ensorceler)? que
trassat, *trassut* (habileté, habile) provienne de θρά-
σος (courage, audace)? Poitevin de Maureilhon, en
1805 (2), et M. Thomas, en 1843 (3), ne réussissent
guère mieux dans leurs efforts pour rapprocher le
grec du languedocien. M. Thomas, pourtant, essaie
quelques analyses, dont le principe au moins est
juste, en s'attachant aux transformations organi-
ques des voyelles et des consonnes; mais il n'applique pas avec assez de rigueur ses règles d'analyse.
Les trois cents et quelques mots réunis dans son
glossaire se réduiraient peut-être au dixième, au
vingtième de ce nombre, si on les traitait avec la
précision que comporte aujourd'hui l'analyse comparative des idiomes. Ἀρριχᾶσθαι (grimper, se hisser)
ne peut avoir donné *arri*, cri du paysan languedocien
pour faire avancer une bête de somme; le parfait λε-
λύχνευκα (j'ai éclairé avec une lampe), ne peut avoir
produit l'infinitif *aluca* (allumer, éclairer), non plus
que ἔψεχα (dans le sens, d'ailleurs très-douteux, de

(1) *Recherches sur les origines étymologiques de l'idiome ca-*
talan. (Extrait des Mémoires de l'Académie de Montpellier.)

(2) *Réflexions sur quelques étymologies languedociennes qui*
dérivent directement du grec. (Bulletin de la Société des sciences
et belles-lettres de Montpellier, t. II, p. 37-44.)

(3) *Vocabulaire des mots du roman languedocien dérivant*
directement du grec. (Mémoires de la Société archéologique de
Montpellier, t. II, p. 89-129.)

gratter) n'a produit séga (moissonner). Les dérivés
ne quittent pas ainsi, sans raison et sans transition
appréciable, la classe du mot dont ils dérivent. Ἀολ-
λής est encore plus étranger à sadoul, qui, comme
notre français saoul, paraît se rattacher au latin
satur ; τυφλός (aveugle) n'a aucun rapport avec
defflé (soufflet). Beaucoup de ces analogies reposent
sur des mots grecs recueillis au hasard dans les
lexiques ou sur des locutions mal interprétées. Πῆ
χαῖρε, n'a jamais été, que je sache, une interjection
grecque et n'a jamais signifié, comme traduit M. Thomas, aliquatenus ou interdum miserere. La science
aura beaucoup de peine à tirer profit de tels matériaux, amassés avec plus de bonne volonté que de
critique.

Il faut venir jusqu'à ces dernières années pour
trouver une méthode d'analyse vraiment rigoureuse
appliquée aux étymologies de la langue française,
particulièrement à celles où le grec a quelque part.
C'est M. Diez (1), c'est M. Scheler (2), c'est M. Littré (3), qui peuvent être enfin consultés avec confiance par les personnes curieuses de ces recherches.
Ils n'ont pas des réponses à toutes les questions ;
mais, quand ils donnent une réponse, elle est, le

(1) *Etymologisches Wœrterbuch der romanischen Sprachen*
(Bonn, 1853, in-8° ; 2ᵉ éd. 1862).

(2) *Dictionnaire étymologique français d'après les résultats
de la science moderne* (Bruxelles, 1859, gr. in-8°), où l'auteur
se donne trop souvent le facile plaisir de relever les bévues de
ses devanciers.

(3) *Dictionnaire de la langue française* (Paris, 1863 et années suivantes, in-4°).

plus souvent, bien fondée; pour tous les cas douteux, ils savent douter, et se réduire au rôle modeste de rapporteurs des opinions et des conjectures
entre lesquelles il est prudent de s'abstenir.

L'objet spécial, que je me propose dans cette
leçon, et auquel je reviens, après ces observations
préliminaires, est de faire la part des mots d'origine
grecque que renfermait notre langue vers l'an 1500,
afin d'apprécier ce que plus tard devait y apporter
l'hellénisme érudit de la Renaissance. Avertis par
tant d'erreurs de nos devanciers, nous marcherons
avec une juste circonspection dans notre recherche,
et nous la bornerons au strict nécessaire. Elle nous
fournira d'abord quelques chiffres, une sorte de statistique approximative, que confirmeront quelques
vues générales sur l'histoire des principaux idiomes
néo-latins parlés sur le sol de la France.

Une première impression qui nous frappe, quand
nous feuilletons les vieux textes en langue romane,
c'est qu'un très-petit nombre de mots y montrent
une physionomie grecque; au contraire, le latin y
domine avec un mélange peu considérable de mots
grecs depuis longtemps latinisés. Or, si l'on fait le
compte de ces divers éléments, un lexique à la main,
les chiffres confirment tout de suite cette première
impression. M. de Chevallet (1) a donné la liste de
tous les mots que renferment les trois premiers do-

(1) *Origine et formation de la langue française* (Paris, 1858,
in-8°), t. Ier. Les vieux monuments de notre langue qu'on a retrouvés depuis dix ans ne paraissent pas avoir changé la proportion qui ressort du travail de M. de Chevallet.

cuments écrits en notre langue : le Serment de 843,
le Cantique de sainte Eulalie, et les Lois de Guillaume le Conquérant. Or, sur ce nombre, il n'y en a
qu'une cinquantaine qui ne soient pas latins, et, sur
ces cinquante, il n'y en a que douze qui soient
grecs. Ce sont (avec leur orthographe moderne, car
il importe peu de leur conserver ici leur orthographe archaïque) : *blâmer*, *charte*, *chrétien*, *diable*,
évêque et *archevêque*, *moûtier*, *orfanin* (devenu plus
tard *orphelin*), *parole*, *paroisse*, *église* et *épée*. Le
hasard n'a pu produire seul une si étrange disproportion. Elle est, d'ailleurs, confirmée par le calcul
que j'ai fait sur un nombre plus considérable de
documents. M. Bartsch a publié en 1866 une *Chrestomathie de l'ancien français* qui comprend, en 472
colonnes in-4°, quatre-vingt-huit morceaux, soit en
vers, soit en prose, appartenant à tous les temps,
depuis le neuvième siècle jusqu'à la fin du quinzième. Pour en faciliter la lecture, il a réuni dans
un Glossaire presque tous les mots romans que
renferment ces divers morceaux : cela fait un total
d'environ sept mille articles. Sur ces sept mille, j'en
trouve à peine soixante-dix qui soient des mots
grecs, et encore, comme dans la liste précédente,
des mots qui ont tous traversé la forme latine avant
d'arriver au français. Tels sont, pour en citer quelques-uns (toujours sans tenir compte de leur orthographe ancienne, qui est ici peu importante) : *au-
mône*, *aromatiser*, *authentique*, *cimetière*, *chanoine*,
clerc et *clergé*, *diamètre*, *ermite*, *évangile*, *fantôme*,
grammaire et *grammairien*, *mélancolie*, *mystère*,

nécromancie, panthère, Pentecôte, etc. C'est à peu
près un mot grec pour sept cents mots d'origine
surtout latine, plus rarement germanique.

Devant ce résultat, qui s'accorde si bien avec le
précédent, il faut reconnaître que l'élément hellénique occupe très-peu de place dans le lexique roman
du nord. En occupait-il davantage dans les dialectes
romans du midi? On est disposé à le croire, si l'on
songe à tant de villes soit colonisées par les Grecs,
comme Marseille, soit envahies jadis par la civilisation
grecque, comme Arles et Lyon. M. Fauriel déclare
même, dans ses recherches sur les origines du provençal, que le dépouillement qu'il a fait de tous
les textes écrits en ces dialectes lui donne environ trois mille mots, dont le latin ne peut pas rendre compte (1); mais M. Fauriel n'a publié, que je
sache, aucune liste de ces trois mille mots, et les
divers lexiques du provençal que j'ai pu consulter,
entre autres celui de Raynouard, ne me semblent
pas confirmer cette assertion du savant philologue.
Dans l'état actuel de la lexicographie provençale,
quand les divers dialectes méridionaux ont été si
peu étudiés par des grammairiens familiers avec les
procédés scientifiques, peut-être ne convient-il pas
de prononcer là-dessus un jugement définitif (2).

---

(1) *Histoire de la littérature provençale,* t. I, p. 295.

(2) M. de Laveleye (*Histoire de la langue et de la littérature
provençale,* insérée, en 1845, au tome III des Annales des Universités de Belgique) se plaint avec raison de ce que nous manquons encore de recherches spéciales sur quelques-uns des dialectes parlés dans le midi de l'Europe. L'indécision qu'il montre

Faute de mieux, et en attendant les travaux que nous promet l'active école des jeunes *romanistes* comme ils s'appellent volontiers aujourd'hui (1), j'ai du moins essayé pour le provençal ce que j'avais fait pour la langue d'oïl. J'ai analysé le glossaire qui termine la *Chrestomathie provençale* de Bartsch (2), comme j'avais analysé celui de la *Chrestomathie de l'ancien français*, et cette analyse m'a conduit aux mêmes conclusions. Bien plus, les mots d'origine gréco-latine qu'on trouve dans le provençal sont presque tous les mêmes que ceux que nous offre la langue d'oïl (3).

A y regarder de près, il semble d'ailleurs peu probable que le midi de la France ait dû garder un fond bien riche de mots originairement belléniques. En effet, d'un côté, la période de transformation vraiment féconde durant laquelle se sont détachées du latin les langues romanes ne commence guère qu'à la fin du cinquième siècle, c'est-à-dire en un

lui-même dans sa méthode atteste trop bien que ce secours lui a manqué.

(1) L'Académie des inscriptions et belles-lettres vient précisément de proposer, en vue du prix ordinaire qu'elle décernera en 1870, le sujet suivant : « Étude sur les dialectes de la langue d'oc au moyen âge. »

(2) 2ᵉ éd., 1867, gr. in-8°.

(3) Qu'il soit bien entendu que je ne parle pas ici des noms propres. Le plus simple coup d'œil jeté sur un calendrier montre combien les noms d'origine grecque abondent dans notre *Onomasticon;* mais il est facile de constater aussi que ces noms, comme *Étienne* (de *Stephanos*), Grégoire (de *Gregorios*), etc., nous sont parvenus par l'intermédiaire des transcriptions latines.

temps où la culture hellénique disparaissait peu à
peu des lieux mêmes où elle s'était le plus largement
développée. Nous avons vu que, dès le sixième siècle,
les traces de culture grecque deviennent très-rares
dans la Gaule méridionale. Comment donc s'étonner
qu'on en retrouve peu dans les langues qui prirent,
à partir de cette époque, une forme distincte du
latin? D'un autre côté, si le latin populaire, soit des
villes, soit des campagnes, n'a pas seul fourni le fond
des divers dialectes romans (et sur ce point je crois
que les romanistes exagèrent un peu l'importance
du latin vulgaire, sur lequel nous avons si peu de
renseignements directs et précis), il est certain, néanmoins, que la belle latinité n'a pas eu la principale
part dans ce travail (1). Or c'est le latin savant qui
a dû le mieux conserver les mots grecs qu'il s'était
appropriés dès le temps d'Ennius, et qui figurent
en assez grand nombre dans les vers de ·Virgile et
d'Horace, comme dans la prose de Cicéron et de Tite-
Live. Enfin, nous ne voyons pas que les écrivains
gallo-romains de Marseille, comme Salvien, se montrent plus grecs dans leur langage que ceux du centre
de la Gaule, comme Grégoire de Tours. Chez les uns
comme chez les autres, la partie hellénique du vocabulaire se compose des mots depuis longtemps consacrés par l'usage qu'en ont fait les classiques païens,
et des nouveaux termes introduits par le christianisme, et ce sont ceux-là même que nous retrou-

(1) Voir H. Schuchardt, *der Vokalismus des Vulgärlateins*
(Leipzig, 1866-1868, 3 vol. in-8°).

vous changés en mots français dans les anciens documents de notre langue. Si donc le latin classique a
contribué, en s'altérant, à former la langue, d'abord
vulgaire, qui est devenue depuis celle de la Chanson
de Roland ou de la Chronique de Villehardouin, il
n'a pu y introduire un grand nombre d'éléments helléniques (1). Ainsi, tout nous conduit à conclure que
les résultats fournis par nos calculs s'accordent avec
les vraisemblances historiques et avec la marche,
aujourd'hui bien connue, de l'évolution grammaticale qui a fait sortir du latin les langues néo-latines.
Œuvre de tout un peuple, et non pas d'une école ou
d'une académie de lettrés, cette évolution a dû transformer le lexique en usage chez la nation tout entière, non pas le vocabulaire d'élite que pratiquait
une classe privilégiée par l'esprit et le savoir.

Si quelque part le grec peut se montrer en plus
grande abondance parmi les mots de notre vieille
langue, ce doit être dans les écrits scientifiques ou
techniques, comme ceux des théologiens, des médecins, des grammairiens et des philosophes. Or
voici une dernière expérience qui confirme cette pré-
somption. On sait que Nicole Oresme, écrivain de
la cour de Charles V, est un des premiers qui ait
traité en notre langue certaines questions scientifi-

---

(1) Il est amusant de voir H. Estienne expliquer, au chapitre xxix de l'*Apologie pour Hérodote*, comment l'ignorance
du grec chez les gens d'Église, au moyen âge, a enrichi la langue et le calendrier de noms de saints qui n'ont d'autre origine que de grossiers contre-sens. Mais il ne s'agit là que de
noms propres.

ques. Il a écrit, par exemple, sur l'histoire et la
théorie des monnaies (1), sur l'astronomie et le système du monde, sur l'algèbre, sujet où, dit-on, ses
idées sont déjà fort remarquables pour le temps (2) ;
il a traduit en français plusieurs ouvrages d'Aristote,
et cela d'après des versions latines faites, non sur
l'arabe, mais sur l'original, dont il a pu d'ailleurs
avoir sous les yeux le texte grec (3). Or quelques pages
publiées par M. Meunier d'un lexique spécial de la
langue de Nicole Oresme (4) nous fournissent, à
elles seules, autant de mots grecs ou dérivés du grec
à la française que nous en a fourni le glossaire tout
entier de M. Bartsch. Il est même remarquable combien cette liste renferme de mots que l'on prendrait
volontiers pour des néologismes de date fort moderne. Tels sont *agonie, agoniser, agonisement, am-
phibologique, architectonique, aristocratie et aris-
tocratiser* (vivre sous le régime aristocratique), *con-
centrique* et *excentrique, démagogue* et *démagogi-
ser, démocratie, démocratique* et *démocratiser, mé-
taphore* et *métaphorique, oligarchie, oligarchique* et
*oligarchiser, sophisme, sophiste, sophistique, sophis-
tiquer, sophistication, sophisterie,* etc. On voit clairement par ces exemples la facilité que le grec of-

---

(1) *Traictié de la première invention des monnoies, de* Nicole
Oresme... *et Traité de la Monnaie, de* Copernic, *publiés et an-
notés par* L. Wolowski (Paris, 1864, gr. in-8).

(2) *Der Algorismus proportionum des* Nicolaus Oresme....
herausgegeben von M. Curtze (Berlin, 1868, in-8°).

(3) Fr. Meunier, *Essai sur la vie et les ouvrages de Nicole
Oresme* (Paris, 1857, in-8°, p. 136).

(4) Livre cité, p. 161 et suiv.

9

frait au style savant pour une foule d'idées, qu'il
eût été presque impossible d'exprimer avec des mots
de la langue commune et populaire; on voit aussi
combien de tels mots se glissaient naturellement
sous la plume de tant d'écrivains, traducteurs qui
les trouvaient à leur portée et qui n'avaient d'autre
peine à prendre que de les transcrire. Quelques-uns
même de· ces mots montrent par leur seule forme
qu'on les a transcrits pour les yeux sans les avoir
entendu prononcer par le peuple. Par exemple, les
mots *cube* et *cubique* seraient, sans nul doute, écrits
cybe et *cybique* si Oresme les avait recueillis dans la
circulation populaire, où certainement l'*ypsilon* grec
avait le son de l'*i*. C'est ainsi, en effet, qu'il écrit
yconome et *yconomique*, parce que ces derniers
étaient depuis longtemps passés dans l'usage avec la
prononciation vulgaire de la diphthongue initiale
οι qui, au moyen âge, avait le son d'un *i*.

C'est là une preuve indirecte, mais non moins
forte que les précédentes, de ce fait que le français
est véritablement une langue néo-latine, et que le
grec s'y maintient ou y pénètre toujours comme un
élément étranger à sa constitution primitive.

Du vocabulaire passons à la grammaire; le caractère éminemment latin de notre langue nous y
frappera plus évidemment encore. Non-seulement
le latin fournit au français l'immense pluralité, la
presque totalité de ses racines, mais la grammaire
latine lui impose et ses divisions principales et, sauf
une ou deux exceptions, les flexions grammaticales

qui le caractérisent aujourd'hui. On a plus d'une
fois démontré, et j'ai démontré moi-même, dans un
mémoire spécial (1), que les mots latins sont devenus
des mots français par une série de transformations,
qui ne commencent pas toutes avec la décadence des
lettres latines, mais qui pour la plupart, au contraire, remontent aux plus anciens âges du latin classique. Tantôt resserré, tantôt élargi, sans être jamais
brisé, à proprement dire, le même moule grammatical a successivement enfermé les mots dont se servirent Ennius et Caton, Cicéron et Lucrèce, Lucain
et Tacite, Claudien et Sulpice-Sévère, Eginhard et le
rédacteur du serment de 843, Saxon le grammairien
et l'auteur de la *Chanson de Roncevaux*. Il n'y a
peut-être pas une seule flexion grammaticale en français qui ne s'explique par l'altération séculaire d'une
flexion correspondante en latin. Seulement, tel procédé rare dans la langue de Cicéron était devenu
fréquent et journalier dans celle des trouvères ; réciproquement, tel procédé fréquent au siècle d'Auguste était devenu rare au siècle de Charlemagne.
Par exemple, la langue latine tirait rarement un
substantif d'un infinitif abrégé ; les langues romanes
en ont dérivé ainsi des centaines. Au contraire, la
langue latine possédait pour la conjugaison passive
un grand nombre de formes synthétiques ; les langues romanes n'en possèdent plus une seule et elles

(1) *Observations sur un procédé de dérivation très-fréquem-
ment appliqué en français et dans les autres langues néo-latines.* (Mémoires de l'Académie des inscriptions, tome XXIV,
2ᵉ partie.)

forment tous leurs temps et modes du passif par le
procédé analytique. Il en est des procédés de formation comme de certains organes qui, chez les animaux et les végétaux, nous apparaissent tantôt à
l'état rudimentaire, tantôt à l'état de plein développement.

Si le lexique et les flexions grammaticales de notre
langue attestent fort peu d'emprunts à la langue
grecque, plus rares encore sont les règles de syntaxe où la ressemblance des deux langues s'explique
par une imitation. On ne cite guère en ce genre
qu'un idiotisme, l'usage de l'infinitif actif après un
adjectif, comme dans la locution καλὸν ἰδεῖν « beau à
voir », où l'on croit que le latin *pulchrum visu*
ne peut rendre compte de l'usage français. Mais
cela tient à une méprise trop longtemps accréditée
dans nos livres de grammaire, où l'on attribue
à *visum* le sens actif et à *visu* le sens passif, distinction inconnue aux grammairiens latins (1). En
réalité *visum* et *visu* sont deux cas d'un nom verbal,
appelé « supin » par les Romains, mais que nous pourrions tout aussi bien appeler un infinitif, puisqu'il
joue tout à fait le rôle de ce mode. Ainsi *visum*
signifie « pour voir », *visu* (primitivement *visui*)

(1) Voir ce que dit Priscien, *Institutiones gramm.*, l. VIII,
p. 395, éd. Krehl, après avoir parlé du supin en *um* : « Sequens
quoque forma, quæ in *u* terminat, ablativus mihi videtur ipsius
nominis quo ipsa res significatur, » et il traduit *oratu* par τῷ
παρακαλεῖν καὶ τῷ παρακαλεῖσθαι, ἤτοι τῇ παρακλήσει. Plus bas,
p. 419 : « Supina loco infinitivorum ponuntur tam activorum
quam passivorum. »

« à voir ». Au lieu d'être un hellénisme, notre locution est donc un simple latinisme ; elle rentre dans
la classe des formes de langage que le latin nous a
directement transmises, et elle n'a avec la forme
correspondante en grec qu'une ressemblance fondée
sur la logique naturelle qu'ont suivie le grec et le
latin dans les procédés de leur syntaxe.

Tout nous ramène donc à reconnaître l'incomparable prédominance de la langue latine dans la constitution des dialectes justement appelés néo-latins,
et, en particulier, dans la constitution du français.

A vrai dire, les Gallo-Romains, en même temps
qu'ils se mêlaient avec les barbares leurs vainqueurs,
ont passé de la langue *romaine* aux dialectes *romans*, presque sans avoir conscience du changement
qui se produisait. On aurait peine à dire en quel
moment ils ont senti le divorce accompli entre les
deux langues, et il a fallu bien des siècles pour
qu'ils reconnussent qu'elles n'avaient plus la même
grammaire. Durant tout le moyen âge, la grammaire
latine est si bien la grammaire par excellence, la
seule grammaire aux yeux de ceux qui parlent les
dialectes de la langue d'oc ou ceux de la langue
d'oïl, que le langage régulier, le *grammaticus sermo*,
comme on l'appelait toujours alors, c'est le langage
dont Donat et Priscien exposent les règles. M. Gues-
sard a publié deux grammaires du provençal, rédigées au treizième siècle, l'une par Hugues Faydit,
l'autre par Raymond Vidal de Besaudun (1); la pre-

(1) Première édition, 1839-1840, dans le premier volume de

mière est rédigée en latin sous le titre de *Donatus
provincialis ;* la seconde est écrite en provençal, mais
toutes deux sont rédigées sur le plan et d'après les
divisions des manuels qui servaient à l'enseignement
du latin. Les règles y sont constamment rapportées
aux règles de la déclinaison, de la conjugaison et de
la syntaxe latines. Ainsi les noms ont toujours six
cas, le nominatif, le vocatif, le génitif, le datif,.
l'accusatif et l'ablatif, déterminés chacun soit par
l'absence, soit par la présence de diverses préposi-
tions ; mais le grammairien se préoccupe beaucoup
plus de cette perpétuité de la division logique des
cas, que de la différence des formes qui les représentent respectivement dans l'idiome ancien et dans
l'idiome moderne. Il se croit toujours sous la discipline de Donat, même quand il ne parle plus la
langue enseignée par ce maître. Là où le provençal
s'écarte trop visiblement des procédés latins, le
grammairien provençal n'hésite pas à dire qu'un tel
écart est contraire à la règle, à la grammaire. Ainsi,
dans la pratique, dans l'usage, le provençal est une
fille définitivement émancipée de la tutelle de la
langue mère ; mais, en théorie, elle ne cesse pas de
lui rendre hommage, et elle dissimule le mieux
qu'elle peut les formes mêmes par lesquelles se marquent son indépendance et son originalité.

Pareil contraste se montre entre les servitudes de
la théorie et les libertés de la pratique chez les gram-

la Bibliothèque de l'École des Chartes ; deuxième édition, revue, corrigée et considérablement augmentée (Paris, 1858,
in-8°).

mairiens du nord. Dans son beau travail sur les
grammairiens du moyen âge, M. Thurot a rencontré, au quatorzième siècle, deux grammaires de la
langue d'oïl, rédigées en français du quatorzième
siècle ; or ces deux manuels procèdent par la même
méthode, offrent les mêmes définitions que les manuels provençaux. C'est toujours la division latine
des parties du discours ; c'est l'application, souvent
pénible et laborieuse, des formules de la syntaxe
latine à une syntaxe devenue toute différente par la
simplification d'abord, puis par la suppression des
cas, et par les changements profonds qu'a subis le
système de la conjugaison. Cette fidélité aux traditions antiques se maintient bien au-delà du moyen
âge. En plein seizième siècle, Robert Estienne dé-
cline les mots français comme il déclinerait les mots
latins ; il écrit, par exemple :

Nominativus, le maistre,
Genitivus, de maistre, du maistre,
Dativus, à maistre, au maistre,
Accusativus, le maistre,
Vocativus, maistre *sine articulo*,
Ablativus, de maistre, du maistre,

et ainsi de suite (1). Au dix-septième siècle, dans les
Femmes savantes de Molière, sur les vers de Tris-
sotin :

> Ne dis plus qu'il est amarante,
> Dis plutôt qu'il est de ma rente

(1) *Grammatica Gallica*, p. 17, éd. 1582.

Belise s'écrie :

> Voilà qui se décline :
> Ma rente, de ma rente, à ma rente.

Dans une Grammaire datée de 1689 (1) je vois les cas considérés comme une propriété des noms. Régnier Desmarais, en 1706, non sans quelques scrupules, maintient cependant l'usage traditionnel d'une déclinaison française, et aujourd'hui même n'a-t-on pas gardé l'habitude d'appeler *nominatif* le sujet d'une phrase, uniquement parce qu'en latin il a le plus souvent la forme du nominatif?

Toute cette grammaire latine était elle-même, sans doute, d'origine grecque par ses théories et par son vocabulaire. C'est des Grecs que les Romains avaient appris à composer leurs manuels de grammaire. Le nom même de la grammaire, soit en latin classique *grammatica*, soit en latin barbare du moyen âge *grammaria*, est d'origine hellénique. Tous les termes grammaticaux sont, ou littéralement pris du grec, comme *syllaba*, *iambus*, *trimeter*, etc., ou calqués sur les mots grecs correspondants, comme *conjugatio* (συζυγία), *casus* (πτῶσις), *declinatio* (κλίσις), etc. A peine peut-on signaler deux ou trois mots, en ce genre, qui soient d'invention et d'origine purement romaines, comme *supinus* et *gerundivus*. Mais tout ce vocabulaire grammatical, soit littéralement emprunté, soit imité plus ou moins habile-

(1) A.-Fr. de Pratel, *Manuductio ad linguam burgundicam* (Lovanii, in-12), p. 26.

ment du grec, était devenu familier aux maitres et aux élèves romains, comme s'il eût été tiré du fonds national de leur langue, et les maîtres grecs étaient, sauf de rares exceptions, bien oubliés, bien ignorés de ceux qui apprenaient le latin de la bouche de leurs disciples dans la Gaule du moyen âge.

En résumé, au nord comme au midi, la langue de nos ancêtres s'était généralement formée, sur un fond de racines latines, par un travail de dérivation, qui ne faisait que continuer les anciennes évolutions de la langue latine. C'est par accident seulement, pour les besoins de la religion, de la science ou des arts, qu'elle puisait çà et là quelques éléments dans le riche vocabulaire de l'ancienne Grèce.

Et pourtant, la Gaule avait reçu plusieurs colonies grecques, elle avait produit des écoles de poëtes et de prosateurs grecs ; sur les côtes au moins de la Méditerranée, cette langue avait dû être longtemps populaire. Mais aujourd'hui, quelque effort que l'on fasse, il est difficile, il est presque impossible de retrouver dans la nôtre plus que des traces assez rares de l'hellénisme. A cet égard, pour peu que les historiens de notre langue aient apporté de critique au choix et à l'appréciation de leurs preuves, ils en ont vu diminuer sous leurs mains, pour ainsi dire, et le nombre et la valeur. M. Fauriel n'a pu soumettre à une révision sévère les aperçus qu'il avait présentés sur ce sujet dans une de ses leçons sur la littérature provençale. Mais un de ses disciples, M. J.-J. Ampère, qui en 1839, dans son *Histoire*

littéraire de la France, avait montré beaucoup de
complaisance pour les rapprochements entre le grec
et le français, rétractait, quelques années plus tard
(1843), dans son livre *sur la Formation de la langue
française*, ces trop faciles concessions, et il réduisait
à deux ou trois exemples, encore douteux, les
preuves de la prétendue influence du grec sur les
dialectes populaires du Midi. M. Edél. du Méril ne
défendrait certainement plus aujourd'hui les exemples nombreux, mais presque tous suspects, qu'il a
réunis dans le chapitre V de son *Essai philosophique
sur la formation de la langue française* (1), ni les
hellénismes, d'apparence quelquefois séduisante,
mais non moins contestables pour cela, qu'il a stu-
dieusement réunis dans son *Introduction* au roman
de *Floire et Blancheflore* (2). Chaque jour la comparaison scientifique des langues nous apprend à être
plus scrupuleux dans l'examen de ces délicates
questions. Par une sorte d'instinct historique, nous
nous obstinons volontiers à croire que les patois de la Provence doivent contenir beaucoup de
mots grecs de provenance antique et purement populaire; mais, quand nous venons aux exemples, ce
nombre se réduit à quelques mots isolés et douteux,
à des ressemblances fortuites entre les racines, à des
similitudes de tournures qu'explique la seule ana-

(1) Paris, 1852, in-8°.
(2) Paris, 1856, in-12, pages cxxxvi et clxxvi. J'indique ici,
avec le regret de ne l'avoir pu lire, une dissertation *de Gallici
sermonis cum græco convenientia*, par Arlaud (Berlin, 1826,
in-4°).

logie des sentiments ou des pensées, sans qu'il soit nécessaire d'admettre une transmission directe de l'antiquité grecque au siècle où se sont constituées la langue et la nationalité françaises.

SEPTIÈME LEÇON.

PREMIÈRE RENAISSANCE DES LETTRES GRECQUES : HELLÈNES, IMPRIMEURS DE GREC, HELLÉNISTES.

Caractère original de la Renaissance dans notre pays. — Les
réfugiés hellènes en France : Andronic fils de Callistus, J. Lascaris, André Paléologue, Hermonyme de Sparte, Nicandre de
Corcyre, Ange Vergèce, etc. — Érasme et la nouvelle prononciation du grec. — Les premiers imprimeurs de grec. — Le
Liber gnomagyricus de Tissard. — G. Budé. — Le Collège de
France. — Conrad Néobar, premier imprimeur du roi pour
le grec, et les types grecs de Garamont.

On sait, par la leçon qui précède, pour quelle faible part le grec a contribué à former la langue française telle qu'elle se trouvait constituée au moment
de la Renaissance. Nous allons voir maintenant quels
changements y apportèrent les études helléniques
renouvelées en France et puissamment secondées
par l'imprimerie, dès le commencement du seizième siècle, malgré les défiances et l'opposition
passagère de quelques théologiens (1).

(1) On connait là-dessus le sentiment du célèbre Noël Béda,
qui appelait le grec *la langue des hérésies*. Voir Ellies du Pin,
Seizième siècle, partie III, p. 533; Goujet, *Mémoires sur le*

A ce mouvement de rénovation ont contribué des événements très-divers et des influences souvent extérieures ; mais la France y a gardé, avec son caractère original, ses droits particuliers à la reconnaissance des hommes. L'Italie, sans doute, l'avait en cela précédée, et, bien avant la découverte de Gutenberg, elle s'était passionnée pour les lettres grecques peu à peu réveillées dans son sein, soit par les maîtres grecs de la Calabre, soit par des Hellènes de Byzance. Le nom seul et les écrits de Pétrarque représentent avec un grand éclat ce renouvellement de la science et de l'art grecs par l'étude sans cesse plus directe de leurs monuments rendus à la lumière dans l'Occident latin (1). L'impulsion donnée par Pétrarque ne s'était point ralentie au milieu des déchirements et des désordres de tout genre qui signalent le temps des Médicis et des Sforza. Aussi les Français, sous Charles VIII et sous Louis XII, quand ils envahirent l'Italie, la trouvèrent en pleine trans-

Collége royal, partie I, p. 8. — M. Rebitté (G. Budé, p. 81) cite un curieux témoignage de Galland, dans son oraison funèbre de François 1er, sur l'état des études au début de ce siècle.

(1) Voir A. Mézières, Pétrarque, étude d'après de nouveaux documents (Paris, 1867, in-8°), p. 366 et suiv. Cf. G. Favre, Mélanges d'Histoire littéraire (Genève, 1856, in-8°), tome 1, p. 9-146 : « Vie de J.-M. Philelphe, » et p. 147-153 : « Sur les hellénistes en Italie du dixième au quinzième siècle. » L'ouvrage de M. Ch. Nisard, les Gladiateurs de la République des lettres (Paris, 1860, 2 vol. in-8°), serait plus utile pour l'histoire de la Renaissance, si l'auteur ne s'attachait presque uniquement au détail extérieur des controverses personnelles, et s'il s'occupait davantage des questions mêmes de science et d'érudition qu'agitaient ces philologues batailleurs.

formation, on peut dire en pleine floraison scientifique et littéraire ; mais, s'ils en ont rapporté un vif
sentiment de leur infériorité à cet égard, s'ils en ont
ramené quelques maîtres, pour enseigner dans les
écoles de France, néanmoins on peut dire que la Renaissance, en notre pays, s'est produite par un travail et avec un caractère tout français. L'Italie de
Léon X s'honore à juste titre des Alde Manuce et de
leur école, mais la France des Valois peut lui opposer avec un légitime orgueil des noms tels que ceux
de Guillaume Budé et d'Henri Estienne (1). Les Grecs
mêmes que l'Orient nous envoya, après le triomphe
de l'islamisme dans l'empire byzantin, sont en petit
nombre; ils n'ont guère fait que passer parmi nous,
et ils n'y ont laissé qu'une trace peu profonde de
leur passage. Toutes les recherches des historiens ne
portent pas à plus de cinq ou six le nombre de
ces maîtres hellènes (2), et ce qui suit montrera que

(1) Je fais remarquer, en passant, que la France a bien pu
fournir aux imprimeries italiennes plus d'un collaborateur aujourd'hui inconnu, comme fut, en 1474, ce Jacobus Rubeus
(Jacques Le Rouge?) *natione gallicus* (sic), qui fit imprimer, à
Rome, la première édition d'Hérodote, c'est-à-dire de la traduction latine de cet historien par Laurent Valla.

(2) Voir les deux ouvrages de Humphry Hody, *de Græcis il-
lustribus græcæ linguæ litterarumque humaniorum instauratoribus* (Londini, 1742), et de C.-F. Boerner, *de Doctis homi-
nibus græcis litterarum græcarum in Italia instauratoribus*
(Lipsiæ, 1750). M. Mavrophrydis a publié dans le *Philistor*
d'Athènes (t. II, 1862) des biographies intéressantes de Manuel
Chrysoloras et de Théodore Gaza. Mais ces biographies m'ont
paru apporter à l'histoire peu de renseignements nouveaux
après les livres de Meiners, de Hody, de Boerner, de Brunet de

leurs leçons ou leurs exemples n'ont pas exercé une
influence bien longue sur la réforme et l'extension
des études dans nos écoles. Ce fut comme un germe
importé à temps dans notre sol, où il produisit, par
la vertu propre de ce terrain généreux et par une
active culture, la plus splendide moisson.

A la tête des lettrés byzantins qui vinrent alors
chez nous se place Andronic, fils de Callistus, qui
enseigna d'abord à Rome, où il avait été libéralement reçu par le cardinal Bessarion, un des
plus illustres représentants de l'alliance éphémère
entre les deux communions chrétiennes. De Rome
Andronic vint à Florence, et il y eut pour auditeur
Ange Politien. Mais, plus honoré qu'enrichi par cet
enseignement, et déjà vieux, il passa les Alpes pour
chercher en France d'autres protecteurs, et il survécut peu de temps à ce dernier effort pour lutter
contre la fortune. Les témoignages de ses contemporains lui attribuent un savoir presque universel
et une véritable éloquence. Philelphe, qui avait passé
sept ans à Constantinople, dans sa jeunesse, regret-
tait de n'y avoir point trouvé un tel maître. Malheureusement, il reste aujourd'hui d'Andronic peu
d'œuvres qui nous aident à justifier ce jugement de
ses disciples et de ses amis. Il avait écrit sur la prise
de Constantinople une complainte ou *monodie*, qui
est, je crois, demeurée manuscrite. On cite encore de
lui un éloge de Georges Paléologue et deux opuscules

Presle, auxquels, d'ailleurs, M. Mavrophrydis se réfère très-
loyalement.

philosophiques pour la défense du platonisme, qui
nous montrent dans leur auteur un disciple intelligent et passionné du grand platonicien Gémiste Pléthon. Laurent de Médicis lui avait commandé une
traduction latine du livre d'Aristote *sur la Génération et la Corruption*. Quant à moi, je n'ai pu lire de
lui que la lettre à G. Paléologue, publiée par M. Boissonade dans le tome V de ses *Anecdota græca*. Ces
pages sont d'un écrivain assez habile et ingénieux,
mais qui pourtant n'atteint pas à la correction de
l'atticisme. Elles montrent que la prose grecque
classique était restée presque aussi familière aux
lettrés de ce temps que le grec romaïque ; mais, en
même temps, elles prouvent que l'atticisme ne pouvait guère se maintenir dans l'usage avec toute sa
pureté, lorsqu'il servait à exprimer des idées et
des sentiments chaque jour plus différents de ceux
qu'exprimait le grec de Théophraste ou celui de
Lucien.

Janus Lascaris, natif de Rhyndacus, appartenait à
la famille impériale des Lascaris. Après les désastres
de sa race, il suivit son père dans le Péloponnèse,
puis à Venise et à Padoue, où il apprit le latin. Il
était, lui aussi, un des protégés de Bessarion. A Florence, il devint celui de Laurent de Médicis, qui le
renvoya en Orient avec la commission d'en rapporter des manuscrits grecs. Ce voyage est, on peut le
dire, un des événements les plus mémorables du
siècle, car Lascaris revint chargé de deux cents manuscrits, parmi lesquels se trouvaient les chefs-d'œuvre dont il se fit l'éditeur à partir de 1494. C'est à

la suite de Charles VIII qu'il visita la France ; il y
était encore en 1503, et, cette année même, Louis XII
faisait de lui son ambassadeur auprès de la république de Venise. Sa mission accomplie, il se rendit à
Rome, où on le vit suggérer à Léon X la fondation
d'un gymnase grec, qui devint un foyer actif de
culture et de propagande helléniques. En 1518, François Ier le rappelle à Paris, où il a bientôt pour auditeur le célèbre Budé. C'est vers le même temps sans
doute qu'il donne des leçons de grec à Charles Estienne, troisième fils de Henri Estienne Ier. L'Italie,
qui était devenue sa seconde patrie, le revit une
fois encore, et il y mourut à quatre-vingt-dix ans,
laissant peu d'écrits originaux, mais après avoir
publié ses belles éditions *princeps* d'auteurs grecs,
qui supposent un labeur immense et des plus intelligents.

Le nom doublement illustre de Lascaris nous rappelle celui d'André Paléologue, neveu et héritier du
dernier empereur de Byzance. On trouve ce personnage en 1491 à la cour de Charles VIII, où il « est
venu à ses frais et dépens..... devers ledit Sire pour
aucuns grans affaires touchant le bien de son
royaume ». C'est lui qui, trois ans plus tard, lors
de l'entrée des Français en Italie et sur l'espérance
d'une croisade contre les Turcs, offrait au roi de
France de lui céder, moyennant indemnité honorable, ses droits, hélas! bien précaires, sur l'empire
grec d'Orient (1). Le projet n'eut pas de suite ; mais,

(1) Voir les curieux renseignements recueillis, sur ce sujet.

ainsi que le voyage de 1491, il atteste des relations
qui peuvent avoir répandu parmi nous le goût ou
le besoin d'étudier la langue grecque.

Tout autre était la condition de Georges Hermonyme, natif de Sparte. Celui-là est un exemple de
ces exilés faméliques qui, après la ruine de leur patrie, promènent de pays en pays une misère incurable. Il semble pourtant que l'hospitalité française
lui ait été généreuse. Dès 1470, ou même dès 1458,
Grégoire Tifernas, un Italien helléniste, avait, dit-
on, enseigné le grec dans l'Université de Paris (1) ;
Hermonyme lui succéda, avec un traitement régulier, ce qui, pour le temps, et vu le sujet de ses leçons, semble avoir été un avantage considérable.
Hermonyme eut d'ailleurs, à Paris, trois disciples
illustres, Reuchlin, destiné à devenir le propagateur
du grec en Allemagne, Budé, qui devait avoir le même
rôle en France, Érasme, enfin, et l'on sait que Budé
au moins lui paya largement ses leçons. Quant à
Érasme, il faut avouer qu'il parle de lui avec un certain dédain dans son dialogue sur la Prononciation :
« *Hermonymus qui se Spartanum prædicabat* (2). »
Jusqu'ici Hermonyme a bien l'air d'un petit professeur élémentaire. On peut même croire qu'il enseignait l'écriture grecque, car il était assez bon calligraphe. Notre Bibliothèque impériale possède plu-

par M. A. de Cherrier, *Histoire de Charles VIII* (Paris, 1868,
in-8°), t. I, p. 443 et 491.

(1) Crevier, *Histoire de l'Université de Paris*, t. IV, p. 243-247.
Cf. p. 438.

(2) P. 93, éd. 1543, in-12.

sieurs manuscrits de sa main (1), entre autres un
recueil de lettres bilingues et un *Onomasticon* également bilingue, encore inédit (2), et dont la plus
ancienne rédaction remonte peut - être au célèbre
grammairien Julius Pollux , un des précepteurs de
Commode. Il semble cependant qu'il inspira, par son
savoir et son caractère, quelque confiance à la cour de
Rome, puisque, en 1476, on le voit faire, sur l'ordre de Sixte IV, le voyage d'Angleterre pour obtenir la délivrance de l'archevêque d'York , que le roi
Édouard IV détenait prisonnier. Mais cette ambas-
sade, quel qu'en ait été le succès, ne l'avait pas
enrichi ; car, à son retour, il reprenait à Paris le
métier de copiste, et il écrivait un manuscrit de
Quintus de Smyrne, dont la souscription a été publiée
par Léon Allatius. C'est alors qu'Andronic, fils de
Callistus, adressa au prince Georges Paléologue une
lettre pressante (3) pour recommander à son humanité le pauvre Hermonyme. Peut-être se releva-t-il
quelque temps, et cela par ses propres efforts, car
on le retrouve en 1519 assistant Jean Chapuis, éditeur des *Institutes* de Justinien, qui avait besoin du
secours d'un helléniste pour les textes grecs conte-
nus dans cet ouvrage.

(1) Montfaucon, *Palæographia græca*, p. 99.

(2) Il sera prochainement publié par M. Boucherie, professeur au Lycée de Montpellier, d'après un manuscrit conservé
dans la bibliothèque de cette ville. Voir les Comptes rendus des
séances de l'Académie des inscriptions et belles-lettres, août
1868.

(3) Imprimée dans les *Anecdota græca* de Boissonade, t. V,
p. 420 et suiv.

A ce propos, il faut remarquer que, même après
la découverte de l'imprimerie, se maintint l'usage de
copier les livres grecs. La calligraphie, longtemps
encore, soutint une sorte de concurrence avec l'art
nouveau des imprimeurs, et cela nous explique comment on trouve tant de beaux manuscrits dont les
dates vont jusqu'à la fin du seizième siècle. Hermonyme n'est pas le seul des Hellènes séjournant en
France dont la main habile ait lutté avec l'imprimerie naissante ; il y eut pour successeur, chez nous,
le Crétois Ange Vergèce, de qui nous avons de
très-nombreux manuscrits exécutés entre 1535 et
1565 (1) et dont la belle écriture devait être, comme
nous le verrons bientôt, perpétuée, consacrée, en
quelque sorte par les types mêmes de l'Imprimerie
royale.

Vers le même temps se promenait dans notre Occident, surtout en Allemagne, en Angleterre et en
France, Nicandre de Corcyre, devenu, pendant son
séjour à Venise, le secrétaire de Gérard Velthwick,
ambassadeur de Charles-Quint, et qui a écrit en
grec une intéressante relation de ses voyages, dont
le second livre seulement a été naguère publié (2).

(1) Montfaucon, *Palæographia græca*, p. 94.
(2) *The second Book of the Travels of Nicander Nucius of
Corcyra,.... edited by* J.-A. Cramer (London, 1841, in-4°), d'a-
près un manuscrit incomplet et fort incorrect de la Bibliothèque Bodléienne. Un manuscrit complet des trois livres se
trouve à l'Ambrosienne de Milan. C'est d'après un manuscrit de
la Bibliothèque de Florence que Mustoxidi donna en français,
dans le *Spectateur de l'Orient* (1856), et en grec dans la
Pandore, tome VII, p. 154, une notice sur Nicander, d'où

Son style clair, mais très-incorrect, tout mêlé d'atti-
cismes, de mots poétiques et de tournures visiblement
italiennes ou françaises (1), nous le signale comme
un Hellène fort au courant des affaires et des langues
de l'Europe latine. Il a des jugements d'une naïveté
piquante sur Luther, sur Érasme, sur Henri VIII et
sur les réformes de l'Église en Angleterre ; mais il
paraît peu occupé de belles-lettres. Il nous apprend
qu'Henri VIII, dans l'armée qu'il envoie contre les
Écossais rebelles, a enrôlé un corps de « Pélopon-
nésiens d'Argos », sous la conduite d'un brave capitaine appelé Thomas ; mais il ne nous dit pas si
quelqu'un de ses compatriotes enseignait le grec à
Londres ou à Winchester, ni si les chaires de grec y
avaient de nombreux auditoires. En revanche, il
rappelle la part que les soldats de sa nation prirent
aux guerres de Henri VIII et de François Iᵉʳ, et il
donne une description détaillée du siége de Boulo-
gne par les Anglais, en 1544. Son troisième livre,

M. Brunet de Presle a tiré une partie de ce qu'il raconte sur
ce voyageur, dans les dernières pages de son *Histoire de la
Grèce depuis la conquête romaine jusqu'à nos jours* (Paris,
1860). La Bibliothèque de l'Escurial possède aussi deux manuscrits de cette relation sous le titre d' Ἀποδημίαι (*Catalogue des
manuscrits grecs de l'Escurial*, par E. Miller, p. 347, 448), et
où le nom de l'auteur est écrit Ἀνδρόνικος νούντζιος (*nunchus*,
l'ambassadeur). C'est ce dernier mot qui, selon une conjecture
de M. B. de Presle, est devenu Νούκκιος, puis Νούκιος. Il dési-
gnait primitivement la fonction même du pauvre réfugié.

(1) Par exemple, l'emploi fréquent du participe au nominatif
absolu, et des tours comme celui-ci, p. 89 : ἐνδόσιμον τῷ πρεσ-
βύτῃ ᾔτησα (je demandai une permission à l'ambassadeur).

dont le texte est encore inédit, nous le montre à
Paris, où il a rencontré le célèbre Ange Vergèce (ou,
comme il l'appelle, Verginius). Nicandre nous apprend que François Iᵉʳ avait alloué une honnête pen-
sion au calligraphe crétois ; que celui-ci secondait et
quelquefois dirigeait fort sagement le zèle du roi son
protecteur pour les lettres savantes, etc. Ce sont
là des renseignements nouveaux et utiles sur les premiers ouvriers de la Renaissance.

Ajoutons, pour ne point négliger les moindres
indices, que, vers le même temps, un Grec, nommé
Pierre Porta (1), avait servi comme prote chez le
célèbre imprimeur Henri Estienne Iᵉʳ ; ajoutons surtout que Constantin Paléocappa dressait, vers 1552,
le Catalogue des 546 manuscrits grecs de la Bibliothèque de Fontainebleau (2), catalogue recopié plus
tard par Ange Vergèce (3) ; nous aurons trouvé, en
tout, cinq ou six Grecs qui ont vécu alors en France ;
mais deux seulement, sur ce nombre, y ont enseigné
d'une manière utile, et encore sans méthode suivie, avec peu d'autorité.

---

(1) Le fait est relevé par M. A.-F. Didot, dans sa notice sur les
Estienne (Nouvelle Biographie générale).

(2) Bibliothèque impériale, Supplément grec, n° 10.

(3) Bibliothèque impériale, Ancien fonds, n° 3065. Notons en
passant que les beaux manuscrits de Vergèce, comme le n° 2443
de l'ancien fonds, sont quelquefois ornés de miniatures que
la tradition attribue à une fille d'Ange Vergèce. La tradition
va plus loin ; elle explique ainsi, avec plus ou moins de vraisemblance, notre expression proverbiale « écrire ou peindre
comme un *ange* », expression qui, avec le temps, a pris un sens
plus général.

Bien plus, par une sorte de fatalité qu'on n'a pas remarquée, l'érudition même de leurs disciples tourna promptement contre eux et produisit entre l'Orient grec et les écoles d'hellénistes occidentaux une sorte de schisme littéraire qui n'a pas été sans conséquences pour l'avenir.

Un moment disciple, pour le grec, d'Hermo-nyme de Sparte, Érasme reprochait à la pronon-ciation de cet Hellène quelques défauts peu conci-liables avec l'idée qu'on se fait d'une langue célèbre pour son harmonie. Cela le conduisit à exprimer certains doutes sur la prononciation du grec et du latin jusque-là consacrée dans l'usage. Il en fit le sujet d'un de ces dialogues où excellait son ta-lent aimable.; le dialogue eut un grand succès. La science, encore très-inexpérimentée, des nou-veaux professeurs de grec, en Hollande, en An-gleterre et en France, s'empara des objections d'Érasme, les développa et les exagéra. On en vint bientôt à se persuader que les Hellènes vivants prononçaient d'une façon barbare la langue de leurs ancêtres, que l'érudition moderne pouvait leur en remontrer là-dessus, qu'à l'aide du témoi-gnage des grammairiens elle pouvait retrouver l'an-cienne prononciation du grec, et que, le pouvant, elle devait le faire. Chacun alors se mit à l'œuvre pour accomplir cette réforme. Il y eut bien des ré-sistances et des débats. La lutte même, dans quel-ques pays de l'Europe, en Angleterre, par exemple, amena des incidents presque tragiques, qui nous font sourire aujourd'hui. J'ai raconté ailleurs cet épi-

sode de la Renaissance (1). Constatons seulement ici
le résultat de ces discussions laborieuses : c'est que,
dès la fin du seizième siècle, la prononciation vulgaire du grec se trouva presque partout abandonnée
en Occident. Par un excès de pouvoir, dont personne
alors ne se rendait compte, la science avait consti-
tué, dans chacun des pays ouverts aux études helléniques, une prononciation que l'on tenait pour celle
même de l'antiquité. Sous le prétexte de revenir à la
tradition classique, on avait rompu avec la tradition
nationale et populaire, et l'on était tombé dans une
étrange anarchie. Ces manières de prononcer le grec,
fort diverses, selon les pays et les écoles, ont plus
nui qu'elles n'ont servi chez nous au progrès des
études helléniques. Mais, au moment où elles s'éta-
blirent, les discussions qu'elles provoquèrent ne
furent pas sans influence sur le mouvement de la
littérature savante.

A côté des Hellènes réfugiés nos premiers imprimeurs ne sauraient être omis comme promoteurs
des études grecques en France.

Il est intéressant de voir comment, après les premiers essais d'Ulrich Géring, après les chefs-d'œuvre
d'Antoine Vérard, qui tous deux ne connurent que
l'emploi des caractères latins, l'imprimerie se mit peu
à peu au service des études grecques. Cette histoire
a été esquissée avec un grand savoir et un charme

(1) Voir l'Appendice à la présente leçon, à la fin de ce premier volume.

sérieux de narration par M. Rebitté (1). Mais, écrit
à Besançon, ce livre n'offre pas, dans le détail, la
minutieuse exactitude, que d'ailleurs on ne peut
guère atteindre, sur un tel sujet, si l'on ne connaît
pas les procédés de l'imprimerie, et si l'on n'a pas
sous la main de précieux incunables, très-rares aujourd'hui, très-difficiles à rassembler, et que les
bibliothèques publiques ne livrent pas aux curieux sans maintes précautions légitimes, mais gê-
nantes. Pour me guider en ces délicates recherches,
j'ai eu d'abord les livres de deux savants typographes, M. Auguste Bernard (2) et M. Ambroise-Firmin
Didot (3); puis ce dernier m'a communiqué, dans
son incomparable bibliothèque, les plus anciens produits de notre typographie grecque. On me permettra donc de m'y arrêter quelques instants avec cette
complaisance pleine de respect qu'inspirent les moindres commencements des choses destinées à grandir.
On ne touche pas sans une sorte d'émotion ces grossiers petits volumes où nos ancêtres ont épelé le grec,

(1) *Guillaume Budé, restaurateur des Études grecques en
France* (Paris, 1846, in-8°). Cf. l'article instructif de L. Feugère sur cet ouvrage, dans la Revue encyclopédique de 1847.

(2) *De l'Origine et des débuts de l'imprimerie en Europe* (Paris, 1853, deux vol. in-8°), ouvrage auquel se rattachent : *Geoffroy Tory, peintre et graveur, premier imprimeur royal*, par
le même (Paris, 1857, in-8°) ; — *les Estienne et les Types grecs
de François Ier*, par le même (Paris, 1856, in-8°). Cf. G. Favre,
Mélanges d'Histoire littéraire (Genève, 1856, in-8°), tome I,
p. 68-75.

(3) *Essai sur la Typographie* (Paris, 1851, in-8°, extrait de
l'Encyclopédie moderne).

et qui coûtèrent aux maîtres des Estienne tant de
labeurs et de soucis

Longtemps les imprimeurs de latin, quand ils
rencontraient dans Cicéron, par exemple, quelques
mots grecs, étaient réduits, faute de caractères, à en
laisser la place en blanc. Puis ils s'essayèrent à copier
tant bien que mal le grec qu'ils ne déchiffraient pas
toujours avec sûreté, et ces premières copies typographiques sont informes. Ainsi, à la quatrième page
du *de Officiis* (édition de 1465 par Fust et Schoiffer),
on a bien de la peine à reconnaître le mot καθήκοντα
dans καθωκωσκα. En 1494, le *Cornu Copiæ* de Nicolas
Perotto, véritable trésor de latinité, qu'on a plusieurs fois réimprimé, et qui, pendant plus de vingt-
cinq ans, a servi aux études des latinistes de la Renaissance, le *Cornu Copiæ*, dans l'édition de Géring,
offre quelques mots grecs, avec un alphabet grec-
latin assez correctement exécuté : toutefois les voyelles y sont encore sans accents ; ceux-ci se montrent
pour la première fois, avec les lettres majuscules, en
1505, dans un livre de Laurent Valla, publié par
Josse Bade. Mais c'est en 1507 seulement que paraît,
à vrai dire, le premier livre grec imprimé en France,
le *Liber gnomagyricus*, ainsi intitulé à cause des
sentences qui en forment la meilleure partie. L'éditeur de ce livre est un modeste maître, François Tissard, et l'imprimeur, Gilles de Gourmont. Je laisse
M. Rebitté faire le récit de leurs tribulations (1);
rien n'est plus touchant ni plus instructif.

(1) *Guillaume Budé, restaurateur des études grecques en
France*, p. 35 et suiv.

« Le *Liber gnomagyricus* contient quelques morceaux de poésie gnomique. Périandre, Bias, Pittacus,
Cléobule, Chilon, Solon, Thalès, ont fourni cent quarante-quatre sentences. Une seule phrase de quatre
lignes contient une pensée de Socrate ; un mot de
Diogène est rapporté en dix-sept lignes. Il y a sous
le nom d'Hésiode dix-sept lignes qui ne sont point
des vers; les *Vers dorés* de Pythagore, au nombre de
soixante-dix-huit ; un morceau d'Isocrate sur l'envie, en vingt-quatre lignes, et une courte pensée du
même auteur. Phocylide a fourni deux petits morceaux, l'un de quatre lignes, l'autre de deux, et un
morceau plus considérable, le Ποίημα νουθετικόν, en
deux cent vingt-trois hexamètres; enfin nous y lisons
trente-trois vers de la sibylle Érythrée formant l'a-
crostiche : Ἰησοῦς Χριστός, Θεοῦ υἱός, σωτήρ, σταυρός.
Le recueil finit par trente-trois mots qui expriment
le cri d'autant d'animaux. Le tout ne va guère au-
delà de trois cent cinquante lignes. Voilà les premiers
textes grecs que l'on ait publiés en France. Une préface
latine d'environ trois pages annonce le but de cette
publication et les difficultés qu'elle rencontra. Il
s'agit pour les jeunes gens de compléter leurs études
latines : « Nemini dubium est, juvenes modestissimi,
« adolescentes benevolentissimi, hos enim compello,
« hos præsertim alloquor, quanti sit Latinis eruditio
« græca, in hac præcipue tempestate, æstimanda ;
« non provectis solum doctrina et latiali eloquentia,
« alioquin Tullio cæterisque et oratoribus et philo-
« sophis et medicis, cæterarumque artium hujusce-
« modi, ac disciplinarum cupientissimis, celebratis-

« sima; verum etiam vobis paulatim serpere ad summa
« latinitatis fastigia nitentibus. » On rencontre des
mots grecs, des phrases grecques, dans les textes
latins; de plus, c'est dans le grec qu'il faut chercher
la source de beaucoup de choses qui se trouvent
dans la poésie latine. Quel malheur que tout cela
soit lettre close pour vous ! dit Tissard. « Quam
« grave enim, quantumque molestum, græca passim
« conspersa, eorum insciis, non in soluta modo ac pe-
« destri oratione, nescire ; neque historicis in libris
« neque in cæteris oratoriis, et ne in epistalticis qui-
« dem ac missoriis epistolis, quarum usus ubique
« frequentissimus ; sed in poeticis figmentis, quo-
« rum rivuli ex græco fonte emanarunt, quorum
« origo ex græco fonte propagata est ; quorumque
« vis ac energia, quanta sit, quamque vehemens,
« nemo est qui [non] apprehendat; nemo est qui
« non concipiat. » Cela fait que les plus savants tré-
buchent dans les textes latins ; ils sont arrêtés à
tout moment, ou plutôt ils se surprennent sur la
pente d'un précipice. Que de contrariétés ! Que de
chagrins ! Tissard en a été touché. Voilà pourquoi
il a fait imprimer un peu de grec; fort peu assurément ; mais ce peu a pourtant son prix. Il lui a
coûté bien des fatigues, bien des ennuis. D'abord
personne ne voulait se charger de l'impression ; nul
n'y voulait risquer son argent ; il fallait fondre des
caractères, chose fort dispendieuse , et puis les imprimeurs n'entendaient rien au grec ; ils n'étaient
pas même en état de le lire. Pourquoi, après tout,
disaient-ils, s'engager dans une entreprise dont on

ne pouvait prévoir l'issue? Arrêté par tant d'obstacles, Tissard s'est trouvé presque à bout de courage,
mais non pas d'éloquence heureusement; il a parlé
aux imprimeurs d'honneur, de renommée, de gloire;
il a fait valoir auprès d'eux non-seulement l'intérêt
de la jeunesse, mais encore celui du bien public;
enfin il les a suppliés au nom des profits qu'ils ne
pouvaient manquer de faire. Tant d'instances les ont
vaincus. Mais alors il s'est trouvé qu'ils n'avaient
ni abréviations, ni accents : « O pænuriam miseram!
« o iniquam commiserandamque rerum angustiam !
« heu! quo dolore percellor! quo conficior! » On
serait tombé dans le désespoir pour moins que cela.
Tissard résiste à ce coup. Il faut lever ce terrible
obstacle! Il fait si bien, par prières et par promesses,
que les imprimeurs se pourvoient de quelques accents et de quelques diphthongues. Cependant ils
ont fait de grands frais, moindres, il est vrai, que
s'ils eussent imprimé de ces gros volumes qui viennent d'au-delà les monts, et qui coûtent si cher.
Mais, quoi qu'il leur en coûtât, Tissard leur a promis une ample compensation de leurs déenpses. C'est
maintenant aux jeunes gens des écoles à tenir les
promesses qu'il a faites en leur nom. « Comparate
« itaque vobis, comparate, inquam, hoc opusculum,
« aureis septem sapientium dictis, aliisque Pytha-
« goræ redimitum, non tamen nummis idcirco aureis,
« sed pretio tantillo, adeo ut marsupia vestra ne
« pauxillum quidem depregnascant, adeo ut ne etiam
« minimum detumescant. » Forcez, dit-il aux jeunes
gens, forcez les imprimeurs à vous donner des au-

teurs plus considérables ; qu'ils voient seulement
qu'on peut gagner quelque chose à ce métier. Si
vous faites naître cette espérance, vous aurez dans
peu non-seulement quelques textes avec les accents
et les diphthongues, mais la littérature grecque tout
entière, ce dépôt de toutes les sciences et de tous les
arts libéraux. »

Il y a bien quelque pédantisme dans cette éloquence rocailleuse de Tissard ; mais on y reconnaît,
au fond, un sentiment très-élevé des nobles intérêts
alors en jeu dans le grand travail de la Renaissance.
Il faut vraiment y insister pour l'honneur de ces
philologues encore bien inhabiles et bien neufs à la
besogne, mais tout pleins d'une passion généreuse
pour la sainte cause de la science. L'auteur du dernier ouvrage qui ait paru sur la Renaissance des lettres, M. Voigt (1), remarque, au début de son livre,
qu'à cette mémorable époque l'esprit humain s'ouvre à la fois deux horizons nouveaux, par la découverte de l'Amérique et par le retour aux traditions de l'antiquité. Eh bien ! cette idée, qui nous
semble moderne, elle est déjà familière aux philologues du seizième siècle. Alde Manuce l'exprime en
1513 dans une de ses préfaces (2), et elle n'est pas
étrangère au pauvre Tissard dans la préface du Ma-

_____

(1) *Die Wiederbelebung des klassischen Alterthums*, etc.
(Berlin, 1859, in-8°).

(2) Celle de l'édition des Orateurs grecs, reproduite dans le
précieux recueil de Botfield. *Præfationes et Epistolæ editioni-
bus principibus auctorum veterum præpositæ* (Cambridge,
1861, in-4°).

nuel qu'il' préparait pour les étudiants parisiens.
Sous ces textes laborieusement déchiffrés et plus
laborieusement reproduits, on sentait dès lors comme
le souffle d'une inspiration nouvelle ; on comprenait
que les répandre dans les écoles, que les faire mieux
comprendre, ce n'était pas seulement satisfaire une
curiosité d'érudit, mais servir les intérêts de la civilisation.

Au reste, l'appel que notre bon Tissärd adressait
à ses élèves, sur un ton de paternité affectueuse,
fut, à ce qu'il paraît, entendu ; car, dès la même année, nous le voyons publier la *Batrachomyomachie*
attribuée à Homère, les *OEuvres et Jours* d'Hésiode
et la *Grammaire grecque* de Chrysóloras; ce dernier
ouvrage, comparé aux trois précédents, était un gros
livre. En 1508, paraît une grammaire hébraïque,
suivie d'un alphabet et de prières dans la même langue. En 1509, l'Italien Jérôme Aléander, appelé par
Louis XII pour enseigner le grec à Paris (1), y fait
imprimer trois opuscules de Plutarque. Deux ans
après, Vatable, son élève, publie chez Gourmont une
deuxième édition de Chrysoloras. En 1512 paraît
un petit lexique grec-latin d'Aléander, où les mots
grecs portent pour la première fois des accents atta-
chés à la lettre : encore une daté mémorable dans ces

_____

(1) Crevier, *Histoire de l'Université de Paris*, t. V, p. 83. Je
voudrais pouvoir inscrire sûrement ici le nom du Barbiste Martin Lemaistre parmi ceux des rénovateurs de la langue grecque
en France ; mais j'avoue que M. J. Quicherat, dans son *Histoire*,
d'ailleurs si précieuse, *de Sainte-Barbe* (t. I, chap. vi, p. 44), ne
me paraît pas avoir établi le fait avec certitude.

lents progrès de notre typographie naissante. Un
autre alphabet hébraïque et grec, publié en 1514, est
dédié à une reine de France, Marie d'Angleterre,
troisième femme de Louis XII. La dédicace forme quatre jolis vers latins d'un tour quelque peu mignard ;
le grammairien qui l'a rédigée croyait faire sa cour
à la jeune princesse qui, sans doute, était capable
de s'intéresser à de telles études. D'ailleurs il ne
faut pas prendre au mot le titre d'*alphabet* : il dési-
gnait alors autre chose que la simple collection
des lettres avec leurs équivalents français en regard.
Ces alphabets, tant de fois réimprimés et remaniés
au seizième siècle, sont comme de petits manuels
élémentaires de grammaire. Ils contiennent quelques exercices d'analyse, quelques textes religieux
ou profanes, pour servir aux explications dans les
écoles où l'on apprenait les principes d'une langue
ancienne. La première grammaire proprement dite
de la langue grecque rédigée par un Français pour
l'usage des écoles françaises parait en 1521, sous le
titre de *Grammatica isagogica*. Elle a pour auteur
Jean Chéradam qui, lui-même, fait imprimer en 1526
la *Grammaire grecque* de Théodore Gaza, et publie
en 1528 les *Femmes à l'Assemblée* d'Aristophane.
La même année, Simon de Colines donne enfin un
Sophocle complet, qui ouvre vraiment la série des
publications savantes de textes grecs en notre pays.
Il a fallu vingt ans pour que les presses parisiennes
fussent capables d'un pareil effort ; mais, à partir de
ce moment, elles ne cesseront plus de perfectionner
et de multiplier leurs produits pour le service des

lettres grecques, et elles donneront de plus un utile exemple aux imprimeries provinciales (1). Le voyageur grec Nicandre, dont nous avons tout à l'heure signalé le séjour en France vers le milieu du règne de François Iᵉʳ, constate le rapide progrès de l'imprimerie savante, et il ne manque pas d'y applaudir.

Pendant que se formaient et s'essayaient à l'œuvre ces maîtres, ces éditeurs, ces imprimeurs (2), un véritable savant avait paru, qui allait les éclipser tous par la variété et par la profondeur de son savoir : c'est Guillaume Budé. Né en 1467 ou en 1468, après une jeunesse d'abord livrée aux distractions frivoles, entre autres au plaisir de la chasse, Budé s'était jeté dans les études savantes avec une ardeur méritoire, surtout dans un temps où l'on manquait de livres et de maîtres pour se faire érudit. Dès 1502,

(1) Je vois une preuve de la lenteur de ces progrès chez nos imprimeurs de province dans l'édition des *Offices* et de quelques opuscules de Cicéron imprimés à Lyon, en 1526, par Laurent Hilaire. L'éditeur, Humbert de Montmoret, déclare, sur le titre, que *græcas dictiones atticis imprimendas typis curavit*. Mais ces mots grecs et surtout les phrases insérées par Cicéron dans le texte des *Paradoxa* sont informes encore : avant de les reproduire, l'éditeur ne les avait pas lui-même exactement déchiffrés.

(2) Se peut-il que, comme le croit M. E. de la Bédollière (dans le *Siècle* du 23 novembre 1868), Gabriel Naudé (*Additions à l'Histoire de Louis XI*, Paris, 1630, ch. vii) soit le seul historien qui ait daigné mentionner Gilles Gourmont? Ce qui est certain, c'est que je ne trouve nulle part ce nom modeste et honorable, en dehors des bibliographies et des histoires de l'Imprimerie, ou des histoires de la Littérature grecque, comme celle de Schoell (t. VII, p. 413).

il traduit en latin la compilation de Plutarque sur les Opinions des philosophes ; en 1508, il écrit ses notes sur les *Pandectes* ; en 1514, son traité *de Asse*, véritable prodige de savoir, qui a servi de base pendant longtemps à tous les travaux de métrologie romaine : c'était donc, comme on le voit, un helléniste avant qu'on imprimât du grec à Paris ; c'était un latiniste et un jurisconsulte bien avant Cujas ; c'était enfin une sorte d'antiquaire en un temps où l'Italie seule semblait occupée à déterrer et à interpréter ses médailles, ses inscriptions et ses statues antiques. Ni Aléander, ni Lascaris, ni Hermonyme de Sparte, n'avaient pu être des guides bien utiles pour l'activité de ce rare esprit : il s'était surtout formé lui-même.

Une fois possédé de l'amour des humanités, le nouveau philologue ne connut plus d'autre occupation ; les plaisirs même et les devoirs de la vie de famille l'en purent à peine distraire, s'il est vrai, comme on le raconte, que, le jour de son mariage, il trouva moyen de réserver trois heures pour ses chères études. En 1519, il avait déjà sept enfants ; en 1550, à sa mort, il en laissa onze vivants. Ni les soucis d'une si lourde paternité, ni le poids des charges publiques, comme celle de maître des requêtes que lui conféra François Iᵉʳ, ne ralentirent son zèle pour les travaux auxquels il s'attachait avec une patriotique prédilection. Entre 1522 et 1527, il marquait nettement le sens de la grande réforme à laquelle son nom restera toujours attaché, dans son livre *de Studio litterarum recte et commode insti-*

tuendo. Quelques années plus tard, en 1534, il té-
moignait mieux encore d'une alliance que recher-
chaient alors tous les nobles esprits entre la religion
et les sciences humaines ; c'est le sujet du traité qu'il
intitula : *de Transitu hellenismi ad christianismum*.
Tous ces livres montrent non plus la simple curiosité d'un amateur de ·grec et de latin, mais une
passion éclairée pour les lettres anciennes et pour
les fécondes traditions qu'elles représentent. L'érudition commence à se faire une méthode ; elle a conscience d'elle-même, de ses devoirs et de ses hautes
destinées. Nulle part cette patience à laquelle rien
ne coûte pour fonder solidement la science des mots
et des choses ne paraît mieux que dans l'ouvrage
qui est resté la plus célèbre des œuvres de Budé, je
veux dire ses volumineux *Commentarii linguæ græcæ*.
Budé, comme l'a bien fait voir son récent biographe,
n'a pas écrit le *Dictionnaire* et la *Grammaire grecque* qu'une fausse tradition lui attribue ; mais ses
Commentarii, par l'abondance, même un peu confuse, des matériaux qu'il y amasse pour les futurs
lexicographes, font de lui le véritable fondateur et le
maître de cette laborieuse école que domine Henri
Estienne , l'auteur de l'immortel *Thesaurus linguæ
græcæ*. Nous voilà bien loin des timides essais que
nous avons jusqu'ici parcourus, et qui suffirent à.
l'honneur des premiers clients d'un Gilles Gourmont
ou d'un Simon de Colines. Ce n'est pourtant pas là
toute l'œuvre de Budé.

En 1517, le Flamand Busleiden, mort en France,
à Bordeaux, avait légué une somme assez modique

pour fonder à Louvain, sa patrie, un *Collége des trois langues*, c'est-à-dire un collége où l'on enseignerait librement le latin, le grec et l'hébreu. Malgré les résistances de la routine et l'opposition des théologiens, Érasme, l'actif patron de cette noble idée de Busleiden, l'avait fait réussir (1). Dès 1518, le nouvel enseignement recevait son organisation provisoire. Adrien Berlandus y occupait la chaire de latin, Rudgerus Rescius celle de grec, Matheus Adrianus celle d'hébreu. Ce sont là des noms obscurs; pour les études grecques en particulier, Érasme aurait voulu mieux, et il demandait à Lascaris de lui envoyer des maîtres hellènes pour son Collége des trois langues. Mais, si humbles que soient ces commencements, on n'y peut méconnaître une institution conforme à l'esprit vraiment libéral de la Renaissance, et bien faite pour contribuer aux progrès des fortes études. L'exemple des savants de Louvain excita l'émulation des conseillers de François Iᵉʳ, et notre pays eut bientôt, à côté de la Sorbonne, où tout enseignement restait sous la tutelle étroite de l'autorité religieuse, une institution semblable à celle de Busleiden; c'est le collége, depuis si célèbre sous le nom de *Collége de France*. Plus modeste d'abord que le collége de Louvain, notre Collége de France n'offrait à ses professeurs ni le logement personnel, ni même des salles d'auditoire; mais, selon

(1) Félix Nève, *Mémoire historique et littéraire sur le Collége des trois langues à l'Université de Louvain* (Bruxelles, 1856, n-4°). C'est le juste pendant des *Mémoires* de Goujet sur le *Collége royal de France.*

l'énergique expression d'un contemporain, *il était
bâti en hommes*, et ces premiers maîtres ne tardèrent
pas à former d'excellents élèves. Les progrès de l'institution furent rapides. Plus heureuse que l'institution flamande , qui lui avait servi de modèle,
mais plus heureuse parce qu'elle fut mieux dirigée,
celle-ci ne cessa pas de s'élargir ; elle n'interrompit
momentanément ses leçons, pendant la Révolution,
que pour se relever avec éclat au commencement de
ce siècle, et pour embrasser dans le cercle de son
enseignement le cercle, si agrandi de nos jours, des
connaissances humaines. Certes, le Collége de France,
en 1868, ne ressemble pas plus à celui de 1530, que
notre Paris ne ressemble à celui de François 1ᵉʳ ;
mais la fondation d'un tel établissement n'en est pas
moins pour cela un des plus grands événements littéraires de la Renaissance, un de ceux qui font le
plus d'honneur au premier des Valois et à ses doctes
conseillers, parmi lesquels Guillaume Budé est au
premier rang.

Au point de vue spécial de nos études, une autre
création des Valois mérite encore d'être signalée : je
veux dire la Typographie royale. En 1539, quand
l'étude du grec commençait à se répandre, quand
cette langue était enseignée au nom de l'État dans
une chaire publique, on sentit bientôt le besoin de
rivaliser avec l'Italie pour la beauté des livres ,
comme on rivalisait avec elle pour l'érudition. Le
Crétois Ange Vergèce avait habitué les yeux des hellénistes aux merveilles de sa calligraphie : on voulut
que l'imprimerie perpétuât ces belles formes de l'al-

phabet usité pour la plus belle des langues. François I⁰ʳ fit graver par Garamond les matrices de trois corps de ces types grecs qui sont restés dans l'usage jusqu'à notre temps comme des modèles d'élégance et de bon goût; mais en outre il voulût qu'un autre artiste fût chargé sous ses auspices de publier des livres de choix, dont l'exécution pût servir de modèle. Il faut voir en quel noble langage la chancellerie royale s'exprime dans l'acte qui confère ce privilége à Conrad Néobar, le premier imprimeur du roi : c'est vraiment un morceau qui appartient à l'histoire, et j'aime à le reproduire ici dans la traduction qu'en a donnée M. Crapelet (1).

« François, par la grâce de Dieu, roi des Français, etc.

« Nous voulons qu'il soit notoire à tous et à chacun que notre désir le plus cher est, et a toujours été, d'accorder aux bonnes lettres notre appui et notre bienveillance spéciale, et de faire tous nos efforts pour procurer de solides études à la jeunesse. Nous sommes persuadé que ces bonnes études produiront dans notre royaume des théologiens qui enseigneront les saines doctrines de la religion; des magistrats qui exerceront la justice, non avec passion, mais dans un sentiment d'équité publique;

(1) Le texte latin en est reproduit, d'après un exemplaire imprimé par Néobar lui-même, par M. Crapelet, des Progrès de l'Imprimerie au seizième siècle (Paris, 1836, in-8°), p. 28, et par M. A. Bernard, p. 11 de son livre sur les Estienne et les Types grecs de François Iᵉʳ. La traduction française est empruntée au livre de M. Crapelet, Études pratiques, etc., p. 89.

enfin des administrateurs habiles, le lustre de l'État,
qui sauront sacrifier leur intérêt privé à l'amour du
bien public.

« Tels sont, en effet, les avantages que l'on est en
droit d'attendre des bonnes études presque seules.
C'est pourquoi nous avons, il n'y a pas longtemps,
libéralement assigné des traitements à des savants
distingués, pour enseigner à la jeunesse les langues
et les sciences, et la former à la pratique non moins
précieuse des bonnes mœurs. Mais nous avons considéré qu'il manquait encore, pour hâter les progrès
de la littérature, une chose aussi nécessaire que l'enseignement public, savoir : qu'une personne capable
fût spécialement chargée de la typographie grecque,
sous nos auspices et avec nos encouragements, pour
imprimer correctement des auteurs grecs à l'usage
de la jeunesse de notre royaume.

« En effet, des hommes distingués dans les lettres
nous ont représenté que les arts, l'histoire, la morale, la philosophie et presque toutes les autres connaissances découlent des écrivains grecs, comme les
ruisseaux de leurs sources. Nous savons également
que, le grec étant plus difficile à imprimer que le
français et le latin, il est indispensable, pour diriger
avec succès un établissement typographique de ce
genre, que l'on soit versé dans la langue grecque,
extrêmement soigneux, et pourvu d'une grande aisance ; qu'il n'existe peut-être pas une seule personne, parmi les typographes de notre royaume,
qui réunisse tous ces avantages, nous voulons dire
la connaissance de la langue grecque, une soigneuse

activité et de grandes ressources ; mais que chez
ceux-ci c'est la fortune qui manque, chez ceux-
là le savoir, ou telle autre condition chez d'autres
encore. Car les hommes qui possèdent à la fois instruction et fortune aiment mieux poursuivre toute
autre carrière que de s'adonner à la typographie,
qui exige la vie la plus laborieuse.

« En conséquence, nous avons chargé plusieurs savants que nous admettons à notre table ou à notre
familiarité de nous désigner un homme plein de zèle
pour la typographie, d'une érudition et d'une diligence éprouvées, qui, soutenu par notre libéralité,
serait chargé d'imprimer le grec.

« Et nous avons un double motif de servir ainsi les
études. D'abord, comme nous tenons de Dieu tout-
puissant ce royaume, qui est abondamment pourvu
de richesses et de toutes les commodités de la vie,
nous ne voulons pas qu'il le cède à aucun autre
pour la solidité donnée aux études, pour la faveur
accordée aux gens de lettres, et pour la variété et
l'étendue de l'instruction ; ensuite, afin que la jeunesse studieuse, connaissant notre bienveillance pour
elle, et l'honneur que nous nous plaisons à rendre au
savoir, se livre avec plus d'ardeur à l'étude des lettres et des sciences ; et que les hommes de mérite,
excités par notre exemple, redoublent de zèle et de
soins pour former la jeunesse à de bonnes et solides
études.

« Et comme nous recherchions à quelle personne
nous pourrions confier en toute sûreté cette fonction, Conrad Néobar s'est présenté fort à propos.

Comme il désirait beaucoup obtenir un emploi public qui le plaçât sous notre protection, et qui pût lui procurer des avantages personnels proportionnés à l'importance de son service, d'après les témoignages qui nous ont été rendus de son savoir et de son habileté par des hommes de lettres nos familiers, il nous a plu de lui confier la typographie grecque, pour imprimer correctement dans notre royaume, soutenu de notre munificence, les manuscrits grecs, source de toute instruction. »

Suivent les prescriptions relatives au privilége lui-même, parmi lesquelles on remarque l'obligation de déposer à la Bibliothèque du roi deux exemplaires de chaque auteur grec imprimé, afin que, s'il survient quelque événement calamiteux aux lettres, la postérité conserve ce moyen de réparer la perte des livres.

L'alliance de la royauté avec les lettres renaissantes et avec l'imprimerie qui les secondait si bien ne fut, hélas! ni sans interruption, ni sans nuages. François Ier persécuta par moments ceux qu'il avait protégés, qu'il avait même admis à son intimité familière ; il entrava plus d'une fois les libertés même qu'il aimait et qu'il avait encouragées d'abord ; il ne sut pas toujours réserver, au milieu de ses dépenses glorieuses ou folles, l'argent qu'il devait consacrer aux pensions des hommes de lettres. Mais quelques fondations durables, comme celles du Collége de France et de l'Imprimerie dite *royale* (1) (en un

_____

(1) Voir F.-A. Duprat, *Histoire de l'Imprimerie impériale de*

sens plus étroit alors qu'il ne l'est aujourd'hui),
compteront toujours parmi ses meilleurs titres à la
reconnaissance de la postérité (1).

France (Paris, 1861, in-8°), et Aug. Bernard, *Histoire de l'Imprimerie royale du Louvre* (Paris, 1867, in-8°).

(1) Les journaux ont annoncé, au mois de janvier 1869,
que, parmi les livres de la bibliothèque du marquis d'Hastings,
avait été vendu « l'Homère dont se servait François Ier, avec
reliure du temps ». J'aimerais à savoir si c'était un Homère
grec et quel interprète aidait le roi dans ses lectures.

HUITIÈME LEÇON.

PREMIERS EFFETS DE LA RENAISSANCE DES LETTRES
GRECQUES DANS LA LITTÉRATURE FRANÇAISE.

———

Budé considéré comme écrivain. — Rabelais fut-il un véritable
helléniste? — Quelle part les études grecques ont-elles eue dans
son œuvre de romancier? — J. du Bellay. — Analyse critique
de sa *Défense et illustration de la langue françoise.* — Les
premiers traducteurs français d'auteurs grecs. — En quoi notre langue, au seizième siècle, était particulièrement propre
à la traduction de quelques poètes anciens.

Vous avez vu dans quelles conditions l'hellénisme
reparut chez nous à la lumière, quels services lui
rendit, depuis le commencement du seizième siècle,
l'imprimerie, cette *sœur des Muses et dixième d'elles*,
selon la jolie expression de Du Bellay ; comment
les lettres grecques contribuèrent dès lors à renouveler l'éducation de l'esprit français. Cette première
période, signalée par la création du Collége de France,
par celle des Imprimeurs royaux pour le grec, et par
les immortels travaux de Budé, n'est pourtant qu'une
période d'enfance et d'élaboration pénible. Budé lui-
même, ce héros de l'érudition et de la critique re-

naissante, reste bien engagé dans le pédantisme du
moyen âge. Il n'écrit guère qu'en latin ou en grec,
même dans le commerce épistolaire (1). On lui attribue, mais sans preuve certaine, l'abrégé qui parut
en français, à Lyon, en 1554, de son prodigieux livre *de Asse*. On a publié après sa mort un *Traité de
l'institution du Prince*, également en français (2),
dont la forme au moins, sinon le fond, a été rema-
niée par l'éditeur Jean de Luxembourg. Mais ses
plaidoyers les plus authentiques en faveur des lettres et de la philosophie anciennes : 1ᵒ *de Contemptu
rerum fortuitarum*, 2ᵒ *de Studio litterarum recte ac
commode instituendo*, 3ᵒ *de Philologia*, 4ᵒ *de Transitu Hellenismi ad Christianismum*, sont de lourds
écrits, dont on comprend que l'action n'ait pas été
très-vive sur les contemporains. Combien Érasme
sait, dans la même langue, donner un tour plus aimable et plus saisissant à sa pensée ! Le *Ciceronia-
nus*, le petit dialogue sur la Prononciation du grec

(1) Les Lettres grecques de Budé ont été traduites en latin
par Pichon (Paris, 1574). Cf. Claudii Credonii Colenæi *in Græcas Budæi epistolas annotationes familiares inprimis et ju-
ventuti græcarum litterarum studio flagranti non inutiles fu-
turæ ad nobiliss. et clariss. virum Joannem Rupifocaldum
majoris monasterii Cœnobiarcham* (Parisiis, 1579, in-4ᵒ), ouvrage dont le titre, à lui seul, est un trait de mœurs contem-
poraines, et qui ne contient guère qu'une annotation littérale
et très-élémentaire.

(2) Paris, 1547, in-folio. Le Privilége n'est pas accordé par
François Iᵉʳ, à qui le livre est dédié, mais par Henri II, qui
venait de succéder à son père quand le livre fut mis au jour,
après avoir été « revu, enrichi d'arguments, et divisé par chapitres », etc., par l'éditeur.

et du latin, l'Éloge de la Folie, les Colloques, sont
des livres qui devaient facilement passionner l'attention publique, en un temps où le latin était familier
à tant de lecteurs. Budé ne sut jamais emprunter à
son ami les charmes d'une latinité facile et amu-
sante. Il dit lourdement des choses souvent neuves,
toujours sensées, quelquefois profondes, sur l'effica-
cité des études helléniques et sur l'utilité de leur
alliance avec l'esprit chrétien (1). Il n'a du réformateur que le savoir et les convictions sérieuses ; il
n'en a point le talent. Sa prose française, dans le
traité qu'il adresse au roi François Ier sur l'éducation qui convient à un prince, est traînante et pénible. On dirait presque qu'il a moins d'aisance encore
à écrire sa propre langue que le latin. Avec la meilleure volonté d'abandonner l'école et de se mêler au
mouvement du monde, cet hôte familier de la cour,
ce conseiller du roi, garde jusque dans sa correspondance les allures scolastiques. Il faut chercher
ailleurs que chez lui une sorte d'hellénisme plus vivant, et, si je puis ainsi dire, plus français. C'est
l'auteur de *Pantagruel,* c'est l'auteur de la *Défense
et illustration de la langue françoise,* qui nous font
voir combien d'idées helléniques, empruntées aux
livres originaux, circulaient alors dans les ouvrages
qui semblent le plus étrangers au génie de la Grèce,
comment ces idées s'efforçaient alors d'envahir notre langue et notre littérature nationales.

(1) M. Rebitté en donne une bonne analyse, p. 166 et suivantes de son livre sur G. Budé.

Que l'incomparable romancier Rabelais (1) fût en
même temps un profond érudit, au moins comme
on pouvait l'être alors, c'est-à-dire sans méthode et
avec quelque pédanterie, on n'en saurait douter.
Au milieu de son aventureuse carrière, celui qui s'est
tour à tour appelé frère François Rabelais et maître François Rabelais, a publié à Lyon en 1532,
pendant qu'il y étudiait et pratiquait la médecine, un
fort joli petit volume contenant un ouvrage de Galien
et quatre ouvrages d'Hippocrate en latin, puis, presque séparément, le texte grec des *Aphorismes* revu
par lui d'après un très-vieux manuscrit, *ex fide ve-
tustissimi codicis*. M. Littré, un éminent connaisseur
en ces matières, me déclare que ce livre n'a jamais
eu grande importance et n'en a plus aucune aujour-
d'hui, grâce aux progrès de la philologie en ce qui
concerne les livres hippocratiques; mais, pour le
temps où il parut, c'est assurément une publication
méritoire. Rabelais atteste, dans une élégante épître
latine à son ami Godefroy d'Estissac, que ces textes,
latins ou grecs, sont ceux qui lui avaient servi l'année précédente pour un cours professé par lui à la
Faculté de Montpellier (2). Les notes marginales

(1) Voir, pour plus de détail, outre les éditeurs français de cet
auteur: 1° Eckert, *sur le style de Rabelais et sur les particularités de sa Syntaxe* (Programme de l'Université de Marienburg
1861, in-4°); 2° Gleim, *Beitræge zur Geschichte der französi-
schen Sprache aus Rabelais Werken* (deux Programmes de l'Université de Breslau, 1861, 1866, in-4°).

(2) Le Registre des Procureurs des Écoliers, à Montpellier, dit
en propres termes : « Magister Rabelaisius pro suo ordinario
elegit librum *Prognosticorum* Hippocratis quem *græce* interpre-

qu'il y a jointes et les rares corrections qu'il propose
dans ses notes sont d'un helléniste assez expert et
d'un médecin fort au courant de son art. Or cet art,
alors, devait beaucoup plus à l'érudition qu'à l'observation et à l'étude du corps humain, et l'éditeur
d'Hippocrate, même avant d'avoir reçu à Montpellier
le bonnet de docteur, qu'il n'obtint que trois ans plus
tard, pouvait bien se croire, comme il se déclare
sur le titre de son livre, un médecin accompli, *medi-
cus omnibus numeris absolutissimus*. Il est assez piquant de songer que, dès ce temps où il nous apparaît dans une attitude si doctorale, Rabelais avait
déjà publié, sous le pseudonyme, il est vrai, d'« Al-
cofribas, abstracteur de quintessence », le premier
et le second livre de l'Histoire de Gargantua (1). A lire
cet étrange et merveilleux roman, qui est comme
l'encyclopédie satirique de tout un siècle, on est
d'abord confondu de l'immense variété d'instruction
qu'il suppose ; mais, en même temps, on incline à se
défier un peu de l'appareil pédantesque dont elle s'en-
veloppe. De même que, chez les anciens, il a existé
des livres tout farcis de citations qui se rapportent à
des auteurs et à des ouvrages imaginaires (2), on
croirait volontiers que Rabelais, qui se moque de

tatus est. » Cf. le témoignage de Rabelais lui-même, p. 585,
édit. Rathery.

(1) On a remarqué, en effet, que l'ouvrage est déjà cité dans
le *Champ fleury* de Geoffroy Tory, qui parut en 1529.

(2) Par exemple les traités attribués à Plutarque *sur les
Fleuves*, sur les *Histoires parallèles*, et le faux Apulée *de Ortho-
graphia*.

tout le monde et de toutes les professions, à commencer par la sienne, affecte, uniquement pour le
plaisir de son lecteur, les formes d'un savoir de pure
fantaisie. Le petit volume de 1532 vient à propos
pour lever ces scrupules. C'est évidemment une œuvre sérieuse, et nul ne peut douter que Rabelais ne
connût les médecins grecs et romains aussi bien
qu'homme de son temps les pouvait connaître.

Citations à part, le style seul de *Pantagruel* atteste
les souvenirs d'une lecture prodigieuse. Ce n'est pas
(qu'on y prenne bien garde, et la critique ne l'a point
assez remarqué jusqu'ici), ce n'est pas le style courant de la première moitié du seizième siècle, où les
mots grecs n'abondaient pas encore et où l'orthographe même était encore peu soucieuse de l'étymologie grecque et latine (1). Sauf dans quelques pages
d'une éloquence tout à fait franche et sincère, où le
philosophe et l'orateur dominent le satirique érudit,
le style de Rabelais est singulièrement artificiel, et il
l'est pour maintes raisons. D'abord l'homme qui sait
beaucoup se défend mal de la tentation de montrer
sa science au public, et Rabelais, qui avait beaucoup
voyagé à travers les pays et à travers les livres, a évidemment la mémoire obsédée par tant de souvenirs ;
de là ces idées de toute provenance, ces mots de toute
langue, ces formes de tous les dialectes de nos pro-

_____

(1) C'est ce que montre par des rapprochements très-instruc-
tifs M. A.-F. Didot, dans ses *Observations sur l'orthographe ou
ortografie française* (2ᵉ édit., Paris. 1868, gr. in-8), p. 101
et suiv., où il passe en revue les dictionnaires de notre langue
antérieurs à celui de l'Académie.

vinces (1), qui se mêlent et se heurtent sous sa plume
en une confusion qui nous embarrasse aussi souvent
qu'elle nous amuse. Le penseur hardi, l'impitoyable
satirique, qui s'attaque à tant de choses et à tant de
personnes, depuis le pape et les cardinaux jusqu'aux
écoliers de Paris et de Limoges, a souvent besoin de
cacher ses hardiesses sous des formes d'une obscurité calculée. Rien n'est plus personnel, rien n'est
plus particulier à l'œuvre même que cette bigarrure,
où les mots, soit simplement transcrits, soit formés
du grec, se comptent par centaines. On n'écrivait, on
ne parlait nulle part, en 1530, la langue de Rabelais. J'ajoute que, lui-même, il écrit d'une façon
plus simple et plus française dans les autres ouvrages qui nous restent de sa main. Dans ses lettres,
par exemple, il emploie le langage commun alors à
toute la bonne compagnie. Mais, par l'excès même
d'un néologisme laborieux, le style du *Pantagruel*
est une vivante image de la richesse un peu confuse
que la nouvelle éducation universitaire, à l'aide des
auteurs grecs et des auteurs romains, pouvait accu-
muler dans un esprit curieux (2). Rabelais est absolument, à cet égard, une sorte de Guillaume Budé,
seulement c'est un Budé vivifié, si je puis dire ainsi,

(1) M. A. Loiseau a traité spécialement (dans les Mémoires
de la Société académique d'Angers, t. XXI) des *Rapports de la
langue de Rabelais avec les patois de la Touraine et de l'Anjou.*

(2) Entre autres nouveautés piquantes dans ce style, je remarque qu'il semble avoir, le premier, mis en circulation le
verbe *pindariser* (II, 6). N'est-il pas aussi le créateur du mot
utopie, qui a fait fortune (III, 1) ?

par le génie d'Aristophane, de Juvénal et de Lucien (1).

Après avoir vu l'érudition à l'œuvre, et mêlée à toutes les passions de la satire et de la polémique, il est intéressant de voir ce qu'elle était dans une autre école, celle que représente Joachim du Bellay. Fils, neveu, frère de grands seigneurs, élevé tout près de la cour, dont il connaît les élégances, hardi seulement en littérature et en grammaire (2), Du Bellay publie à vingt-cinq ans son opuscule, qui fit tant de bruit, pour la *Défense et illustration de la langue françoise* contre ses détracteurs ou ses amis découragés. Ce titre seul est un fait curieux dans l'histoire des lettres. Il est étrange qu'après cinq cents ans d'existence et de fécondité non interrompue, la langue française fût, pour ainsi dire, mise en question, et qu'il pût venir à l'esprit de quelques Français de l'abandonner pour écrire en latin. Il est pourtant vrai que cette prétention était fort commune dans la patrie de Froissart et de Commines, de Villon et de Marot. Ronsard, après Du Bellay, l'a également combattue dans la préface de sa *Franciade*, et nous verrons, dans la dixième leçon, d'autres preuves de cet état des esprits au seizième siècle. Un siècle encore après Ronsard, le Lyonnais Jacob Spon

(1) Du Bellay, *Défense et Illustration*, II, 12, paraît faire allusion à Rabelais dans ce qu'il dit d'un imitateur français d'Aristophane et de Lucien.

(2) Voir la *Notice biographique* placée en tête de la réimpression des œuvres de Du Bellay, par M. Marty-Laveaux (*Pléiade française*, t. I, Paris, 1867, in-12).

se voit amené à défendre contre les scrupules d'un de ses correspondants son droit d'écrire en français sur des matières d'antiquité (1).

Au reste, tel n'est pas l'unique objet du livre de Du Bellay ; j'en voudrais présenter une analyse pour le faire bien comprendre. Mais cette-analyse ne pourra être méthodique si je veux qu'elle soit fidèle, car Du Bellay manque absolument de méthode, et, bien que son petit ouvrage soit divisé en deux livres et en vingt-quatre chapitres, il ne suit pas pour cela une marche régulière. Ce désordre même tient à l'imperfection de sa critique, et à ce que bien des sujets qu'il traite, comme l'origine des langues et la comparaison grammaticale du français avec les langues anciennes, étaient alors choses mal connues et mal comprises. Par ce côté, c'est-à-dire par ses défauts mêmes, le livre est donc intéressant à étudier : il montre l'inexpérience commune de tous ceux qui traitaient alors des questions que la philologie traite aujourd'hui avec une méthode si précise. On en a vu déjà des preuves dans notre sixième leçon.

Du Bellay commence (ce qui, apparemment, était alors nécessaire ou utile) par établir que le français, comme toutes les langues, a droit de vivre sous le soleil, et qu'il n'est pas une langue barbare. S'il est du moins une langue pauvre, cela vient, dit-il, de ce que « nos majeurs » (latinisme assez fréquent en ce siècle, pour *majores nostri*) ont trop négligé de l'en-

(1) Lettre à l'abbé Nicaise (5 avril 1680), reproduite en *fac-simile* dans la nouvelle édition (Lyou, 1857, chez Perrin), de la *Recherche des Antiquités et curiosités de la ville de Lyon.*

richir, songeant plus à bien faire qu'à bien dire, et, à ce propos, il loue en fort bons termes les Romains d'avoir, au contraire, habilement greffé sur leur propre langage les richesses du grec. Ailleurs, il se plaindra de ce que la diversité des langues impose à notre esprit une fatigue stérile, et de ce que, obligés d'étudier les textes anciens, nous manquons par cela même de temps pour perfectionner notre idiome national. Ce dernier, on le voit bien, lui parait encore dans l'enfance : « Le temps viendra peut-être, et je l'espère, moyennant la bonne destinée françoise... que notre langue qui commence encore à jeter ses racines, sortira de terre et s'élèvera en telle hauteur et grosseur qu'elle se pourra égaler même au grec et romain. » Et plus bas : « Notre langue n'a point eu à sa naissance les dieux et les astres si ennemis qu'elle ne puisse un jour parvenir au point d'excellence et de perfection aussi bien que les autres, entendu que toutes les sciences se peuvent fidèlement et copieusement traiter en icelle, comme on peut le voir en si grand nombre de livres grecs et latins, voire bien italiens, espagnols et autres, traduits en françois par maintes et excellentes plumes de notre temps. »

Cela le conduit à traiter des traducteurs, qu'il juge assez sévèrement, soutenant, entre autres opinions, que les poëtes sont vraiment intraduisibles, au moins en notre langue : « Ne pensez pas, quelque diligence et industrie que vous puissiez mettre en cet endroit, que notre langue, encore rampant à terre, puisse dresser la tête et s'élever sur pieds. » Voilà un pre-

mier trait remarquable de cette doctrine de Du Bellay : elle suppose toujours que le français est né
d'hier. S'il parle de la poésie française au moyen âge,
c'est pour la traiter avec un grand dédain (1). Tous
les petits genres de composition où s'exerçaient les
trouvères (de ces vieux auteurs, il ne cite que deux :
Guillaume de Lorris et Jean de Meung), tout ce qui
précède est pour lui comme non avenu. Des prosateurs, pas un mot. La langue française, qu'il croit
d'ailleurs capable de suffire un jour à tous les besoins de la science la plus avancée, pourvu qu'elle
se perfectionne, c'est la langue du quinzième ou tout
au plus du quatorzième siècle, celle des romans mythologiques en vers et des romans de chevalerie. On
comprend qu'il dédaigne les gens qui ne s'emploient
« qu'à orner et amplifier nos romans et en font des
livres certainement en beau et fluide langage, mais
beaucoup plus propres à bien entretenir damoiselles
qu'à doctement écrire (2). » Voilà qui est bien d'un
savant disciple des Romains et des Grecs, à qui notre pauvreté fait honte en présence des richesses que
l'antiquité classique lui découvre. Mais d'abord, il
s'exagère singulièrement cette pauvreté, puisqu'il n'a

(1) Livre II, c. 4. Sur tout cela, comme sur les questions relatives à l'origine des langues, on remarque un notable progrès
de savoir et de bon sens dans les premiers chapitres de l'*Origine
de la langue et poésie françoise*, par Cl. Fauchet (1561), qui, du
reste, n'examine aucune des questions spécialement relatives à
notre sujet.

(2) Livre II, c. 5. J'ai sous les yeux la réimpression de P. Ac-
kermann (Paris, 1839, in-8), qui, à vrai dire, ne se recommande
guère que par son utile introduction bibliographique.

nulle idée de notre littérature épique et satirique au
douzième et au treizième siècle, nulle idée de Villehardouin, de Joinville, de Froissart. Ensuite, lorsqu'il veut vous dire les remèdes qu'il imagine pour
élever « notre vulgaire » à une hauteur digne des
vieux modèles, il hésite, et, à travers bien des con-
tradictions, on a grand'peine à saisir sa véritable
pensée. Avant tout, il tient que notre langue a son
génie propre et son domaine distinct, et il ne veut
pas qu'on la confonde avec le latin, par exemple en
empruntant à ce dernier des verbes avec leurs formes latines, comme si l'on disait : « Jean *currit* et
Loyre *fluit*. » Mais, quand il vient à la comparaison
des grammaires, on voit qu'il ne se rend pas compte
des méthodes que s'est faites le français en se déta-
chant du latin par le progrès des siècles ; il insiste
beaucoup sur la ressemblance de notre conjugaison
et des conjugaisons latines, sur l'analogie du grec
et du français par rapport à l'article. Ailleurs (1)
il propose quelques innovations, bien timides il
est vrai, pour varier les tournures et la syntaxe
françaises. Même inexpérience sur le fait de la
rime et des vers non rimés. D'après l'autorité du
Belge Jean Lemaire, il attribue gravement l'invention de la rime à Bardus, cinquième roi des
Gaulois. Il se plaint avec raison de ceux qui pour-
suivent, au détriment du sens, des rimes trop riches ; mais, en revanche, il admet sans la moindre objection que l'on puisse faire en français des

(1) Livre II, c. 9.

vers sans rimes (1). Le critique exigeant, qui traite
si mal nos vieux trouvères (2), perd son temps à
décrire l'anagramme et l'acrostiche comme des élégances littéraires dignes d'être recommandées (3).
Il a cependant pour nous d'assez hautes ambitions :
il voudrait que l'on traitât en vers les aventures
de nos princes et de nos anciens héros : là on devine bien qu'il rêve une épopée française ; mais il ne
prononce pas le mot, et son chapitre sur ce sujet (c'est le 5ᵉ du IIᵉ livre) est modestement intitulé : « Du long poëme françois. » Il semble donc
que, malgré une lecture assidue d'Homère, de Virgile et de Lucain, les esprits cultivés d'alors se faisaient une idée encore très-vague du poëme épique,
et que la doctrine d'Aristote sur l'épopée avait peu
pénétré dans nos écoles.

A côté du patriote noblement ambitieux pour son
pays des gloires littéraires qu'il croit lui manquer,
je vois dans Du Bellay le juge sévère qui se plaint
fort des mauvais poëtes de son temps. Contre la corruption du goût il demande d'abord que l'on s'assure
les conseils d'une amitié sincère : « Surtout nous convient avoir quelque savant et fidèle compaignon, ou
un ami bien familier, voire trois ou quatre, qui
veuillent ou puissent connoistre nos fautes, et ne
craignent point de blesser notre papier avec les on-

(1) Livre II, c. 7. Je reviendrai sur ce sujet dans la XIIᵉ leçon.
(2) Livre II, c. 4.
(3) Vauquelin de la Fresnaye a fort sensément condamné ces
jeux puérils, dans le 1ᵉʳ chant de son Art poétique, p. 21, éd.
1862.

gles. » Mais il va encore plus loin en sa sollicitude :
« Que plût aux Muses, » dit-il, s'adressant aux méchants poëtes, « pour le bien que je veux à notre langue, que vos ineptes œuvres fussent bannies..... de
toute la France. Je voudrois bien qu'à l'exemple de
ce grand monarque qui défendit que nul n'entreprît
de le tirer en tableau, sinon Apelle, ou en statue,
sinon Lysippe, tous rois et princes amateurs de leur
langue défendissent par édit exprès à leurs sujets de
non mettre en lumière œuvre aucun, et aux imprimeurs de non l'imprimer, si premièrement il n'avoit
enduré la lime de quelque savant homme aussi peu
adulateur qu'étoit ce Quintile dont parle Horace dans
son Art poétique (1), etc. » Ce n'est rien moins, on
le voit, que la censure préventive, à l'effet de sauver
le goût public. Combien de pareils traits caractérisent l'esprit français, ami de l'ordre, de l'unité, de
l'autorité, même en littérature, l'esprit qui devait
dicter, un siècle plus tard, les règlements de l'Académie organisée par Richelieu !

Une dernière contradiction dans ce livre étrange,
mais animé d'une sorte de verve gauloise, se montre
à l'égard des traductions. L'auteur tour à tour les
conseille ou les blâme, et il laisse voir, en fin de
compte, que c'était un des plus sûrs moyens d'habituer l'esprit français aux façons élégantes et nobles
de l'éloquence grecque et latine, soit en vers, soit en

(1) Le *Quintil Horatian*, tel est précisément le titre du livre
que, bientôt après, Charles Fontaine devait publier contre celui
de Du Bellay, et dont nous aurons, plus tard, occasion de
parler.

prose. Nous avons entendu tout à l'heure Du Bellay signaler mainte bonne traduction comme preuve de la souplesse et de l'abondance que, de son temps déjà, pouvait montrer la langue française. Ailleurs il a loué l'*Électre* de Sophocle, traduite presque vers pour vers par Lazare de Bayf.

Sa conclusion emphatique et bizarre répond bien à l'inconsistance de ses théories. Elle convie les Français à une sorte de conquête littéraire de la Grèce et de Rome, et elle fait prévoir ainsi les ambitieux abus où tombera l'école de Ronsard en voulant transporter comme de vive force les mots et surtout les formes de la poésie antique dans notre langue. « Or sommes-nous, la grâce à Dieu, par beaucoup de périls et de flots étrangers, rendus au port à sûreté. Nous avons échappé du milieu des Grecs, et par les scadrons romains pénétré jusques au sein de la tant désirée France. Là donc, François, marchez courageusement vers cette superbe cité romaine, et des serves dépouilles d'elle (comme vous avez fait plus d'une fois) ornez vos temples et autels. Ne craignez plus ces oies criardes, ce fier Manlie et ce traitre Camille, qui, sous ombre de bonne foi, vous surprenne tout nus comptant la rançon du Capitole. Donnez en cette Grèce menteresse, et y semez encore un coup la fameuse nation des Gallogrecs. Pillez-moi sans conscience les sacrés trésors de ce temple delphique, ainsi que vous avez fait autrefois ; et ne craignez plus ce muet Apollon, ses faux oracles, ni ses flèches rebouchées. Vous souvienne de votre ancienne Marseille, seconde Athènes, et de votre

Hercule Gallique, tirant les peuples après lui par
leurs oreilles avec une chaîne attachée à sa langue (1). »

  Sous l'emphase de cette bizarre éloquence on
sent, assurément, une certaine ardeur de génie et
comme une fièvre d'émulation qu'avait allumée en
France la diffusion si rapide des lumières de l'hellénisme. Longtemps habitué à n'entendre ces grandes
voix de la poésie et de l'éloquence grecques qu'à
travers les échos souvent affaiblis de la littérature
latine, le public, encore peu nombreux, de nos hellénistes et de leurs disciples était surpris et comme
ébloui par tant de beautés longtemps méconnues.
Pareille chose s'était jadis passée à Rome (et cette
ressemblance n'a pas échappé au savoir précoce de
Du Bellay) : après les guerres de Pyrrhus, lorsque
les Romains s'étaient trouvés en contact plus étroit
avec la langue et la littérature grecques, ils avaient
rougi de leur pauvreté littéraire, et ils s'étaient aussitôt mis à l'œuvre pour y remédier en puisant à
pleines mains dans les trésors de la Grèce devenue
leur alliée, puis leur sujette (2). L'orgueil romain s'était même, et bien vite, incliné devant cette
supériorité de la Grèce en tout ce qui tenait aux
sciences et aux arts. Virgile (3) et Horace (4) la
proclament à l'envi, et l'on ne peut douter que l'al-

----

  (1) Voir notre première leçon, p. 14 et 15, où ces dernières
allusions se trouvent expliquées.
  (2) Horace, *Épîtres*, II, 1, v. 161.
  (3) *Énéide*, l. VI, v. 848.
  (4) *Art poétique*, v. 323 ; *Épîtres*, II, 1, v. 93.

liance du génie latin avec le génie grec n'ait donné
à la littérature de Rome un véritable élan d'invention féconde, une heureuse discipline d'élégance et
de bon goût. Mais la France des Valois était-elle
devant l'antiquité renaissante ce qu'était Rome devant la Grèce sous les successeurs d'Alexandre? A y
regarder de près, bien grande est la différence. Nos
Français d'alors avaient derrière eux quatre ou cinq
siècles où leur génie littéraire s'était produit et développé sous les formes les plus originales et les plus
diverses. Ils oubliaient donc tout ce glorieux passé,
quand ils venaient humblement se mettre à l'école
de la Grèce. Celle-ci, sans doute, pouvait nous rap-
prendre les vraies méthodes scientifiques, longtemps
obscurcies et dénaturées par l'étroit formalisme de
la scolastique. Elle pouvait nous instruire à dégager l'éloquence du fatras pédantesque devenu habituel aux légistes et aux théologiens. Mais, en fait
de poésie, nous aurions eu vraiment le droit d'opposer à la Grèce, surtout à cette littérature grecque
amoindrie et mutilée par le moyen âge, toute une
famille d'éloquents ou gracieux inventeurs, les troubadours et les trouvères. Malheureusement, l'école
des troubadours avait péri au milieu des déchirements politiques de la France méridionale, et l'art
des trouvères eux-mêmes, dans la France du nord,
avait bien dégénéré pendant les désordres de la
guerre de Cent ans. Malgré quelques exceptions et
quelques efforts honorables, le quinzième siècle ne
laissait guère d'ouvrages qui pussent braver la critique sévère des gens de goût et satisfaire le patrio-

tisme d'un bon Français, à l'époque où reparurent
et furent activement propagés par l'imprimerie les
chefs-d'œuvre d'Homère, de Sophocle et de Démosthène. On se crut donc plus misérable qu'on ne l'é-
tait en effet, on le proclama bien haut et l'on se mit à
l'œuvre pour réparer le mal qu'on s'exagérait comme
à plaisir. L'entreprise était laborieuse, mais les cou-
rages étaient ardents. Quel feu de zèle anime l'âme
d'un Budé, et quelle admirable patience le soutient
dans des études pour lesquelles si peu d'instruments
étaient alors préparés ! Quel curieux que Rabelais !
Comme il se jette à travers les livres pour les dé-
pouiller tous, un peu au hasard, pour y renouveler
le fond de ses idées et les formes de son langage !
Du Bellay, leur rival à tous deux, nous présente lui-
même, avec moins de science, une vive image de
cette école si ambitieuse de savoir et si jalouse de
faire passer en notre langue toute la substance de
l'antiquité. A vrai dire, grands et petits montrent
alors une égale inexpérience et manquent également
de méthode dans leurs efforts pour tout renouveler.
La langue française, au moment d'entrer sous la tutelle savante des hellénistes et des latinistes de la
Renaissance, ne sait clairement, ni ce qu'elle vaut,
ni ce qui lui manque. Pour nous borner aux traductions, Du Bellay en parle, sans savoir au juste quels
services elles pouvaient rendre. En fait, le français
avait déjà d'excellentes qualités d'abondance et de
force, il jouissait encore d'une facilité d'invention qui pouvait sans peine l'enrichir, et qu'il a un
peu perdue depuis ; si ce n'était pas une langue

fixée (1), c'était néanmoins une langue très-bien faite,
et dont il n'y avait pas à rougir. Mais elle n'était
pas bonne à toute œuvre, et ceux mêmes qui la ma-
niaient le mieux n'étaient pas pour cela en état de
traduire le premier venu des chefs-d'œuvre de l'antiquité classique.

A cet égard, dans mes longues études sur la littérature grecque, j'ai souvent eu occasion de signaler
un fait peu remarqué par les critiques, sauf par
quelques-uns de nos contemporains : c'est qu'il y a
pour les traductions un à-propos et comme un âge
d'opportunité, à quoi ne peut suppléer l'art des traducteurs les plus habiles. Les langues ont leur périodes successives de formation, d'accroissement et
de perfection, et, dans chacune de ces périodes, on
peut dire qu'elles se correspondent par des caractères analogues. La langue d'Ennius, chez les Romains, avait avec celle d'Homère des analogies natu-
turelles et qu'on pourrait dire historiques, car le
vieux latin de ce temps était comme du même âge que
le grec des temps héroïques. L'âge correspondant
pour la langue française serait celui de nos vieilles Chansons de geste. J'ai montré ailleurs (2), et
quelques bons juges pensent comme moi, que si
jamais Homère a pu être excellemment traduit dans
notre langue, c'était au treizième siècle, quand la

_____

(1) Nulle part, que je sache, ce point de maturité d'une langue
n'a été mieux marqué que par Bossuet, dans son Discours de
réception à l'Académie française (1671).

(2) *Mémoires de Littérature ancienne*, n° VII : « Revue des
traductions françaises d'Homère. »

société française avait créé, à sa propre image, un
idiome naïf, pittoresque, tout empreint des idées
et des sentiments de la vie militaire, de la féoda-
lité, de la chevalerie. Par malheur, Homère était
alors ignoré chez nous.

Au seizième siècle, notre langue gardait encore
quelques-unes des vertus de sa brillante jeunesse;
mais, déjà plus savante et plus mêlée de souvenirs
érudits et d'imitations laborieuses des langues anciennes, elle perdait peu à peu cette franche liberté
d'allure et cette simplicité soutenue de couleur qui
seules peuvent donner une idée du langage homérique. Pour comble de malheur, le premier qui s'avisa
chez nous de mettre Homère en français (1) était un
lourd « licencié en lois, lieutenant du bailli de Touraine, à son siége de Châtillon sur Indre ». Il ne
connaissait Homère que par des traductions latines,
et il se le représentait comme un véritable historien
de la guerre de Troie. N'y trouvant pas l'histoire
entière de ce siége mémorable, il y suppléait sans
façon par les récits d'un obscur chroniqueur, Guillon
de Colonne, et par ceux que le moyen âge avait mis
sous les noms plus que suspects de Dictys et de Darès. Translatant et paraphrasant tour à tour Homère
et les indignes acolytes qu'il lui donne, Jean Samxon
(c'est le nom de ce traducteur) nous présente de

_____

(1) Feu E. Gandar, dans son excellent ouvrage sur Ronsard,
a signalé quelques traductions partielles d'Homère, antérieures
à celle-ci. Dès 1511, Jean Lemaire avait traduit, sur le latin de
Valla, divers morceaux de l'Iliade, dans ses *Illustrations des
Gaules et singularitez de Troie.*

l'*Iliade* une véritable caricature, et il ne craint pas
de l'offrir, ainsi défigurée, à la belle société de son
temps, comme le miroir des vertus héroïques et che-
valeresques. « Donc, nobles seigneurs et dames qui
lisez ce présent livre, allez jusques à la fin, et vous
trouverez plusieurs beaux faits d'armes, et comment
et en quelle manière les Troyens et les Grecs com-
battirent ensemblement, par lesquels faits tous nobles princes et chiefs de guerre pourront facilement
apprendre maintes belles choses dignes de perpétuelle mémoire pour eux noblement entretenir en la
conduite des armes. Dressez donc votre vue sur ce
présent œuvre nommé les Iliades du grand Homère,
prince et seigneur de tous autres poëtes, et vous y
prendrez plaisir , récréation d'entendement et allé-
gement de vos peines et labeurs. » Tout le style de
la traduction est à peu près de même qualité que ce
lourd et prétentieux épilogue.

Voilà comment on comprenait, comment on traduisait Homère en plein règne de François Ier. L'année même de la fondation du Collége de France est
celle où fut imprimée, en caractères gothiques, chez
Jean Petit, l'Iliade française de Samxon. On peut
mesurer par ce premier essai tout ce qui restait à
faire pour qu'une traduction d'Homère nous rendît
avec quelque vérité les beautés du poëte grec. Depuis trente ans les hellénistes étaient à l'œuvre pour
nous apprendre à lire, à expliquer des livres originaux en cette langue. De généreux esprits condui-
saient bravement la phalange studieuse; quelques
Grecs même de l'Orient avaient jeté dans Paris l'é-

tincelle de leur enthousiasme pour l'antiquité classique ; et tout cela n'avait abouti, pour Homère du
moins, qu'à l'informe traduction de Samxon !

Un rapprochement, néanmoins, me porte à l'indulgence pour ce doyen des traducteurs d'Homère. Un
siècle tout juste après Samxon, qui commença d'imprimer son livre dès 1519, Claude Boitel, avocat au
parlement de Paris, publiait l'*Odyssée* traduite du
grec en français, et la dédiait au cardinal de la Ro-
chefoucault, évêque de Senlis, avec des formules
d'une puérile emphase, qui nous rappelle les com-
pliments de Thomas Diafoirus. La version même de
l'*Odyssée* que nous annonce cette pompeuse préface
n'est qu'une paraphrase souvent ridicule, qui a dû
être faite sur le grec, si l'on en juge par le grand nombre de contre-sens que l'auteur n'eût pas trouvés dans
les versions latines. Je ne résiste pas à la tentation
un peu malicieuse de faire apprécier Boitel par un
échantillon de sa prose : on y verra combien de voiles
cachaient encore les beautés d'Homère aux yeux de
nos littérateurs français, dans le temps même où vieil-
lissait Malherbe et où Corneille allait paraître.

« Télémache de son costé fut conduit en son lit de
parade dressé au lieu le plus éminent de la basse salle,
par Euryclée natifve de Pise, laquelle avoit esté ache-
tée par Ulysse estant encore jeune fille, le prix de
vingt bœufs, et qui depuis avoit toujours demeuré
avec Télémache, qui la chérissoit et la caressoit en
la maison, comme si elle eust esté sa propre femme,
avec tout honneur néantmoins, et sans qu'il se fust
jamais rien passé entre eux qui préjudiciât à la

chasteté ny à sa réputation. Elle donc, tenant en ses
mains des flambeaux ardents, luy esclaira le chemin
pour s'aller coucher, et s'estant dépouillé d'une che-
misette belle et délicate qu'il avoit sur le dos, il se
mit dans son lit ; la servante tira les custodes, et
ayant tiré après elle la porte, qu'elle accrocha avec
un verrouil d'or, elle le laissa tout seulet en son repos, couvert d'une belle mante et couverture tissue
d'une fine laine : parmy le repos que prenoit le corps
de Télémache son esprit ne demeuroit pas oisif toute
la nuict; mais travaillant sans cesse sur ce qu'il avoit
à faire, délibéroit en lui-même du long voyage qu'il
avoit à entreprendre, afin d'exécuter les commande-
mens de Minerve (1). •

Mais revenons à nos traducteurs contemporains de
François Ier. Claude de Seyssel, qui, sous Louis XII,
essayait de nous rendre l'historien Thucydide, reste
bien au-dessous de cette tâche difficile : son style, mou
et sans couleur, suit péniblement la marche vive des
narrations, et il manque d'énergie pour reproduire
la philosophie politique qui fait le mérite principal
des harangues de l'annaliste athénien. La prose ionienne d'Hérodote, un peu traînante, un peu négligée pour la syntaxe, mais pleine d'une élégance naturelle et d'une sorte de poésie, convenait mieux
alors au talent d'un traducteur français. Aussi l'on
ne s'étonne pas d'en retrouver une image assez fidèle,
pour le coloris général, dans la traduction de Pierre
Saliat, composée et publiée vers le milieu du siècle.

(1) *Odyssée*, ch. I, v. 426 et suiv.

J'ai, à bien des reprises, signalé cette heureuse ressemblance entre la prose du seizième siècle et celle du
vieux conteur ionien : elle fait peut-être le seul mérite du travail de Saliat. C'est par rencontre, et en
quelque sorte par nature, que, sans être un habile
écrivain, il est un assez bon traducteur d'Hérodote.
Maint écrivain, depuis, a fait méprise en traduisant
ce même auteur dans un langage sévère et lourd ;
aussi ne peut-on refuser un souvenir indulgent et
même reconnaissant à l'honnête prosateur qui, le
premier, fit passer Hérodote en français, sans lui
faire perdre toute sa grâce originale. Je m'applaudis
d'avoir obtenu récemment que la version de Saliat
fût réimprimée sous un format commode, avec un
certain luxe, et surtout avec des soins intelligents,
par un de mes collègues, M. Talbot (1).

Bornons - nous, pour le moment, à ces exem-
ples (2). Ils suffisent pour nous faire mesurer les effets

(1) Paris, 1864, in-8° (H. Plon), avec corrections (trop peu
nombreuses, je crois), notes, table analytique et glossaire. J'aime
à croire qu'H. Estienne ne pensait pas à Saliat quand il reprochait à nos Français de ne traduire les auteurs grecs que d'a-
près les traductions latines (Discours prélim. de l'Apologie pour
Hérodote); à l'égard de Saliat, ce serait une injustice. En tout
cas, il ne nomme que Seyssel, traducteur de Thucydide.

(2) En ce qui concerne Hérodote, je me suis efforcé de mettre
ma théorie en pratique dans quelques pages d'une traduction
nouvelle, qui sont imprimées (parmi les Mémoires du Congrès
scientifique tenu à Amiens en 1867) dans le morceau intitulé :
L'Art de traduire et les traducteurs français d'Hérodote, morceau dont on peut rapprocher un chapitre de mes *Mémoires de
littérature ancienne*, n. XI, « Des origines de la Prose dans la
littérature grecque. »

de la culture hellénique en France au temps où nous
sommes parvenus. Une nouvelle génération va paraître
d'hellénistes laborieux et de poëtes enthousiastes,
qui continueront et agrandiront l'œuvre de Budé,
l'œuvre de Marot et de Du Bellay. Nous allons voir
d'abord ce que firent les hellénistes ; puis nous nous
demanderons en quoi les hommes de lettres, orateurs et poëtes, ont profité de leurs leçons pour
perfectionner la langue et le goût français.

NEUVIÈME LEÇON.

LA DEUXIÈME GÉNÉRATION DES HELLÉNISTES : LES ESTIENNE ET LES SCALIGER; ISAAC CASAUBON; SAUMAISE.

———

Caractère général de cette seconde période. — La famille des Estienne. — Henri I et Robert I Estienne. — Progrès considérable de la typographie et de la philologie grecques.—L'imprimerie et la liberté religieuse au temps de la Réforme. — Henri II Estienne; coup d'œil sur sa vie et sur ses premières publications. — Éditions d'auteurs grecs et du *Thesaurus linguæ græcæ*. — Le patriotisme uni, chez H. Estienne, à l'érudition. — Témoignage de Casaubon sur son illustre beau-père. — Joseph Scaliger; l'érudition et la critique appliquées aux grands problèmes de l'histoire ancienne. — Isaac Casaubon; premiers exemples des grands et réguliers commentaires sur les auteurs grecs. — Saumaise; études sur les dialectes grecs et sur les inscriptions.

Il est toujours difficile de marquer précisément le point où commencent certaines évolutions de l'activité humaine. Par exemple, le premier mouvement de la Renaissance, particulièrement en France, peut être placé à plusieurs dates différentes, selon qu'on le considère aux points de vue divers de la science, de la littérature et de l'art. Quant au sujet spécial de nos études, nous avons pu néanmoins marquer deux

périodes assez nettement distinctes dans le renouvellement de l'hellénisme en France. Ce sont, d'abord,
les premiers et timides essais suivis d'un progrès
rapide, soit dans les procédés typographiques, entre
Gilles Gourmont et Néobar, soit dans l'art de publier et d'interpréter les textes antiques, entre Tissard et Budé. La fondation du Collége de France et
la diffusion des beaux caractères grecs de Garamond
ouvrent très-clairement une ère nouvelle à la culture
hellénique, et, vers le même temps, le *Champ fleury*
de Geoffroy Tory (1529) marque un progrès mémorable dans l'imprimerie française et dans l'association de la gravure avec la typographie. Garamond, Tory (1) et Budé sont, chacun en son genre,
d'habiles et puissants ouvriers de la Renaissance.
On doit pourtant avouer que ni l'archéologie ni la
philologie n'ont trouvé encore leurs méthodes, au
temps où Budé disparait de la scène, et que notre
imprimerie savante elle-même ne soutient qu'imparfaitement une concurrence, alors difficile, avec les
grands imprimeurs de Florence et de Venise. C'est
au nom des Estienne que s'attachera éternellement
chez nous l'honneur d'une laborieuse et féconde alliance entre la philologie, qui épure et commente
les textes anciens, et l'imprimerie, qui sait les reproduire avec une élégante exactitude.

L'Italie est fière à bon droit de l'œuvre des Alde,

(1) Sur Geoffroy Tory on lira surtout l'ouvrage spécial de
M. Aug. Bernard (Paris, 1857, in-8°), et l'*Essai typographique
et bibliographique* de M. A.-F. Didot *sur l'Histoire de la Gravure sur bois* (Paris, 1863, in-8°).

mais la France l'est à bien plus juste titre de l'œuvre des Éstienne. Sur les neuf imprimeurs qu'a produits cette famille durant un siècle et demi, il n'y en a pas un qui n'ait des titres particuliers à l'estime, et il y en a deux, Robert Iᵉʳ et Henri II, qui se placent au premier rang, on peut le dire, parmi les grands personnages de l'histoire de France (1).

On dit que la famille des Estienne, famille originaire de Provence, était d'ancienne et noble souche, et M. Didot a publié, dans son *Essai sur la typographie*, un tableau généalogique de cette famille, qui remonte jusqu'à l'an 1270. En tous cas, c'est là une gloire qui fût restée bien obscure, si, vers la fin du quinzième siècle, un Henri Estienne, fils de Geoffroy Estienne et de Laure de Montolivet, ne se fût adonné à l'imprimerie, qui venait d'être introduite en France. Geoffroy Estienne, s'il faut en croire la tradition, déshérita son fils pour le punir d'avoir ainsi dérogé : ce fut pourtant l'origine d'une gloire qui rehaussa bien la noblesse des Estienne, si elle ne la fonda pas. En 1502, Henri Estienne, premier du nom, dans une petite boutique qui avait pour enseigne des Lapins, *in officina cuniculorum*, publiait un abrégé des

(1) Qu'il me suffise de renvoyer, pour tous les détails d'histoire et de bibliographie que renferme cette leçon, aux *Annales de l'imprimerie des Estienne*, par J.-A. Renouard (2ᵉ éd., Paris, 1848), aux notices de M. Ambr.-Firmin Didot dans la *Nouvelle Biographie générale*, et à son *Essai sur la Typographie* (1851), extrait de l'*Encyclopédie moderne*. On lira aussi avec intérêt les notices de M. Debèque dans l'*Encyclopédie des gens du monde*, au mot *Estienne*.

Éthiques d'Aristote en latin, avec une introduction par Le Fèvre d'Étaples, qui devait donner plus tard la première traduction française du Nouveau Testament (1). C'était déjà une imprimerie savante que celle d'Henri Ier. Le nom seul des correcteurs qu'elle employait, Beatus Rhenanus, Michel Pontanus, un Crétois nommé Pierre Porta, indique assez que l'on n'y imprimait pas uniquement pour le gain, et que l'on songeait, dans le choix comme dans l'exécution des livres, aux plus sérieux intérêts de la science. La première devise de cette maison avait été : *Plus olei quam vini*, juste symbole d'une sobriété studieuse ; la seconde : *Fortuna opes auferre, non animum potest*, semble, comme le dit justement M. Didot, un présage de l'avenir réservé à la famille des Estienne. Durant tout un siècle, en effet, on voit cette laborieuse famille, avec les alliés qu'elle recrute et qu'elle anime de son exemple (2), lutter d'un infatigable courage pour le progrès des lettres et de la typographie. Henri Ier, en mourant, laissa trois fils, François, Robert et Charles. Je néglige à regret le premier et le troisième, pour ne m'occuper que du second, né à Paris en 1503, mort à Genève en 1559. Il était doué de facultés heureuses, et l'on ne s'étonnera pas qu'il les ait promptement développées, si l'on songe que, parmi les

---

(1) Voir plus bas la XIe leçon.

(2) Estienne Dolet, dont le nom se retrouvera plus loin dans cette histoire, mériterait ici une place honorable, si son activité d'érudit et d'imprimeur ne s'était presque uniquement dévouée au latin et au français.

familiers de son père, étaient le Grec Lascaris, Guillaume Budé, les trois Du Bellay, maint autre personnage illustre du même temps. Resté orphelin de
bonne heure, mais sous la tutelle intelligente de Simon
de Colines, que sa mère avait épousé en secondes no-
ces, Robert devint bientôt un très-habile imprimeur,
comme le montre, dès 1523, son Nouveau Testament
latin. A partir de cette époque, il multiplie, soit
dans les langues originales, soit dans les traductions françaises, les éditions de la Bible, et quelques-
unes de ces éditions sont des modèles que l'on serait
heureux de pouvoir aujourd'hui reproduire dans
toute leur perfection, par exemple son Nouveau
Testament in-16, en grec, de 1546 et de 1549, et
son Nouveau Testament in-folio de 1550. Ce qui
n'est pas moins remarquable, et ce qui prouve l'esprit libéral du savant éditeur, c'est que le bon mar-
ché de ses livres égale la beauté de leur exécution.
Un Nouveau Testament latin in-8°, avec des notes
marginales (nous en avons le témoignage par des
catalogues authentiques), ne coûte que six sous d'a-
lors, soit un franc vingt centimes de notre monnaie.
Une Bible in-folio, en hébreu, ne coûte que cent
sous, soit vingt francs. Le Nouveau Testament de
1546, en grec, se vend d'abord un franc soixante centimes, puis deux francs. Nos imprimeurs modernes
descendraient difficilement à de pareils prix sans se
ruiner. Ce n'est pas tout. Pour faciliter l'usage des
livres sacrés, Robert Estienne refait à neuf et de sa
propre main ce qu'on appelle une *Concordance*, ou
table alphabétique des matières de tous les Livres

saints ; il l'imprime à ses risques et périls, en onze
cents pages à quatre colonnes en petits caractères,
« qui rivalisent, au jugement des connaisseurs, avec
ce que les Elzévirs ont produit de plus parfait en ce
genre ». Son ardeur n'est pas moindre pour la publication des auteurs profanes. Après les Alde, il
restait encore à publier pour la première fois bien
des livres de haute importance : les *Antiquités romaines* et les écrits de rhétorique de Denys d'Halicarnasse, les *Histoires* de Dion Cassius, les œuvres
du médecin Alexandre de Tralles, et celles d'Appien ; puis, ce qui se rattachait aux études bibliques, l'*Histoire ecclésiastique* et la *Préparation évangélique* d'Eusèbe, et les œuvres de Justin le Martyr.
A quel point l'éditeur de tous ces livres était grammairien autant que typographe consommé, cela se
voit par le soin scrupuleux avec lequel il a cons-
titué les textes ou revisé les traductions ; cela se
voit aussi par son prodigieux *Trésor de la langue
latine*, qui offre le dépouillement méthodique de
toute la latinité digne de ce nom, et que n'ont pas
fait complétement oublier les grands ouvrages, aujourd'hui classiques, de Forcellini et de Freund. Le
même homme qui, en onze années, imprimait trois
fois ce volumineux ouvrage , préparait en même
temps les matériaux d'un pareil *Trésor* pour le grec,
multipliait les livres élémentaires à l'usage de la
jeunesse, soutenait mainte controverse avec Messieurs
de la Sorbonne, et quelquefois des luttes plus péril-
leuses encore avec l'autorité séculière, armée contre
lui par les réclamations des théologiens.

Ce fut vraiment, pour l'imprimerie française, une
fatale coïncidence que de rencontrer ainsi tout près
de ses débuts le mouvement de la Réforme. Fran-
çois Ier était sans doute un prince libéral, on peut
croire même qu'en matière de dogmes son esprit
était disposé à une parfaite tolérance. Ses encouragements aux poëtes, aux savants, aux imprimeurs,
témoignent, on l'a vu dans une de nos leçons précédentes, du sentiment le plus élevé et le plus favorable à la diffusion des lumières; mais enfin, François Ier était un souverain catholique, obligé par ce
titre, à défaut de convictions très-fermes, à défendre l'orthodoxie contre les novateurs, et cela nous
explique trop bien comment, après avoir deux fois
sauvé Dolet de la potence, il finit par l'abandonner,
en 1546, à la haine de ses ennemis (1); cela nous explique comment, à deux ou trois reprises, sa main
a pu signer des ordonnances de répression plus que
sévères contre les abus, et même contre l'usage de
la presse. Robert Estienne, qu'il honorait d'une confiance et d'une estime particulières, inclinait visiblement vers les doctrines nouvelles. Imprimer du
grec était chose déjà un peu suspecte aux yeux de

(1) Voir le récit émouvant de ces vicissitudes dans le livre de
M. J. Boulmier sur Estienne Dolet (Paris, 1857, in-8°). On trouvera un utile complément à cette biographie dans la thèse de
M. Guibal, *de Joannis Boissonei* (Jean de Boysson) *vita, seu
de litterarum in Gallia meridiana restitutione* (Toulouse, 1863,
in-8°), thèse qui fait le fond de la notice française, sur le même
sujet, publiée par M. Guibal dans la Revue de Toulouse, juillet
et août 1864.

Messieurs de la Sorbonne, qui ne savaient point cette
langue et se fâchaient d'avoir à l'apprendre pour les
besoins nouveaux de la polémique. Mais imprimer les
livres saints en grec et en hébreu, les imprimer en
latin et même en français, et cela sans aucun examen
ni autorisation préalable des docteurs compétents;
propager ainsi, au nom d'une critique purement
humaine et tout à fait libre, des écrits d'un caractère
sacré, y introduire des variantes et des interpréta-
tions souvent neuves, souvent contraires aux traditions de la Faculté de théologie, c'était s'exposer à
bien des tracasseries, à bien des périls. Robert Estienne n'évita ni les unes ni les autres; il les provoqua peut-être, et, en tous cas, il fut forcé, après
bien des luttes, de quitter Paris pour Genève, où il
ne devait pas toujours trouver beaucoup plus de
tolérance chez ses nouveaux coreligionnaires, ni en
montrer assez, à son tour, envers les opinions qu'il
avait abandonnées. Il est plus triste de dire qu'une
accusation de mauvaise foi, presque de vol, l'accom-
pagnait dans son exil. On lui a souvent reproché
(ce qui nous ramène directement à l'histoire des
lettres grecques) d'avoir emporté avec lui les poinçons de ces beaux caractères grecs dus au talent de
Garamond et à la munificence de François I⁰ʳ. Mais
M. Firmin Didot père, et plus récemment M. Auguste
Bernard (1), tous deux typographes et bons juges

(1) Le premier, dans un mémoire qui accompagne sa traduction de Théocrite (Paris, 1833, in-8°); le second, dans l'ouvrage intitulé : *les Estienne et les Types grecs de François Iᵉʳ*
(Paris, 1856, in-8°).

en matière d'honneur, ont clairement fait justice de
cette malencontreuse imputation. Les poinçons de
Garamond sont toujours restés en France, et sous
bonne garde; ils y sont encore, à l'Imprimerie impériale. Les matrices frappées avec ces poinçons,
quoique destinées à rester l'instrument privilégié de
nos imprimeurs, servirent pourtant à fondre des
caractères qu'employèrent bientôt les imprimeurs
étrangers (1), mais dont ils n'ont pas manqué de
faire honneur aux artistes français et au roi, leur
généreux patron. Par conséquent, Robert Estienne
n'a point abusé de son droit d'imprimeur royal en
imprimant des livres à Genève avec les *grecs du roi.*

Quoi qu'il en soit de cette question secondaire,
tant de travaux, tant de controverses et de luttes
où il déployait de grandes ressources d'esprit, mais
où sa passion aussi se donnait carrière, épuisèrent
avant l'âge les forces de Robert Estienne. Il mourut
à cinquante-six ans, laissant des affaires assez en désordre, mais, néanmoins, florissantes, tant ses travaux

---

(1) C'est ce que fait précisément voir le célèbre helléniste
Sylburg dans la Préface de son *Alphabetum græcum,* imprimé
en 1591, chez Wechel, à Francfort, p. 4. J'aime à transcrire ici
ce témoignage, qui est peu connu : « Franciscus Valesius... eas
suis duntaxat Lutetiæ typographis peculiares esse voluit. In
quorum numerum quum etiam maternus avus vester, Andreas
Wechelius, esset cooptatus, partim Henrici II regis favore, partim magni illius Fernelii, cui neptis erat avia vestra, precibus,
regiorum typorum exemplar hoc impetravit : post, persecu-
tionis tempore, in Germaniam secum intulit; ut aliquot annis
ante Robertus Stephanus, eadem fortuna, idem characterum
genus Genevam secum asportarat. Hoc nobili typorum genere
efficta sunt hæc Græcæ linguæ primordia. »

avaient jeté d'éclat et assuré à sa maison une riche clientèle. D'ailleurs, la juste faveur du roi Henri II avait fait beaucoup pour atténuer les rigueurs de la loi contre le huguenot exilé. L'imprimerie de Robert subsistait à Paris, exploitée par un de ses fils ; elle allait passer aux mains d'un successeur capable de continuer et d'agrandir encore un si noble héritage de travail et de savoir. Ce fils, c'était Henri Estienne, deuxième du nom, né en 1528, déjà marié sous les yeux et d'après les conseils de son père, déjà grammairien, déjà collaborateur utile de l'imprimerie paternelle, déjà éditeur lui-même de livres qui commençaient sa réputation d'helléniste.

Robert Estienne, mécontent de Robert II et de Charles Iᵉʳ, ses deux fils, qui n'avaient pas comme lui adopté le parti de la Réforme, savait gré au contraire à Henri de l'avoir suivi dans les rangs de l'Église nouvelle, et, à ce titre, il l'avait désigné comme héritier et continuateur de sa maison. Henri se montra digne de cette confiance.

Dès l'âge de quinze ans, il savait et parlait le grec à peu près comme sa langue maternelle, mieux que le latin, que plus tard pourtant il parla et il écrivit avec autant d'élégance que de facilité (1). Aussi con-

(1) Feu Léon Feugère a curieusement étudié tout ce détail de la vie d'H. Estienne, dans sa notice en tête d'une utile réimpression de la *Conformité du langage françois avec le grec* (Paris, Delalain, 1853, in-12 ; notice réimprimée, en 1859, au tome II des *Caractères et Portraits littéraires du seizième siècle*, in-8°). Il n'y manque qu'un sentiment critique plus personnel et plus ferme sur les questions de philologie.

seillait-il volontiers que l'on suivit cet ordre dans l'enseignement des langues anciennes, et que l'on commençât par le grec, conseil qui, depuis, a été plus d'une fois renouvelé, mais inutilement. A peine arrivé à l'âge d'homme, on l'avait envoyé pour parcourir l'Italie en commis voyageur et en fouilleur de bibliothèques, et il avait, durant trois années, fait merveille à ce double et laborieux métier. Hommes et choses, livres et monuments, langues et manuscrits, il avait tout consulté, tout su tourner à son profit, si bien qu'il rentrait en France avec une malle pleine de notes et de copies de tout genre, avec une mémoire non moins enrichie de souvenirs.

En 1551, on trouve de beaux vers grecs de sa façon à la suite du Justin imprimé par son père. Trois ans après, il lance dans le public son charmant et coquet volume de l'Anacréon, texte grec inédit, avec une traduction latine de quelques-unes de ces jolies pièces, traduction qui est un chef-d'œuvre de grâce et d'habileté ; ce petit volume aura sur les destinées de notre poésie française une influence que nous étudierons bientôt. Dans le même temps, il prépare une édition d'Eschyle, qui sera la première complète des sept tragédies subsistantes de cet auteur, une édition *princeps* d'Athénagoras et de Maxime de Tyr, des Extraits de Ctésias et d'autres historiens, les deux livres d'Appien sur la guerre d'Espagne et sur la guerre d'Annibal. Il rédige un petit recueil de tous les textes grecs traduits jadis en latin par Cicéron, *Ciceronianum Lexicon græco-latinum*, et c'est vraiment plaisir de voir comment, dans la préface de ce recueil, il parle de son père, de cette vie austère et laborieuse, des exemples qu'elle lui donne, de l'émulation qu'elle lui inspire. Dans son enthousiasme pour les souvenirs de l'antiquité, cette émulation lui rappelle Thémistocle, que les trophées de Miltiade empêchaient de dormir, et Alexandre, qui craignait que Philippe ne lui laissât plus de victoires à remporter. Lui aussi, il craint que Robert ne lui enlève la matière des travaux qu'il a rêvés : « Cum tot tantaque in omni genere, non « solum quæ jam olim, quæ non ita pridem, quæ « nuper, quæ nuperrime edidit, sed etiam quæ in « manibus nunc habet, volumina ob oculos pono : « quænam spes quærendi insigni aliquo opere no- « minis superesse possit, non video, ac mihi præ- « clusum esse ad typographicam gloriam omnem « plane aditum existimo(1). » Cependant il ne perdra pas courage, et, soit comme aide de son père dans la préparation du *Thesaurus linguæ græcæ*, soit comme imprimeur de textes grecs et latins, il saura se rendre utile et s'honorer. Il y parut bien, en effet,

(1) De si nobles déclarations répondent suffisamment, ce me semble, au reproche d'ingratitude filiale que je vois exprimé contre H. Estienne dans une lettre du président Bouhier (11 février 1735), qu'on lit dans les Mémoires de l'abbé d'Artigny (1752), tome V, p. 388. Bouhier connait pourtant et il cite la préface du *Lexicon*. — Ce livre n'a été réimprimé qu'une fois (Turin, 1743, in-8°); mais il vient d'être refondu et mis au courant de la science dans une thèse érudite de M. Victor Clavel, qui a pour titre : *de M. T. Cicerone Græcorum interprete. Accedunt etiam loci græcorum auctorum cum Ciceronis interpretationibus et Ciceronianum Lexicon græco-latinum* (Paris, 1868, in-8°).

par la série non interrompue de ses publications dès
lors aussi variées qu'importantes. Ce fut d'abord, en
1559, l'année même où il perdait son père, un Diodore de Sicile augmenté de dix livres inédits; puis,
divers morceaux également inédits de Denys, de
Dion, d'Appien; en 1562, les discours du rhéteur
Thémistius et les *Hypotyposes* de Sextus Empiricus;
en 1564, le lexique médical d'Érotien; en 1567, les
déclamations de Polémon et d'Himérius. Dans l'in-
tervalle de ces deux dernières publications, il avait
perdu sa première femme, Marguerite Pillot, dont
il a célébré en vers charmants les vertus aimables
et les talents solides; deux ans après, il épousa
Barbe de Ville, qui lui donna une fille, Florence,
mariée plus tard au célèbre philologue Isaac Casaubon.

Au milieu de toutes ces publications et de ces événements domestiques s'achève le gigantesque travail du *Thesaurus*. Il y a comme préludé soit dans le
Ciceronianum Lexicon, soit dans son *Dictionnaire
des termes de médecine* (1564), qui le montre aussi
expert à l'interprétation des mots scientifiques qu'on
l'a vu jusqu'ici familier avec le style des poëtes et
des orateurs. Plus il avance dans sa vie laborieuse,
plus on le voit préoccupé du grand dessein que lui
a légué son père, et auquel il attache lui-même une
si juste ambition. Jusqu'en 1571, dans ses préfaces,
dans ses notes sur les auteurs grecs, revient sans
cesse la mention du *Thesaurus*. Il y renvoie même
plus d'une fois, comme on ferait à un livre déjà
publié. Le livre ne parut qu'en 1572; mais, sans

doute, quelques parties en étaient depuis longtemps
achevées et déjà sous presse. On n'imprime pas en
une année cinq gros volumes grecs-latins à deux
colonnes, où plus de cent mille mots grecs sont
d'abord classés et expliqués selon leur ordre d'étymologie, puis rangés par ordre alphabétique pour
la facilité des recherches, avec accompagnement de
nombreux opuscules, qui sont comme les pièces
justificatives du travail critique qu'avait exigé une
si savante nomenclature.

1572, date mémorable à bien des titres, tristement célèbre par le massacre de la Saint-Barthélemy,
par la mort de Coligny, de Ramus le philosophe,
de Denys Lambin le latiniste; signalée aux amateurs
de notre littérature par la *Franciade* de Ronsard,
aux philologues de tous les pays où l'on s'occupe
de grec par la publication du *Thesaurus*. Henri Estienne avait alors quarante-quatre ans, et le *Thesau-*
rus n'était que la principale de ses publications :
dans cette même année, il donnait un Plutarque grec-
latin en treize volumes. Il déclare que ce *Trésor*, de
riche l'a fait pauvre, et de jeune l'a fait vieux : on le
croit sans peine :

> At Thesaurus me hic de divite reddit egenum,
> Et facit ut juvenem ruga senilis aret.

En publiant ses Concordances de la Bible, Robert
Estienne adressait à ses confrères les imprimeurs
cette touchante prière : « Montrez-vous équitables
« pour un des vôtres, je vous en prie et vous en
« conjure ; accordez-lui de vous-mêmes pour quel-

14

« ques années un privilége; épargnez la moisson
« d'autrui, permettez qu'il améliore et perfectionne
« l'œuvre commencée et encore mal polie : c'est pour
« vous qu'il travaille. » Et il semble que cette prière
ait été entendue. Henri Estienne fut moins heureux : la gloire ne lui manqua pas, mais les profits lui échappèrent. Il avait eu bien vite un concurrent déloyal ; c'était Scapula, l'un de ses correcteurs
d'épreuves, qui avait, dit-on, abusé de sa confiance
pour composer au fur et à mesure un lexique abrégé
et qui le livra bientôt au commerce. Comme il devait arriver, l'abrégé faisait tort à la vente de l'ouvrage original. Quelques riches cadeaux (entre autres un beau présent de l'empereur Maximilien), et
un débit assez lent, furent la seule récompense utile
d'un travail herculéen, accueilli par l'applaudissement universel de l'Europe savante (1).

Rien n'ébranlait ce ferme courage, rien n'arrê-
tait cette ardente passion pour les lettres. Henri
Estienne, comme son père, et plus que son père
encore, avait à faire face aux devoirs les plus divers :
direction d'une grande imprimerie, correspondance
avec les savants du dehors, disputes avec les théologiens, voyages fréquents de Genève à Paris et de

(1) Voir en particulier, sur ce sujet, les divers prospectus relatifs à la nouvelle édition du *Thesaurus* publiée par A.-F. Didot ; divers articles de M. J.-V. Le Clerc dans le *Journal des
Débats* (août 1831 ; avril 1832 ; août 1833 ; octobre 1836) ;
de M. Magnin au *Journal des Savants* (novembre 1840) ; de
M. Beulé, au même journal (août 1865) ; de M. D. Nisard, au
Moniteur du 29 mai 1865.

Paris à Genève, selon qu'il avait plus à craindre de
l'intolérance des protestants ou de celle des catholiques, voyages lointains, en Allemagne et jusqu'en
Hongrie, où il trouvait, outre des clients pour sa
librairie, des amis, de hauts protecteurs (1) ; il suf-
fisait à tout. Mais il avait contracté, dans cette dispersion même de ses forces, un invincible besoin de
mouvement. Trois fois marié, et cela à des femmes
qui paraissent toutes trois avoir été dignes de lui et
lui avoir assuré les douceurs comme l'honneur du
foyer domestique, père de quatorze enfants, dont,
il est vrai, quatre seulement lui survécurent, il ne
sut jamais, néanmoins, contenir sa vie, soit à Genève,
soit à Paris, dans le calme d'un ménage heureux. On
ne lui reproche aucune faiblesse en dehors de sa maison ; mais il est certain qu'il la délaissait souvent. La
passion du philologue l'aidait sans doute à rassurer
sa conscience de mari et de père, car l'agitation de
ces continuels voyages n'ôtait rien à l'activité de ses
travaux. Sur les grandes routes, où il allait presque
toujours à cheval , il composait, pour les écrire à
chaque étape, soit certains ouvrages originaux ,
comme ce prodigieux recueil de cinq mille vers ïam-
biques qu'il publia en 1582, sous le titre de *Principum Musa monitrix*, soit des traductions de ses
chers auteurs grecs, par exemple de mainte épigramme de l'*Anthologie*, et même sur quelques-unes
de ces épigrammes il s'est livré à l'ingénieux exer-

(1) Le plus célèbre est le banquier Fugger, dont il s'est quelquefois appelé l'imprimeur, comme Robert s'appelait l'imprimeur du roi.

cice d'en exprimer le sens en latin de cinquante
manières différentes. Ce qu'il ne pouvait faire imprimer dans ses ateliers de Paris ou de Genève, il
trouvait le moyen de le publier par les presses d'un
confrère. En un mot, partout et dans toutes les conditions de sa vie, on le trouve utilement occupé à
son œuvre de propagateur des lettres anciennes.

Mais le trait que nous avons surtout à faire ressortir dans cette étrange et puissante figure de philologue, c'est le patriotisme. Derrière le grec et le
latin, Henri Estienne n'a jamais cessé, non plus
que son père, de voir la langue française, et, dans
celle-ci, ce qu'il a toujours aimé, c'est l'expression
de notre génie national. Robert avait donné en français une des premières grammaires de notre langue.
Henri la réimprime en latin, et l'accompagne d'observations, sous le titre d'*Hypomneses de gallica lingua*. La seule préface de ce livre suffirait à nous montrer en lui un très-habile connaisseur des langues du
midi, de notre français parisien, et de nos dialectes
provinciaux. Le livre lui-même est plein d'idées
ingénieuses, souvent justes ; c'est peut-être pour la
première fois qu'on y trouve exprimés et régulièrement appliqués quelques principes d'étymologie
néo-latine, et particulièrement le principe de la
transformation régulière des sons en passant du latin
au français (sujet traité, vers le même temps, par
Jean Passerat). Mais ce recueil d'observations n'était
pas le premier manifeste de l'helléniste patriote.
Dès 1579, dans une conversation avec Henri III, il
avait signalé ce qu'il appelle la Précellence du lan-

gage français sur toutes les autres langues de l'Europe ; il raconte lui-même en vers latins d'un tour
négligé, mais agréable, comment le roi, l'ayant pris
au mot, le somma de lui dire ses raisons à l'appui
de sa belle thèse. Le prince voulait même qu'Henri
Estienne les improvisât séance tenante ; l'autre s'en
défendit le mieux qu'il put, et promit du moins d'é-
crire un livre sur cette matière. Il l'écrivit, et il
imprima, sous le titre modeste de *Projet*, ce manifeste
original, piquant, parfois même d'une certaine éloquence, en faveur de la langue à laquelle déjà toute
l'Europe lettrée rendait hommage (1). D'ailleurs
l'helléniste aussi trouvait son compte à ce panégyrique du français ; car il en avait démontré, quatorze ans auparavant, la *conformité avec le grec*, de
façon qu'il alliait dans la même admiration le langage d'Homère et celui de Ronsard.

Jaloux à ce point de sa langue maternelle, il la
voulait sévèrement maintenir dans ses lois naturelles et dans son génie propre. Or, depuis les expéditions de Charles VIII et de ses deux successeurs
en Italie, depuis le mariage de Henri II avec Catherine de Médicis, les modes et le parler italiens nous
avaient envahis ; à Fontainebleau, à Blois, à Paris,
l'italianisme corrompait notre langue, comme il changeait nos coutumes, comme il donnait le ton à nos
peintres, à nos sculpteurs, à nos architectes, comme
il pénétrait jusqu'à notre politique. Henri Estienne

(1) Réimprimé avec des notes et une bonne notice prélimi-
naire, par L. Feugère (Paris, Delalain, 1850, in-12).

s'éleva contre cette déplorable influence dans ses
Dialogues du nouveau langage françois italianisé, où
il confie à un personnage nommé Philoceltes (l'ami
des Gaulois) le soin de combattre la doctrine et les
mauvais exemples de Philausone (l'ami des Italiens).
Chez les Romains, le vieux Caton se plaignait de
l'invasion du grec dans la cité romaine, parce que
le grec apportait avec lui tous les raffinements d'une
civilisation corrompue (1) ; de même Henri Estienne
craint pour nos mœurs, autant que pour notre
langue, cette fatale imitation de l'Italie des Médicis.
Sa verve est inépuisable à en signaler les périls, et
elle s'égare parfois dans des digressions qui lui
attirèrent bien des haines et des tracas. C'est probablement par suite de cette publication qu'il put être
soupçonné d'avoir écrit contre Catherine de Médicis
un violent pamphlet, dont il ne paraît pas être le
véritable auteur. Mais un protestant zélé, un bourgeois de Paris, qui avait échappé au massacre de la
Saint-Barthélemy, un imprimeur qui avait eu plus
d'une fois à défendre la liberté de ses presses contre
les rigueurs de la persécution catholique, était bien
excusable de mettre un peu d'excès dans ses réclamations contre la politique des Médicis en France.

Au reste, pour Henri Estienne tout devenait prétexte à passer de l'histoire ancienne à l'histoire moderne, et à faire voir que sous l'habit d'un imprimeur
de grec et de latin battait un cœur de citoyen français. L'esprit des anciens ne servait souvent que

(1) Plutarque, *Caton l'Ancien*, c. 23.

d'aiguillon à sa malice gauloise. Éditeur d'Hérodote,
en 1566, il sentit le besoin de justifier un peu le
vieux conteur ionien du reproche de crédulité. Or ce
qu'il avait écrit sur ce sujet dans une préface latine,
il voulut le mettre en notre langue, et de là sortit un
gros livre : *De la Conformité des merveilles anciennes
avec les modernes*, ou *Traité préparatif à l'apologie
pour Hérodote* (1), qui a pour épigraphe ce quatrain
médiocre, mais très-expressif :

> Tant d'actes merveilleux en cest œuvre lirez
> Que de nul autre après émerveillé serez.
> Et pourrez vous, sçavans, du plaisir ici prendre,
> Vous, non sçavans, pourrez en riant y apprendre.

En réalité, la prétendue défense d'Hérodote n'était,
sous sa forme française, qu'un pamphlet contre les
mœurs du siècle, une satire où n'étaient épargnés
ni les princes, ni les papes, ni les prêtres, ni surtout
les moines. Le sectaire perçait à chaque page sous
la fausse modestie de l'éditeur érudit d'un livre
ancien.

On voit par là combien vivante est l'érudition
chez Henri Estienne, combien mêlée à tout ce qui
intéressait et passionnait ses contemporains. Dans
ses voyages, comme à Paris, il observe tout en politique, en théologien, en moraliste, autant qu'en
amateur des chefs-d'œuvre de l'antiquité. Un jour
qu'il se trouve dans une ville d'Allemagne où s'est

---

(1) Déjà Camérarius, déjà même Alde Manuce, l'avaient précédé dans cette défense d'Hérodote.

réuni un congrès de princes, il en profite pour leur
adresser un véhément appel à la croisade contre les
Turcs (1594). L'humiliation que les Turcs font peser
sur l'Europe est une des douleurs qui agitent le plus
sa vieillesse ; elle se fait jour jusque dans sa controverse toute littéraire contre le latiniste Juste Lipse,
si bien qu'on a plaisamment proposé d'intituler le
livre qu'il écrivit sur ce sujet *de Latinitate lipsiana
adversus Turcas*. Le mot est de Scaliger. Loin de se
calmer en vieillissant, Henri Estienne devient plus
ardent que jamais pour tout ce qui touche à l'honneur et au bonheur de la nation française. Ces sentiments débordent dans un de ses derniers ouvrages,
imprimé à Bàle, où il passa une partie de l'année
1590 : c'est le recueil un peu confus que je rappelais
plus haut, *la Muse conseillère des princes*, et qui,
selon son titre, contient de longues réflexions sur
les devoirs de la royauté, sur les périls qui l'entourent, sur les dangers de l'adulation, et aussi sur
les dangers de la calomnie (1). Sur ce dernier sujet,
il avait même commencé tout un poëme en vers
français, destiné au roi, dont il n'a publié qu'une
centaine de vers, encore avec la précaution d'en traduire le commencement en latin pour l'usage de
ceux qui ne lisent pas facilement notre langue. Ces
vers nous montrent Henri Estienne sous un nouveau

_____

(1) Ajoutez-y, ce qui caractérise bien l'universelle activité
d'Estienne : *Ejusdem libellus in gratiam principum scriptus de
Aristotelicæ Ethices differentia ab historica et poetica, ubi multi
Aristotelis loci vel emendantur vel explicantur.* C'est l'appendice de ce curieux volume.

jour. Quelques petites pièces, çà et là insérées dans
ses autres écrits, ne laissent pas deviner qu'il maniât
le vers français avec autant de finesse et de vigueur
que la prose ; mais quatre pièces qu'on lit en tête
des Dialogues du nouveau langage françois italianisé nous font voir ce qu'il aurait pu faire en ce
genre, s'il avait eu le goût de s'y appliquer (1). Le
tour et le ton de ces *condoléances, remontrances et*
épistres satiriques rappellent la meilleure école des
poëtes contemporains. L'Épître sur la calomnie, en
vers alexandrins, est d'une touche plus ferme encore, et le langage se soutient parfois au niveau de
la pensée, qui est d'une remarquable noblesse. L'auteur, d'ailleurs, y a l'occasion de se défendre contre
un reproche que sans doute il avait souvent entendu, celui de quitter trop souvent la France, au
risque de paraître l'oublier, et il a sur ce sujet des
réponses d'un accent délicat et touchant. On me
permettra donc de citer ici une page à l'appui de
mon jugement sur la poésie d'Henri Estienne, ou, si
l'on aime mieux, sur son talent de versificateur (2).
Comme presque tous ses contemporains, notre philologue écrit trop vite, soit en vers, soit en prose, mais
c'est toujours avec une sincérité de sentiment qui
fait pardonner bien des négligences :

. . . .
>   Par ton moyen ma muse en face une ouverture,
>   Qui sur toy, et non pas sur Apollon s'asseure.

(1) Voir plus bas la Xe leçon.
(2) *Le Proème ou la préface d'un œuvre de Henri Estienne,*
intitulé l'Ennemi mortel des calomniateurs.

Puisse de Chiverni le grand entendement
Trouver à ce vieil mal un nouveau règlement.
Et si le rude chant de ma muse petite
D'un prince tant disert l'oreille ne mérite,
Fais qu'un Ronsard, si bien Virgilianizant,
Un Desportes, si bien Ovidianizant,
Soyent par lui commandez de cest œuvre entreprendre,
Bien limé, bien poli et parfaict le luy rendre.
Si le mien n'est monté à la perfection,
Imperfaicte pourtant n'est mon affection.
Encor est-ce beaucoup, en cas de grand ouvrage,
Quand foible est le pouvoir, être fort de courage.
    Combien que mon pays souvent j'aye absenté,
Mon bon vouloir de luy onq absent n'a esté :
Et jamais à mon cueur nation estrangère
De ma France l'amour n'a faict mettre en arrière :
Aucuns plaisirs ne m'ont en leurs lags faict tumber,
Jusques à me pouvoir cest amour desrobber,
Bien que la nouveauté, amorce en tout plaisante,
Soit en cas de plaisirs doublement attrayante.
Car au profond du cueur engravé je m'avois,
Que si Ulysse aima son terroir Ithaquois,
Tant rude et montueux : et ne trouva contrée
Qui semblast mériter luy estre préférée :
Et si de son désir tellement fut espris,
Que l'immortalité mesme il eut à mespris :
(Encore que de tous il ait ce tesmoignage,
Qu'il estoit de son temps des sages le plus sage)
Moy, qui entrant au monde, en ce lieu fu logé
Que nommer on peut bien du monde un abrégé,
Qu (si on aime mieux) nommer un petit monde :
Faut-il pas qu'en cela Ulysse je seconde ?

. . . .

Le ton s'élève encore et touche à l'éloquence, malgré quelques embarras de langage et une certaine faiblesse d'expression, dans les vers suivants, où il montre bien quel sentiment il avait de la dignité des lettres et quel rôle déjà les lettrés savaient prendre, sans attenter pour cela aux priviléges de la noblesse, dans une cour comme celle des Valois ou du Béarnais :

.   .   .   .

Je sçay qu'on favorize un conseil d'avantage
Qui est mis en avant par un grand personnage.
D'un petit compagnon la vergongneuse voix
En un mesme propos n'est point de mesme poids.
Et tel aucunes fois des oracles diroit,
Que pour son bas degré coudoyer on voudroit.
Quant à moy, jusqu'aux grands ne me surhausseray.
Mais aussi, d'autre part, tant ne m'abbaisseray,
Que des lettres l'honneur, en m'oubliant, j'oublie.
Car (ne desplaise à ceux qui leur portent envie)
Une honte muette à celuy ne convient
Qui au moins quelque lieu auprès des Muses tient.
Et puisque nous disons qu'un valet d'un grand maistre
Doit estre respecté, voire hardi peut estre :
La langue ne doit point par honte chanceler
D'un qu'on peut des sçavans bon disciple appeler,
Et ne devons juger que cette hardiesse
D'aucune qualité passe la petitesse.

Ainsi s'achevait au milieu d'incessants travaux, de courses fatigantes, d'ardeurs passionnées, cette vie du grand philologue qu'on peut bien appeler aussi un grand patriote. Il avait soixante-dix ans, et rien encore ne montrait en lui le déclin de l'âge. Un jour qu'il revenait de Genève à Paris, après avoir passé par Montpellier, il fut soudainement frappé à Lyon d'une maladie grave; transporté à l'hôpital de cette ville, il y mourut, loin de sa famille et de ses amis, et fut enterré sans honneur, comme protestant,

au milieu même d'une émotion populaire hostile à
la religion réformée. On s'arrête avec respect devant
la tombe où s'ensevelit tant de savoir, tant d'esprit,
tant de courage. Quelque reproche qu'ait pu mériter par moments la conduite d'Henri Estienne, on
se dit qu'elle a néanmoins donné un mémorable
exemple de dévouement à la vérité et au culte des
belles-lettres. Pour résumer, sur ce grand homme,
l'opinion des contemporains, qui mérite de rester
celle de la postérité, qu'il nous suffise de transcrire
ici ce que, à la nouvelle de sa mort, son gendre
Casaubon écrivait dans ses *Éphémérides*, récemment
publiées en Angleterre (1) :

« 13 mars 1598. Je venais d'entrer dans ma bibliothèque à l'heure ordinaire ; mon âme était triste ;
ma prière faite, je me mettais au travail, quand
on vint m'apprendre la mort de mon très-cher et
très-illustre beau-père, Henri Estienne. C'est à Lyon
qu'il est mort, loin de chez lui, et comme en exil,
lui qui possédait une belle maison à Genève ; loin
de son épouse, si respectable, loin de ses enfants,
dont quatre encore lui restaient. Malheur ! malheur
d'autant plus grand que nulle nécessité ne l'obli-
geait à quitter ses foyers. Faibles humains que nous
sommes ! Quand je pense, ô mon cher Estienne, aux
vicissitudes que tu as éprouvées : toi, qui, d'un commun accord, pouvais occuper la première place
parmi les hommes de ton rang, tu as préféré t'en

(1) Oxford, 1850, t. I, p. 67-69. J'emprunte, sans y presque
rien changer, cette citation à la Notice de M. Didot.

éloigner, plutôt que de rester avec eux le soutien de
notre Église; toi à qui ton père avait laissé une
grande fortune, et qui as préféré la dépense à l'épargne ; toi qui, par un don de la Providence, n'avais
point de rivaux dans les lettres anciennes, surtout
dans les lettres grecques, que ton destin était d'il-
lustrer, et qui as préféré *aller chercher bien loin
ce que tu avais sous la main* (1)! Mais, mon cher
Estienne, ce n'est point ta faute, c'est celle de l'esprit humain. Il est aussi rare d'apprécier les biens
que l'on possède que d'en savoir jouir. Tant que tu
as été jeune, les services que tu as rendus aux lettres
sont tels que bien peu pourraient t'égaler, et presque
aucun te surpasser. Les nombreuses preuves que tu
en as données en grec et en latin montrent que tu es
véritablement un grand homme. Fasse le ciel que
moi et les miens nous imitions tes vertus, ta vigi-
lance et ton zèle infatigable. Si l'on a eu quelques
torts à te reprocher, comme de t'être trop souvent
absenté de ta maison, que le ciel aussi nous en préserve ! Je t'en supplie, grand Dieu, daigne venir en
aide aux enfants et à toute la famille des Estienne,
qu'elle croisse en vertus et en piété ! Je recommande
surtout à tes bontés mon épouse, qui maintenant est
malade et dont je vais entendre les cris et les san-
glots quand elle apprendra la mort de son père.
Console-la, Père des miséricordes, et fais-nous tous
deux persévérer à jamais dans ton amour, avec les
chers enfants que tu nous a donnés! Amen. »

(1) « Maluisti alia curare quam τὴν σπάρταν χοσμεῖν. » Le texte
des *Éphémérides* est plein de mots grecs ainsi mêlés au latin;

De telles paroles sont un hommage qu'affaiblirait
tout commentaire.

Si grand que soit ce nom des Estienne, il ne doit
pas faire oublier celui de Joseph Scaliger. C'est
d'ailleurs sous les auspices d'H. Estienne que J. Scaliger a publié deux de ses premiers écrits d'helléniste, je veux dire ses notes sur la *Vie d'Homère*,
attribuée à Hérodote, et sur les vers d'Empédocle
(1573). Comme helléniste, il a rendu beaucoup moins
de services à la science que l'auteur du *Thesaurus*.
Ses nombreuses traductions faites en grec, une fois
même en grec dorien, d'après divers originaux
latins (1), italiens (2) et français (3), ont étonné
ce siècle tout plein d'une ardeur naïve pour l'antiquité classique. Mais ce sont des tours de force qui
n'ont guère pu survivre à leur succès du moment.
Un autre prodige du même genre, la traduction
qu'il fit des hymnes orphiques en vers latins à la
façon d'Ennius, n'est qu'une laborieuse méprise d'érudition ; car les hymnes que nous possédons aujour-
d'hui sous ce nom fabuleux d'Orphée sont l'œuvre
assez moderne de faussaires alexandrins, et n'ont

(1) Par exemple, la traduction d'un choix d'Épigrammes de
Martial et de la dixième Églogue de Virgile (celle-ci en dorien)
et celle du *Moretum* (dédiée à Ronsard, Paris, 1563). La traduction des Distiques de Dionysius Caton a été réimprimée plusieurs fois.

(2) *Ex Triumpho Amoris F. Petrarchæ Cap. III.*

(3) *Catharinæ Des Roches puellæ Pictaviensis Protrepticon
ad Henricum III.* Toutes ces pièces sont réunies dans l'édition
de Plantin (Leyde, 1615).

pas même les caractères extérieurs de l'archaïsme.
Le principal et durable honneur de Scaliger se fonde
sur de bien autres titres.

D'abord, comme correcteur des textes anciens,
surtout, il est vrai, des textes latins, il a fait des
prodiges. Puis, il est le premier des savants modernes qui ait embrassé dans son ensemble la connaissance de l'antiquité tout entière, en y joignant
même les langues orientales. Ses huit livres sur la
Réforme de la chronologie (1) sont le fruit d'une
lecture immense et d'une incomparable critique.
A cet égard, et quoiqu'il ait plus d'une fois médit
des Allemands, Scaliger trouve chez eux des admirateurs plus fervents aujourd'hui que jamais : c'est
l'Allemand Niebuhr qui s'étonne de ce que la France
n'oppose pas avec orgueil Scaliger à Leibniz; c'est
un des plus savants et des plus ingénieux hellénistes
de l'Allemagne qui naguère nous a donné la meilleure biographie de notre éminent philologue (2).

Mais si quelque chose manque, chez nous, à la
gloire de Scaliger, il doit un peu s'en accuser lui-
même. Plus qu'homme de son siècle (et la modestie
alors n'était pas commune), il a eu le sentiment de
sa valeur personnelle et il l'a souvent exprimé avec

(1) *De Emendatione temporum.* (Première édition, 1583.) L'ouvrage a été successivement enrichi dans les éditions de 1598
et de 1609.

(2) *Joseph Justus Scaliger,* von J. Bernays (Berlin, 1855, in-8°,
avec un portrait de Scaliger, des morceaux choisis dans ses
œuvres et quelques lettres inédites). C'est M. Bernays qui me
signale le jugement de Niebuhr.

une arrogance blessante pour ses contemporains :
c'était là une tradition de famille; son père Jules-
César Scaliger lui avait légué, avec de fausses prétentions à la noblesse du sang, une morgue insolente
qui leur a fait à tous deux beaucoup d'ennemis. Le
bruit de ces sottes controverses sur l'origine plus
ou moins princière de MM. *de la Scala* (1), les grossières attaques de César Scaliger contre Érasme, de
Scioppius contre Joseph Scaliger, tous ces débats
puérilement injurieux ont porté malheur au grand
homme qui n'avait pas su se défendre d'y prendre
part. D'ailleurs, il faut bien l'avouer, Joseph Scaliger
est un écrivain médiocre, même en grec et en latin;
H. Estienne, à cet égard, lui est supérieur, surtout
comme écrivain français. Aujourd'hui que toutes les
conjectures et corrections du critique ont passé dans
nos éditions des auteurs anciens; aujourd'hui que
sa méthode chronologique est devenue celle des
Fréret, des Bœckh, des Letronne, et que les principaux résultats en sont admis dans les manuels les
plus élémentaires, peu de personnes ont intérêt à
étudier ces in-folio hérissés d'une érudition solide,
mais pédantesque. Les lettres, les préfaces de Scaliger nous attirent seules par un langage souvent
naturel et familier. Les anecdotes du *Scaligerana*
conservent quelque attrait pour les curieux. Mais
tout cela ne suffit pas pour maintenir le grand
philologue à cette hauteur de gloire presque popu-

---

(1) C'est ainsi que Joseph signe ses lettres à Dalechamp, dans
Bernays, p. 308 et suiv.

laire où le plaçait l'admiration de ses contemporains (1).

Casaubon, que nous citions tout à l'heure, Casaubon, le gendre d'Henri Estienne et son rival dans
la science des langues classiques, mérite lui aussi
d'être signalé pour ses travaux d'helléniste. A ce
titre, il a, même auprès de ces grands hommes, un
rôle particulier dans les lettres savantes : c'est le
modèle des critiques et des commentateurs. Le premier peut-être, en France, il a pratiqué avec méthode l'art de conférer entre eux les manuscrits des
anciens auteurs pour en retrouver la leçon originale
sous les altérations nombreuses qui l'ont souvent
défigurée ; le premier, il a donné l'exemple de ces
commentaires abondants et continus qui éclairent le
sens des textes antiques et qui nous aident à en apprécier les qualités et les défauts. Ses éditions de
Diogène Laërce, d'Athénée, de Polybe, sont des modèles en ce genre. L'heureuse variété de ses connaissances, non-seulement en grec et en latin, mais dans
les langues orientales, donne un prix singulier à ses
commentaires ; la clarté habituelle de son style leur
donne une sorte de charme pour les amateurs. Outre
tant d'éditions méritoires, il nous a laissé, dans son

(1) Voir Ch. Nisard, *le Triumvirat littéraire au seizième
siècle* : *J. Lipse, Jos. Scaliger, Is. Casaubon* (Paris, 1852, in-8°);
— *Les Gladiateurs de la République des Lettres aux quinzième,
seizième et dix-septième siècles* (Paris, 1860, 2 vol. in-8°). Un
de ces « gladiateurs » est César Scaliger. Sur ces deux ouvrages,
d'ailleurs instructifs et piquants, j'ai dû faire, plus haut
(p. 141), quelques réserves, en les citant dans une note de la
septième leçon.

15

ouvrage *de Satyrica Græcorum poesi et de Romano-*
rum satira (1), un excellent exemple de ces mémoires
d'histoire et de critique littéraire qui devaient, plus
tard, faire l'honneur de l'Académie des inscriptions
et belles-lettres. L'homme, d'ailleurs, chez Casaubon,
ne nous intéresse pas moins que l'érudit. Né à Genève, l'année même où mourut Robert Estienne I⁰ʳ,
mari de Florence, l'une des filles d'Henri Estienne,
tour à tour professeur dans sa ville natale, puis à
Montpellier, puis en Angleterre, où il mourut en
1614, calviniste modéré avec une piété ardente, il
rappelle, par bien des traits de son caractère et par les
vicissitudes mêmes de sa fortune, l'illustre famille,
ou peut dire l'illustre dynastie d'hellénistes à laquelle le rattachait son mariage. Outre ses nombreuses publications philologiques, nous aimons à
lire aujourd'hui ce Journal de sa vie, écrit en latin
avec une si touchante candeur (2), et que la piété de
son fils, Méric Casaubon, nous a heureusement conservé : c'est l'image fidèle d'une âme honnête et
passionnée pour les lettres ; c'est un recueil, intéressant à bien des égards, de renseignements et d'a-
necdotes littéraires sur ces temps agités, qui furent,
néanmoins, féconds en productions durables. Il est
honorable pour Henri IV, parmi tant de gloires de
son règne, d'avoir fixé chez nous, durant quelques

---

(1) Publié à Paris en 1605, réimprimé dans le *Museum philo-*
logicum et historicum de Th. Crénius (Leyde, 1699), puis,
avec d'importantes additions, par Rambach (Halle, 1774, in-8⁰).

(2) Voir plus haut, p. 220. La préface et les notes de l'éditeur, M. J. Russell, ajoutent beaucoup de prix à cette publication.

années, comme professeur d'abord, puis comme bi-
bliothécaire, un homme tel que Casaubon.

Le zèle même avec lequel les rois et les universités
attiraient et se disputaient de savants professeurs est
un trait des mœurs de ce siècle qu'on ne peut omet-
tre de noter dans une histoire, si rapide qu'elle soit,
de l'érudition française, et ce trait nous rappelle fort
à propos un autre érudit, Claude Saumaise, dont les
travaux relient le seizième siècle au dix-septième.
Fils d'un magistrat ami du grec, et qui avait traduit
en vers français (1597) le poëme géographique de
Denys d'Alexandrie, Saumaise fut quelque temps, à
Paris, l'élève de Casaubon ; mais la France ne réussit
pas à se l'attacher ; c'est à Leyde surtout qu'il enseigna, et Christine de Suède le retint un an à Stock-
holm. Toutefois, ce fut chez nous qu'il publia ses
plus importants écrits. Dans l'immense variété de
son savoir, le grec, qu'il posséda de fort bonne
heure, s'il est vrai qu'à dix ans il traduisait Pindare,
le grec n'a pas la part principale. Nous ne pouvons
pourtant oublier trois grands services que Saumaise
rendit aux études helléniques. D'abord sa dissertation sur deux inscriptions grecques relatives à Hé-
rode Atticus (1) ouvrait une voie nouvelle à la connaissance de l'antiquité, en montrant l'importance
de ce genre de documents, jusque-là négligés des

---

(1) *Duarum inscriptionum explicatio* (Paris, 1619), réimprimé
aussi dans le *Museum* de Th. Crénius. Ces deux inscriptions sont
aujourd'hui au Musée du Louvre (planches VII, VIII et IX du
Recueil de M. de Clarac, 1839). Cf. Brunck, *Analecta*, II, p. 300,
et le *Corpus Inscript. græc.*, n° 6280.

hellénistes. Puis, sa controverse avec Daniel Heinsius
sur les Juifs d'Alexandrie et sur le style de la traduction dite des Septante, éclaira de quelque lumière
l'histoire des Dialectes grecs (1) Enfin, on lui doit
d'avoir découvert à Heidelberg, en 1616, dans la
bibliothèque Palatine, le précieux manuscrit qui
contenait l'*Anthologie grecque* de Constantin Céphalas, et d'en avoir répandu la connaissance dans le
monde savant. Bien que cette découverte n'ait pas
très-vite produit les fruits qu'on en pouvait attendre (2), elle attache à son nom un durable surcroît
d'honneur. L'heureux inventeur eût mieux fait, sans
doute, de procurer sans retard une 'édition fidèle du
manuscrit de Céphalas, si supérieur au recueil de
Planude, jusque-là seul connu des amis de la poésie
grecque, que de dépenser sa verve et son érudition
en tant de controverses politiques et religieuses dont
l'intérêt ne lui a guère survécu. D'ailleurs, même sur
les questions où sa critique savante s'est le plus utilement exercée, le profit des recherches de Saumaise

(1) Question soulevée par D. Heinsius, dans son *Aristarchus
sacer* (1637). Saumaise la discute une première fois dans son
traité *de Modo usurarum* (1639); puis, en réponse à Mart.
Schoock (*de Hellenistis et Lingua hellenistica*, 1641), il écrit
successivement : *de Lingua hellenistica*, — *Funus linguæ hellenisticæ*, — *Ossilegium linguæ hellenisticæ* (1643). Cf. R. Simon,
Histoire critique du Vieux Testament, l. II, c. 17; *Histoire
critique du Nouveau Testament*, c. xxvii et xxviii.

(2) Sur ce sujet, lire les conclusions très-précises et très-
bien motivées de Chardon La Rochette, *Mélanges de critique et
de philologie* (1812), t. I, p. 293-297. Le texte du manuscrit palatin n'a servi de base aux éditions de l'*Anthologie grecque* que
depuis les *Analecta* de Brunck (1772).

a depuis longtemps passé dans des ouvrages d'une critique plus sûre encore que la sienne et d'une forme moins pédantesque.

Tel est le sort de presque tous ces laborieux ouvriers de la Renaissance : ils restent un peu ensevelis sous les assises mêmes du monument qu'ils nous ont aidés à construire, et ils n'ont pas tous mérité comme les Estienne, les Scaliger, les Casaubon et les Saumaise, que l'historien réclame contre l'oubli qui chaque jour efface de plus en plus l'éclat de leur nom avec le souvenir de leurs travaux.

DIXIÈME LEÇON.

LA LANGUE FRANÇAISE AU SEIZIÈME SIÈCLE. CE QU'ELLE DOIT A SES PRÉTENDUS RÉFORMATEURS.

———

Ronsard réformateur de la langue française. — Combien il mérite peu le reproche qu'on lui a fait d'y introduire sans mesure des tours et des mots grecs. — Est. Pasquier défenseur, comme Ronsard, de l'originalité de sa langue maternelle. — H. Estienne, bien qu'helléniste, n'est pas moins ennemi de ceux qui défigurent le français par l'abus des emprunts aux langues étrangères. — Cause principale de cette manie d'innovation : on connaissait peu les richesses de notre vieux langage. — Le latin contribue alors plus que le grec aux réformes qui ont changé l'état de la langue française, et surtout les règles de notre orthographe.

La seule esquisse que j'ai présentée de l'œuvre de nos grands philologues suffit pour faire apprécier l'importance toujours croissante de l'hellénisme au seizième siècle, et pour faire voir par combien de points il touchait aux plus sérieux intérêts de la religion, de la politique et de la littérature. Mais il faut pénétrer plus avant dans cette étude, et d'abord nous rendre compte de ce que la langue française avait gagné ou perdu à vivre familièrement avec l'École des hellénistes. Sur ce sujet, comme sur d'autres parties de notre histoire littéraire, la critique s'est trop souvent arrêtée à de vagues aperçus. Ainsi on a fait à Ronsard, sur l'autorité de quelques vers de Boileau, la réputation d'un intempérant imitateur de l'antiquité,

> Dont la muse en français parla grec et latin.

C'est le reproche que lui adressent encore, en 1714, Fénelon, dans le chapitre cinquième de sa Lettre à l'Académie, et, en 1747, Saint-Marc, dans son commentaire sur l'*Art poétique* de Boileau. Ce reproche est devenu presque proverbial chez nos critiques et nos historiens. Il est moins mérité qu'on ne le croit, et repose en partie sur une confusion d'idées que je voudrais éclaircir. Avant tout, on devrait tenir compte à Ronsard de sa passion pour notre langue maternelle C'est lui, ne l'oublions pas, qui, dans la préface de sa *Franciade*, écrit contre la manie des gens qui préféraient l'usage du latin à celui de notre idiome cette page si pleine de sens et d'une verve quelquefois éloquente :

. . . . . . « Je te conseille d'user indifféremment de tous dialectes, comme j'ai déjà dit : entre lesquels le courtisan est toujours le plus beau à cause de la majesté du prince : mais il ne peut estre parfait sans l'aide de l'autre : car chacun jardin a sa particulière fleur, et toutes nations ont affaire les unes des autres , comme en nos havres et ports, la marchandise, bien loin cherchée en l'Amérique, se débite partout. Toutes provinces, tant soient-elles maigres, ser-

vent aux plus fertiles de quelque chose, comme les
plus foibles membres, et les plus petits de l'homme,
servent aux plus nobles du corps. Je te conseille d'apprendre diligemment la langue grecque et latine,
voire italienne et espagnole, puis, quand tu les sçauras
parfaitement, te retirer en ton enseigne comme un bon
soldat et composer en ta langue maternelle, comme
a fait Homère, Hésiode, Platon, Aristote et Théophraste, Virgile, Tite-Live, Salluste, Lucrèce et mille
autres qui parloient mesme langage que les laboureurs, valets et chambrières. Car c'est un crime de
lèze majesté d'abandonner le langage de son pays,
vivant et florissant, pour vouloir déterrer je ne sçay
quelle cendre des anciens. . . . .

« Comment veux-tu qu'on te lise, Latineur, quand
à peine lit-on Stace, Lucain, Sénèque, Silius et Clau-
dian, qui ne servent que d'ombre muette en une
estude ; ausquels on ne parle jamais que deux ou
trois fois en la vie, encore qu'ils fussent grands mais-
tres en leur langue maternelle ? Et tu veux qu'on te
lise, qui as appris en l'escole à coups de verges le langage estranger, que sans peine et naturellement ces
grands personnages parloient à leurs valets, nour-
rices et chambrières ? O quantesfois ai-je souhaité
que les divines testes et sacrées aux Muses de Joseph
Scaliger, Daurat, Pimpon, D'Emery, Florent Chres-
tien, Passerat, voulussent employer quelques heures
à si honorable labeur !

Gallica se quantis attollet gloria verbis!

« Je supplie très-humblement ceux, ausquels les

Muses ont inspiré leur faveur, de n'estre plus lati-
neurs ny grécaniseurs, comme ils sont plus par os-
tentation que par devoir, et prendre pitié, comme
bons enfans, de leur pauvre mère naturelle : ils en
rapporteront plus d'honneur et de réputation à l'ad-
venir, que s'ils avoient, à l'imitation de Longueil,
Sadolet, ou Bembe, recousu ou rabobiné je ne sçay
quelles vieilles rapetasseries de Virgile et de Cicéron, sans tant se tourmenter : car quelque chose
qu'ils puissent escrire, tant soit-elle excellente,
ne semblera que le cry d'une oye, au prix du chant
de ces viels cygnes, oiseaux dédiez à Phébus Apollon. Après la première lecture de leurs escrits on
n'en tient non plus de conte que de sentir un bouquet fané. Encore vaudroit-il mieux, comme un
bon bourgeois ou citoyen, rechercher et faire un
Lexicon des vieils mots d'Artus, Lancelot et Gau-
vain, ou commenter le Romant de la Rose, que s'a-
muser à je ne sçay quelle grammaire latine qui a
passé son temps. »

Maintenant, comment Ronsard entendait-il enrichir notre langue maternelle, dont il a si éloquemment recommandé l'usage? surtout en puisant à ses
sources nationales. Il veut que le poëte connaisse tous
nos vieux dialectes, sauf à employer de préférence
ce qu'il appelle le « dialecte courtisan », c'est-à-dire
celui qu'autorise l'exemple de la cour, celui que
consacre, pour ainsi dire, « la majesté du prince ».
Une fois, il est vrai, dans son très-médiocre opuscule sur l'Art poétique, il lui échappe de dire :
« Tu composeras hardiment des mots à l'imitation

des Grecs et des Latins (1), et tu n'auras souci de ce
que le vulgaire dira de toi. » Mais c'est là une bou-
tade orgueilleuse que corrige bien vite la déclaration suivante : « Davantage je te veux bien encourager de prendre la sage hardiesse d'inventer des
vocables nouveaux, pourveu qu'ils soient moulèz et
façonnez sus un patron déjà reçu du peuple. Il est
fort difficile d'écrire bien en notre langue, si elle
n'est enrichie autrement qu'elle n'est pour le présent, de mots et de diverses manières de parler.
Ceux qui écrivent journellement en elle savent bien
à quoi leur en tenir : car c'est une extrème geine de
se servir toujours d'un mot (2). »

« Outre je t'adverti de ne faire conscience de remettre en usage les antiques vocables, et principalement ceux du langage wallon et picard, lequel
nous reste par tant de siècles l'exemple naïf de la
langue françoise, j'entends de celle qui eut cours
après que la latine n'eut plus d'usage en notre Gaule,
et choisir les mots les plus prégnants et significatifs,
non-seulement dudit langage, mais de toutes les
provinces de France, pour servir à la poésie lorsque tu en auras besoin. »

(1) C'est un conseil que Fénelon, en 1714, donnait encore aux
littérateurs français (*Lettre à l'Académie*, c. 3 : « Projet d'enrichir la langue »), ne songeant guère qu'il reproduisait là une
idée de Ronsard.

(2) Fénelon, *ibidem* : « Je voudrais même plusieurs synonymes pour un seul objet : c'est le moyen d'éviter toute équi-
voque, de varier les phrases, et de faciliter l'harmonie, en choi-
sissant celui de plusieurs synonymes qui sonnerait le mieux
avec le reste du discours. »

Plus bas, il conseille de relever les vieux mots français qui tombent en désuétude et de les aider à vivre, pour ainsi dire, en y rattachant par un art judicieux des dérivés d'un usage commode. Comme exemple il cite le mot *lobbe* pour « moquerie », d'où il propose de tirer le verbe *lobber*. Mais nous avons un témoignage plus explicite encore, quoique indirect, du pieux respect de Ronsard pour la langue de ses pères. Le disciple anonyme de d'Aubigné qui a publié le poëme des *Tragiques*, en 1616, excusant quelques libertés qu'il a prises avec le texte original de son auteur, lorsque les mots employés par celui-ci sentaient trop le vulgaire, raconte ainsi ce qu'il tient du vieux d'Aubigné. « Il disoit que le bonhomme Ronsard, lequel il estimoit par-dessus son siècle en sa profession, disoit quelquefois à luy et à d'autres : Mes enfants, deffendez votre mère de ceux qui veulent faire servante une damoiselle de bonne maison. Il y a des vocables qui sont françoys naturels, qui sentent le vieux, mais le libre et le françoys, comme *dougé, tenue, empour, dorne, bauger, bouger*, et autres de telle sorte. Je vous recommande par testament que vous ne laissiez point perdre ces vieux termes, que les employiez et défendiez hardiment contre des maraux qui ne tiennent pas élégant ce qui n'est point escorché du latin et de l'italien, et qui aiment mieux dire *collauder, contemner, blasonner*, que *louer, mespriser, blasmer*. Tout cela est pour l'escholier de Limousin. Voilà les propres termes de Ronsard. »

Par une fortune singulière, des six mots que Ron-

sard recommandait ainsi à ses disciples, pas un seul
n'a été sauvé par cette recommandation *testamen-
taire*. Ronsard lui-même emploie l'adverbe *dougé-
ment* dans un vers de ses *Amours* (1), et Remy Belleau, dans sa note sur ce passage, nous apprend que
le mot *douger* était en usage chez les filandières de
l'Anjou et du Vendômois : c'est là une preuve, entre
plusieurs autres, du soin que mettait Ronsard à ex-
ploiter les richesses de nos dialectes provinciaux. Je
retrouve le verbe *bauger*, pour « mesurer », le verbe
bouger, pour « soulever ou remuer », et le mot *tenue*,
pour « portion de territoire », dans le Glossaire du
centre de la France, par le comte Jaubert : mais *empour* et *`dorne* ont échappé jusqu'ici à toutes mes re-
cherches.

Voilà pourtant le Ronsard dont on veut faire un
helléniste à outrance dans l'usage de la langue française. La méprise, une fois accréditée, a si bien fait
son chemin, gagnant sans cesse de l'autorité, qu'on
l'appuie quelquefois des textes mêmes qui auraient
dû la corriger (2). Ainsi, dans son épitaphe de Marguerite de France, Ronsard écrit, un peu ridiculement,
je l'avoue :

> Ah! que je suis marry que la langue françoise
> Ne peut dire ces mots comme faict la grégeoise,
> *Ocymore, dyspotme, oligochronien :*
> Certes je le dirois du sang valésien.

(1) Livre ıı, t. I, p. 220, éd. Blanchemain.
(2) Voir, par exemple, Rivarol, *de l'Universalité de la langue
.française*, éd. 1797, p. 53.

Or, au fond , que prouve cette fameuse plainte ,
sinon que le poëte désespérait de pouvoir parler grec
en français, comme il l'aurait voulu, et qu'il n'essayait qu'en passant, par manière de tour de force, une
imitation vraiment inconciliable avec le génie de
notre langue?

Ainsi, le chef et le héros de notre école poétique
au seizième siècle a combattu sur tous les tons pour
l'originalité de sa langue maternelle. Il n'est point le
pédant *grécaniseur* dont Boileau s'est moqué sans
l'avoir lu. Ce qui est vrai, c'est que son imagination,
toute pleine des souvenirs de la Grèce et de Rome,
les répand avec une profusion peu judicieuse, non-
seulement dans des pièces imitées de l'antique, mais
sur les sujets les plus modernes et parfois dans des
pièces érotiques, où il a semé d'ailleurs toutes les
grâces d'un esprit aimable et d'un cœur vraiment
passionné (1). Il est vrai aussi que, par une méprise grammaticale alors très-commune, que Du Bartas a fort exagérée , et dont Fénelon plus tard n'a
pas su tout à fait se défendre (2), Ronsard croit pouvoir composer des mots français sur le patron des
composés grecs. Une douzaine de ces malencontreux
mots passant, à sa honte, de livre en livre, chez nos
historiens et nos critiques, lui ont fait une réputation de barbarie qu'il ne mérite pas.

Comme Ronsard, dont il fut l'ami et l'admirateur
sans réserve, Estienne Pasquier, jurisconsulte érudit

(1) Voir plus bas la XV⁰ leçon.
(2) *Lettres sur les occupations de l'Académie,* ch. II.

et poëte à sa manière, est aussi un partisan obstiné
de « notre vulgaire ». Dès 1552, il écrit là-dessus une
fort belle lettre à M. de Tournebu (1), c'est-à-dire
à Turnèbe, le célèbre professeur de grec. Celui-ci,
s'autorisant des exemples de Valla, de Budé, d'É-
rasme et de tant d'autres, pense que « c'est perte de
temps et de papier de rédiger nos conceptions en
notre langue pour en faire part au public », estimant
que le français est « trop bas pour recevoir de nobles
inventions, ains seulement destiné pour le commerce
de nos affaires domestiques... D'ailleurs nous n'avons
entre nous ni orthographe assurée, chose toutefois
nécessaire pour la perpétuation d'une langue (2), ni
telle variété de mots comme eurent jadis le romain
et le grec... Notre langue étant pauvre et nécessi-
teuse au regard de la latine, ce seroit errer en sens
commun que d'abandonner l'ancienne pour favoriser
cette moderne. » A quoi Pasquier répond, d'abord,
que notre langage est à l'égard du grec et du latin
ce que le latin fut jadis à l'égard du grec, et que, si
les Romains se fussent découragés d'améliorer leur

(1) *Lettres*, I, 2, no 1 des Lettres dans les OEuvres choisies,
éd. Feugère. Cf. Du Bellay, Ode à Marguerite « Qu'il faut écrire
en sa langue ».

(2) Il est remarquable que cette plainte sur l'incertitude de
l'orthographe française est renouvelée, plus d'un siècle après
Turnèbe, en 1699, par Le Nain de Tillemont dans la préface de
son *Histoire des Empereurs*, p. IX : « On ne se croit pas même
obligé de rendre aucune raison particulière de l'orthographe
qu'on a suivie; comme c'est une chose qui n'a point encore
de règle parmi nous, chacun a la liberté de choisir ce qui lui
plaît. »

langue en la pratiquant, ils n'auraient pas produit la belle littérature qui leur fait tant d'honneur. Mais « tant s'en faut que l'opinion de cette grandeur des Grecs fit perdre cœur aux Romains qu'au contraire il leur augmenta. » En outre, il n'accorde pas la prétendue infériorité de notre langue. « Je vous prie, dites-moi en quoi gît cette pauvreté que vous regrettez en notre langue. Est-ce que nous n'ayons les mots propres pour bien et dûment exprimer les conceptions de nos âmes ? Je ne vous en passerai condamnation. Est-ce qu'en cinq ou six sortes ne puissions varier un point ? Qui nous en empêchera ? Vrai que ce privilége n'est pas octroyé à chacun, mais à ceux qui avec une bonté de nature ont conjoint une étude assidue de ceux qui ont fait état de bien parler. » Une preuve que le français ne fut jamais si « nécessiteux » et que c'est nous qui en usons « ainsi que l'avaricieux d'un trésor caché et ne le voulons mettre en œuvre », c'est que depuis longtemps les étrangers nous l'envient et même nous l'empruntent (1). Quant à lui, il ne renoncera jamais à s'en servir. « Jà à Dieu ne plaise, tant que cette main durera et que l'âme me battra au corps, je m'éloignerai de cette ingrate volonté. » Ce n'est pas qu'il veuille pour cela renoncer aux langues anciennes et fermer les écoles de grec et de latin. Il

(1) Voir là-dessus le discours de Rivarol sur l'*Universalité de la langue française* (1784, in-4°), le livre de Schwab, traduit en français par Robelot (Paris, 1803, in-8°), et surtout celui de C.-N. Allou, *Essai sur l'Universalité de la langue française* (Paris, 1828, in-8°).

combat seulement le pédantisme qui étudie ces langues, « non pour tirer la moelle qui est aux œuvres
de Platon et Aristote, ains sans plus pour discourir
sur la dialecte (1) d'un mot ». Voilà donc un critique très-nettement résolu à défendre, comme chose
légitime, l'usage de la langue francaise, et qui ne
songe nullement à faire entrer dans notre littérature
les mots grecs et latins, mais seulement la substance
des anciens chefs-d'œuvre. Dans une lettre à M. Ni-
colaï (2), il condamnera aussi nettement l'abus du
latinisme artificiel chez Baïf et Denizot, qui étaient
pourtant ses amis, ce qui ne l'empêche pas de faire
ressortir le ridicule de leur méthode en citant une
célèbre épigramme écrite contre eux par Du Bellay.
Pasquier sait aussi à merveille que le latin forme
la meilleure part du fond primitif de notre langue,
que le grec n'y est venu qu'à la suite du latin, et
que la langue de nos conquérants barbares y a laissé
fort peu de traces : « Surtout est infiniment notre
vulgaire redevable aux Romains ; voire, le peut-on
dire, plutôt romain qu'autrement, encore qu'il
contienne grande quantité de mots et du gaulois et
du françois (de la langue franque). » Et ailleurs,
« notre langue est presque toute latine, mais, à sa suite,
elle est infiniment redevable à la grégeoise. » Sur ce
dernier point, il parait croire que si notre idiome
a plusieurs grandes *symbolisations*, comme il dit,

(1) Ce mot, féminin en grec, a gardé le même genre en français jusqu'au milieu du dix-septième siècle.
(2) Livre XXII, lettre 2, n. 38 des Œuvres choisies, éd. Feugère.

ou rencontres, avec le grec, cela tient à l'ancienne célébrité de l'*Université* de Marseille (1); mais, avec plus de raison, il reconnaît dans ces ressemblances l'influence de la religion chrétienne. Dans le même chapitre de ses *Recherches* on trouve de bonnes observations sur le changement des mots latins selon l'usage gaulois, et sur la diversité des dialectes, qui répond à celle même de nos populations provinciales. Mais, dans une lettre à M. de Querquifinen sur cette question : « Quelle est la vraie naïveté de notre langue et en quel lieu il la faut chercher (2) », il n'a pas les mêmes complaisances que Ronsard pour le dialecte courtisan. C'est chez le peuple surtout, chez les artisans, les fermiers, les lieutenants de vénerie, qu'il propose de recruter des mots expressifs et des tournures heureuses pour enrichir le vocabulaire ou varier la syntaxe de notre langue ; et il cite à l'appui de ses observations un choix fort heureux d'exemples. Dans tout cela, on le voit, il n'y a pas la moindre trace du pédantisme des hellénistes ; tout est marqué d'un sentiment patriotique, tout montre une raison supérieure aux préjugés de l'école.

Si ce mérite ne nous étonne pas beaucoup chez des poëtes hommes du monde, comme Ronsard, et chez des gens du palais, comme Pasquier, il est plus remarquable chez un philologue de profession, comme Henri Estienne.

(1) Voir ci-dessus la IIe leçon.
(2) Livre II, lettre 12 (n° 4 des Œuvres choisies, éd. Feugère).

Henri Estienne n'est pas moins bon patriote que
Pasquier ou Ronsard (1). Quatre ouvrages spécialement consacrés par lui à la langue française en témoignent hautement. Et d'abord, s'il a écrit bien
des pages en grec et bien des volumes en latin , ce
n'est pas qu'il n'ait la plus haute idée de sa langue
maternelle; nous l'avons vu dans la leçon précédente.
A la demande de Henri III, il rédige le projet d'un
gros traité sur *la Précellence du langage françois*.
On y voit qu'il tient notre langue pour bien faite et
suffisamment riche de son propre fonds. S'il la rapproche de la langue grecque, c'est pour en montrer
la *conformité* naturelle avec le plus beau des idiomes de l'antiquité; ce n'est pas pour nous encourager
à piller le vocabulaire des Grecs au profit du nôtre.
En général, il combat cette manie de chercher au
dehors ce que nous avons chez nous, manie qui s'est
renouvelée à bien des époques de notre histoire. Outre ces gros livres, il s'exprime là-dessus fort nettement dans quelques pièces en vers qui précèdent les
Dialogues du françois italianizé, et que je citerai
de préférence, parce qu'ils sont plus courts et moins
connus. Par exemple, dans l'Épître de Monsieur *Celtophile* aux *Ausoniens* :

> Car je soutiens qu'il n'y a nul langage
> Qui puisse avoir sur le nostre avantage.
> Le nostre l'a sur plusieurs de ceux
> Qui aujourd'hui tiennent les premiers lieux,

(1) C'est ce que remarque judicieusement M. F. Wey, *Histoire des Révolutions du langage français* (Paris, 1848, in-8°),
p. 399.

> Ni ancien aucun être je pense,
> Outre le grec, méritant préférence.

Il rougit donc de ce que l'on emprunte à l'italien tant de termes et de tournures qui ont chez nous de parfaits équivalents. Surtout on a tort, suivant lui, d'aller chercher en Italie tous les termes de l'art militaire (1) ; par là on laisse croire qu'on n'a pas le talent et les vertus dont on va demander les noms à d'autres peuples :

> Et ne se faut esmerveiller, s'on pense
> Que d'où les mots, de là vient la science.
> Comme les arts libéraux sont appris
> En mots qui sont du grec langage pris :
> Et cest honneur à ces mots on défère,
> La Grece estant des arts libéraux mère.
> Mais quand ainsi on argumenteroit
> Soudain de moy la response on auroit :
> C'est qu'il y a une chose notable
> Qui rend ce cas à l'autre dissemblable.
> Car ces mots grecs sont seuls et ont esté,
> Autant que voir on peut l'antiquité :
> Et d'en user c'est chose nécessaire,
> Ou bien il faut de tous ces ars se taire :
> Mais en ces mots dont en la guerre usons,
> Sans nul besoin italianizons :
> Ils ne sont seuls, les siens a nostre langue (2).

En conséquence, il louera comme bons citoyens les « courtisans amateurs du naïf langage françois » :

---

(1) Tels sont *colonel*, *escadron*, *volte face*, etc.
(2) Mêmes plaintes dans l'*Apologie pour Hérodote*, I, 28, et dans la Préface de la *Conformité*, p. 24, éd. Feugère.

> A vous, courtisans, je n'en veux,
> Auxquels l'honneur est pretieux
> De vostre langue maternelle,
> Et lui portez amour fidelle;
> Qui vous courroucez asprement
> De ce vilain bigarrement
> Par lequel pauvre est estimée
> Qui la plus riche estoit nommée.

La contre-partie de ces éloges, c'est la « Remontrance aux autres courtisans amateurs du français italianizé et autrement desguisé » :

> Faisant à la cour deshonneur,
> (En pensant bien lui faire honneur)
> Et à la langue maternelle,
> Par cette licence nouvelle,
> Lui ostant des habits si beaux
> Pour la revestir de lambeaux,
> Des haillons que vous allez querre
> Jusqu'en une estrangère terre.

Selon Estienne, la cause de tous ces méfaits dont souffre notre langue, c'est un sot besoin de nouveauté qu'il signale en assez jolis vers, dans « l'Épitre de monsieur Celtophile aux Ausoniens touchant la dispute qui a esté entre lui et monsieur Philausone, leur grand ami » :

> Car de tout temps desir de nouveauté
> A nos François reproché a esté.
> Vous voyez jà comment je vous confesse
> Votre vieil mal, qui encore ne cesse.
> Et qu'ainsi soit trouvons toujours plus beaux
> Nouveaux habits, et nouveaux sur nouveaux,
> Et bien qu'ils soyent de façon incommode,
> Suffit qu'ils sont à la nouvelle mode.

Voire en sont là aucuns d'entre eux logez
(En quoi quelqu'un les diroit enragez)
Que ce desir de nouveauté touche
Et leur palais, et leur friande bouche.
Les cuisiniers en sont tout estonnez,
Qui sont criez, tansez et malmenez,
Si nouveauté ne court par la cuisine,
Si à monsieur toujours elle ne fine
D'un mets nouveau, soit par desguisement,
Soit en trompant son palais autrement,
Il faut changer, et deust-on aller querre
Ce changement jusqu'au bout de la terre.
Puis, comme si nouveauté dominer
Devoit partout, sauf à rien pardonner,
Il a fallu enfin qu'en leur langage
Se vist aussi quelque nouveau mesnage.

On ne pouvait parler mieux ni plus sagement. Ce besoin de nouveauté tient, d'ailleurs, à un préjugé que semble excuser, ou que du moins explique l'enthousiasme même des lettrés d'alors pour les chefs-d'œuvre de l'antiquité classique. Nous avons déjà eu occasion de le remarquer, les vieux monuments de notre langue étaient presque oubliés au seizième siècle. Les désastres de la guerre de Cent ans avaient à la fois troublé la correction de notre vieille langue française et interrompu, à quelques égards, les traditions littéraires. Quand on parlait d'anciens auteurs sous les règnes de François Ier et de Henri II, ce n'était pas de ces véritables maitres en notre langue, qui ont illustré le douzième et le treizième siècle ; c'était de Jean de Meung, de Guillaume de Lorris, d'Alain Chartier, de toute cette école, estimable sans doute, mais inférieure, pour l'originalité, à la génération précédente. On ne connaissait plus le noble et fier langage des Chansons de geste, mais seulement la langue appauvrie, étiolée, si je puis dire ainsi, des trouvères de la décadence. Si quelques vieilles Gestes étaient lues encore, c'était dans des rédactions de date plus récente (1). Devant cette littérature bâtarde, devant cette poésie énervée par la fadaise et le bel esprit, on comprend la prédilection un peu aveugle des disciples de l'hellénisme renaissant pour les œuvres de l'antiquité. Homère et Démosthène faisaient bien pâlir le Roman de la Rose et les sermons de Maillard. On comprend ainsi comment, depuis Du Bellay jusqu'à Vauquelin de La Fresnaye, retentit sans cesse la plainte de nos littérateurs sur la pauvreté de leur langue maternelle, et comment ils se montrent si souvent jaloux de la transformer pour la rendre capable de la haute éloquence. D'ailleurs, en général, les écrivains qui manquent de talent et de génie sont trop enclins à s'en prendre aux défauts de leur langue : il est si commode à un artiste maladroit d'accuser l'instrument dont il se sert ! Entre des mains plus habiles, cet instrument ferait merveille.

Pour mieux comprendre ce qu'avait été, par exemple, la langue épique du douzième siècle, examinons

(1) On pourra étudier un exemple de ces transformations dans le livre de M. Gaston Paris sur l'*Histoire poétique de Charlemagne* (Paris, 1865, in-8°). Voir aussi la thèse de M. Baret sur l'Amadis de Gaule (Paris, 1853, in-8°), et l'Introduction de M. Paulin Paris aux *Romans de la Table-Ronde mis en nouveau langage* (Paris, 1868, 2 vol. in-12).

une ou deux pages, non pas même de la Chanson de
Roncevaux, cette reine de nos Gestes françaises,
mais d'un modeste récit en vers, qui ne prétend
guère qu'à l'exactitude historique : je veux dire la
Vie de saiut Thomas le Martyr par Garnier de Pont
Saint-Maxence. M. Victor Le Clerc a fait connaître
par une intéressante notice, en 1856, cette chronique, ouvrage d'un écrivain picard, dont des extraits
seulement avaient alors été publiés, et dont le texte
intégral vient de l'être, d'une manière bien imparfaite encore, par M. Hippeau (1). La versification
de ce poëme est un peu monotone. Il se compose de
couplets de cinq vers chacun sur la même rime, où,
suivant l'usage du temps, on n'a pas même cherché
à faire alterner, d'un couplet à l'autre, les rimes
masculines avec les féminines. L'hiatus y abonde,
avec certaines inversions un peu obscures pour nous
aujourd'hui. L'e muet, à la fin du premier hémistiche,
ne compte pas dans la mesure de l'alexandrin, même
quand il est suivi d'une consonne. C'est, si l'on veut,
l'enfance de notre versification. Et pourtant chaque
fois que le narrateur s'inspire d'un sentiment vrai
et profond, ce vers un peu rude s'anime d'une force
singulière et d'un éclat que notre poésie française
n'a peut-être jamais surpassé. Qu'on en juge par
les extraits suivants où l'on n'a guère qu'à changer
la vieille orthographe pour avoir du français très-
intelligible aujourd'hui. Voici le passage où Thomas

(1) Paris, 1859, in-8°. Cf. *Histoire littéraire de la France*,
t. XXIII, p. 367-385.

Becket refuse de livrer à la justice de Henri II des
clercs coupables de quelques délits (1) :

> Et saint Tomas ad dit : Ja einsi ne serra
> Ne a laie justise les clers ne livrera,
> Mes sulunc Deu partut a dreit les maintendra,
> Et sulunc les decrez ben les justisera,
> Seinte Iglise en dreit lui abesser ne lerra.
>
> Clerc ne deivent, fet-il, a vos leis obeir,
> Ne pur un sul meffet duble peine suffrir,
> Estre desordené (dégradés), et puis del cors perir,
> Pur co les vout par tut a reisun maintenir,
> Ne ja pur nule ren (chose) ne m'en verrez flechir.

C'est déjà là de l'éloquence ; c'est une forme de
l'alexandrin qui annonce Corneille. Plus bas, l'auteur, toujours selon l'esprit d'indépendance qui animait son héros, s'adresse aux prélats qui laissent
détruire les droits de l'Église :

> Ohi vos, las, chaitif, dites mei, ke cremeiz ?
> Cremeiz vos ke vus touge li reis voz poestez (pouvoirs)?
> Par ma fei nel fera, se tenir les osez.
> Vus n'estez pas evesques, le sul nun en portez.
> Co ke a vus apent (appartient), un sul puint ne guardez.
>
> Les autres devriez mener et aveier,
> Et vus les fetes tuz chaeir et trebucher.
> Nis (même) le rei del païs fete vus desveier,
> Vus ne li devez pas tut sun voil otrier,
> Ainz le devez sovent reprendre et chastier.

(1) Le texte de cette citation a été obligeamment collationné
pour moi, par M. Soury, sur le manuscrit de la Bibliothèque
impériale, Fonds français, n° 13513.

Deus vus ad komandé sun berkil a guarder,
Et si est vostre oeille, vus le devez mener.
Li pastur deit tut dis (chaque jour) le farcin returner,
Et l'oeille (la brebis) malade sur son col deit porter,
Ne la deit pas leisser al larrun estrangler.

Vus estes mercennier, des verais poi i a.
Li reis le veit tres ben, plus vils vus en aura.
Deus k'il mist el regne le vus demandera.
Vus l'avez a guarder. Quant se convertira,
Tuz ceus ke çest konseil lui dunerent, hara (haïra).

Puis, s'adressant au roi lui-même :

Lai (laisse) seinte Iglise aveir et ses dreiz et ses leis,
Ele est esspuse Deu, ki est sire des reis :
Il s'en kurucera se de rien la destreis.
. . . .
Li clerc sunt serjaunt Deu et de sa lectiun (de son choix) ;
Eslit en sort des sainz, de co portent le nun.
Queu k'il seient, serjaunt sunt en la Deu mesun,
N'i as a mettre main, nis (même) el petit clergun,
Puis k'est dunez à Deu, s'esguardes (donc respectes) la raisun.

Que l'on récrive ces vers à notre façon moderne
et qu'on y efface quelques archaïsmes qui n'ont en
eux-mêmes rien d'irrégulier, on sentira la beauté de
ce langage. L'alexandrin de Garnier ne manque ni
de régularité ni de vigueur en sa rudesse. J'avoue
même que je ne suis pas très-sensible à la monotonie que nous avons corrigée par l'alternance des
rimes masculines et féminines. La vraie langue de la
poésie héroïque était donc trouvée dès le douzième
siècle.

Que si l'on en cherchait une forme plus rapprochée

de nos usages, il semble que le français du quinzième siècle n'était pas incapable de nous l'offrir. Entre bien des preuves qu'on en pourrait citer, lisant naguère les extraits du *Mystère de la destruction de Troye la Grant*, par Jacques Millet, j'y notais maint passage d'un excellent style, et qui ont pour nous d'autant plus d'à-propos que l'auteur, sans connaître Homère, se rencontre avec lui pour la description des mêmes événements. Hécube et Priam trouvent là pour leur douleur des expressions d'un caractère tout homérique (1).

Ainsi nos vieux poëtes, soit qu'ils écrivent sur des faits de leur temps, soit qu'ils mettent en vers les légendes de l'antiquité grecque, transmises jusqu'à eux par les Romains, ont préparé pour la poésie, pour l'épopée surtout, une langue régulière et abondante, à laquelle a manqué seulement la consécration que donnent les œuvres du génie (2).

Ronsard et ses disciples perdent leur peine à cher-

_____

(1) *Étude sur le Mystère du siége d'Orléans et sur Jacques Millet, auteur présumé de ce Mystère,* par H. Tivier (Paris, 1868, in-8°) surtout p. 206, 208.

(2) J'ai depuis longtemps signalé ce rapprochement (voir mes *Mémoires de littérature ancienne,* p. 168), que M. Littré développe avec une grande autorité dans son *Histoire de la langue française,* t. I, p. 301 et suiv. Un autre connaisseur en ces matières, M. Immanuel Bekker, rassemblait naguère (dans les Comptes rendus mensuels de l'Académie de Berlin, 1867) un grand nombre d'exemples où la langue de nos Chansons de gestes se montre toute semblable à celle d'Homère. Cf., sur le moyen âge comparé aux temps héroïques de la Grèce, quelques vues très-justes de Bougainville, dans les Mémoires de l'Académie des Inscriptions, t. XXIX, p. 53.

eher d'autres formes que celles qu'ils avaient là sous
la main dans notre littérature nationale. C'est donc,
d'une part, l'ignorance de notre vieille littérature,
et de l'autre, une admiration, d'ailleurs bien excusable, pour les littératures anciennes, qui ont, au
seizième siècle, entravé le juste développement de la
langue française. Une autre preuve que notre langue avait, en vérité, bien peu besoin de mots nouveaux, c'est qu'à mesure qu'elle en forme, elle oublie
et laisse tomber en désuétude un nombre à peu près
égal des mots anciens et, pour la plupart, excellents.
Cette négligence à l'égard des mots anciens, Ronsard
n'est pas le premier qui la blâme, et il ne sera pas le
dernier dans notre littérature. La Fontaine (1) et La
Bruyère (2), au dix-septième siècle, et Fénelon (3),
au dix-huitième, ont renouvelé la même plainte. Si
les littérateurs se plaignent de l'insuffisance de la
langue qu'ils emploient, cela vient presque toujours
de ce qu'ils n'en connaissent pas toutes les ressources.

(1) Voir le témoignage, d'ailleurs malveillant, de Furetière,
Second Factum contre MM. de l'Académie françoise (Amsterdam, 1686, in-12), p. 21. M. Marty-Laveaux, en examinant
(dans la Bibliothèque de l'École des Chartes, 1853) le *Vocabulaire pour les Œuvres de La Fontaine,* par M. Lorin, a fort habilement résumé et classé les principaux idiotismes du vieux
langage que présentent les écrits de notre inimitable fabu-
listes.

(2) *De Quelques usages,* p. 448, éd. Walckenaër, où il cite de
nombreux exemples.

(3) *Lettre à l'Académie,* c. 11 : « Notre langue manque d'un
grand nombre de mots et de phrases : il me semble même qu'on
l'a gênée et appauvrie, depuis environ cent ans, en voulant la
purifier. »

On forge un mot nouveau, parce qu'on ignore le mot
ancien qui aurait convenablement exprimé la même
idée. Que l'on prenne, par exemple, et que l'on
compare les lexiques de la langue dite romane avec
le Dictionnaire de Nicot, qui représente assez bien
l'état de notre langue au temps de Henri IV, puis,
ce dictionnaire lui-même avec celui que l'Académie
française publia en 1694, enfin les deux in-folio de
1694, soit avec les éditions subséquentes au dix-
huitième siècle, soit et surtout avec le Dictionnaire
de 1835, on verra combien, la plupart du temps, il est
faux de prétendre que la langue s'enrichisse en proportion des accroissements que lui impose sans cesse
le néologisme. Assurément, il y a des néologismes
nécessaires. Henri Estienne, on l'a vu, dit avec beaucoup de bon sens qu'il était naturel d'exprimer par
des mots grecs les idées que nous devons aux Grecs
et qu'ils ont, les premiers, marquées d'un signe
durable; c'est la raison qui maintient dans l'usage
tous les termes de géométrie, de physique, d'astronomie, empruntés aux Grecs par les Romains et
transmis par ceux-ci à toutes les nations civilisées.
Il est naturel aussi que le vocabulaire des sciences
se développe chez nous sur ce fonds hellénique où il
s'est formé dès le temps des Aristote et des Hippar-
que. Par une analogie non moins raisonnable, les
sciences comme la chimie puisent au même fond
les mots dont elles ont chaque jour besoin selon le
progrès des vérités nouvelles qu'elles trouvent et
qu'elles démontrent. Mais tout cela ne constitue pas
la richesse vraiment nationale d'une langue ; c'est

uue sorte d'importation, légitime et banale tout à la
fois, qui passe d'un pays à un autre avec le progrès
de l'esprit humain. Le vrai patrimoine de la langue
française est dans cet ensemble de mots latins transformés par un long travail populaire, appropriés
pour la forme et pour la syntaxe aux besoins de
l'esprit français (1). Dans la vie de famille, dans la
vie religieuse et politique ce vocabulaire général,
qu'on appellait justement alors *nostre vulgaire*, était
déjà bien constitué.du temps de saint Louis (2). Les
désastres des temps qui suivirent ne l'avaient pas no-
tablement altéré ni appauvri. Le seizième siècle y
pouvait puiser encore à pleines mains, et rarement
il était besoin de l'enrichir par l'introduction de
mots étrangers. En réalité, le grand effort que nos
novateurs tentèrent en ce sens demeura presque stérile. Quand nous examinerons l'état de la prose et
de la poésie françaises chez Amyot et chez Ronsard,
nous verrons que les meilleures pages de ces auteurs
sont celles qui renferment le moins de néologismes.
Tous ces mots latins ou grecs, simplement transcrits à la française pour notre usage, ont rarement
réussi à s'accréditer parmi nous. Par exemple, *sym-
boliser* (pour *s'accorder*) et son substantif *symbolisa-*

(1) Voir là-dessus de sages réflexions de M. Villemain dans la
Préface du Dictionnaire de l'Académie française (éd. de 1835),
p, 31 de l'édition in-8°, qui fut alors publiée, de cette préface.

(2) Voir Burguy, *Grammaire de la langue d'oil, ou Grammaire des dialectes français aux douzième et treizième siècles*
(Berlin, 1853-1854, in-8), et le mémoire scrupuleusement méthodique de M. Natalis de Wailly *sur la langue de Joinville*
(Paris, 1868, in-8, Extrait de la Bibl. de l'École des Chartes).

tion, syncopiser, hypocriser (pour *dissimuler*), que
Nicot enregistre encore dans son Trésor en 1606,
sont tombés de l'usage et sont peu regrettables. La
langue les subit plutôt qu'elle ne les accepta, et, après
quelques années d'un engouement, qui ne fut pas
même général, elle les rejeta comme des éléments
superflus, plutôt nuisibles qu'utiles au développement de sa vie propre. Telles sont certaines matières
qui, accidentellement absorbées par l'organisme animal ou végétal, séjournent quelque temps dans un
corps, sans profiter à sa croissance et en sont tôt ou
tard expulsées par un effort de la nature. Les langues aussi obéissent à quelques-unes de ces lois phy-
siologiques ; elles ont dans leur ensemble une sorte
d'organisme, qui échappe, quoi que l'on fasse, aux
efforts de la volonté réfléchie, qui peut les souffrir
pour un moment, mais qui s'en affranchit un jour ou
l'autre pour rentrer sous l'empire des principes naturels de la vie et du progrès (1).

Au reste, et pour revenir au sujet spécial de nos
considérations sur la langue française, le latin, en réalité, contribua plus encore que le grec à altérer alors
la simplicité naïve de notre idiome en y introduisant
un grand nombre de formes simplement appropriées
par leur terminaison à l'usage français. Entre autres
témoignages, on en peut donner ce que dit Charles
Fontaine, dans son *Quintil Horatian*, à l'endroit

(1) Pasquier déjà montre un sentiment vif, mais confus, dé
cette vérité, dans les remarquables chapitres qu'il a écrits sur
l'histoire de notre langue (*Recherches de la France*, VIII,
1-3).

où il relève ces mots de Du Bellay (1) : « Use de mots
purement françois. »

« Ce commandement est très-bon, mais très-mal
observé par toi précepteur qui dis :

Vigile pour *veille*,
Dirige pour *adresse*,
Non oisif pour *superflu*,
Adopter pour *recevoir*,
Liquide pour *clair*,
Hiulque pour *mal joint*,
Thermes pour *estuves*,
Fertile pour *abondant*,
Recuse pour *refuse*,
Le manque (mancus) flanc pour *le côté gauche*,
Asseréner pour *rendre serein*,
Buccinateur pour *publieur*,
Intellect pour *entendement*,
Aliène pour *étrange*,
Molestie pour *ennuy*,
Oblivieux pour *oublieux*,
Sinueux pour *courbe*, etc. »

Et Fontaine, si sévère pour Du Bellay, laisse lui-
même échapper de semblables latinismes, comme
pérégrin pour *étranger*, *jurispérit* et *jurispérite-
ment*, etc.

Rabelais aussi est plein de ces termes qui devaient se glisser sous la plume de gens habitués à
vivre en étroite familiarité avec les auteurs latins et
avec les traducteurs latins des classiques grecs.

Est. Pasquier fàit mème plainte que Fontaine
sur cette invasion des latinismes de fabrique mo-

derne qui remplaçaient peu à peu dans l'usage les
mots accommodés à la française par nos ancêtres. Il regrette que :

Vrai et vraie aient remplacé voir et voire,
Dol — barat,
Fraude — guille,
Circonvention ou déception — lozange,
Maudire — maleir (maledicere, cf. bénir, de be-
nedicere),
Empoisonner — enherber,
Plus grand — greignour ou greigneur,
Encependant — endementiers,
Magistralement — maistrement,
Servante — chambrière, etc.

Il signale comme innovations récentes les mots :
effectuer, occasionner, diligenter, patienter, médica-
menter, faciliter, nécessiter, tranquilliter (pour lequel nous disons aujourd'hui tranquilliser), tous
dérivés de mots latins qui avaient depuis longtemps
droit de cité dans notre langue. Nulle part je ne vois
qu'il se plaigne de l'intrusion des mots grecs, même
à propos de certains reproches qu'il fait à Ronsard
et aux autres novateurs ses contemporains. Tout en
signalant dans Du Bartas « je ne sais quelle sorte de
vers et conceptions plus enflés que dans Ronsard »,
il ne pense pas moins pour cela « que, s'il y a rien qui
perpétue la langue vulgaire qui est aujourd'hui entre nous, ce sont les braves poëtes qui ont eu la
vogue de notre temps (1). » Rien dans tout cela qui

____

(1) Recherches de la France, livre VIII, c. 2 (n° 45 du

atteste une influence exagérée de l'hellénisme sur notre langue.

J'ai insisté sur cette résistance de la langue française à l'invasion violente des mots grecs, parce que l'opinion des critiques me paraît, en général, sur cette matière, accorder trop d'importance aux licences accidentelles, et, si je puis ainsi parler, aux fantasques débauches de quelques écrivains de la Pléiade. Quelque peine que se soient donnée ces hellénistes à outrance, ils n'ont pas réussi dans leurs efforts à entraver le cours régulier de la langue française. Celle-ci est restée fidèle à son génie et à ses traditions.

Toutefois, si le français a su faire respecter, en somme, son organisme essentiel et la plus vivante partie de son vocabulaire, il a pris alors comme une physionomie nouvelle par le seul changement de l'orthographe. Longtemps nos pères avaient écrit leur langue comme ils la prononçaient, sans nul souci de l'origine des mots, avec une sorte d'économie naïve, qui ménageait les lettres et se bornait au strict nécessaire (1). Les effets de l'éducation savante se font sentir, à cet égard, et dans les manuscrits et surtout dans les livres imprimés, à partir du

Choix de Feugère). Cf. Gandar, *Ronsard considéré comme imitateur d'Homère et de Pindare*, p. 158 et suiv.

(1) Cela répond très-bien à l'heureuse définition de Sibilet, dans sa *Poétique* : « Si la perfection de l'oraison est d'exprimer vivement en ses mots la conception de l'esprit, aussy la perfection de l'écriture sera d'exprimer vivement et purement en ses traits et figures les paroles de l'oraison. »

17

quinzième siècle. On voit les mots se latiniser et
s'helléniser, pour ainsi dire, de plus en plus, s'a-
lourdir de lettres qui sont ou que l'on croit appelées
par l'étymologie, mais qui, étymologiques ou non,
ne servent pas à la juste prononciation du mot. Il
n'y a pas un livre de ce temps qui ne choque les
yeux par cette surcharge de lettres parasites. De
bonne heure l'abus provoqua des réclamations, sug-
géra des réformes, souvent trop radicales pour que
l'usage les pût accepter. Je n'ai pas à raconter cette
histoire de l'orthographe française, sur laquelle d'ailleurs nous ne manquons pas de bons livres (1);
mais il convenait de noter ici les origines de la méthode étymologique, si agréable aux savants, si gênante pour le grand nombre, dont les mérites et les
inconvénients sont encore discutés aujourd'hui. C'est
un héritage de la Renaissance, héritage dont nous
avons peu à peu répudié une partie, auquel peut-être
nous renoncerons chaque jour davantage, à mesure
que nous voudrons rendre facile à un plus grand
nombre de Français l'orthographe de leur langue
maternelle.

(1) Voir les auteurs cités dans la note 23 de mes *Notions
élémentaires de Grammaire comparée*. Il y faut maintenant
ajouter l'important ouvrage de M. Ambroise-Firmin Didot, intitulé : *Observations sur l'orthographe ou ortografie française,
suivies d'une histoire de la réforme orthographique depuis le
quinzième siècle jusqu'à nos jours* (2ᵉ édit., Paris, 1868, grand
in-8ᵉ).

ONZIÈME LEÇON.

LES TRADUCTIONS FRANÇAISES D'AUTEURS GRECS AU SEIZIÈME SIÈCLE.

———

Comment la traduction était recommandée aux écrivains du seizième siècle. — Amyot, traducteur de Plutarque et écrivain original. — Traduction d'Hérodote par Saliat ; de Xénophon, par La Boétie ; de l'Évangile, par Le Fèvre d'Étaples. — Traductions en vers, d'Hésiode, par Lambert d'Aneau ; de Théognis, par Pavillion ; de Sophocle et d'Euripide, par Lazare et par Antoine de Baïf. — Heureuse liberté dont jouissait alors la langue française. — Témoignage de Montaigne sur cet état de notre langue.

Combien notre langue fut, en définitive, peu atteinte par les réformes des novateurs dont Ronsard est le chef le plus signalé, c'est ce que montre clairement dans son ensemble notre littérature du seizième siècle.

Tout d'abord considérons-la dans les ouvrages qui par leur nature se rapprochaient le plus des langues anciennes, je veux dire dans les traductions, et nous serons étonnés de voir combien, durant le seizième

siècle, la langue des traducteurs conserva, même
dans ce voisinage du texte grec, son caractère d'o-
riginalité. Jamais tant d'auteurs grecs ne furent
traduits, ni de plus considérables, et, j'ose le dire,
au risque de causer quelque surprise, jamais peut-être
on ne les traduisit plus heureusement.

« Ce fut une belle guerre que l'on entreprit lors
contre l'ignorance, » dit Estienne Pasquier (1). Dans
cette guerre, les traducteurs ne sont pas les soldats
qui eurent la moindre part. La traduction était considérée comme un genre spécial de littérature. Du
Bellay la recommande dans sa *Défense de la langue
française*, et Thomas Sibilet écrit vers le même temps
dans sa *Poétique* : « Pourtant t'avertis-je que la version ou traduction est aujourd'hui le poëme le
plus fréquent et mieux reçu des estimés poëtes et
des doctes lecteurs, à cause que chacun d'eux estime
grande œuvre et de grand prix rendre la pure et ar-
gentine invention des poëtes dorée et enrichie de
notre langue. Et vraiment celui et son œuvre méritent grandes louanges qui a pu proprement et naïvement exprimer en son langage ce qu'un autre avoit
mieux écrit au sien, après l'avoir bien conçu en son
esprit, et lui est due la même gloire qu'emporte celui qui par son labeur et longue peine tire des en-
trailles de la terre le trésor caché pour le faire commun à tous les hommes. » Et Sibilet était de ceux
qui joignaient le précepte à l'exemple, puisqu'il
nous a donné en français, l'année même où il pu-

(1) *Recherches de la France*, l. VII, c. 6.

bliait son *Art poétique*, la première traduction de l'*Iphigénie à Aulis* d'Euripide (1).

Un jeune professeur de l'Université, Auguste de Blignières, trop tôt enlevé aux lettres savantes, dont il devait être l'ornement, répondant naguère à l'appel fait par l'Académie française, qui avait mis au concours l'*Éloge de Jacques Amyot* (2), en a pris occasion pour traiter, d'une manière générale, des traducteurs au seizième siècle (3). Ce livre méthodique, substantiel, écrit avec une juste élégance, n'est pas à refaire, et je n'essaierai pas même de l'analyser ici ; je trouve plus équitable et plus commode à la fois d'y renvoyer ceux de mes auditeurs qui seront curieux, sur ce sujet, d'un ample détail d'érudition. On y suit avec un vif intérêt ce mouvement d'activité souvent inhabile, mais toujours ardente, qui portait les esprits lettrés à s'approprier et à répandre dans le public, au moyen des traductions, toutes les richesses historiques, poétiques, philosophiques de l'antiquité. Il n'y a guère alors de grand auteur grec qui n'ait passé dans notre langue, et, le plus souvent, sans l'intermédiaire du latin. Thucydide est traduit par Claude de Seyssel, Hérodote par Pierre Saliat, Diodore de Sicile par

(1) 1549, chez G. Corrozet, avec une modeste et jolie dédicace en vers au conseiller Brinon, son protecteur.

(2) Le prix fut partagé entre M. Amédée Pommier, connu par des poésies originales, et M. Aug. de Blignières.

(3) *Essai sur Amyot et les traducteurs français au seizième siècle* (Paris, 1851, in-8°), où l'éloge académique d'Amyot ne tient que la moindre place.

Amyot et par Louis Le Roy. Ce dernier, plus hardi que
les autres, se hasarde à nous donner la *République*
et deux autres dialogues de Platon, puis la *Politique*
d'Aristote, et ces traductions sont encore aujour-
d'hui consultées avec quelque intérêt par les interprètes de ces deux philosophes. Mais le prince des
traducteurs en prose est certainement Amyot. Son
Plutarque français suppose un travail immense, une
grande intelligence du texte (malgré les nombreuses
erreurs qu'on a pu justement lui reprocher), une
richesse et une flexibilité de langage qui ont charmé
les contemporains, Montaigne (1) comme Estienne
Pasquier (2), et qui ont valu au traducteur de Plutarque l'honneur de figurer, en 1637, parmi les écrivains modèles auxquels l'Académie française empruntait les éléments de son Dictionnaire. Or, de tous ces
mérites d'Amyot, il y en a un surtout qui me frappe
et que je dois mettre ici en relief : c'est le caractère
parfaitement français de sa prose et la rareté des
emprunts qu'elle se permet à la langue de l'original.
A. de Blignières a rassemblé en un chapitre spécial
ces éléments exotiques de la langue d'Amyot. Ils
sont, vraiment, en très-petit nombre. Presque tous
appartiennent au langage des sciences exactes ou
des arts : ils étaient plus ou moins nécessaires, selon
la remarque que tout à l'heure nous relevions dans
Henri Estienne, pour exprimer nettement en français des idées que les Grecs ont, les premiers, pro-

---

(1) *Essais*, l. II, c. 11.
(2) *Lettres*, XXI, 2.

duites dans le monde. Mais l'intégrité naïve de notre langue souffre très-peu de ces intrusions, et
surtout dans les pages où domine quelque sujet
purement historique et moral, on voit que le traducteur sait être abondant, précis, vigoureux, éloquent
même, selon le besoin, sans sortir du vocabulaire
français et sans mêler d'inutiles hellénismes au vocabulaire ou à la syntaxe naturelle de notre langue.
A plus forte raison, lorsqu'il parle en son propre
nom, Amyot est-il un écrivain tout français par
son langage. Citons-en pour exemple une page de sa
Préface sur Plutarque, où il développe cette pensée,
d'ailleurs peu originale, que l'histoire est un encouragement au bien par la publicité qu'elle assure
aux jugements de la conscience publique.

« L'histoire a bien aussi sa manière de chastier les
méchans par la note d'infamie perpétuelle dont elle
marque leur mémoire, qui est un grand moyen de
retirer des vices ceux qui autrement auroient mauvaise et lâche volonté : comme aussi est-ce un bien
vif et poignant aiguillon aux hommes de gentil cœur
et de nature généreuse, pour les inciter à entreprendre toutes hautes et grandes choses, que la
louange et la gloire immortelle dont elle rémunère
les bienfaisans. Car les livres sont pleins d'exemples
d'hommes de courage et d'entendement élevé, qui,
pour le désir de perpétuer la mémoire de leur nom
par le sûr et certain témoignage des histoires, ont
volontairement abandonné leurs vies au service de
la chose publique, dépendu tous leurs biens, sup-
porté travaux infinis et d'esprit et de corps, pour

defendre les oppressez, bastir édifices publics, esta-
blir lois et gouvernemens politiques, inventer arts
et sciences nécessaires à l'entretenement et ornement
de la vie humaine : de tous lesquels grands bénéfices
la grace est deue à la fidèle recommandation des
histoires.

« Car, encore que la vraye vertu ne demande aucun loyer mercenaire de ses actes louables, et se
contente à part soy de la conscience d'avoir bien
fait, si est-ce chose utile et bonne, à mon avis,
d'attraire par tous moyens les hommes à bien faire,
et ne doibt-on point défendre aux gens de bien d'es-
pérer honneur, qui naturellement accompagne la
vertu comme l'ombre le corps, de leurs vertueux
faits. Car on voit ordinairement, que c'est un signe
infaillible de lâche, basse et vile nature, que ne
sentir point les étincelles du désir d'honneur, et
que ceulx qui estiment chose impertinente, super-
flue ou malséante que d'être loué, ne font aussi rien
qui mérite que l'on les loue, ains sont coustumière-
ment personnes de cœur failli, desquelles les pensées
ne s'étendent point plus avant que les vies, et dont
la souvenance se perd aussi quand et la vue, etc. »

La langue du seizième siècle a un autre mérite
encore, et qui prouve combien elle échappait par sa
propre force à la tutelle que voulaient lui imposer
quelques esprits systématiques et sottement engoués
de l'hellénisme : je veux dire qu'elle se prête sans
effort à tous les tons, qu'elle ne prétend pas à une
continuelle élégance, à une noblesse soutenue, qu'elle
a des expressions et des tours pour les sentiments

naïfs comme pour les sentiments élevés, qu'elle repousse encore des distinctions, devenues depuis si
tyranniques, entre le style de cour ou d'académie, le
style bourgeois et le parler populaire. Grâce à cette
naïveté de jeunesse, le français des premiers traducteurs d'Hérodote se trouve convenir fort bien au
style de l'original. Pierre Saliat n'est pas un aussi
bon écrivain que Jacques Amyot; mais la langue
d'alors est plus naturellement propre à reproduire
l'ionien d'Hérodote qu'elle ne l'était à reproduire le
grec érudit et parfois subtil de Plutarque. J'ai bien
des fois signalé le mérite du vieux Saliat, longtemps
oublié en France. Ici, qu'il nous suffise d'en juger sur
un morceau très-court, sur un tableau qu'Hérodote
a renfermé en quelques lignes, mais qui donne une
heureuse idée de sa manière naturelle et vive de
peindre les hommes et d'émouvoir sans effort (1).

« Après avoir demeuré longtemps en la cour de
Périandre, il lui (à Arion de Méthymne) prit volonté
de naviguer en Italie et en Sicile, où il fit grand
gain, puis voulut retourner à Corinthe. Si partit de
Tarente, et ne se fiant en nulles gens tant qu'aux
Corinthiens, prit d'eux à loyer d'argent un vaisseau,
mais tantôt qu'ils furent en pleine mer, ils délibé-
rèrent de le noyer, pour avoir son argent. Entendant leur mauvais vouloir, il commença les prier
que, en leur quittant la bourse, il eût la vie sauve.

---

(1) *Histoires*, I, 24 Un heureux hasard nous permet d'apprécier mieux, par comparaison, le mérite d'Hérodote : on sait
que nous possédons plusieurs autres récits de la même histoire, dans Plutarque, Fronton, Aulu-Gelle, etc.

Toutefois il ne les put persuader, et lui dirent qu'il
lui convenoit (qu'il lui falloit) tuer soi-même, afin
d'avoir sépulture en terre, ou bien falloit qu'il se
précipitât en la mer. Réduit à telle nécessité, les
pria, puisqu'ainsi étoient résolus, qu'il lui fût permis se vêtir de tous ses accoutrements, et, assis sur
le tillac, sonner de sa harpe, leur promettant qu'il
se déferoit (qu'il se tueroit) en sonnant. Ils pensè-
rent au grand plaisir que ce seroit d'ouïr sonner le
plus excellent en son art qui fut entre les hommes,
et par ce lui accordèrent sa requête, et descendirent
de la poupe au milieu du navire. Arion, qui fut
revêtu de tous ses accoutrements, prit sa harpe et
se planta sur le tillac, puis commença sonner une
aubade haute et harmonieuse (le nome orthien, dont
la modulation élevée et le rhythme plein de vivacité
excitaient l'enthousiasme et exaltaient le courage).
Laquelle achevée, se précipita dans la mer, ainsi bien
en point qu'il étoit. Ce voyant, les mariniers corinthiens poursuivirent chemin, tirant droit à Corinthe. Au regard d'Arion, on dit qu'un dauphin le
reçut sur son dos, et le porta jusqu'au susdit pro-
montoire de Ténare, où, arrivé à bord, tantôt
s'achemina vers Corinthe, sans rien ôter de son
habillement. Là fit le conte de la fortune qui lui
étoit avenue; mais Périandre, pour le peu de foi qu'il
lui avoit gardée, commanda qu'on le tint étroitement,
sans le laisser aller çà ne là, et, au regard des mariniers, qu'il les eût tout soudain. Venus à son man-
dement, il les interrogea, si n'avoient point de nouvelles d'Arion, ils répondirent qu'il étoit en Italie

sain et sauf, et l'avoient laissé à Tarente faisant
grande chère. Sur ces paroles, fut présenté Arion,
avec les habillements qu'il avoit quand il laissa les
mariniers, dont ils furent fort étonnés. Car ils se
trouvoient convaincus, sans rien pouvoir alléguer
au contraire. Les Corinthiens donc et les Lesbiens
devisent ainsi de cette aventure. »

Après les grâces naïves d'Hérodote, veut-on juger
comment notre langue du seizième siècle reproduit
la simplicité, déjà plus étudiée, de Xénophon? Voici
une charmante page de l'*Économique* traduite, ou,
si l'on veut, imitée, par La Boétie, le célèbre ami
de Montaigne, un des plus remarquables esprits de
la pléiade d'écrivains laborieux qui firent alors
beaucoup d'honneur à la Gascogne (1). Le style n'y
a pas, sans doute, toute la précision qu'il a dans
l'original. Il est quelque peu lâche; mais au moins
garde-t-il toujours ce coloris discret et cette touche
naïve, qui sont le charme de l'atticisme au temps de
sa perfection classique. On remarquera, en outre,
combien le français de La Boétie transcrit rarement
par nécessité les mots techniques dont abonde l'ou-

(1) *Vies des Poëtes gascons*, par G. Colletet, publiées par Ta--
mizey de Larroque (Paris, 1866, in-8°); — *Vies des Poëtes
agennais*, par G. Colletet, publiées par le même (Agen, 1868,
in-8°). Cf. *la Renaissance des lettres à Bordeaux*, par R. De-
zeimeris (Bordeaux, 1864, in-8°); — *Remarques et corrections
d'Estienne de la Boëtie sur le traité de Plutarque intitulé :
Ἐρωτικός, avec une introduction et des notes*, par le même
(Paris-Bordeaux, 1807, in-8°); — *Œuvres poétiques de P. de
Brach, recueillies et accompagnées d'un Commentaire philologique*, etc., par le même (Paris, 1861-1862, 2 vol. in-8°).

vrage grec. Le titre seul, « la Mesnagerie », mot qui
a vieilli en ce sens, est un exemple de l'heureuse
synonymie que nous offre la langue française pour
tant de mots que nous transcrivons aujourd'hui du
grec, faute de savoir qu'ils ont leur équivalent dans
notre vieux fonds latin.

Voici comment, chez Xénophon, traduit par La
Boétie, Ischomaque, un bon mari athénien, explique le rôle qu'il entend attribuer à sa femme dans
leur ménage (1) :

« Or est l'occupation de la femme à peu près, ce
me semble, comme la besogne à quoi Dieu a voulu
que la mère des abeilles travaillât. Et quel est le fait
de cette mère, dit ma femme, que vous comparez à
ce qu'il faudra que je fasse? C'est, lui dis-je, qu'elle
ne bouge du bornail (rayon de miel), jamais ne
laisse chômer les mouches à miel, mais envoie à la
besogne celles qui ont à faire leur journal (journée)
dehors; et tout ce que chacune d'elles porte dans la
ruche, elle le reconnoît, et le prend en garde jusques à temps qu'il le faut employer; et quand la
saison d'en user est venue, elle en baille justement
sa portion à chacune, et commande léans (en ce
lieu-là) à celles qui ourdissent la cire, afin qu'elle
soit bien et vitement tissue, et a le soin des petits
qui naissent, afin qu'ils soient bien nourris et élevés. Et après qu'elles ont fait leur paroie, et que les
jeunes sont capables du travail, elle envoie le jecton
(l'essaim) dehors chercher autre logis avec un

(1) P. 165, éd. de Feugère, Paris, 1846.

guide de ceux qui suivent après (1)....... Un autre
pensement auras-tu, qui est de ta charge, et te sera,
à mon avis, plus agréable que nul autre, c'est qu'il
faut, quand il y aura des malades dans notre famille, que tu prennes garde à les faire tous bien
guérir et bien traiter. Certes, dit-elle, ce seroit bien
le plus plaisant souci que je pourrois avoir, si puis
après ceux qui auroient été bien gouvernés en sa·
voient gré, quand ils seroient guéris, et étoient plus
affectionnés à notre service que devant. Lors, dit
Iscomache, moi qui m'émerveillai fort de sa réponse, lui dis : Et n'est-ce pas donc le souci que la
mère des abeilles a dans sa ruche qui est cause que
toutes les mouches à miel ont telle affection envers
elle, que si elle laisse le bornail, elles ne la laissent
pas, et n'y en a une seule de toutes qui veuille
demeurer derrière? Encore auras-tu d'autres pen-
sements qui te seront propres et plaisants, à mon
avis, comme quand tu auras pris une chambrière
qui n'entende rien à faire la laine, de la mettre au
métier et l'enseigner, et ainsi la faire valoir pour toi
le double de ce qu'elle valoit. De même, quand parfois d'une servante que tu prendras mal habile à
servir et n'entendant rien à manier le fait de la dépense, tu en feras une bien apprise, loyale et dili-
gente, que puis après tu tiendras si chère, que tu
ne voudrois l'avoir donnée pour chose du monde.
Quelle autre encore plaisante occupation pour toi,

(1) La Boétie suit ici une ancienne leçon du texte, aujourd'hui
corrigée. Il faudrait dire : « des descendants ou de la jeune famille. »

quand tu pourras à ton gré faire bien à ceux que
tu verras sages et faits au profit de la maison, et
châtier aussi ceux qui te sembleront mal condition-
nés? Mais surtout le plus grand plaisir seroit, si tu
pouvois te montrer meilleure que moi, et me faire
par ce moyen moindre que toi, et aucunement ton
sujet. Ainsi il ne te faudra point craindre, quand tu
seras plus avant en l'âge, que tu en sois pourtant
moins honorée en la famille; ains seras assurée
qu'étant plus âgée, d'autant que tu seras en mon
endroit plus loyale compagne, et à nos enfants plus
fidèle trésorière de notre bien, de tant seras-tu en
plus grand honneur et réputation à ceux de la maison. Car de vrai, lui dis-je, tout ce qu'il est de bel
et bon en la vie des hommes leur vient et s'aug-
mente par la vertu, non point par la fleur de la jeunesse ni la beauté. »

Je le demande, les sages préceptes de l'École so-
cratique (1) ont-ils perdu beaucoup de leur gracieux atticisme à passer ainsi dans notre langue?
Quelques retouches légères suffiraient pour que de
telles pages fussent acceptées aujourd'hui de tout
lecteur français. La phrase grecque de Xénophon a
moins d'ampleur, une ampleur moins traînante, que

(1) J'ai fait une étude de morale sur ce sujet dans la conférence, qui a été publiée, en 1867, sous le titre : *Un Ménage
d'autrefois*. Avec l'*Économique* de Xénophon on aimera peut-
être à comparer un traité d'économie rurale composé, au treizième siècle, en Angleterre, et qu'a publié M. L. Lacour dans la
Bibliothèque de l'École des Chartes, quatrième série, t. II,
p. 123-142.

la phrase de La Boétie ; elle se modèle sur la pensée avec plus de précision et de justesse. Mais, quoi que l'on puisse désirer, à cet égard, sur le détail, l'effet d'ensemble est pareil dans l'original et dans la copie.

En un genre bien différent, mais où la naïveté populaire s'allie à une divine élévation de la pensée, le style évangélique trouve aussi une expression assez fidèle dans la première version française qui en ait été publiée, je veux dire celle de Le Fèvre d'Étaples (1523). Qu'on me permette d'en insérer ici un extrait. Ces vieux livres sont rares et d'un abord difficile ; mieux vaut en mettre quelques pages sous les yeux du lecteur que de le renvoyer simplement aux rayons d'une bibliothèque, où souvent il aura grand'peine à les lire. Je choisis la célèbre parabole de l'Enfant prodigue (1), et je lui conserve l'âpreté de son orthographe, qui répond, en quelque sorte, à une certaine rudesse de la grécité évangélique :

« Lors les publicains et pecheurs s'approchoient de lui pour le ouyr. Et les pharisiens et les scribes murmuroient disans : Cestuy-cy reçoit les pecheurs et mange avec eux. Et il leur dist cette parabole disant : Ung homme avoit deux filz : Et le plus jeune diceulx dist à son pere. Mon pere, donne moy la portion de la substance qui me appartient. Et il leur partist la substance. Et peu de jours après, quant le plus jeune eut tout assemblé, il sen alla bien loing en une region loingtaine et là

---

(1) Saint Luc, c. XV.

dissipa sa substance en vivant luxurieusement.
Et après qu'il eut tout consommé : une grande
famine advint en icelle region : et commencea à
avoir necessité. Et il sen alla, et se joignit à ung des
citoyens dicelle region. Et il lenvoya dans sa me-
tairie pour paistre les pourceaulx. Et convoitoit
remplir son ventre des siliques que les pourceaulx
mangeoient; et nul ne lui en donnoit. Et il revint
à soimesme, et dist : Combien de mercenaires y a
il en la maison de mon pere qui ont abondance de
pains : et moi je meurs icy de faim. Je me leveray :
et men iray à mon pere et lui diray : Mon pcre, jay
peché au ciel et devant toy et ne suis maintenant
digne destre appellé ton filz : fais moy comme ung
de tes mercenaires. Et il se leva : et vint à son pere.
Et quand il estoit encore loing, son pere le veit, et
il fut meu de misericorde et acourut et cheut sur
le col de iceluy, et le baisa. Et son filz lui dist :
Mon pere, jay peché au ciel et devant toy et ne suis
point maintenant digne destre appellé ton filz. Et
le pere dist à ses serviteurs. Tost, apportez la robbe
longue premiere, et le vestez : et luy donnez ung
aneau en sa main, et des souliers en ses piedz. Et
amenez le veau gras : et le tuez, et le mangeons et
menons joye : car cestuy mon fils estoit mort et il
est retourné à vie : il estoit perdu et il est retrouvé.
Et commencerent à mener joye. Et son filz aisné
estoit au champ. Et quant il vint et approcha de la
maison : il ouyt la melodie et les danses. Et il ap-
pella ung des serviteurs et linterrogua qui estoient
ces choses. Et celuy luy dist : Ton frere est venu : et

ton pere a occis le veau gras : pourtant qu'il la
receu sain. Et il fut courroucé : et ne vouloit point
entrer. Son pere doncques yssit : et le commencea
à prier. Et iceluy tendit : et dist à son pere. Voicy
tant de ans que je te sers : et jamais je ne trans-
gressay ton commandement : et jamais tu ne me
donnas ung chevreau pour mé esjouyr avec mes
amys : mais quant cestuy ci ton filz, lequel a tout
devoré sa substance avec les paillardes est venu : tu
luy a occis le veau gras. Et il lui dist : Mon fils, tu
es tousjours avec moy, et tous mes biens sont
tiens : mais il falloit faire grande chiere et sesjouyr
pour ce que cestuy cy ton frere estoit mort et
est retourné à vie : Il estoit perdu et il est retrouvé (1). »

Que de labeurs, que de scrupuleux efforts on
a dépensés depuis trois siècles pour reproduire en
notre langue l'incomparable originalité des récits
évangéliques ! A part quelques progrès, où l'exactitude philologique a plus de part que le sentiment
littéraire et moral, a-t-on beaucoup mieux réussi
que l'auteur de ce premier essai ?

Même fut alors le mérite des traducteurs en vers.
Et d'abord il est à noter que c'était comme une

(1) Consulter, pour plus de détail sur cette traduction, 1° la
Notice de M. Achinard *sur les premières versions de la Bible
en langue vulgaire* (Genève, 1839, in-8°); 2° l'excellent écrit du
pasteur E. Pétavel, *la Bible en France, ou les traductions
françaises des saintes Écritures* (Paris, 1864, in-8°), et comparer l'Histoire de la célèbre traduction de Lausanne, par le
pasteur Burnier (Lausanne, 1866, in-8°).

règle, en ce temps-là, de ne traduire qu'en vers les
poëtes anciens. C'est par exception, et par une sorte
de méprise, que Samxon avait traduit l'*Iliade* en
prose : il ne l'avait sans doute jamais lue que dans
une version en prose latine, et, à vrai dire, Homère
n'était à ses yeux qu'un vieil « historiographe ».
Mais, dès qu'Homère et Hésiode, dès que les tragiques et les comiques furent connus et appréciés
dans leur propre langue, on ne songea pas à leur
donner en français une autre forme que celle de la
versification. Les bibliographes relèvent même, à
cet égard, une singularité qui mériterait d'être vé-
rifiée. Ils signalent, d'après d'Aubigné, une traduction métrique de l'*Iliade* et de l'*Odyssée* par un
certain Mousset (1), traduction qui fut, disent-ils,
imprimée en 1530, et qui est écrite en mètres
à la façon antique, comme plus tard essayèrent
d'en composer Jodelle et Belleau. Quoi qu'il en
soit de ce douteux essai, il est certain que les premiers traducteurs proprement dits d'Homère, de
Sophocle et d'Aristophane ne songèrent pas même
à nous les donner en prose. Pour Homère, on commença par le mettre en vers de dix syllabes, puis
(et cela se fit surtout d'après le conseil de Ronsard)
on y appliqua l'alexandrin, comme plus ample, et,
par cela même, plus commode pour reproduire en
sa plénitude tout le sens du vers homérique (2).

(1) Voir les *Œuvres choisies* de Pasquier, éd. L. Feugère,
t. II, p. 79, note.
(2) Voir, pour plus de détail, une étude spéciale sur les

Poëte de la même école qu'Homère, Hésiode aussi devait être traduit en alexandrins. La version des *OEuvres et Jours* par Lambert d'Aneau (1571) n'est guère qu'un mot à mot servile et souvent incorrect. Mais Hésiode lui-même est souvent bien négligé dans la poésie didactique, il est souvent d'une crudité de langage dont s'offense notre goût moderne. Le vieux traducteur, qui n'a pas nos scrupules, nous donne de son auteur une image d'autant plus fidèle. Qu'on en juge par quelques vers de ce qu'il appelle le *Premier Livre :*

> Mais, Perse, toutes fois mets en ton cœur mon dire,
> A justice obéis, et du tout te retire :
> Car le Saturnien a ordonné à part
> Aux humains une loi, une autre d'autre part
> Aux poissons de la mer, aux bêtes, aux volailles,
> Qui est de se manger l'un l'autre les entrailles,
> D'autant qu'il n'y a point en aucune saison
> Entre ces animaux de justice et raison.
> Mais entre les humains justice est ordonnée,
> Laquelle vaut trop mieux qu'autre chose donnée.
> Que si quelque savant la veut publiquement
> Enseigner, le haut dieu l'honore richement.
> Qui porte sciemment jurant faux témoignage,
> Cestuy laissant le droit se fait un grand dommage,
> On voit décroître l'heur de sa prospérité.
> Du fidèle au rebours croît la félicité,
> Et le lignage et l'heur, qui garde son serment.
> Perse fol, je te fais ce bel enseignement,
> C'est qu'il est fort aisé et de faire et de suivre
> Une malice, à qui malice veut ensuivre.
> Le chemin pour l'avoir est court et tôt appris ;

traducteurs français d'Homère, dans mes *Mémoires de littérature ancienne* (Paris, 1862, in-8°), p. 164.

Mais autre est le sentier de la vertu de prix,
Car les dieux immortels ont mis travail et peine
Au devant du chemin qui heureux nous y meine.
Le chemin est bien long, malaisé, raboteux,
Dès le commencement jusqu'au sommet hideux.
Mais puis après se voit et plaisant et aisé,
Qui du commencement sembloit si mal aisé.

De l'hexamètre continu d'Homère ou d'Hésiode au distique élégiaque de Théognis, le passage était naturel et l'on comprend que les Sentences du poëte mégarien pussent être jetées dans le même moule français que les vers de l'*Iliade* ou des *OEuvres et Jours.* Voici une page, qu'on ne lira pas sans intérêt, de la version médiocre, mais assez fidèle, que publia de Théognis Nicolas Pavillion, Parisien, et qu'il a dédiée à l'un de ses élèves :

Ne m'aimez de parole, ayant le cœur tout autre ;
Si fidèle est mon cœur, tel doit être le vôtre.
Ou aimez-moi du tout, ou bien me rejetant
Haissez-moi du tout, et faites à l'instant
Que la feinte amitié en divorse l'on trouble.
Celui qui pour la langue a la poitrine double,
Cyrné, n'est rien sinon que son propre ennemi,
Ou s'il te loue tandis qu'il contrefait l'ami
Près toi, et loin adonne à mal dire ta (sa ?) langue,
Crois-moi, qu'un tel galand est ami de harangue :
Il dit bien de la langue et conçoit autrement.
Celui me soit ami, qui loyal m'estimant,
Et, sachant que je suis de colère nature
Et quelque peu facheux, comme un frère m'endure.
. . . . ▸ . . . .
L'on élit au troupeau des ânes et chevaux
Pour augmenter son bien des meilleurs et plus beaux.
Mais un homme d'honneur trouve la fille accorte

De quelque fat, pourvu que du bien elle apporte.
Aussi ne voit-on point la femme refuser
L'homme riche et vilain, s'il la veut épouser.
Les biens sont tant prisés qu'un noble personnage
Prend la fille d'un sot, et qu'un sot a lignage
D'une fille d'honneur pour son très-ample avoir.
. . . . ? . . .
Les hommes ont entre eux deux sortes de boisson :
Boire avecques mesure et boire outre raison.
Moi, je tiens le milieu du sentier pour ma gloire :
Car tu ne pourras pas me défendre de boire,
Et d'en prendre par trop oncq tu ne m'y verras.
J'aime le vin pourtant! mais je le hais d'un cas,
C'est lorsque contre moi mes propres sens il arme.
Que si je le surmonte ou bien si je le charme,
Gaillard, je m'en retourne ébattre en ma maison.

C'est en 1578 que Pavillion écrivait cette version,
dont le style et le tour rendent quelquefois assez
bien le caractère un peu rude et l'originalité archaïque des Sentences de Théognis. Je remarque, en
passant, que c'est trois ans plus tard que Jean-Antoine de Baïf publiait ses *Mimes, Enseignements et
Proverbes*, en partie traduits ou imités des moralistes
anciens. Ce recueil, en deux livres, de dixains en
vers de huit pieds rappelle celui de Théognis. Comme
l'ouvrage du poëte grec, il résume la vie même
de l'auteur, ses joies, ses douleurs, ses espérances
et ses découragements, ses jugements sur le train
que suivent les affaires de ce monde. Le style y est
plein de négligences; mais il a souvent des traits
d'une expression heureuse. Pavillion et Baïf sont
des versificateurs de la même école, peu soucieux
de perfection dans le détail, mais capables de bien

manier, à l'occasion, une langue moins rebelle qu'on ne l'a dit aux efforts du talent.

Le senaire ïambique des anciens poëtes dramatiques n'a pas d'équivalent dans notre versification française; aussi ce fut encore en hexamètres que Lazare de Baïf traduisit les ïambes du dialogue dans l'*Électre* de Sophocle (1) et dans l'*Hécube* d'Euripide (2). Antoine de Baïf fit de même pour l'*Antigone* de Sophocle (3). Quant aux chœurs, on y hasarda quelques-unes des variétés métriques où depuis longtemps s'exerçaient nos poëtes.

Tous ces faiseurs d'alexandrins ne suivent pas encore une méthode de versification bien régulière. Ils alignent quelquefois l'un après l'autre plusieurs couples de rimes masculines ou de rimes féminines. Ils ne comptent pas l'*e* muet à l'hémistiche, ils abusent beaucoup de l'hiatus et de l'enjambement; mais enfin tous ont à divers degrés le mérite de leurs confrères les prosateurs, je veux dire la franchise de l'expression. Nul souci ni scrupule ne les arrête, pourvu qu'ils rendent l'idée et le mot grec comme ils les comprennent. Quoique l'on parlât beaucoup alors du « dialecte courtisan », je ne vois pas qu'il y

---

(1) *Tragédie de Sophocle, intitulée Electre... traduicte du grec en rhytme françoise* (Paris, 1537).

(2) *D'Hécube, trad. en vers* (Paris, 1550, chez Rob. Estienne).

(3) *Antigone, tragédie de Sophocle*, par J.-A. de Baïf (dédiée à Élisabeth d'Autriche, reine de France). Cf. Goujet, *Bibl. franç.*, t. IV, p. 168-169, dont le jugement peu équitable semble prouver qu'il n'avait guère lu cette traduction.

eût, en réalité, dès ce temps-là deux langues littéraires distinctes l'une de l'autre. On ne se plaisait
pas à distinguer des mots nobles et des mots bas.
On parlait sur toutes choses avec une propriété de
langage un peu crue quelquefois, mais qui n'était
que plus commode pour un traducteur. J'ai fait
voir, au sujet des versions rimées d'Homère, par
Salel, Peletier du Mans, Amadis Jamyn, et surtout
au sujet de celle de Certon, combien notre langue
se pliait alors plus naturellement qu'elle ne fait
aujourd'hui aux naïvetés d'expression et à l'incomparable variété de ton que nous offrent les poëmes
homériques (1). La même remarque peut s'appliquer
aux traducteurs des tragiques.

On sait que la tragédie grecque relève directement du poëme épique, auquel elle emprunte ses
légendes, ses héros, une partie de son style. Ainsi
qu'Homère, les tragiques sont des observateurs et
des peintres sincères de la nature. Sans doute ils
mettent au premier plan de leurs tableaux des personnages de taille plus qu'humaine, des dieux, des
demi-dieux, des rois et des reines; mais d'abord ils
leur ménagent presque toujours, soit dans le chœur,
soit dans quelques autres agents du drame, le contraste de personnages inférieurs, et, à cette variété
des tailles, pour ainsi dire, ils proportionnent
celle du langage (2). Personne sans doute, même

(1) Voir mes *Mémoires de littérature ancienne*, n. VIII.
« Revue des traductions françaises, d'Homère. »

(2) Aristote le remarque formellement, dans un chapitre de
ses *Problèmes*, que j'ai traduit à la suite de sa *Poétique*

les esclaves, ne descend chez eux au style des ta-
vernes,

Migrat in obscuras humili sermone tabernas (1);

mais chacun parle le langage de sa profession et
de sa condition. Comme Phénix, le père nourricier
d'Achille, dans le IXᵉ chant de l'*Iliade*, la nourrice
d'Oreste, dans les *Choéphores* d'Eschyle, décrit naïvement les ennuis et les dégoûts que maintes fois lui
causait la malpropreté de son nourrisson. Dans ces
occasions délicates, où nos traducteurs modernes
hésitent à lâcher le mot qui déparera la politesse
habituelle de leur langage, le vieux Baïf ne craint
nullement d'appeler les choses par leur nom, et de
suivre le poëte grec à tous les degrés de son style
tour à tour populaire sans bassesse, et sublime sans
affectation. Par exemple, on connait la scène de
l'*Antigone*, où un des soldats de Créon vient lui
raconter comment le cadavre de Polynice a, malgré
ses ordres, reçu les honneurs de la sépulture. En
vrai soldat qui n'a pas appris les artifices du langage, celui-ci commence par déclarer qu'il est venu
le plus lentement possible, étant fort embarrassé
d'avoir une telle commission à remplir; puis, il dé-
nonce le fait au nom de ses camarades, et, lorsque,
pressé par le prince d'expliquer comment la chose
a pu se faire, il reprend la parole, voici comment

(p. 408 de l'*Essai sur l'Histoire de la critique*). Cf. Plutarque,
de la Musique, c. 16.
   (1) Horace, *Art poétique*, v. 229.

le fait parler Antoine de Baïf. On remarquera dans ces vers français l'omission d'un ou deux traits de l'original grec, mais, à part cette légère inexactitude, quelle honnêteté naïve dans le traducteur français ! Comme il est plus facile de débiter ses vers sur le ton convenable au pauvre soldat de Créon, que n'importe laquelle des traductions modernes du même morceau, soit en vers, soit en prose !

> Quelqu'un depuis naguère
> A enterré le mort, l'a couvert de poussière,
> A fait ce qu'on doit faire aux morts selon l'usance.
>
> CRÉON.
>
> Que dis-tu? Qui s'est mis en telle outrecuidance?
>
> LE MESSAGER.
>
> Je ne l'ai vu ni su : tant y a qu'en la place
> De bêche ni de pelle on n'a vu nulle trace :
> Et la terre alentour de toutes parts entière
> Ne montroit aucun trac, ni n'avoit nulle ornière.
> De sorte que par rien juger on ne pouvoit
> Qui fut le fossoyeur qui enterré l'avoit.
> Après que le premier qui le fait aperçut
> Nous en eut avertis et que chacun le sut,
> Chacun s'en étonna : car il n'étoit caché,
> Ni n'avoit-on le corps dans la terre couché,
> Mais comme l'on vouloit soudain s'en acquitter,
> On avoit seulement sur le corps fait jeter
> Quelque poudre légère : et n'a l'on point connu
> Que chien ni autre bête à ce corps soit venu,
> Ou bien l'ait dépecé. Lors on entre en débat,
> Et chacun sa raison de paroles débat,
> Son compagnon accuse, et presques entre nous
> Nous vînmes en un rien des paroles aux coups ;
> Et n'y avoit pas un qui nous pût appaiser,
> Par ce que tous pouvoient à bon droit s'accuser.
> Car ils pensoient qu'un d'eux avoit commis le cas,
> Mais tout le pis étoit qu'on ne le savoit pas.

Nous étions déjà prêts de solennellement,
En attestant les Dieux, nous soumettre au serment,
Jurant ne l'avoir fait, ni n'en être coupable,
Ni consentant à qui en étoit accusable.
A la fin, n'ayant pu rien de vrai découvrir,
Un de nos compagnons ce propos vint ouvrir,
Nous faisant tous tenir la tête contre bas
Comme bien étonnés. Car nous ne pouvions pas
Ni lui répondre en rien, ni en rien aviser
Comment, par entre nous, nous devions en user.
L'avis fut qu'il falloit vous rapporter l'affaire,
Et vous en avertir, et point ne vous le taire.
Tous en furent d'accord, et de ce bon message,
Le sort, qui chut sur moi, me donna l'avantage.
Ainsi par devers vous, dont je ne suis guère aise,
Je suis venu porteur de nouvelle mauvaise,
Et me déplaît bien fort que par moi l'ayez su.
Qui rapporte le mal n'est jamais bien reçu.
Mais, sire, si j'osois vous dire mon avis,
Je dirois que les Dieux ce fait auroient permis.

Le traducteur ne s'astreint pas encore à la suc-
cession régulière de deux rimes masculines et de
deux rimes féminines. Qui sait s'il n'a pas raison,
et si nous n'avons pas eu tort d'imposer, sans réserve,
à notre versification cette loi gênante, qui profite
moins aux plaisirs de l'oreille qu'elle ne nuit à ceux
de l'esprit (1)? On passe, en vérité, sans presque s'en
apercevoir, de l'une à l'autre méthode, dans ces vers

---

(1) On sait quels étaient là-dessus les scrupules de Fénelon
(*Lettre à l'Académie*, c. 5 : « Projet de Poétique »), scrupules
que partageait Voltaire, et auxquels, de nos jours, M. Quicherat s'est associé, en quelque mesure, dans son *Traité de
versification française* (2ᵉ édition, Paris, 1850, in-8º), p. 378
et suiv.

que j'extrais encore du début de l'*Antigone* française :

ANTIGONE.

Et maintenant encore, ainsi comme l'on dit,
Le prince nous a fait publier un édit.
L'as-tu point entendu ? Ou bien nos ennemis
Font-ils à ton dessu (à ton insu) du mal à nos amis?

ISMÈNE.

Je n'ai, mon Antigone, ouï nouvelle aucune
Ni de bien ni de mal, depuis cette fortune
Qui en un même jour nos deux frères perdit,
Quand une double mort au camp les étandit,
Sinon que cette nuit des Argiens l'armée
Soudain s'est disparue, hors d'ici délogée,
Et le siége a levé. Depuis, je ne sais rien
Dont nous soit avenu plus de mal ou de bien.

ANTIGONE.

Je le saurai très-bien : c'est aussi la raison
Pour quoi je t'ai mandée ici hors la maison,
Afin que seule, à part, tu pusses m'écouter.

ISMÈNE.

Qu'est-ce? me voudrois-tu grande chose conter ?

Ce style si coulant, dans sa simplicité, est justement
sur le ton le plus exact du grec de Sophocle. Que
Baïf en omette çà et là quelques mots, qu'il y ajoute
quelques vers, soit par une sorte d'entraînement,
soit par complaisance pour la rime, cela, vraiment,
importe peu ; car il y a une vérité générale de coloris qui, dans la traduction des chefs-d'œuvre, vaut
pour le moins autant que la vérité matérielle du
sens (1). M. Larcher et M. Miot comprennent beau-

(1) Ceci a été développé dans une série de mes leçons philologiques sur l'*Antigone*, dans le cours même de l'année classique 1867-1868.

coup mieux leur Hérodote que ne fait Saliat, mais,
comme écrivains, ils nous en donnent une idée
presque toujours fausse, parce qu'ils lui prêtent,
l'un les longueurs compassées de la phrase académique, l'autre les platitudes et la vulgarité du mauvais style des journaux. Malgré ses contre-sens assez
nombreux, malgré l'emploi trop fréquent des mots
« seigneur », « monseigneur », « princesse », et autres, Saliat nous représente beaucoup mieux Hérodote dans le vif de sa nature, avec l'élégante non-
chalance de son allure ionienne, et avec la fine bon-
homie de son jugement. Ainsi font plus d'une fois,
c'est-à-dire à leurs heures de talent et de juste
attention, les poëtes traducteurs du seizième siècle.
Et qu'on ne croie pas que leur langue, si facile à
s'abaisser, soit pour cela incapable d'élévation et de
force. Sans sortir de cette même *Antigone* de Baïf,
vous allez voir le style s'affermir et se relever dans
les passages où Sophocle touche au sublime. Je veux
parler de cette magnifique réponse que fait au tyran
Créon Antigone, accusée d'avoir, contre sa défense,
rendu les honneurs de la sépulture à son frère.
Tout n'est pas également correct et soutenu dans ce
morceau, mais l'accent général y est bien tel qu'on
le souhaite, et il renferme des vers que les successeurs de Baïf n'ont surpassés ni pour la beauté ni
pour l'exactitude :

> Aussi n'étoit-ce pas une loi ni donnée
> Des Dieux, ni saintement des hommes ordonnée ;
> Et je ne pensois pas que tes lois pussent tant,
> Que toi homme mortel tu vinsses abatant

Les saintes lois des Dieux, qui ne sont seulement
Pour durer aujourd'hui, mais éternellement.
Et pour les bien garder j'ai mieux aimé mourir
Que, ne les gardant point, leur courroux encourir ;
Et m'a semblé meilleur leur rendre obéissance
Que de craindre un mortel qui a moins de puissance.
Or si devant le temps me faut quitter la vie,
Je le compte pour gain, n'ayant de vivre envie.
Car, qui ainsi que moi vit en beaucoup de maux,
Que perd-il en mourant sinon mille travaux ?
Ainsi ce ne m'est pas une grande douleur
De mourir, pour sortir hors d'un si grand malheur.
Mais ce m'eût bien été un plus grand déconfort,
Si sans point l'inhumer j'eusse laissé le mort,
Duquel j'étois la sœur, fille de même mère :
Mais l'ayant fait, la mort ne me peut être amère.
Or si tu dis que j'ai follement fait l'offense,
Encor plus follement tu as fait la défense.

Dans les chœurs, il faut en convenir, l'art de nos traducteurs français reste le plus souvent au-dessous de leurs bonnes intentions. D'abord, ils ne comprennent pas toujours l'original, qui est d'une extrême difficulté, surtout dans les vieilles éditions, où le texte n'est pas encore épuré par les soins de la critique ; puis, ils sont un peu déroutés par la variété des rhythmes et obligés de recourir à mille expédients laborieux, pour en représenter quelque chose dans notre langue. Sibilet lui-même, dans la dédicace en prose de son *Iphigénie d'Euripide*, se plaint de la difficulté de faire « une fidèle et gracieuse traduction des chœurs en notre langue encore rude et pauvre ». Il est inutile d'insister sur des défauts que reconnaissaient nos traducteurs eux-mêmes, et qui, aujourd'hui, sautent aux yeux des

lecteurs les moins expérimentés ; mais il serait injuste
de triompher de ces défauts, et, pour être indulgent
à cet égard, on n'a qu'à jeter les yeux sur les meilleures d'entre nos traductions modernes. Bien peu
ont réussi dans les parties lyriques du drame grec.

En somme, l'œuvre de ces studieux écrivains, qui
voulaient nous rendre en français les chefs-d'œuvre
de la Grèce, est imparfaite sur bien des points ; mais
elle est méritoire, et, à n'y considérer que les mérites de la langue elle-même, on y reconnaît déjà
une richesse et une flexibilité capables de suffire à
tous les devoirs d'une bonne traduction. Surtout il
est remarquable que, dans les meilleurs endroits, nos
traducteurs se sont passés à merveille de l'attirail
des mots nouveaux que le pédantisme de quelques
ardents néophytes essayait d'emprunter aux Grecs
et aux Latins, pour les faire entrer presque de vive
force dans le français. Ce n'était donc pas la langue
qui faisait défaut alors aux œuvres de l'esprit :
il n'était pas besoin d'accuser son indigence. Quiconque l'a bien connue, bien possédée, bien maniée,
a pu, s'il ne manquait pas de génie, produire dès
lors des compositions durables.

Ce que Pasquier avait dit là-dessus à ses contemporains, Montaigne, un bon juge, s'il en fut, en
de telles matières, l'a redit avec une force d'expression que je me reprocherais d'affaiblir en essayant
d'y rien changer :

« Le maniement et emploi des beaux esprits donne
prix à la langue, non pas l'innovant tant comme la
remplissant de plus vigoureux et divers services,

l'étirant et ployant. Ils n'y apportent point de mots,
mais ils enrichissent les leurs, appesantissent et
enfoncent leur signification et leur usage, lui apprennent des mouvements inaccoutumés, mais prudem-
ment et ingénieusement. Et combien peu cela soit
donné à tous, il se voit par tant d'écrivains françois
de ce siècle : ils sont assez hardis et dédaigneux pour
ne suivre la route commune; mais faute d'invention
et de discrétion les perd. Il ne s'y voit qu'une misérable affectation d'étrangeté, des déguisements froids
et absurdes, qui, au lieu d'élever, abattent la matière.
Pourvu qu'ils se gorgiassent en la nouvelleté, il ne
leur importe de l'efficace. Pour saisir un nouveau
mot, ils quittent l'ordinaire souvent plus fort et plus
nerveux. En notre langage je trouve assez d'étoffe,
mais un peu faute de façon. Car il n'est rien qu'on
ne fît du jargon de nos chasses (1) et de notre guerre,
qui est un généreux terrain à emprunter, et les
formes de parler, comme les herbes, s'amendent et
fortifient en les transplantant. Je le trouve suffisamment abondant, mais non pas maniant et vigoureux suffisamment. Il succombe ordinairement à une
puissante conception. Si vous allez tendus, vous sen-
tez souvent qu'il languit sous vous et fléchit, et qu'à
son défaut le latin se présente au secours et le grec
à d'autres. D'aucuns de ces mots que je viens de trier
[en latin, dans Cicéron], nous en apercevons plus
malaisément l'énergie, d'autant que l'usage et la

_____

(1) C'est ce que La Fontaine fait à merveille, comme le montre M. Marty-Laveaux dans le Mémoire cité plus haut, p. 251.

fréquence nous en ont aucunement avili et rendu
vulgaire la grâce. Comme en notre commun, il s'y
rencontre des phrases excellentes et des métaphores
desquelles la beauté flétrit de vieillesse et la couleur
s'est ternie par maniement trop ordinaire. Mais cela
n'ôte rien du goût à ceux qui ont bon nez, ni ne
déroge à la gloire de ces anciens auteurs, qui, comme
il est vraisemblable, mirent premièrement ces mots
en ce lustre (1). »

Montaigne est certes un écrivain hardi en ses procédés de langage. Nul chez nous, avant Saint-Simon,
n'a manié le français avec plus de vigueur et d'indépendance, nul ne l'a plus résolûment enrichi de toutes
les nouveautés d'expression et de tournure qui se
présentaient à son esprit. Et cependant, on le voit,
Montaigne est encore de l'école de Ronsard, d'Henri
Estienne et de Pasquier, en ce qui touche à l'originalité de notre idiome. Ce n'est qu'à la dernière
extrémité qu'il se résigne à prendre quelques mots
dans le grec ou dans le latin. Le vrai fonds du français est pour lui dans le parler populaire. Tous les
dialectes lui sont bons, sans prédilection pour «son
périgourdin », comme il dit quelque part (2); tous
les vocabulaires lui apportent leur part d'heureuses
inventions, mais il ne songe à en chercher ni dans
le *Thesaurus linguæ latinæ* de Robert Estienne, ni
dans le *Thesaurus linguæ græcæ* de son illustre
fils Henri.

(1) *Essais*, l. III, c. 5, t. III, p. 391, éd. 1796.
(2) *Essais*, l. II, c. 17, t. III, p. 40, éd. 1796.

J'ai tenu à bien faire ressortir ces convictions patriotiques de nos grands esprits du seizième siècle, parce qu'on les croit d'ordinaire, en matière de langage, trop complétement asservis au pédantisme de l'école. C'est tout autre chose, je l'avoue, si de la langue elle-même nous passons à la littérature, à la théorie des genres littéraires. Là, nous le verrons bientôt, l'hellénisme a pénétré plus profondément ; il a modifié quelques-unes des qualités du génie français, il en a même, par la tyrannie de ses exemples, troublé le développement naturel et peut-être amoindri la fécondité originale. Cette différence tient sans doute à ce que l'invention littéraire, chez un peuple, relève plus du talent personnel que la langue. Celle-ci est, si je puis ainsi dire, la plus collective des créations, la plus populaire des richesses d'un peuple ; ainsi que je l'ai déjà remarqué (1), le génie d'une langue, étroitement lié au génie du peuple qui la parle, subit moins facilement les modes que lui apporterait le caprice d'un écrivain ou celui d'une école littéraire. On a pu imposer, pendant deux siècles, à la France, une tragédie modelée sur la tragédie grecque et latine; on ne pouvait lui faire également accepter un vocabulaire ou une syntaxe en désaccord avec ses instincts et avec ses traditions.

(1) Dans la VI⁰ leçon.

_____

DOUZIÈME LEÇON.

ESSAIS POUR RÉFORMER LA VERSIFICATION FRANÇAISE SUR LE MODÈLE DES VERS GRECS ET LATINS. — L'HELLÉNISME DANS LA POÉSIE DE RONSARD.

———

En quoi la versification française diffère de celle des langues classiques. — Coup d'œil historique sur les efforts tentés pour la ramener à la forme des vers grecs et latins : Sibilet, Du Bellay, Ramus, Jacques de la Taille, Est. Pasquier. — Tentatives de réforme jusqu'au dix-neuvième siècle. — Influence plus profonde et plus durable de la poésie grecque sur la poésie française. — Ronsard et ses commentateurs. — Une belle page de Ronsard.

Le zèle des premiers traducteurs français à faire passer dans notre langue les principaux chefs-d'œuvre de l'antiquité nous ramène aux réformes du langage qui furent si vivement discutées durant le seizième siècle. Vous avez vu l'effet, assurément restreint, de ces réformes, et combien la critique moderne s'en est exagéré l'importance. Il est certain, néanmoins, que l'émotion était vive et l'ambition ardente parmi les novateurs. De la langue même, à laquelle plusieurs voulaient imposer des méthodes contraires à son génie et des enrichissements illusoires, on passait

volontiers aux procédés métriques. Personne alors
n'était en état de rechercher, comme on l'essaie aujourd'hui, par quelles transitions la métrique latine,
calquée sur celle des Grecs, était peu à peu devenue
la versification française; comment à telle ou telle
forme du vers latin, par le nombre et la place des
accents toniques, répondait notre vers de dix syllabes; quel lien subtil rattache notre alexandrin rimé
à l'hexamètre de Virgile et de Lucain; par quel travail insensible et lent la rime léonine des versificateurs latins de la décadence avait conduit nos versificateurs romans à l'usage constant de l'assonance,
puis de la rime proprement dite (1). On comparait,
sans nul souci de cette histoire encore obscure, notre
versification provençale ou française avec la versification classique des Grecs et des Romains, et l'on se
demandait si nous n'étions pas capables de repro-

(1) Consulter : Édél. Du Méril : *Essai philosophique sur le
principe et les formes de la versification* (Paris, 1841, in-8°); —
Diez, *Altromanische Sprachdenkmale* (1846), p. 136-142); —
Littré, *Histoire de la langue française* (Paris, 1863), t. II, p. 287 ;
— P. Meyer, *Notice sur la métrique du Chant de Sainte-Eulalie*
(Paris, 1861, in-8°); — L. Gautier, *Leçon d'ouverture* du Cours
d'histoire de la poésie latine au moyen âge (Paris, 1866, in-8°), et
Épopées françaises, t. I, p. 194 et suiv. Cf. Bartsch, dans la
Revue critique, t. II, p. 410-411; — G. Paris, *Lettre à M. L.
Gautier sur la versification latine rhythmique* (Paris, 1866, in-8°),
qui soutient là-dessus une thèse contraire à celle de M. Gautier
et qui renvoie à d'autres ouvrages relatifs au même sujet. Sur
le rôle de l'accent dans la versification, on recueillera aussi de
bonnes observations dans l'ouvrage de MM. Weil et L. Benloew,
Théorie générale de l'Accentuation latine (Paris, 1855, in-8°) et
dans celui de L. Benloew, *Rhythmes français et Rhythmes latins* (Paris, 1862, in-8°).

duire dans nos vers l'harmonie riche et variée de
la poésie ancienne. Beaucoup de savants esprits n'en
doutaient pas. Dès le milieu du seizième siècle, je vois
paraître ce rêve d'un retour vers la prosodie antique.
Sibilet l'accueille avec défiance; il déclare sensément
« la chose autant étrange en notre poésie françoise
comme seroit en la grecque et latine lire des vers sans
observation de syllabes longues et brèves, c'est-à-
dire sans la quantité des temps qui soutiennent la
modulation et musique du carme en ces deux langues tout ainsi que fait en la nôtre la rime (1). » La
chose néanmoins trouvait des défenseurs. Du Bellay,
dans sa *Défense et illustration*, en parle avec complaisance (2), et il connaît déjà, en ce genre d'archaïsme
factice, un poëme de Louis Allemand sur l'Agriculture.
En 1562, Ramus, dans sa Grammaire, recommande la
méthode ancienne et regrette qu'elle ne soit pas accueillie du public avec plus de faveur. Nous comprenons bien aujourd'hui cette indifférence du public;
mais elle rend plus touchante la candeur des érudits
qui s'obstinaient à lui faire violence. En 1573, Jaques
de la Taille écrivait son petit traité de *la Manière de
faire des vers en françois comme en grec et en latin*,
livre fort rare aujourd'hui, et dont on ne lira pas
sans intérêt les deux premières pages : elles sont
comme le programme des réformateurs; elles appartiennent à l'histoire de nos erreurs, et l'échec définitif
de la réforme projetée ne fait que mieux ressortir l'il-
lusion qu'elles expriment :

(1) *Art poétique*, livre II, c. 15.
(2) Livre II, c. 7.

« Le deuil et le juste dépit, Lecteur, que j'ai eu de voir notre poësie toute souillée et abâtardie par un tas d'esclaves imitateurs qui se sont impudemment fourrés entre les plus savants d'aujourd'hui, m'a tellement dégoûté de notre rime, pour la voir aussi commune aux indoctes qu'aux doctes, et ceux-là autant autorisés en icelle que ceux-ci, que je me suis proposé une nouvelle voie pour aller en Parnasse, non encore frayée que des Grecs et des Latins, et qui pour son industrie et trop plus grande difficulté que celle de la rime, sera, comme j'espère, inaccessible à nos rimasseurs d'aujourd'hui (1); ou s'ils s'en veulent mêler, ils seront contraints de se ronger les ongles, et de mettre plus de peine à se limer, qu'ils n'ont fait jusques ici. Et combien que, de ma part, je me fusse toujours mis à écrire comme les autres en vers rimés, jusques à y parfaire des comédies, tragédies et autres œuvres poëtiques, qui même ont bien cet heur (pour n'en dire autres choses) de plaire aux grands seigneurs et dames de ce temps : combien que par iceux, dis-je, j'eusse possible mérité de n'être pas du tout mis au dernier rang des poëtes, si je les voulois mettre en lumière; toutefois, faisant comme ce grand Romain, qui mieux aima n'avoir point de statue à Corinthe, que de l'avoir à la foule de tant d'autres capitaines et gendarmes inconnus, j'ai mieux

---

(1) Il est piquant de voir ici notre auteur signaler comme d'une application trop commode ce principe de la rime que Fénelon (*Lettre à l'Académie*, c. 5) accuse de l'être trop peu et de faire perdre à notre versification « beaucoup de variété, de facilité et d'harmonie ».

aimé laisser mes livres aux ténèbres où ils sont (si
possible je ne me ravise ci-après) que de les voir of-
fusqués (ce qui soit dit sans arrogance) par la multi-
tude de tant d'autres écrivains qui fourmillent en
cette Université de Paris, et qui ne servent d'autre
chose que de faire renchérir l'encre et le papier.
Quant à ceux qui m'allégueront que notre parler vulgaire n'est pas propre ni capable à recevoir des nom-
bres et des pieds, je leur répondrai (comme a déjà
fait le poëte Angevin) que c'est sottie de croire que
telles choses procèdent de la nature des langues plutôt que de la diligence et du labeur de ceux qui s'y
veulent employer, en quelque langue que ce soit ;
et certes si nos aïeux se fussent mêlés aussi bien d'admettre des quantités à nos syllabes comme ils ont
fait des rimes, nous ne trouverions pas aujourd'hui
cela si étrange qu'il semble à d'aucuns. Mais qui nous
engardera d'en faire autant que les Hébreux, qui ont
en leur langue (à ce que dit Josèphe), premiers que les
Grecs et les Latins, mesuré leurs syllabes et inventé
les vers héroïques ? Notre langue vous semble-t-elle
plus impropre et rude que la leur ? Quant à ceux qui
disent, qu'on se doit contenter de la rime, je dis, au
contraire, qu'on ne doit point savoir mauvais gré à
celui, qui pour enrichir notre vulgaire veut user de
ce nouveau genre de poësie, auquel j'aimerois mieux
être un Achille qu'un Diomède entre les rimeurs,
encore que je ne veuille blâmer la rime, ni détourner ceux qui ont en icelle commencé quelque grand
œuvre. Mais aussi à ceux qui en sont soûls et dé-
goûtés pour la raison que j'ai dite, j'ai bien voulu

dédier ce petit traité, non tant pour les enseigner
que pour les encourager ; petit, je dis, car je ne l'ai
fait que pour être une préface à quelques miens
opuscules composés en cette manière de vers, lesquels
je te montrerai bientôt, si je vois par ceci que la façon d'iceux te plaise. »

Cette même pensée de relever à tout prix la poésie
française inspire encore à l'auteur les jolis distiques
que voici et qu'il adresse à la Muse nationale, *Musæ
gallicæ* :

> Quæ modo reptabas humilis, non culta, tuisque
>   Spreta, tibi dedimus, Patria musa, pedes.
> I nunc, ecce tibi spatiosos visere campos
>   Grajugenum tandem Romulidumque datur.
> Quin tibi, cum pedibus qui det tibi forsitan alas,
>   Queis super astra voles, Dædalus alter erit.

Mais le dernier trait est de mauvais augure ; car
il fait songer au pauvre Icare et à sa chute mortelle.
Dans son épilogue *au Lecteur*, J. de la Taille est plus
modeste. Il semble avoir besoin de prouver que sa
hardiesse n'est pas sans exemple : « Vu que celui qui
nous a si doctement enseigné l'Art Poétique (Th. Sibilet) et l'autre qui a si vaillamment défendu notre
langue (J. Du Bellay) en ont déjà fait mention jusques
à louer celui qui voudroit réduire en art telle nouveauté, en laquelle depuis quelques-uns des nôtres
s'étant employés ont bien montré que ce n'est chose
absurde ni impossible, comme on cuide, que de mé-
trifier en ce point notre langage. »

Après cela, on ne s'étonnera pas que l'historien et

fidèle ami de la Pléiade, Estienne Pasquier, montre
tant de complaisance pour cette savante innovation. Il
a, en effet, écrit, dans ses *Recherches de la France* (1),
quelques pages pour démontrer que notre langue
est capable des vers mesurés tels que les grecs et
romains. « Je ne dispute point, y dit-il, si la forme
des vers latins, avec pieds longs et courts, est meilleure que nos rimes ; ce que j'entends maintenant dé-
duire est de savoir si notre langue en est capable.
Quant à cela, il n'en faut point faire de doute ; mais
je souhaite que quiconque l'entreprendra soit plus
né à la poésie que celui qui de notre temps s'en voulut dire le maître (probablement il désigne Antoine
de Baïf). Cela a été autrefois attenté par les nôtres,
et peut-être non mal-à-propos ; le premier qui l'entreprit fut Étienne Jodelle, en ce distique qu'il mit,
en l'an 1553, sur les œuvres poëtiques d'Olivier de
Magny :

> Phœbus, Amour, Cypris, veut sauver, nourrir et orner
> .   Ton vers et [ton?] chef, d'ombre, de flamme, de fleurs.

Voilà le premier coup d'essai qui fut fait en
vers rapportés, lequel est vraiment un petit chef-
d'œuvre....... » Et là-dessus l'auteur de continuer
en citant des exemples empruntés à ses propres ouvrages. Puis il nous signale la tentative de Butet, qui
allia cette prétendue métrique avec l'usage de la rime,
et trouva quelques partisans de sa réforme. Vauquelin

_____

(1) Livre VII, c. 11, n. 43 des Œuvres choisies, éd. Feugère.

de la·Fresnaye ne l'a pas oubliée dans le deuxième chant de son *Art poétique :*

> Après que mains esprits, rangeant la quantité
> De la langue françoise à la latinité,
> Eurent rendus aux pieds de leurs mots ordinaires
> La démarche et le pas de leurs légers senaires,
> De ces vers l'artifice en la France a été
> Par maints autres esprits diversement tenté :
> De sorte que Toutain a fait que l'Alexandre
> En la rime pouvoit en phaleuces se rendre.
> Baïf, qui n'a voulu corrompre ni gâter
> L'accent de notre langue, a bien osé tenter
> De ranger sous les pieds de la lyre Grégeoise,
> Mais en son propre accent, notre lyre françoise,
> Et tant a profité ce courageux oser
> Que comme lui plusieurs ont daigné composer,
> Allians à leurs vers mesurés à l'antique
> L'artifice parlant de la vieille musique.
> Je ne sais si ces vers auront autorité :
> C'est à toi d'en parler, sage Postérité,
> Qui sans affection peux juger toutes choses
> Et qui sans peur les prendre ou rejeter les oses.

Que le bon Vauquelin avait raison d'en appeler au jugement équitable de la postérité! Les gens du seizième siècle avaient là-dessus bien des illusions, dissipées aujourd'hui, mais qui ont longtemps survécu aux poëtes et aux théoriciens de la Pléïade. Car les vers mesurés à l'antique ont eu des amateurs au dix-septième et au dix-huitième siècles. Les grammairiens de Port-Royal combattent sur ce point quelques beaux esprits de leur temps. L'abbé Goujet, dans sa *Bibliothèque françoise* (1), analyse plusieurs

(1) Tome III, p. 371.

ouvrages écrits pour et contre la rime. Voltaire, en
1730, dans la préface de son *Brutus*, croyait encore
devoir démontrer que les vers blancs, en français,
ne sont pas des vers. Après lui, Marmontel et Turgot revenaient aux idées du seizième siècle. Plus près
de nous, en 1814, la seconde classe de l'Institut, qui
s'appelle aujourd'hui l'Académie française, mettait
au concours l'examen de ces deux questions : « Pourquoi ne peut-on faire des vers français sans rime?
Quelles sont les difficultés qui s'opposent à l'application du rhythme des anciens à la poésie française? » En 1815, le prix était remporté par un savant italien, Scoppa, et une mention honorable était
accordée à J.-B. Mablin pour le mémoire dans lequel
il a résolu ces deux questions avec une rare finesse
de critique et une précieuse variété de savoir. La
controverse semblait close, et cependant quatre années après parut à Florence un mémoire sur la versification française, par le comte de Saint-Leu (Louis
Bonaparte), qui renouvelle l'ancien paradoxe en faveur des vers sans rime. Je voudrais être sûr que
le chapitre de M. Édél. Du Méril sur ce sujet, dans
son *Essai philosophique sur le principe et les formes
de la versification* (1), et que les pages décisives de
M. Louis Quicherat, dans son *Traité de versification
française*, ont enfin convaincu tous les esprits sensés
de la vanité de ces réformes contraires à la tradition
comme au génie de notre langue. Mais avec les erreurs humaines il ne faut jurer de rien ; elles ont

---

(1) 2ᵉ édition, Paris, 1850, in-8°, p. 520.

souvent, lorsqu'on les croyait bien mortes, des retours imprévus, qui déconcertent notre sagesse.
Quoi qu'il en soit, revenons au seizième siècle.

Si l'on ne parvint pas alors à nous imposer une
versification à la manière antique, en revanche, les
idées et les souvenirs de la Grèce inondèrent notre
poésie, et cela dans tous les genres.

Ces esprits ardents à l'étude, ces imaginations am-
bitieuses de nouveautés, après avoir traversé la discipline des Dorat et des Muret, versaient comme à plaisir dans leurs œuvres tous les trésors de leur érudition indigeste. Ouvrez l'*Olive* de du Bellay, la *Cassandre* de Ronsard ; même sur les sujets les plus in-
times et les plus naïfs, les mieux en rapport avec la
vie journalière de ce temps, voyez combien y débordent tous ces souvenirs de l'antiquité classique, au
point que certaines pages en sont inintelligibles,
comme souvent celles de Pindare, sans le secours
d'un dictionnaire d'histoire et de mythologie. Pas
un sentiment qui ne prenne comme de lui-même la
forme d'une fable ou d'une allégorie ancienne. Les
plus fraîches conceptions du génie de Ronsard sont
gâtées, dans l'expression, par le goût du jargon mythologique : telle est par exemple l'élégie, d'ailleurs
admirable, sur la forêt de Gâtines. C'est vraiment en
ce sens que Boileau avait raison de dire que l'auteur
en français parlait grec et latin. Aussi fallut-il, dès
les débuts mêmes, que cette étrange poésie trouvât des commentateurs : le public n'aurait guère pu la
comprendre et s'y intéresser autrement. En 1553,
Marc-Antoine de Muret commente, et quelquefois à

grand renfort de citations grecques, latines et italiennes, les *Amours* de Ronsard, et il écrit naïvement
dans sa préface : « Je puis bien dire qu'il y avoit
quelques sonnets dans ce livre qui d'homme n'eussent jamais été bien entendus si l'auteur ne les
eût ou à moi ou à quelque autre familièrement dé-
clarés. Et comme en ceux-là je confesse avoir usé de
son aide, aussi veux-je bien qu'on sache qu'aux
choses qui pouvoient se tirer des auteurs grecs et
latins, j'y ai usé de ma seule diligence. » Muret
n'a pas été le seul interprète de Ronsard. Avec lui,
Remy Belleau, Marcassus et Richelet se sont partagé
le laborieux devoir de commenter l'œuvre si variée
du poëte vendomois, et leurs commentaires alourdis-
sent honnêtement la collection de ses vers telle qu'on
l'a reproduite jusqu'en 1629, date mémorable, pour
le dire en passant, des débuts de Corneille, comme si
la plus grande renommée littéraire du seizième siècle
venait expirer devant les premières lueurs de notre
poésie classique.

Dans la suite de ces études nous ne verrons que
trop de preuves de cet envahissement de la poésie
française par la mythologie et l'histoire grecques.
On ne peut douter que le génie national n'en ait
souffert, en quelque mesure, et n'y ait perdu quelque chose de sa franchise. Mais il est juste aussi
de reconnaître que cette passion érudite n'inspira
pas toujours mal les grands esprits du seizième siècle.
Elle les détourna de la facilité molle et indulgente
où se laissait aller l'école de Marot; elle leur apprit
à tendre plus sévèrement les ressorts du langage

comme ceux de la pensée; elle éleva, elle ennoblit
les ambitions de la poésie et de l'éloquence, au risque
même de rompre trop violemment avec les goûts du
public illettré, de ce qu'on appelait alors « le populaire » ; elle donna aux esprits l'amour des grandes
choses. Ce feu nouveau anime singulièrement l'œuvre
poétique de Ronsard, qui lui doit d'heureuses et fortes inspirations. Quelques belles pages comme celles
qu'on va lire ne compensent-elles pas bien des égarements du pédantisme, bien des puérilités de l'érudition? Cette page (elle fait partie des Hymnes aux
Saisons), omise dans tous les *Choix* récents qu'on a
faits des poésies de Ronsard, même dans celui de
M. Sainte-Beuve, m'est signalée par Est. Pasquier,
qui, dans ses *Recherches de la France* (1), la cite
comme une des meilleures du grand poëte, et, en
cela, se rencontre avec le jugement impartial de la
critique moderne :

> On dit que Jupiter, pour vanter sa puissance,
> Montroit un jour sa foudre, et Mars montroit sa lance,
> Saturne sa grand'faux, Neptune ses grand's eaux,
> Apollon son bel arc, Amour ses traits jumeaux,
> Bacchus son beau vignoble, et Cerès ses campagnes,
> Flore ses belles fleurs, le dieu Pan ses montagnes,
> Hercule sa massue, et bref les autres dieux
> L'un sur l'autre vantoient leurs biens à qui mieux mieux.
> Toutefois, ils donnoient, par une voix commune,
> L'honneur de ce débat au grand prince Neptune ;
> Quand la Terre leur mère, espointe (2) de douleur

(1) Livre VIII, c. 10, *Des Recherches de la France*, n. 42,
p. 72, des Œuvres choisies de Pasquier, éd. Feugère.

(2) *Expuncta*, percée.

Qu'un autre par sur elle emportoit cet honneur,
Ouvrit son large sein, et, au travers des fentes
De sa peau, leur montra les mines d'or luisantes,
Qui rayonnent ainsi que l'éclair du soleil,
Quand il luit au midi, lorsque son beau réveil
N'est point environné de l'épais d'un nuage,
Ou comme l'on voit luire au soir le beau visage
De Vesper la Cyprine, allumant les beaux crins
De son chef bien lavé dedans les flots marins.
Incontinent les Dieux échauffés confessèrent
Qu'elle étoit la plus riche, et flattant la pressèrent
De leur donner un peu de cela radieux
Que son ventre cachoit, pour en orner les cieux :
Ils ne le nommoient point ; car ainsi qu'il est ores
L'or, pour n'être connu, ne se nommoit encores ;
Ce que la terre fit, et prodigue honora
De son or ses enfants, et leurs cieux en dora.
Adoncques Jupiter en fit jaunir son trône,
Son sceptre, sa couronne, et Junon, la matrone,
Ainsi que son époux, son beau trône en forma,
Et dedans ses patins par rayons l'enferma.
Le soleil en crêpa sa chevelure blonde,
Et en dora son char qui donne jour au monde ;
Mercure en fit orner sa verge, qui n'étoit
Auparavant que d'if ; et Phœbus, qui portoit
L'arc de bois et la harpe, en fit soudain reluire
Les deux bouts de son arc, et les flancs de sa lyre.
Amour en fit son trait, et Pallas, qui n'a point
La richesse en grand soin, en eut le cœur espoint,
Si bien qu'elle en dora le groin de sa Gorgone
Et tout le corselet qui son corps environne ;
Mars en fit engraver sa hache et son bouclier ;
Les Grâces en ont fait leurs demi-ceints boucler,
Et pour l'honneur de lui, Vénus la Cythérée
Toujours depuis s'est faite appeler la dorée ;
Et même la Justice, à l'œil si refrongné,
Non plus que Jupiter ne l'a pas dédaigné ;
Mais soudain connoissant de cet or l'excellence,
En fit broder sa robe et faire sa balance.

Certes, la versification et le style laissent à désirer dans cette description, que Pasquier admire sans réserve. Mais, le sujet une fois admis, et la part faite à l'inexpérience en un tel début, comment y méconnaitre le mérite d'une belle conception et d'un langage supérieur aux mignardises de l'école de Marot? Le biographe de Ronsard, Cl. Binet, raconte quelque part, avec un accent de naïveté touchante, comment Dorat, le maître des poëtes de la Pléiade, initiait ses élèves au sentiment de l'antiquité classique. Jugeant sur de premiers essais que Ronsard « serait l'Homère de la France, un jour, voulant le nourrir de viande propre, il lui lut de plein vol le *Prométhée* d'Eschyle, pour le mettre en plus haut goût d'une poésie qui n'avoit pas encore passé les mers deçà; qui, pour témoignage du profit qu'il avoit fait, traduit cette tragédie en françois, l'effet de laquelle sitôt que Ronsard eut savouré : Et quoi, dit-il à Dorat, mon maître, m'avez-vous si longtemps caché ces richesses? Ce fut ce qui l'incita encore, outre le conseil de son précepteur, à tourner en françois le *Plutus* d'Aristophane et le faire représenter en public, au théâtre de Coqueret, qui fut la première comédie françoise jouée en France. » Le *Plutus* et le *Prométhée*, Homère, Eschyle et Aristophane, auxquels bientôt allait être associé Pindare, singuliers rapprochements, mais qui témoignent de quelle ardeur ces jeunes imaginations se prenaient pour les chefs-d'œuvre de l'antiquité renaissante. Devant cette scène du Prométhée « lu de plein vol » en français par le savant humaniste, on croit voir s'illuminer le beau front du jeune poëte, et sentir

l'inspiration qui bouillonne dans son cerveau. Le plus
souvent cette ardeur de son génie s'arrêtera aux formes extérieures de la beauté antique et une imitation
laborieuse n'en reproduira que le langage mal ar-
rangé à la française. Mais quelquefois aussi, par un
effort heureux, le grand novateur se pénétrera de
son esprit même. C'est ce qu'il fait dans sa description de la naissance de l'or. Quelque chose de la
flamme homérique a passé dans ce morceau original
et d'une touche puissante. On y sent la vive admiration des premiers âges de l'humanité pour les riches dons de la nature. Je me rappelle une page du
Mahâbhârata, qui raconte la naissance du Gange,
comment des hauteurs du ciel descendit, un jour, le
flot fécond du fleuve divinisé par la piété des Hin-
dous (1). Cette poésie a des accents d'une beauté religieuse pour exprimer la joie des dieux et celle des
hommes, lorsque, pour la première fois, ils virent
s'épancher sur la terre les richesses de ces flots bienfaisants. Par-delà Hésiode et Homère, il semble que,
sans le savoir, Ronsard ait rejoint les chantres de
l'Inde antique et qu'il ait retrouvé quelques traits
de leur poésie grandiose.

Voilà comment la muse grecque, même à moitié
comprise, s'emparait des âmes pour les féconder.
Voilà comment la science des lettres anciennes, à
travers bien des méprises et des mécomptes, élevait
peu à peu une nouvelle école d'inventeurs et d'écrivains vraiment français.

(1) Fragment du *Mahâbhârata*, cité par M. E. Quinet, dans
la Revue des Deux-Mondes, 1ᵉʳ juillet 1840.

TREIZIÈME LEÇON.

PREMIERS ESSAIS DE RÉNOVATION SAVANTE SUR LE THÉÂTRE FRANÇAIS. — AUTORITÉ DE LA *POÉTI-QUE* D'ARISTOTE.

Événements littéraires de 1548 à 1552. — Le théâtre populaire déserté pour le théâtre savant. — L'École de Dorat : Ronsard et Jodelle. — La fête païenne d'Arcueil. — Comment et pourquoi s'établit dans notre littérature poétique l'autorité d'Aristote et de ses préceptes. — Comparaison de cette réforme avec celle qui avait jadis soumis la littérature latine aux préceptes et aux exemples de la Grèce.

Par une coïncidence remarquable d'événements littéraires, les trois ou quatre années qui occupent le milieu du seizième siècle marquent l'époque décisive du mouvement qui va désormais associer les idées de l'antiquité renaissante, et particulièrement de l'antiquité grecque, à celles de la civilisation moderne.

C'est en 1548 que Th. Sibilet résume, dans son *Art poétique*, les règles de l'ancienne poésie française et laisse voir déjà quelque ambition de la relever par l'imitation des anciens ; et lui-même, en 1549,

20

il donne l'exemple de « tourner du grec en françois »
l'*Iphigénie* d'Euripide, qui fut bientôt suivie (1550)
de deux traductions de l'*Hécube*, l'une par Bouchetel
et l'autre par Lazare de Baïf. C'est alors que J. Du Bellay proclame plus hardiment le besoin d'une réforme
dans sa *Défense et illustration de la langue françoise;*
c'est alors que, réuni à Ronsard et à Jean-Antoine
de Baïf, sous la direction de Dorat, le célèbre humaniste, il forme ce que Cl. Binet appelle un « heureux triumvirat » pour l'étude des lettres grecques
et latines, et pour le renouvellement de notre littérature nationale. Avant 1550, Du Bellay, Ronsard et
Jodelle avaient publié leurs premiers essais poétiques, déjà tout empreints des souvenirs de cette
éducation savante. En 1551, Ramus, dans son discours d'ouverture au Collège de France, pose les
principes d'une philosophie bien résolue à rompre
avec la scolastique et avec le péripatétisme. En
même temps, il se trouve que le théâtre populaire
et les confréries qui le desservent s'attirent les cen-
sures du parlement, pour avoir excité les passions
religieuses, déjà émues par tant de nouveautés et de
controverses : un arrêt a interdit aux Confrères de
la Passion de jouer des mystères, leur enjoignant
de se réduire aux sujets profanes, et encore de les
traiter avec moins de licence. La place est ainsi
comme préparée pour que le drame antique se
substitue, sur notre scène, au drame national, et l'é-
cole des poëtes érudits ne tardera pas à tenter cette
aventure.

L'année 1552 fait époque dans l'histoire du théâtre

français. Elle marque la transition du théâtre populaire au théâtre savant, et le triomphe des doctrines
de l'antiquité sur les traditions de notre littérature
nationale. Dans l'enceinte même d'un collége, lieu
habitué d'ailleurs aux représentations dramatiques (1), se fait comme l'inauguration de la tragédie régulière, imitée des Grecs et des Romains. Un
témoin de ce grand événement l'a résumé en quelques lignes caractéristiques : « Quant à la comédie
et tragédie, raconte Estienne Pasquier, nous en devons le premier plan à Estienne Jodelle, et c'est ce
que dit Ronsard en la même élégie :

> Après, Amour la France abandonna,
> Et lors Jodelle heureusement sonna,
> D'une voix humble et d'une voix hardie,
> La comédie avec la tragédie,
> Et d'un ton double, ores bas, ores haut,
> Remplit, premier, le françois échafaut.

« Il fit deux tragédies, la *Cléopâtre* et la *Didon*, et
deux comédies, la *Rencontre* et *Eugène :* la *Rencontre* ainsi appelée, parce qu'au gros de la mélange,
tous les personnages s'étoient trouvez pêle-mêle ca-
suellement dedans une maison, fuseau qui fut fort

(1) M. E. Cougny a réuni beaucoup de faits intéressants à
cet égard dans une dissertation intitulée : *Des Représentations
dramatiques et particulièrement de la Comédie politique dans
les colléges au seizième siècle* (Paris, 1868, in-8°). — Voir aussi
les importantes considérations de M. Littré, dans son *Histoire
de la Langue française*, t. II, p. 1 : *Étude sur Patelin : De la
Farce; pourquoi l'ancienne littérature n'a pas eu de tragédie
proprement dite.*

bien par lui démêlé par la clôture du jeu (1). Cette
comédie et la *Cléopâtre* furent représentées devant
le roi Henri, à Paris, en l'hôtel de Reims, avec un
grand applaudissement de toute la compagnie, et
depuis encore au collége de Boncour, où toutes les
fenêtres étoient tapissées d'une infinité de personnages d'honneur, et la cour si pleine d'écoliers, que
les portes du collége en regorgeoient. Je le dis comme
celui qui y étoit présent, avec le grand Tornebus, en
une même chambre. Et les entreparleurs étoient tous
hommes de nom; car même Remy Belleau et Jean de
la Péruse jouoient les principaux roulets , tant étoit
alors en réputation Jodelle envers eux (2). »

Les historiens du théâtre français ont à l'envi raconté le détail de cette représentation : comment, ce
jour-là, la Pléiade des novateurs se mit en pleine
orgie pour célébrer sa victoire; comment Jodelle,
escorté de ses admirateurs, fut ramené à Arcueil;
comment le joyeux cortége s'empara d'un bouc, le
décora de lierre et de bandelettes, l'entraîna dans la
salle du festin où la victime fut immolée, et où
Ronsard improvisa un péan en l'honneur de Bacchus. On ajoute même que cette innocente imitation
des Dionysiaques scandalisa les pieux habitants

---

(1) Pasquier semble donc distinguer ici deux comédies de Jodelle, et, en effet, ce qu'il dit du dénouement de *la Rencontre*
ne paraît nullement convenir à *l'Eugène* tel que nous le lisons
aujourd'hui. Voir là-dessus l'édition de Jodelle, publiée par
M. Marty-Laveaux (Paris, 1868), t. I, p. 311, n. 4.

(2) *Recherches de la France*, VII, 6, t. II, p. 24, des *Œuvres
choisies*, éd. L. Feugère.

d'Arcueil, qui crièrent à l'idolâtrie et qui faillirent
faire justice de ces hardis païens. La légende est
pour une bonne part dans ce récit, et l'aventure se
réduit à de plus humbles proportions, si l'on con-
sulte les souvenirs mêmes des contemporains, de
Ronsard et de son biographe Cl. Binet. Ce qui est
plus sérieux, c'est que la renommée de Jodelle se
soutint par un nouveau succès, celui de sa *Didon* ;
c'est qu'il resta plusieurs années encore le poëte et
l'organisateur des fêtes de la cour, et que, trente
ans après sa mort, on l'admirait encore comme un
créateur, presque comme un modèle. Nous croyons
rêver aujourd'hui quand nous lisons dans la préface que Charles de Lamothe a mise en tête de l'édition des œuvres de Jodelle (1584 et 1597) cet
étrange jugement : « Par icelle poésie l'on peut
bien apercevoir que l'auteur avoit bien lu et entendu les anciens; toutefois, par une superbe assurance, ne s'est oncques voulu assujettir à eux, ains
a toujours suivi ses propres inventions, fuyant curieusement les imitations, sinon quand expressé-
ment a voulu traduire en quelque tragédie : tellement que, si l'on trouvoit aucun trait que l'on pût
reconnoître aux anciens, ou autres précédens lui,
ç'a été par rencontre, non par imitation, comme il
sera aisé à juger en y regardant de près..... Qui
remarquera la propriété des mots bien observée, les
phrases et figures bien accommodées, l'élégance et
majesté du langage, les subtiles inventions, les
hautes conceptions, la parfaite suite et liaison des
discours, et la brave structure et gravité des vers,

où il n'y a rien de chevillé, se trouvera si affriandé
en ce style d'écrire singulier et possible encore non
accoutumé entre les François, que, si après il prend
les œuvres de plusieurs autres, il s'en dégoûtera
tant qu'il ne voudra plus lire ni estimer d'autres
écrits que de Jodelle. »

Voilà pourtant le grand homme dont les gens de
goût peuvent à peine aujourd'hui extraire et retenir
quelques pages ou plutôt quelques vers dignes de lui
survivre (1). Cette méprise de l'admiration contemporaine vaut la peine d'être expliquée. Elle tient à
bien des causes.

Le spectacle donné devant la cour, au carnaval de
1552, était, il faut le dire, à peu près nouveau. On
signale, avant cette année, quelques tragédies régulières, mais presque toutes en latin, et, d'ailleurs,
destinées uniquement à des auditoires de collége,
comme étaient celles de Buchanan, de Guérente et de
Muret, que Montaigne raconte avoir jouées dans sa
jeunesse (2). D'un autre côté, les traductions soit
latines, soit françaises, des chefs-d'œuvre du théâtre
grec commençaient à peine à en répandre la connaissance ; l'enseignement des Dorat et des Turnèbe, si

(1) Voir la notice sur Jodelle, dans les *Essais d'Histoire littéraire* de Géruzez (Paris, 1839, in-8).

(2) *Essais*, I, 25 : « Tragédies... qui se représentèrent en notre
collége de Guyenne avec dignité. » Buchanan y fait allusion dans
des vers sur les misères du professorat :

> Sive levi captas populi spectacula socco,
> Turgidus aut tragico syrmate verris humum,

vers que je trouve reproduits dans un Appendice de l'*Histoire
de Sainte-Barbe* par M. J. Quicherat, t. I, p. 356.

utile qu'il pût être, ne sortait guère de l'enceinte
du Collége de France. Enfin, les deux essais de
Jodelle, et, dix ans plus tard, ceux de Jacques Grévin, étaient des imitations, non des traductions;
ils supposaient un véritable effort d'invention personnelle, et, s'ils ne furent pas heureux, on comprend du moins que la hardiesse et la nouveauté
d'une telle entreprise aient séduit les imaginations,
et facilement trouvé beaucoup d'admirateurs. D'ailleurs, le progrès des études sur l'antiquité commençait à créer parmi les lettrés une sorte d'opinion
générale, très-sévère pour la littérature du quinzième siècle et de la première moitié du seizième. Le
manifeste de Du Bellay avait jeté une grande émotion dans la génération nouvelle. On rougissait pour
la morale, comme pour le bon goût, des représentations grossières auxquelles s'étaient si vivement
intéressés nos ancêtres. Pour comble de discrédit,
ces jeux de carrefour avaient plus d'une fois com-
promis l'ordre public, surtout depuis que la Réforme agitait si vivement les esprits (1). Il fallait
donc, à tout prix, renouveler, agrandir, épurer la
littérature, et ceux qui se donnaient courageusement
cette tâche périlleuse étaient sûrs de trouver indulgence auprès du public. Là-dessus encore le témoignage de Charles de Lamothe nous est précieux. Il
signale les utiles encouragements donnés aux lettres
nationales par François Ier et par Henri II, « et les

(1) Voir dans les *Études sur quelques points d'archéologie et
d'Histoire littéraire*, par M. Édél. du Méril, l'important chapitre
intitulé : *Du développement de la tragédie en France.*

esprits excellents, lesquels, reprenant alors cette
ancienne vigueur françoise, remirent sus la docte
poésie en leur langue. De ceux-là le premier et le
plus hardi fut Pierre de Ronsard, qui se fit auteur
et chef de cette brave entreprise contre l'ignorance
et rudesse de je ne sais quels Chartier, Villon, Cré-
tin, Cève, Bouchet et Marot, qui avoient écrit aux
règnes précédents, et a tracé le chemin aux autres
qui l'ont suivi. Le premier qui après Ronsard se fit
connoître en cette nouvelle façon d'écrire, ce fut
Estienne Jodelle. » Or Ronsard n'avait rien écrit
pour la scène, si ce n'est une traduction en vers du
Plutus d'Aristophane, qui parut en 1545, sur le
théâtre du collége de Coqueret, et dont il s'est conservé seulement quelques pages (1). Jodelle tentait
donc véritablement d'élever un théâtre régulier à la
place des tréteaux où la vieille langue et le vieil
esprit français avaient confusément produit tant
d'essais informes.

Jodelle et ses successeurs sont tombés dans l'oubli, non peut-être par défaut absolu de génie, mais
parce que le temps n'était pas mûr pour produire
l'œuvre dont ils avaient noblement conçu le premier dessein, et parce que, dans leur ardeur de rénovation, ils avaient manqué de méthode.

Il y avait eu en France, du quatorzième siècle à
la première moitié du seizième, une enfance et
une jeunesse de l'esprit dramatique. Sortis de la foule,
écrivant pour la foule, sans maîtres et sans règles,

---

(1) Ce fut, dit Cl. Binet, la première comédie jouée en France.

les auteurs de mystères, de sotties, de farces et de
moralités n'avaient connu, à vrai dire, ni l'art des
proportions, ni l'art du style. Tout, chez eux, était
livré aux hasards d'une improvisation facile, parfois
heureuse, le plus souvent incapable de rien produire que pour le plaisir du moment et selon le
goût d'un auditoire illettré. Quand reparut devant les esprits studieux la grande image de l'antiquité classique, quand d'estimables traductions
eurent fait connaître quelques chefs-d'œuvre de Sophocle, d'Euripide et d'Aristophane, on sentit vivement ce qui nous restait à faire pour atteindre à
cette hauteur. Qu'on se figure, dans cette laborieuse
école où Dorat enseignait les lettres anciennes à
Ronsard et à Du Bellay, qu'on se figure l'impression
que devait produire la lecture du *Prométhée* d'Eschyle mis en français et « lu de plein vol » par
l'habile professeur qui dirigeait ces jeunes esprits (1)!
C'était comme l'étincelle qui allumait le feu d'un
enthousiasme durable. Mais l'enthousiasme des Ronsard et des Du Bellay, de tous ceux qui formèrent
avec lui la fameuse Pléiade, était celui de néophytes
inexpérimentés. Il devait renouveler la poésie française, mais au prix de bien des essais aussi puérils
souvent que ceux mêmes de l'école des poëtes populaires dont on se séparait avec éclat. Ces savants
esprits qui se donnaient pour tâche de combattre la
« brigade des muguets ignorants », comme les appelle
Binet, « les soldats de l'ignorance », comme les ap-

(1) Voir la leçon précédente, ci-dessus, p. 303.

pelle Rousard dans son Ode à Michel de l'Hôpital,
apportaient à cette œuvre plus d'assurance que de
force réelle. Ils devaient faire bien des faux pas dans
cette nouvelle carrière, et tout d'abord, pour échapper aux caprices « du populaire », ils allaient se
mettre sous le joug des pédants. A une école de
poëtes enfants succédaient d'autres enfants, pleins
d'ardeur, quelquefois même de talent, mais qui con-
naissaient trop peu l'antiquité pour en comprendre
bien les exemples.

On n'en comprenait guère mieux les leçons et les
théories. L'imitation des modèles grecs voulait être
dirigée; pour cela on cherchait parmi les anciens un
précepteur, et la poésie nouvelle avait besoin d'une
Poétique. Or, des deux principaux maîtres que l'antiquité avait donnés aux temps modernes, Platon et
Aristote, ce dernier était le mieux fait pour prendre
chez nous le rôle de législateur. Platon est un admirable juge de la poésie en général; il a clairement
montré en quoi elle touche au culte de l'idéal, en
quoi elle participe à une sorte d'enthousiasme religieux. Jusque dans les défiances et les sévérités
qu'il exprime contre elle, par la bouche de Socrate,
on sent une âme ouverte aux plus délicates et aux
plus pures jouissances de la poésie. Le *Phèdre* et
l'*Ion* sont tout pleins d'analyses ingénieuses du
génie poétique, de son action sur nos âmes et des
conditions de son développement (1). Ce sont là

(1) Voir mon *Essai sur l'Histoire de la Critique chez les Grecs*
(1849), chap. II, § 4.

des lectures charmantes, qui peuvent inspirer un
poëte, et nous en signalerons plus bas de sensibles
traces dans quelques beaux vers de Ronsard (1).
Mais, en fait de poésie, il ne suffit pas de reconnaître qu'on a en soi le génie qui invente, et, au
moment de produire, il faut encore suivre une méthode, se tracer un plan, puis pratiquer certaines
règles de composition et de style. Sur tout cela Platon cesse de nous être un conseiller utile. Aristote,
au contraire, excelle en cette fonction de précepteur
par la rigueur de son esprit et par son merveilleux
talent pour les définitions et les formules. C'est
assurément le défaut théorique de cette philosophie
d'Aristote, pour tout ce qui touche aux beaux-arts,
d'enfermer trop sévèrement la vérité en de rigou-
reux aphorismes. L'imagination et le sentiment, qui
ont une si large part dans le génie de l'orateur et
une part plus grande encore dans celui du poëte,
répugnent à la précision des formules où les empri-
sonne le subtil génie du Stagirite. Mais, au point de
vue pratique, ces défauts, on doit le reconnaître,
ressemblent presque à des qualités. Ce n'est donc pas
un effet du hasard si Aristote a conquis et conservé, pendant tant de siècles, une grande autorité sur
la direction des esprits, et si la certitude de ses
principes dans la science du raisonnement a été
comme associée par le respect général à l'infail-
libilité des dogmes de l'Église (2). Or, cette au-

(1) Voir la leçon suivante, p. 332.
(2) Voir, dans mes *Mémoires de littérature ancienne*, la Leçon d'ouverture du cours de littérature grecque (1840).

torité d'Aristote, bien que déjà battue en brèche
par Ramus et par ses disciples, était restée, à la
fin du seizième siècle, toujours maîtresse de l'École;
elle y devait régner longtemps encore, même après
les attaques de Descartes et de ses disciples. Aussi,
lorsque la *Rhétorique* d'abord, puis la *Poétique* re-
prirent place à côté des autres parties de l'*Organon*,
parmi les livres classiques, il n'est pas étonnant
qu'elles aient eu part au respect qu'on avait encore
pour la dialectique péripatéticienne, dont elles continuaient les enseignements et dont elles rappelaient
le caractère.

Aristote, en effet, sait bien que l'éloquence et
la poésie ont un domaine tout à fait distinct de la
logique, et il a marqué de main de maître cette distinction, dans le quatrième chapitre de son *Traité
du langage*, dont on n'a pas toujours apprécié,
sur ce point, l'importance (1). Mais cela ne l'empêche pas, quand il passe de l'Analytique à la Rhétorique, d'apporter dans cette dernière étude ses
préoccupations et ses habitudes de logicien, et,
quand il passe de la Rhétorique à la Poétique, sa
méthode, au fond, demeure la même sur un sujet
si différent. Il a, certes, en Poétique aussi, des vues
d'une singulière profondeur. Il en a par lesquelles
il se rapproche de Platon, comme lorsqu'il dit que le
poëte imite non l'objet matériel et extérieur, mais
l'image et l'idée qui est en son âme, τὸ εἶδος τὸ ἐν τῇ

(1) Voir mes *Notions élémentaires de Grammaire comparée*,
note 45.

ψυχῇ (1). Il a aussi des vues qu'on chercherait vai-
nement dans Platon, comme lorsqu'il déclare que
la poésie est « plus sérieuse et plus philosophique
que l'histoire » (2). Mais, à côté de ces traits larges
et profonds, il a, même au milieu d'idées parfaitement justes, des finesses d'analyse presque puériles,
et ce que j'appellerais volontiers des excès de définition plus nuisibles qu'utiles à la clarté de ses dé-
monstrations et de ses préceptes. Ouvrons, par
exemple, la *Poétique* au sixième chapitre, qui contient la définition de la tragédie. Que d'idées en une
page, mais aussi que de distinctions superflues!
Quelle sécheresse d'analyse et quelle rigueur de conclusions! La tragédie, pour Aristote, a six parties,
pas une de moins, pas une de plus, χαὶ παρὰ ταῦτα
οὐδέν. Quand il rapprochera la tragédie de l'épopée,
celle-ci, à ses yeux, prendra quelque chose de cette
régularité méthodique; elle aura sa définition rigoureuse, ses conditions d'unité, ses dimensions, etc.
On se croirait en pleine logique. Eh bien! cette
rigueur de la méthode aristotélique, il semble qu'elle
ne déplut pas aux esprits curieux et ardents de
notre nouvelle école de poëtes. L'ancienne poésie
avait eu ses Poétiques, toutes pleines de préceptes, de définitions, de recettes, comme on
peut le voir dans ces *Lois d'amour* (3), qui sont le

(1) *Poétique*, c. IX, p. 330, à la suite de mon *Essai sur
l'Histoire de la Critique.*

(2) Voir l'*Essai sur l'Histoire de la Critique*, p. 158.

(3) Publiées en 1841, 2 vol. gr. in-8°, sous le titre de : *Fleurs
du gai savoir, autrement dites Lois d'amour.*

code de la poésie provençale. Fabri lui-même et
Sibilet ne font guère qu'énumérer les divers genres
de compositions en usage jusqu'au commencement
du seizième siècle, les espèces de vers, leurs diverses
combinaisons, etc.: ce sont là de véritables manuels
pratiques pour la profession de *rimeur*. Les *poëtes*,
comme désormais ils veulent se nommer, d'après le
conseil de Sibilet lui-même (1), appellent un maître
qui leur trace les lois et leur enseigne les procédés
de l'art; ils se croient plus sûrs de lutter ainsi avec
succès contre les chefs-d'œuvre de l'antiquité classique. Si imparfait et si mutilé qu'il soit, le petit
manuel d'Aristote répond bien à ce besoin nouveau
des esprits. Il dit, en général, avec précision et clarté
ce qu'il faut pour construire une épopée ou une
tragédie, et pour les écrire avec le style qui convient le mieux à chacun de ces genres de poëmes.
Là où sa doctrine nous manque, soit qu'il ne l'ait
point achevée, soit que les manuscrits ne nous
l'aient point transmise, les commentateurs, s'inspi-
rant de son esprit, n'hésiteront pas à y suppléer.
Ils feront une définition de la comédie sur le modèle
de sa définition de la tragédie (2). Pour la tragédie
elle-même, si Aristote ne n'est pas expliqué clairement sur l'unité de temps, ils suppléeront à son

(1) *Poétique*, I, fol. 5 : « On a appelé les poëtes françois
rimeurs, s'arrêtant à la nue écorce et laissant la séve et le bois,
qui sont l'invention et l'éloquence des poëtes, qui sont mieux
appelés ainsi que rimeurs. Et ne devons avoir honte de devoir
ce mot au grec, etc. »

(2) Voir l'*Essai sur l'Histoire de la Critique*, p. 419.

silence ou à l'obscurité de son langage, en suivant
ce qu'ils croient être le véritable esprit de sa doctrine, et c'est en vertu du même principe qu'aux
deux unités d'action et de temps ils en ajouteront
une troisième, à laquelle Aristote n'a jamais pensé.
Tel est le prestige de ce grand nom qu'on accepte
tout ce qu'il signe et tout ce qu'il aurait pu signer.

Ce ne fut pourtant pas sans résistance que s'établit cette autorité des préceptes et des exemples
grecs. M. Sainte-Beuve, dans son *Tableau de la poésie
française au seizième siècle*, a raconté ces divisions
intestines de nos premières écoles dramatiques, depuis Garnier, en qui Ronsard et Dorat saluaient
prématurément l'alliance des trois génies d'Eschyle,
de Sophocle et d'Euripide (1), jusqu'à ce fécond
Hardy qui, après tant de succès faciles, mais éphé-
mères, mourut tout juste au moment où débutait
P. Corneille. C'est une histoire qui n'est point à
refaire, et je n'y touche que pour montrer à quel
besoin des esprits répondait la réforme aristotélique
de notre théâtre, et par quelles méprises s'accrédi-
tait une discipline que l'esprit français avait, pour
ainsi dire, cherchée, sans en prévoir l'impérieuse
tyrannie.

L'Aristote dont s'éprenaient alors tant de savants
esprits était mal connu de ceux mêmes qui croyaient
le suivre avec une exacte obéissance. On ne lisait
pas, il s'en faut de beaucoup, tout ce qui nous est

---

(1) Voir les pièces louangeuses placées en tête des Tragédies
de Garnier, éd. 1585, chez Robert Estienne.

resté de lui ; on s'inquiétait moins encore de ses
ouvrages perdus et de ce qu'ils nous apprennent
sur le développement successif de ses doctrines.
On n'a remarqué que bien tard à quel point Aristote
était l'historien de la poésie avant d'en être le législateur. Là, en effet, comme en politique, il avait
commencé par observer beaucoup les faits avant
d'en chercher la loi et d'en rédiger la formule. Ses
rigoureuses distinctions entre les genres divers où
s'exerce le génie poétique ne faisaient guère plus
qu'exprimer les phases successives ou les diversités
simultanées de la poésie grecque. J'ai bien des fois
signalé, dans le cours de mes études sur ce sujet,
l'espèce de logique instinctive que semble avoir
suivie la littérature grecque en ses développements.
Aristote ne manque pas de s'y attacher avec une
prédilection bien naturelle chez un esprit comme
le sien : de là cette symétrie de divisions et de subdi-
visions qu'on voit déjà nettement marquée dans la
Poétique et qui le sera plus encore dans ses commentateurs ou imitateurs, depuis Castelvetro et
Scaliger jusqu'au Père Le Bossu et à l'abbé D'Au-
bignac. Mais telles n'avaient pas été les libres évolutions du génie littéraire en Europe pendant le
moyen âge. Appliquer à notre littérature nationale
des principes jadis tirés de l'observation du génie
grec, c'était faire violence à l'esprit français. Si les
Fabri et les Sibilet avaient médiocrement accompli
leur tâche, il ne fallait pas pour cela substituer
à leur Poétique toute une théorie et tout un ensemble de préceptes jadis créés en vue des modèles

grecs. Mais l'erreur avait son excuse dans un noble
besoin de progrès qui agitait alors toutes les âmes;
elle l'avait aussi dans les traditions mêmes de l'antiquité, que chacun recueillait alors avec une sorte
de pieuse déférence.

A vrai dire, nous ne sommes pas seuls coupables
de la méprise d'obéissance qui nous jeta ainsi sous
la discipline des théories grecques ; les Romains, à
cet égard, nous avaient donné l'exemple. Eux aussi,
dès le temps des guerres puniques, ils s'étaient mis
à l'école de la Grèce: ils lui avaient emprunté, dans
l'ordre des idées, bien des traditions mythologiques
primitivement analogues aux fables religieuses de
l'Italie ; pour la langue, ils lui avaient emprunté
bien des mots et presque toutes ses règles de versification. Et cela était naturel, si l'on songe que
la langue latine était originairement une sœur de la
langue grecque ; que, dans la première période de
ses développements, elle n'avait guère connu qu'une
seule forme de rhythme poétique, le vers saturnin ;
enfin, que les dieux du Latium avaient tous plus ou
moins la même origine que ceux de l'Olympe homérique (1). Mais l'imitation ne s'était point arrêtée
là ; elle avait importé dans Rome un idéal d'épopée
dressé sur le modèle d'Homère et d'Apollonius, et
les trois variétés de drame qu'avait produites le théâtre attique, c'est-à-dire la tragédie, la comédie et le
drame satyrique. On s'étonne vraiment de lire dans

_____

(1) Je ne puis mieux faire que de renvoyer là-dessus à l'excellente *Introduction* que M. Eug. Benoist vient de publier en tête
du 2ᵉ volume de son édition de Virgile.

l'*Art poétique* d'Horace (1) des préceptes sur la manière d'introduire des *satyres* au théâtre : on s'étonne
de voir dans Vitruve (2) une description particulière
du décor approprié à ce genre de représentation :
la curiosité des Romains devait peu s'intéresser à
des pièces dans le genre du *Cyclope* d'Euripide. Si
déjà la comédie de Térence se voyait parfois négligée
pour des spectacles d'ours et de pugiles (3) ; si la
tragédie, malgré le génie d'un Attius, d'un Pacuvius
ou d'un Ovide, ne se soutint guère que par le talent
des grands acteurs, et cela seulement jusqu'au premier siècle de l'ère chrétienne, à quelle popularité
pouvaient donc prétendre, sur le théâtre de Rome, les
silènes et les satyres, personnages si peu romains et
si supérieurs aux faunes du vieux Latium ? Voilà un
frappant exemple de ce que peuvent l'autorité des
modèles et celle des préceptes étrangers pour faire
violence aux traditions du génie national. Ce qui s'é-
tait passé à Rome au temps d'Ennius et d'Horace se
renouvelait chez nous au seizième siècle. Les Romains nous apprenaient à considérer les Grecs comme
les vrais maîtres en tous les genres d'éloquence et de
poésie, à regarder leur langue comme la plus belle
qu'on eût jamais parlée, leur métrique comme un art
parfait, d'une richesse et d'une souplesse applicables
à toutes les langues, les traditions de leur histoire et

(1) *Ad Pisones*, v. 221-235.
(2) *De Architectura*, V, 8.
(3) *Hécyre*, prol. Cf. Horace, Epist. II, 1, v. 185 sq.

>   Media inter carmina poscunt
> Aut ursum aut pugiles.

de leur mythologie comme un fonds d'idées où devaient puiser toutes les littératures de l'Europe renaissante. De là tant d'erreurs du patriotisme littéraire que nous avons déjà observées ou que nous observerons dans la suite de ces études, erreurs dont les conséquences, sur plusieurs points, se sont prolongées jusqu'à nos jours.

QUATORZIÈME LEÇON.

LES *POÉTIQUES* FRANÇAISES AU SEIZIÈME SIÈCLE. INFLUENCE DIVERSE D'ARISTOTE ET DE PLATON SUR LA LITTÉRATURE ET SUR LA CRITIQUE LITTÉRAIRE.

———

Les *Poétiques* de Fabri et de Sibilet. — Première introduction des idées d'Aristote dans notre théorie du drame. — Jacques Grévin et Jean de la Taille. — Le Platonisme chez Ronsard et chez Ramus. — Caractère général des réformes de Ramus. — Les éditeurs, les traducteurs et les commentateurs de la *Poétique* d'Aristote. — Vauquelin de La Fresnaye. — J. Bourlier, premier essai d'une étude historique du théâtre grec et romain.

Vous avez vu quelles circonstances favorisaient chez nous l'établissement d'une autorité nouvelle en littérature, et comment Aristote semblait le précepteur le plus propre à discipliner l'esprit français par la servitude des théories, en même temps que nous subissions la servitude des exemples. Il nous faut chercher aujourd'hui de quelle façon et en quelle mesure ces théories littéraires de la Grèce ont pénétré dans la littérature française.

. La critique littéraire figurait-elle pour une part dans les cours de l'Université ou dans ceux du Col-

lége de France ? On peut le croire, surtout pour ces
derniers, d'après les commentaires de Ramus et de
Lambin sur les œuvres de Cicéron, qui ne sont
guère que la rédaction de leurs leçons publiques.
Toutefois il ne paraît pas que cette critique se soit
jamais largement développée. Les premières Rhéto-
riques, comme celle d'Omer Talon (1544), le disciple
de Ramus, qui est en latin, et celle de Fabri (1544),
qui est en français, ne vont guère au-delà des
règles qui sont strictement utiles pour la pratique
de l'art. On remarque, entre autres, dans la Rhétorique de Fabri, une longue série de règles accompagnées d'exemples pour l'art d'écrire *des épîtres et
lettres missives*. Cela rappelle, mais de bien loin, un
opuscule grec sur la même matière, qui fut publié
seulement quelques années après, à Bâle, puis à
Paris (1). L'aspect seul du livre de Fabri, imprimé en
caractères gothiques, semble rappeler à la fois l'enfance de l'imprimerie et les premiers tâtonnements
d'une science bien imparfaite. Qu'on en juge par ce
titre : « Le grant et vray art de pleine réthorique :
utile, proffitable et nécessaire à toutes gens qui dési-
rent à bien élégantement parler et escripre. Compilé
et composé par très expert, scientifique et vray orateur, maistre Pierre Fabri, en son vivant curé de
Méray : et natif de Rouen. Par lequel ung chascun

(1) Sans nom d'auteur, à Bâle, en 1548, par Hartung ; puis
sous le nom de Libanius, à Paris, en 1558, par G. Morel ; il paraît appartenir au platonicien Proclus , et il a été réimprimé, en
dernier lieu, avec beaucoup de soin, par A. Westermann (Lipsiæ, 1856, in-4°).

en le lysant pourra facilement et aornément composer et faire toute description en prose : comme
oraisons, lettres missives, épistres : sermons : récitz :
collations et requestes. » Le second livre, qui est
une sorte de Poétique, a un titre semblable au premier, sauf la fin, que voici : « ...pour composer et
faire toute description en rythme, comme champs
(sic) royaulx, balades, rondeaulx, vyrelets, chansons, et générallement toutes sortes, tailles et manières de composition. » Ce second livre est, en effet,
un véritable manuel de versification, où chaque règle est accompagnée d'exemples et quelquefois exprimée en vers. Dans ce dernier cas, Fabri a copié
le plus souvent une Rhétorique plus ancienne, dont
aucun exemplaire jusqu'ici ne s'est retrouvé (1).
Mais, qu'elle ait eu ou non des modèles, cette œuvre
de Fabri est encore bien grossière. On n'y voit guère

(1) Fabri en désigne l'auteur sous le nom de *l'Infortuné*, et
l'abbé Goujet reporte au règne de Louis XI la date de cet auteur inconnu. Il est certain que, dès 1493, Ant. Vérard imprimait l'*Art et science de rhétorique pour faire rimes et ballades,*
dont il existe trois autres éditions sans date, et qui porte le nom
de Henri de Croy, nom sous lequel M. Fr. Michel croit, sans
raison, reconnaître *l'Infortuné*. M. P. Paris m'apprend qu'il
existe, à la Bibliothèque impériale, deux manuscrits de ce livre,
plus corrects que l'édition de 1493 (reproduite en 1832, par
M. Fr. Michel, comme introduction aux *Poésies gothiques françaises*, recueil que publiait alors la librairie Silvestre), et que
l'ouvrage est de Jean Molinet. M. Michel, dans la Préface de la
réimpression citée, signale deux opuscules de la même famille,
l'un par Gratien du Pont (Toulouse, 1539), l'autre, également
en caractères gothiques, mais sans aucun indice d'origine. Ces
informes essais n'ont guère d'intérêt que pour une histoire
spéciale de notre versification et de notre langue technique.

d'autre trace de l'enseignement des lettres grecques
que l'emploi d'un grand nombre de mots techniques, comme *perissologia*, *tautologia*, *eclipsis*, *ana-
phora* et autres, qu'il empruntait probablement à
quelque traité des grammairiens latins sur les mêmes
matières. Quant aux exemples cités, ils ne supposent
aucune lecture des ouvrages grecs ou latins, mais
ils sont tous empruntés à nos poëtes du quinzième
siècle et des premières années du seizième.

Bien autre, à tous égards, est l'aspect de « l'Art
poétique françois pour l'instruction des jeunes studieus et encore peu avancez en la poésie françoise »,
par Thomas Sibilet, petit livre imprimé à Paris en
1548, avec privilége, et qui se vendait au Palais, en
la boutique de Gilles Corrozet. Celui-là est d'une impression élégante, en beaux caractères romains, avec
des titres, des tables, des notes marginales. La rédaction en est généralement claire, l'orthographe un
peu particulière, selon les idées que l'auteur s'était
faites à lui-même. Mais, quant aux sujets traités, le
livre de Sibilet diffère peu du précédent. L'auteur,
il est vrai, commence par quelques observations générales sur l'antiquité de la poésie et son excellence,
où il cite tour à tour Cicéron, Horace, Virgile, les
Livres saints et même Platon. Le second chapitre,
où il dispute sur l'emploi des *ryme*, *carme*, *vers* et
poésie, contient quelques mots grecs assez correctement reproduits; cela suppose une certaine connaissance de cette langue. Mais, à mesure qu'il vient à la
pratique, Sibilet montre de plus en plus qu'il est un
disciple des Latins et non des Grecs, et, dès le cin-

quième chapitre du premier livre, il arrive à la poésie française dont il traite jusqu'au bout de son second
et dernier livre. Il parle successivement des neuf
espèces de vers usités en français et de l'usage qu'on
en fait dans le Sonnet, le Rondeau, le Triolet, la Bal-
lade, le Chant royal, dans les divers genres de Chant
lyrique, les Épîtres et Élégies, les Églogues, les Moralités et Farces, le Blason, c'est-à-dire les éloges ou
les satires en vers, la Complainte, l'Énigme, le Lai
et le Virelai.

C'est, comme on le voit, tout le matériel de notre
vieille poésie française dans la seconde période du
moyen âge. Et, en effet, l'auteur emprunte tous ses
exemples à des écrivains de ce temps, ou bien à Marot, sans trop s'inquiéter (pour le dire en passant)
des choix qu'il fait pour les « jeunes studieus », car
il insère sans scrupule des citations même ordurières,
pourvu qu'elles répondent à la définition du genre
de poésie qu'il veut faire connaître. Dans ce détail,
nulle trace encore des théories grecques et des modèles grecs, que cependant l'auteur ne devait pas
ignorer absolument, puisqu'au chapitre viii de son
livre II, il écrit : « L'Éclogue est grecque d'invention,
latine d'usurpation et françoise d'imitation. Car Théocrite, le poëte grec, est le patron sur lequel Virgile a
pourtraict ses eclogues, et Virgile est le moule d'où
Marot et les autres poëtes françois ont pris la forme
des siennes ; » et plus bas : « La Moralité françoise représente en quelque chose la Tragédie grecque et latine, singulièrement en ce qu'elle traite faits graves
et principaus. Et si le François s'étoit rangé à ce

que la fin de la Moralité fût toujours triste et dolo-
reuse, la Moralité seroit tragédie. Mais en ce avons-
nous, comme en toute chose, suivi notre naturel, qui
est de prendre des choses étrangères non tout ce que
nous y voyons, ains seulement que nous jugeons
faire pour nous et être à notre avantage ; car en la
Moralité nous traitons, comme les Grecs et Latins en
leurs Tragédies, narrations de faits illustres, magna-
nimes et vertueux, ou vrais, ou au moins vrai-
semblables, et en prenons autrement ce qui fait (1)
à l'information de nos mœurs et vie, sans nous assujettir à douleur ou plaisir d'issue. » L'auteur prend
de là occasion pour signaler la différence du théâtre
ancien avec le théâtre moderne, ce dernier n'étant
guère qu'un grossier divertissement où les entre-
preneurs cherchent plutôt leurs profits que la gloire
d'un succès littéraire. Le vieux théâtre, tout français,
qu'il traite ici avec une sévérité peut-être légitime,
approchait alors de sa fin. De 1542 à 1548, les Confrères de la Passion luttèrent, mais sans succès, contre
les défiances et les sévérités croissantes du pouvoir,
qu'inquiétaient bien des hardiesses de la verve populaire. Peut-être aussi (comme nous le verrons plus
tard) les moralités et les farces, autrefois accueillies
sans trop de scrupule par des auditeurs de toute
classe, commençaient-elles à perdre beaucoup de faveur auprès de juges rendus plus difficiles par une
éducation qui leur avait ouvert l'accès des chefs-

---

(1) Ici, comme ci-dessus dans « faire pour nous », « fait » est
un latinisme : *facere ad*, « être utile ».

d'œuvre de la scène antique. En tout cas, cette comparaison est à peine indiquée, çà et là, par quelques
lignes fort superficielles, dans la *Poétique* de Sibilet. En terminant, il est vrai, l'auteur convient lui-
même de l'insuffisance de son travail. Pas plus que
Du Bellay, il ne conçoit et il n'explique assez clairement ce que c'est que l'épopée. Il regrette de n'avoir
que brièvement indiqué « les poëmes qui tombent
sous l'appellation de grand œuvre, comme sont en
Homère l'*Iliade*, en Virgile l'*Énéide*, en Ovide la
Métamorphose. » En ce genre « tu trouveras, dit-il
à son lecteur, peu ou point entrepris ou mis à fin
par les poëtes de notre temps. Pour ce, si tu désires
exemples, te faudra recourir au Roman de la Rose,
qui est un des plus grands œuvres que nous lisons
aujourd'hui en notre poésie françoise. Si tu n'aimes
mieux, s'il t'avient d'en entreprendre, te former au
miroir d'Homère et Virgile, comme je serois bien d'a-
vis, si tu m'en demandois conseil. Et croi que cette
pénurie d'œuvres grands et héroïques part de faute
de matière, ou de ce que chacun des poëtes famés et
savants aime mieux en traduisant suivre la trace ap-
prouvée de tant d'eages (*sic*) et de bons esprits qu'en
entreprenant œuvre de son invention ouvrir chemin aux voleurs de l'honneur dû à tout labeur vertueux (1). » Voilà qui n'est pas d'un homme fort au
courant ni de nos vieilles chansons de geste, ni des
préceptes anciens sur le poëme épique. C'est pourtant à ce propos que Sibilet fait de sages obser-

(1) Livre II, c. 14.

vations sur la prétention, alors à la mode, de composer en français des vers mesurés à la façon grecque et
latine (1). Sibilet est donc un esprit assez ouvert aux
innovations utiles, et qui sait, en même temps, se
tenir en garde contre les nouveautés que repousse le
génie de notre langue. Mais sa critique se borne encore aux préceptes de la versification ; elle n'a guère
souci de pénétrer jusqu'au fond des choses. La lecture d'Horace et même celle de Jérôme Vida, dont
l'*Art poétique*, publié depuis vingt ans déjà en Italie,
devait sans doute circuler en France, ne suffisaient
pas pour éveiller bien vivement l'esprit des critiques
sur les lois de la poésie. Or l'auteur le mieux fait
pour exercer ce genre d'influence, Aristote, paraît
être complétement inconnu de toute cette génération
de littérateurs. Sauf erreur de ma part (et l'erreur
est facile en ces études où les livres les plus importants à consulter sont presque toujours des livres
devenus rares), c'est en 1562, dans la préface du *César*
de Jacques Grévin, que l'on trouve chez nos poëtes
la première trace certaine des doctrines d'Aristote ;
encore cela se borne-t-il aux définitions de la
tragédie et de la comédie, et à quelques remarques
sur l'emploi des chœurs. Jean de la Taille ne fait pas
beaucoup plus, en 1572, dans la préface de son *Saül*,
préface qu'il intitule complaisamment *de l'Art de la
tragédie :* « Il faut, dit-il, qu'il y ait un chœur, c'est
à-dire une assemblée d'hommes et de femmes qui, à
la fin de l'acte, discourent sur ce qui aura été dit

(1) Livre II, c. 15. Voir ci-dessus, p. 292.

devant. » Et voilà où se borne sa philosophie sur
ce sujet. Ronsard, si passionné pour les Grecs, ne
nomme qu'une seule fois le grand législateur, à la
fin de sa Poétique de 1565, où, s'adressant à son ami
d'Elbenne, il s'excuse ainsi de ne pas entrer dans un
plus long détail : « Je te dirois ici particulièrement
les sujets d'un chacun poëme, si tu n'avois déjà vu
l'*Art poétique* d'Horace et d'Aristote, auxquels je te
connois assez médiocrement versé. » Il est vrai que
ce court morceau fut, au rapport de Binet, rédigé en
quelques heures. Mais la Préface, bien plus laborieuse, de la *Franciade* montre la même négligence.

Chose singulière, s'il y a un philosophe ancien dont
les doctrines aient agi sur notre grand poëte, ce n'est
pas Aristote, mais Platon. On croit sentir le souffle
des doctrines platoniciennes dans quelques beaux
vers sur l'inspiration poétique, que nous offre l'épitre
à Grévin, imprimée en 1562, en tête des œuvres de
ce poëte :

> Le don de poésie est semblable à ce feu,
> Lequel, aux nuits d'hiver, comme un présage est veu,
> Ores dessus un fleuve, ores sur une prée,
> Ores dessus le chef d'une forêt sacrée,
> Sautant et jallissant, jetant de toutes parts,
> Par l'obscur de la nuit, de grands rayons épars :
> Le peuple le regarde, et de frayeur et crainte
> L'âme lui bat au corps, voyant la flamme sainte.
> A la fin, la clarté de ce grand feu décroit,
> Devient pâle et blafarde, et plus il n'apparoît.
> En un même pays jamais il ne séjourne,
> Et au lieu dont il part jamais il ne retourne.
> Il saute sans arrêt de quartier en quartier,
> Et jamais un pays de lui n'est héritier,

Ains il se communique, et sa flamme est montrée,
Où moins on l'espéroit, en une autre contrée.
Ainsi, ni les Hébreux, les Grecs, ni les Romains,
N'ont eu la poésie entière entre leurs mains :
Elle a vu l'Allemagne, et a pris accroissance
Aux rives d'Angleterre, en Écosse et en France,
Sautant deçà, delà, et prenant grand plaisir
En étrange pays divers hommes choisir,
Rendant de ses rayons la province allumée.
Mais bientôt sa lumière en l'air est consumée.
La louange n'est pas tant seulement à un ;
De tous elle est hôtesse et visite un chacun,
Et, sans avoir égard aux biens ni à la race,
Favorisant chacun, un chacun elle embrasse.

Ne semble-t-il pas qu'on reconnaisse dans ces
vers originaux et d'une inspiration si élevée quelque
chose de la doctrine du *Phèdre* et de l'*Ion?* Des deux
côtés, c'est la même idée d'un génie divin qui vient
d'en haut animer ceux dont il plaît au ciel de faire
des poëtes. Rien ne prouve d'ailleurs que la doctrine de Platon fût alors populaire en France, au
moins « sur le Parnasse », comme on recommençait
à le dire. Quelques-uns pourtant de ses dialogues
avaient été traduits en français, l'*Axiochus* et l'*Hip-
parque*, par Étienne Dolet; le *Lysis*, par Bonaven-
ture Despériers, en 154?; le *Criton*, par Philibert
Duval, en 1547 ; le *Phédon*, par Louis Le Roy, en
1553 ; le *Sympose* ou *Banquet*, par le même, en 1559.
Quelques lignes de la traduction de Dolet avaient
eu, dit-on, une triste influence sur la décision des
juges qui condamnèrent à mort cet infortuné savant (1). Enfin, Platon avait trouvé dans l'Université

(1) Voir J. Boulmier, *Estienne Dolet, sa vie, ses œuvres et*

et au Collége de France un ardent et éloquent défenseur dans la personne de Ramus. On était alors
au plus fort des querelles du péripatétisme scolastique contre le platonisme renaissant et depuis longtemps populaire en Italie. C'est en 1536 que Ramus,
alors âgé de vingt-et-un ans, avait victorieusement
soutenu sa thèse antiaristotélique devant la Faculté
des Arts de Paris et qu'il avait obtenu le grade de
docteur. La persécution l'avait arrêté pour quelque
temps, non pas dans son activité studieuse, qui se
portait également sur la science et la littérature, mais
dans la liberté de son enseignement public. Après de
vains efforts de conciliation devant le conseil du roi,
Ramus voyait ses deux premiers livres de Dialectique
condamnés par un arrêt royal, et ce n'est pas sans
peine, dit-on, qu'il échappait lui-même aux galères.
Mais bientôt il poursuivait ses études en grammaire,
en mathématiques, surtout en dialectique, et il
reprenait la direction d'une fervente école de jeunes
esprits qui, de son vivant même, se faisaient les rédacteurs de ses doctrines. En 1551, il montait dans
une chaire du Collége de France, et son mémorable
discours d'ouverture inaugurait comme de nouveau
la liberté de la pensée philosophique, si longtemps
opprimée par le génie intolérant du moyen âge. Emporté trop loin sans doute par cette vive réaction
contre les puérilités et la sécheresse de la scolastique,

son martyre (Paris, 1857, in-8°), ch. xv et xvi. L'auteur de
cette intéressante étude d'histoire ne croit pas pouvoir affirmer
que Dolet ait su le grec ni qu'il ait traduit Platon d'après l'original.

il méconnaissait souvent la profonde doctrine d'A-
ristote, que cependant il pouvait étudier dans l'original, et il lui substituait d'ordinaire, avec plus
d'enthousiasme que de raison, la dialectique platonicienne : c'était remplacer une idolâtrie par une
autre. Mais, enfin, il y avait profit pour la science
à ébranler l'autorité d'Aristote, si longtemps souve-
raine, et devenue doublement inattaquable par son
étroite alliance avec la théologie orthodoxe. D'ailleurs, il faut bien en convenir, Platon n'est pas pour
ceux qui l'admirent un maître aussi impérieux qu'A-
ristote. La dialectique, telle qu'il la fait pratiquer
aux personnages de ses dialogues, dirige les esprits,
elle ne les asservit pas. Ces brillantes discussions
de Socrate et des sophistes, ces colloques entre le
maître et ses disciples, après maints détours at-
trayants, nous laissent quelquefois incertains sur les
conclusions où s'est arrêté le philosophe ; mais cette
incertitude même profite à notre liberté. Tandis que
le dogmatisme aristotélique s'impose à nous par la
rigueur de ses formules, la dialectique platonicienne
nous exerce à la discussion et au libre usage de nos
facultés. Elle nous excite à la recherche de la vérité
en y intéressant à la fois le cœur, l'intelligence et
l'imagination ; elle nous passionne pour l'idéal, mais
se garde bien de l'emprisonner dans des définitions
étroites. Ramus a raconté dans ses *Leçons de dialectique* (1), avec une naïveté touchante, le plaisir qu'il

_____

(1) *Scholæ dialecticæ*, épilogue du livre IV, cité par C. Wad-
dington, *Ramus, sa vie, ses écrits et ses opinions* (Paris, 1855,
in-8°), p. 24.

éprouva quand, pour la première fois, il lut dans
Xénophon les conversations de Socrate, et qu'il en-
tendit ainsi discuter en plein air les vérités de la
morale, de la politique et de la religion, que l'École
lui avait jusque-là montrées comme un réseau de formules subtiles, comme une matière d'argumentations
pédantesques. Il semblait que les murailles de l'École
tombaient autour de lui et qu'à ses yeux s'ouvrait
un pur et lumineux horizon. Rien n'est beau, je
dirais presque rien n'est poétique comme cet épa-
nouissement d'une âme de philosophe, qui se sent
enfin maîtresse d'elle-même, après avoir secoué de
lourdes entraves, et qui se livre, sous la lumière du
soleil, au milieu des richesses de la nature, à une
nouvelle étude des mystères du monde. Sans doute
le progrès eût été plus décisif, si Ramus, au lieu de
se faire platonicien en haine d'Aristote, se fût fait
plus directement observateur de la nature, pour l'étudier autour de lui et dans sa propre conscience. Il
eût ainsi devancé d'un siècle Descartes et le *Discours
de la Méthode*, qu'il a seulement préparés (1); mais
il faut lui tenir compte des difficultés et des périls de
sa tâche. Songeons qu'il est mort à l'œuvre, sous le
fer d'assassins apostés par des adversaires de ses
nobles doctrines. Jugeons par là des efforts qu'a dû
coûter une réforme, même imparfaite, des méthodes
philosophiques.

D'ailleurs, il ne faut pas dans Ramus apprécier

(1) Voir Monin, *de H. Cornelio Agrippa et P. Ramo Cartesii
prænuntiis* (Paris, 1833, in-8°).

seulement le philosophe, il faut estimer le hardi ré-
novateur des études en tous les genres. Ce que sa
philosophie avait peut-être de trop littéraire, ce que
sa prédilection pour Platon avait de trop exclusif, fait
aujourd'hui tort au penseur, sans doute, mais servit
alors au développement général de la culture intel-
lectuelle. Les humanités, dans le sens le plus vrai
du mot, reçurent de lui une vive et durable impulsion; avec Budé, avec les Estienne, Ramus a été
un des plus féconds initiateurs de la pensée moderne.

A considérer le peu de grandes idées que nous
offrent la Rhétorique de Fabri, la Poétique de Sibilet
et l'ambitieux manifeste de Du Bellay, on sent tout ce
que la littérature pouvait gagner au souffle qui lui
venait de la philosophie nouvelle, et, si les vers de
Ronsard qu'on vient de lire me semblent mémorables,
c'est surtout parce qu'ils expriment avec une certaine originalité je ne sais quel élan des âmes vers
une conception vraiment idéale de la poésie.

Aristote, auquel nous sommes ramenés par ce
contraste même, devait garder longtemps encore
beaucoup d'autorité dans l'École, puisqu'il fallut un
siècle et le génie de Descartes pour le détrôner. Bien
plus, pendant que ses doctrines perdaient du terrain
en métaphysique et en dialectique, elles gagnaient
en littérature un crédit qu'elles n'avaient jamais
eu. Sa *Rhétorique* et surtout sa *Poétique*, tardi-
vement introduites dans la société littéraire du
seizième siècle, allaient y prendre enfin une importance qui est devenue décisive, et j'ose le dire fu-

22

neste en quelque mesure à la liberté du génie français (1).

Il est bon de marquer ici les principales phases de
cette apparition des doctrines d'Aristote dans notre
littérature. Le moyen âge n'avait guère connu la
Rhétorique et la *Poétique* que dans des traductions
ou des abrégés syriaques d'abord, puis arabes, mis en
latin, mais mis en latin d'après l'arabe, non d'après
le texte grec (2). Que de méprises défiguraient la
doctrine originale à travers toutes ces transcriptions
et toutes ces traductions, c'est ce qu'on ne saurait
imaginer. L'exemple suivant le fera comprendre.
On connaît la célèbre et très-courte définition de la
tragédie qui se lit au chapitre vi de la *Poétique* (3).
Voici ce qu'elle est devenue dans la version latine
qu'en donne Hermann l'Allemand d'après l'arabe
d'Averroès : « Et terminus substantialis sive intelligere faciens substantiam artis laudandi est quum
ipsa est assimilatio et repræsentatio operationis vo-
luntariæ virtuosæ completæ quæ habet potentiam
universalem in rebus virtuosis non potentiam parti-
cularem in unaquaque rerum virtuosarum. Repræsentatio, inquam, quæ generat in animabus passiones
quasdam temperativas ipsarum ad miserandum aut

---

(1) Sainte-Beuve, *Poésie du seizième siècle*, p. 272.

(2) Voir *Histoire de la critique chez les Grecs*, p. 296 : « La
Poétique d'Aristote au moyen âge. »

(3) « La tragédie est l'imitation de quelque action sérieuse,
complète, ayant une certaine étendue, par un discours orné,
dont les ornements ne se trouvent pas tous dans chaque partie,
sous forme dramatique et non pas narrative, employant la ter-
reur et la pitié pour purger les passions de ce genre. »

timendum, aut ad cæteras consimiles passiones quas
inducit et promovet per hoc quod imaginari facit in
virtuosis de honestate et munditia. » C'est dans ce
style qu'est écrite la traduction latine du Manuel
d'Averroès, publiée pour la première fois en 1481,
et qui ne fut remplacée qu'en 1498 par la traduction,
encore bien grossière, mais au moins faite sur le
grec, de G. Valla. Que devait être pour des lecteurs
du quinzième siècle la doctrine d'Aristote sur la poésie et les poëtes, quand ils étaient réduits pour la
comprendre à ces informes abrégés? L'*Art poétique*
d'Horace, si peu précis qu'il soit dans ses définitions,
faisait pourtant mieux voir la différence de la comédie et de la tragédie qu'une prétendue *Poétique* d'A-
ristote dont le rédacteur réduisait la tragédie à l'art
de louer et la comédie à l'art de blâmer. Le texte
même d'Aristote ne fut livré qu'en 1503 aux lecteurs
capables d'en faire usage. Il faut attendre quelques
années encore pour rencontrer les premiers commentateurs de la *Poétique*, Robortelli en 1548, Madius
et Lombardus en 1550, Vettori (plus connu sous le
nom de Victorius) en 1560; puis, en 1570, Castelvetro, auteur d'une traduction italienne et d'un volumineux commentaire souvent réimprimés, et qui
paraissent avoir surtout contribué à répandre chez
nous la connaissance des théories d'Aristote sur le
drame et sur le poëme épique.

Avec cette première génération des interprètes italiens de la *Poétique* coïncident, on l'a vu, les premières mais bien superficielles mentions qui s'en
trouvent dans les livres de nos littérateurs français.

Puis on la voit souvent appelée en témoignage, souvent discutée, à tort ou à raison, dans la volumineuse et pédantesque *Poétique* de J. César Scaliger, qui, d'ailleurs, s'était infatué d'une si étrange préférence pour les poëtes latins (1). Mais c'est un poëte qui, le premier, nous en donne d'assez longs extraits traduits avec plus ou moins d'intelligence. Je veux parler de Vauquelin de La Fresnaye, qui, sous le règne de Henri III, dans son *Art poétique*, mêle confusément les préceptes d'Horace, ceux d'Aristote et ceux de Vida, traduisant tour à tour, et commentant en mauvais vers le texte de ces trois Poétiques, curieux à consulter néanmoins, et pour la naïveté même qui caractérise son ouvrage, et pour les détails historiques qu'il nous fournit sur l'état de la langue et de la littérature poétiques au temps où il écrivait. La Fresnaye me semble, à vrai dire, un peu surfait par l'estime que lui accordent M. Sainte-Beuve et M. Phil. Chasles : c'est un fort pauvre écrivain, qui semble ne rencontrer que par hasard la justesse de l'expression et la forme régulière de notre alexandrin; mais il montre du moins en toute sa simplicité l'état nouveau des esprits, à ce moment où la tradition des préceptes et des exemples antiques l'emportait enfin sur celle de notre vieille poésie gauloise.

Aristote, Horace et Vida substitués aux maîtres de versification dont Fabri et Sibilet s'étaient bornés à recueillir les doctrines, c'était là le commencement

---

(1) Première édition en 1561, souvent réimprimée.

d'une révolution que nous verrons se développer à travers le dix-septième siècle.

Pour nous borner aux pages que Vauquelin de La Fresnaye emprunte à la *Poétique* d'Aristote, voici celles où le philosophe explique les origines mêmes de la poésie et la division primitive des genres :

On voit aussi que l'homme ayant, dès la naissance,
Le Nombre, l'Armonie et la Contrefaisance,
Trois points que le Poëte observe en tous ses vers,
Que de là sont venus tous les genres divers
Qu'on a de poésie, à raison que naissante
Premier cette nature en nous contrefaisante,
Fit que celuy qui fut enclin pour imiter
S'enhardit peu à peu de nous représenter
Tous les gestes d'autruy, chanter à l'aventure,
Rapportant à la voix l'accort et la mesure.
Depuis il s'ensuivit qu'en beaucoup de façons
Elle fut divisée en l'esprit des garçons,
Selon que de leurs meurs la coutume diverse
A faire les poussoit des vers à la traverse.
De là vint qu'on voyoit les sages généreux
Les gestes imiter des hommes valeureux,
Les prudens contrefaire une vieille prudence,
Et mettre d'un Nestor l'esprit en évidence,
En imitant leurs meurs, leurs belles actions,
Comme elles ressembloient à leurs intentions.
Les autres plus légers leurs actions légères
Imitoient des mauvais, et comme harengères
Touchoient l'honneur de tous, usant de mots picquants,
Au contraire de ceux qui, les dieux invoquants,
Faisoient à leur honneur des Hymnes vénérables,
Ou célébroient des bons les bontez favorables :
De nature ils estoient poussez à cet effet :
Nul ne pensoit à l'art qui depuis s'en est fait :
Mais l'usage fit l'Art ; l'Art par apprentissage
Renouvelle, embellit, règle et maintient l'usage :

Et ce bel art nous sert d'escalier pour monter
A Dieu, quand du Nectar nous désirons gouster.
Le Nombre et la Musique, en leur douce harmonie,
Sont quasi comme l'âme en la sainte manie
De tout genre de vers, de qui faut emprunter
Le sucre et la douceur pour les faire gouster.

C'est dans les mêmes pages de la *Poétique* qu'il a trouvé l'idée, bien peu familière alors à nos Français, d'écrire un poëme en prose :

En prose tu pourras poétiser aussi ;
Le grand Stagiritain te le permet ainsi.
Si tu veux voir en prose une œuvre poétique,
D'Héliodore vois l'*Histoire éthiopique*.

Ailleurs, au chant II, il signalera, comme un exemple de cette « prose poétique », le fameux roman de *Lancelot du Lac*.

Aristote et les scoliastes grecs d'Aristophane lui ont encore fourni le peu qu'il sait et qu'il raconte sur les grossiers débuts de la comédie attique :

Elle eut commencement entre le populaire
Duquel l'Athénien bailla le formulaire :
Car, n'ayant point encor basti sa grand'cité
En des bordes, ce peuple estoit exercité
Marcher comme champestre, et par les belles plaines
Auprès des grands forests, des prez et des fontaines
Tantost il s'arrestoist, tantost en autre lieu.
Il faisoit cependant sacrifice à son Dieu
Apollon Nomien. En grandes assemblées,
Faisants tous à l'envi des choses redoublées,
Buvants, mangeants ensemble, ensemble aussi chantants,
Ils appeloient cela Comos, qui vaut autant

Que commune assemblée, et de leurs mariages,
De leurs libres chansons et de leurs festiages,
Qu'ils faisoient en commun, se fit enfin le nom
De Comédie, ayant jusqu'ici son renom.
La Comédie est donc une contrefaisance
D'un fait qu'on tient meschant par la commune usance,
Mais non pas si meschant qu'à sa meschanceté
Un remède ne puisse estre bien aporté,
Comme quand un garçon une fille a ravie,
On peut en l'espousant luy racheter la vie.
Telle dire on pourroit la mocquable laideur
D'un visage qui fait rire son regardeur :
Car estre contrefait, avoir la bouche torte,
C'est un défaut sans mal pour celuy qui le porte.

Mais bientôt se montre son inexpérience à propos du *drame satyrique* des Grecs, qu'il paraît confondre avec la *satire* romaine. Apparemment, il ne connaissait pas le *Cyclope* d'Euripide, unique exemple qui nous soit parvenu d'un genre de drame sur lequel la *Poétique* d'Aristote ne nous apprend rien, dans son état actuel de mutilation.

La suite de ces études prouvera, d'ailleurs, combien c'est chose différente de traduire la lettre de ces vieux textes et d'en comprendre l'esprit pour en faire sortir une leçon utile aux écrivains modernes. L'érudition naissante rendait déjà un service à la poésie française, en nous enseignant les vrais caractères du drame antique et ses rapports avec les institutions et les mœurs des peuples anciens. C'est ce qu'essayait alors Bourlier, traducteur de Térence(1), dans une

(1) Son ouvrage, dont la première édition parut à Anvers en 1566, fut réimprimé à Paris en 1572 et 1614.

préface intitulée : « Qu'étoient ce que les anciens
appeloient fable, tragédie, satyre, comédie vieille et
comédie nouvelle. » Il y expose, avec un savoir confus, mais assez abondant : en quels lieux premièrement se jouaient les tragédies et les comédies, — ce
qu'étoient les jeux scéniques en général, les acteurs
et joueurs d'iceux, — les aornements et vestements
des joueurs scéniques, — que signifient les actes et
les scènes en la comédie, — l'arrangement du théâtre
et de la scène et leurs aornements, — comment étoit
assis le peuple au théâtre ou amphithéâtre selon les
degrés ; et il termine en disant au lecteur, avec une
modestie louable : « Ces choses prémises et entendues, me semble maintenant bien facile l'intelligence, non-seulement de la comédie qui s'ensuit,
mais encore des autres que, Dieu aidant, avons espoir de vous traduire par bon loisir. »

Si l'on avait toujours suivi cette sage méthode, on
aurait évité bien des méprises, et l'imitation irréfléchie du théâtre grec et romain n'aurait pas égaré
tant d'esprits nés pour des succès durables. Deux
siècles après Vauquelin et notre traducteur de Térence, La Harpe, avant de juger Sophocle, Aristophane et Térence, aurait utilement lu les pages que
j'analyse, et, à plus forte raison, il aurait profité du
Voyage d'Anacharsis, dès que parut cet excellent
livre (1). Quand G. de Schlegel, en 1808, voulut
ramener ses compatriotes à une plus juste appré-

_____

(1) Voir surtout le chapitre xi, intitulé : « Une séance au
théâtre. »

ciation des chefs-d'œuvre dramatiques de la Grèce, il commença par relever les ruines du théâtre où jadis ils avaient paru devant un peuple de citoyens et d'artistes ; il y montra l'heureuse harmonie des lieux avec les choses, de la mise en scène avec une éloquence et une poésie également patriotiques et religieuses (1).

(1) *Cours de littérature dramatique,* leçon troisième. On sait que ce *Cours* a été de bonne heure accrédité chez nous par la traduction de M⁰ Necker de Saussure.

QUINZIÈME LEÇON.

LA POÉSIE LYRIQUE AU SEIZIÈME SIÈCLE.

———

La poésie lyrique en France avant le seizième siècle et jusqu'à Marot. — Ce que Sibilet et Ronsard connurent des Lyriques grecs et particulièrement de Pindare. — Caractère du Pindarisme dans l'école de Ronsard. — Quels effets utiles pour notre langue produisit cette prétendue rénovation de la poésie pindarique. — Effets contraires que produisit l'Anacréon publié par Estienne et bientôt mis en vers par Belleau. — Le roman du faux Athénagore. — Tradition du Pindarisme au dix-septième et au dix-huitième siècle.

Après avoir apprécié d'une manière générale l'effet que produisit au sein de l'école poétique du seizième siècle une étude chaque jour plus passionnée des auteurs grecs, il nous faut marquer dans chaque espèce de composition littéraire l'influence des préceptes et des exemples de l'antiquité classique. La poésie lyrique se présente avant les autres, d'abord, comme on l'a vu, par la date des premiers vers qu'ont publiés en ce genre les écrivains de la Pléiade, ensuite parce qu'elle était depuis longtemps très-populaire en France, très-cultivée par les beaux

esprits, et même soumise à mainte règle minutieuse.

En quelques années, on peut dire que la poésie
lyrique a présenté chez nous trois phases bien distinctes : d'abord une phase que je pourrais appeler
de développement naturel et conforme à la tradition
du moyen âge ; ensuite, une phase d'imitation laborieuse, celle que caractérise le *Pindarisme* de Ronsard ; enfin, une sorte de retour à la nature, après
la publication d'*Anacréon* par Henri Estienne.

A quel point notre ancienne littérature était riche
en ce genre de petits poëmes que l'on chante ou que
l'on peut chanter, en poésies *légères*, comme on a dit
plus tard, c'est ce que nous avons peine à nous imaginer aujourd'hui. Que l'on ouvre, par exemple, le
tome XXIII de l'*Histoire littéraire de la France* (1),
on y verra classés et signalés par des analyses plus
de cent chansonniers, auteurs de ballades, de ron-
deaux, lais et virelais, etc., parmi lesquels figure au
premier rang le célèbre Thibaut de Champagne, roi
de Navarre. Ces poésies-là ont vieilli pour nous,
mais elles n'ont pas perdu toute saveur. Au quinzième siècle, Charles d'Orléans est de la même école.
Le long recueil de ses vers représente, sous une
forme variée, tous les incidents de sa vie aventureuse, et tous ces petits événements du cœur qui
sont la matière inépuisable de la poésie intime. Chez
Villon et chez Marot le ton s'élève parfois, la veine

(1) Un supplément à cette riche nomenclature de M. P. Paris
a été publié par M. Louis Passy, dans la Bibliothèque de l'École
des Chartes, 1859, IV⁰ série, V⁰ vol.

poétique se développe avec une certaine richesse,
mais enfin c'est toujours dans un cadre assez étroit
et sans grande élévation de pensée. La chanson
amoureuse ou grivoise, l'épigramme, les jeux d'esprit et, parfois seulement, la complainte élégiaque
sont la forme la plus ordinaire de ces petites compositions. Les chansons religieuses et patriotiques
sont plus rares. Déjà bien des souvenirs de la mythologie ancienne ont pénétré là, plus ou moins directement, par Horace et par les élégiaques latins,
dont les livres étaient fort répandus dans les écoles
du moyen âge (1). Mais Horace même n'avait guère
agi sur l'esprit de nos trouvères grands seigneurs ou
bourgeois par les exemples de poésie noble et grave
que nous offre le recueil de ses odes ; et, d'ailleurs,
il faut avouer que la poésie lyrique manque, chez cet
auteur, d'épanchement et d'élévation soutenue. Marot est le dernier représentant, et il est le plus fidèle, de toute cette tradition gauloise, de cette poésie aimable, ingénieuse, généreuse par moment, mais
à courte haleine, et trop curieuse des petits effets de
style et des jeux de la rime pour se soutenir longtemps au ton de l'ode telle que nous aimons à la
concevoir. Une seule fois, et à la fin de sa vie, Marot devenu sage, ou voulant le devenir, s'avisa de
traduire les *Psaumes de David*; l'œuvre lui réussit
mal, et l'incurable légèreté de son esprit, même
quand il est dispensé d'invention, ne se fit que mieux

(1) Voir les faits recueillis par M. J. V. Le Clerc, *Discours sur
l'État des lettres au quatorzième siècle*, t. I, p. 469, éd. in-8°.

sentir par le contraste de cette forte et un peu rude poésie qu'il essayait de faire passer dans la langue française. Marot venait de mourir, en 1544, lorsque P. Fabri, dans le second livre de son *Grand Art de vraie et pleine rhétorique*, donna le code le plus complet de notre ancienne versification et de ses nombreuses variétés. Quatre ans plus tard, Sibilet, dans son *Art poétique*, résume encore les préceptes de la poésie, et particulièrement de la poésie légère, telle qu'on l'avait pratiquée jusque-là ; la plupart des exemples qu'il cite à l'appui de ses préceptes sont empruntés à Marot. On voit néanmoins poindre dans ce petit écrit quelques traits de l'esprit nouveau qui va bientôt envahir la littérature : le mot grec et latin de *poëte* y est déjà substitué au mot *rimeur ;* on y parle des vers mesurés et sans rime (1), de l'art de traduire les poëtes grecs et latins (2), etc. C'est le temps où Ronsard, Baïf et du Bellay recevaient de Dorat des leçons qui jetaient dans leur âme l'enthousiasme si naïvement exprimé par la *Défense et lIllustration de la langue françoise.* C'est le temps où ils déchiffraient laborieusement Pindare et se mettaient en devoir de l'imiter pour donner enfin à la France des modèles du genre lyrique tel que l'antiquité l'avait conçu.

Or quels moyens avaient ces honnêtes et laborieux esprits pour se représenter au juste la poésie qu'ils étaient si jaloux de reproduire afin d'en doter notre littérature ?

(1) Voir ci-dessus la XIIe leçon.
(2) Voir ci-dessus la XIe leçon.

Ronsard lui-même va nous le dire eu des vers qu'il a placés plus tard au début de l'*Anacréon* traduit par Remy Belleau (1556) :

> Mais loue qui voudra les replis recourbés,
> Les torrents de Pindare à nos yeux dérobés,
> Obscurs, rudes, fâcheux, et ces chansons connues,
> Que je ne sais comment, par songes et par nues,
> Que le peuple n'entend : le doux Anacréon
> Me plaît, et je voudrois que la douce Sapphon,
> Qui si bien réveilloit la lyre lesbienne,
> En France accompagnât la Muse téïenne.
> Mon Belleau, si cela par souhait avoit lieu,
> Je ne voudrois pas être au ciel un demi-dieu,
> Pour lire dessous l'ombre un si mignard ouvrage,
> Qui comme nous soupire un amoureux dommage,
> Une plaisante peine, une belle langueur
> Qu'amour pour son plaisir nous grave dans le cœur.
> Encore je voudrois que le doux Simonide
> (Pourvu qu'il ne pleurât), Alcman et Bacchylide,
> Alcée et Stésichore et ces neuf chantres grès
> Fussent ressuscités : nous les lirions exprès
> Pour choisir leurs beaux vers pleins de douces paroles,
> Et les graves seroient pour les maîtres d'écoles,
> Afin d'épouvanter les simples écoliers
> Au bruit de leurs gros vers furieux et guerriers.
> Mais Dieu ne le veut pas, qui couvre sous la terre
> Tant de livres perdus (1), naufrage de la guerre, etc.

Ronsard, on le voit par cette tirade, d'ailleurs un peu obscure et rocailleuse, sait quelles pertes nous

_____

(1) C'est, en effet, le fragment d'un de ces livres « perdus sous la terre » que ce papyrus contenant cent vers inédits d'Alcman, retrouvé par M. Aug. Mariette, en 1854, dans le cimetière de Sakkarah (Égypte), et publié eu 1863 dans mes *Mémoires d'Histoire ancienne et de philologie.*

avons faites et combien de livres nous manquent de la
riche bibliothèque des lyriques, dont Cicéron disait
un jour « qu'une seconde vie ne lui suffirait pas
pour les lire » (1). Mais Pindare lui-même, nous ne le
connaissons pas tout entier.   Les quarante-sept pièces qui nous restent de lui ne nous offrent qu'une
des formes de sa poésie et ne répondent qu'à un des
traits par lesquels Horace la caractérise dans l'ode
célèbre *Pindarum quisquis studet æmulari* (2). Ni
ses chants de deuil, ni ses épithalames, ni ses hymnes
à proprement dire religieux et destinés à être chan-
tés dans les temples, ne nous sont parvenus. Les
chants de victoire eux-mêmes (ἐπινίκια) sont pleins
de difficultés que leurs scoliastes anciens éclairent
à peu près ; mais ce scoliaste, qui fut publié pour la
première fois en 1515, comme le texte, publié dès
1513, ne devaient pas alors être une lecture facile
pour Dorat et ses disciples. Il est certain que personne ne se hasarda, chez nous, à traduire Pindare en
français avant le dix-septième siècle. La traduction
en vers latins de Le Sueur (sous le nom de Sudorius),
publiée pour la première fois en 1575, et qui fut trois
fois réimprimée, resta longtemps la seule ressource
des gens de goût qui, sans savoir le grec, voulaient
aborder Pindare. Néanmoins, et malgré tant d'obstacles, ce poëte avait attiré à lui un petit groupe de
fervents admirateurs, j'ai presque dit d'adorateurs :
ils le comprenaient ou croyaient le comprendre, et

(1) Sénèque, 49 : « Negat Cicero, si duplicetur sibi ætas, ha-
biturum se tempus quo legat lyricos. »

(2) *Carm.* IV, 2.

ils essayaient de nous le rendre en français. Ronsard, le chef de la petite église, accepté comme tel par ses cadets, devenus ses dociles disciples, ne dissimule pas, à cet égard, son ambition de novateur. Marot avait écrit des vers en l'honneur de François de Bourbon, comte d'Enghien, après la bataille de Cérisoles. Ronsard, qui trouve les vers mauvais, entonne pour les remplacer une ode pindarique qu'il commence ainsi :

> L'hymne qu'après tes combats
> Marot fit de ta victoire,
> Prince heureux, n'égala pas
> Les mérites de ta gloire.
> Je confesse bien qu'à l'heure
> Sa plume étoit la meilleure
> Pour ébaucher simplement
> Les premiers traits seulement.
> Mais moi, né d'un meilleur âge,
> Aux lettres industrieux,
> Je veux parfaire l'ouvrage
> D'un art plus laborieux (1).

Et ailleurs, dans une pièce à Antoine de Baïf :

> Premier j'ai dit la façon
> D'accorder le luth aux odes,
> Et premier tu l'accommodes
> A la tragique chanson (2).

----

(1) *Odes*, livre I, 6.

(2) *Odes*, livre I, 14. Charles de la Fontaine, dans son *Quintil Horatian* (note sur livre II, c. 4, de la *Défense et Illustration*), gourmande brutalement Du Bellay sur cet emploi du mot *ode*, qu'il blâme « comme pérégrin ».

Ainsi, nous voilà bien avertis, l'ode est une création de Ronsard, comme le reconnaissent d'ailleurs
tous les critiques de la seconde moitié du seizième
siècle, et c'est l'œuvre d'un esprit *industrieux*, d'un
art laborieux, que n'avaient point connu Marot et
les gens de son école, gens de petite érudition, qui
ne savaient rien au-delà d'Alain Chartier et du *Roman de la Rose,* en français ; rien au-delà de Pétrarque, en italien ; et, en latin, de Catulle, de Virgile, d'Ovide et de Martial. Au contraire, les savants
disciples de Dorat ont été tout droit aux véritables
monuments de la poésie antique ; ils ont goûté
l'hellénisme à ses sources les plus pures : ils ont lu
dans le texte Homère, Eschyle, Aristophane, Pindare. Mieux encore que les tragiques, Pindare leur
a donné l'idée d'une façon de composer en vers, avec
accompagnement de musique, comme sans doute on
n'avait jamais composé à la cour de Charles V, de
Louis XII et de François Ier. Cette façon de poésie
hautaine, qui dédaigne le vulgaire pour ne s'a-
dresser qu'aux oreilles savantes, consiste à pro-
céder par strophes et par antistrophes suivies elles-
mêmes d'une épode (1), à balancer majestueusement
des rimes, à ranimer tous les vieux souvenirs de

(1) Fontaine, *Quintil Horatian* (p. 203 , à la suite de l'*Art
poétique* de Sibilet, éd. 1576) : « Ton Ronsard (il s'adresse à
Du Bellay) trop et très-arrogamment se glorifie avoir amené
la lyre grecque et latine en France, pour ce qu'il nous a faits
bien ébahir de ces gros et étranges mots *strophe* et *antistrophe;*
car jamais, par aventure, nous n'en ouïmes parler. Jamais
nous n'avons lu Pindare. »

23

Delphes et d'Apollon, de Dircé, d'Hippocrène et
de Pégase, de Mnémosyne et de ses neuf filles les
Muses. On ne s'inquiète pas de ce que toutes ces
belles choses sont éminemment grecques et non
françaises, de ce que Pindare, parlant ainsi, s'adressait à des esprits tout pleins des traditions et des
légendes dont il met les héros en scène, tandis que ces
héros, ces traditions et ces légendes n'ont aucune
prise sur l'imagination des courtisans de Henri II
et qu'ils en ont encore moins sur la foule des bourgeois français. On oublie que, chez les Grecs, où le
dogme religieux n'a jamais eu la forme précise d'un
symbole, le poëte était une sorte de théologien, appelé, ou tout au moins autorisé à reproduire librement dans ses vers l'histoire des dieux et des héros,
la corrigeant quelquefois selon les scrupules de sa
morale personnelle, ou selon les vanités des nations
et des familles intéressées à trouver dans ces vieux
récits des témoignages de leur antique illustration.
Une seule fois peut-être Ronsard s'est avisé de
prendre, comme poëte chrétien, un rôle analogue
à celui de Pindare au milieu des cités grecques : c'est
dans le poëme qu'il a intitulé l'*Hercule chrétien*, espèce d'hymne à la gloire de Jésus-Christ, dont les
épreuves et les bienfaits sont assimilés aux travaux
d'Hercule (1). L'essai n'est point heureux : la poésie
religieuse, et au moyen âge et au temps de Ronsard,
n'était pas livrée, comme les sujets profanes, aux

(1) Cela rappelle le titre et, à quelques égards, l'intention du
Socrate chrétien de Balzac.

libertés de l'imagination. On l'avait bien- vu, en
1548, par les arrêts du Parlement contre les mystères et les corporations qui représentaient la Bible
sur les tréteaux. La sévérité du dogme catholique ne
permettait pas que la poésie s'en emparât pour le
développer à sa guise. C'est dans l'Église et pour
l'Église seulement que l'on *chantait* les vérités du
ciel. On les chantait surtout en latin, et ce fut une
des plus grandes hardiesses de la réforme que de
substituer à cette versification latine les psaumes et
les prières en français (1). Voilà bien des choses auxquelles ne songeait pas Ronsard, tout entier à sa
dévotion d'érudit pour l'idole pindarique qu'il n'a·
percevait qu'assez confusément, comme à travers des
nuages d'encens et dans l'obscurité de son sanctuaire. Ainsi, au lieu de saisir Pindare et de s'inspirer de son génie, il n'en saisissait guère que la
forme. L'attirail des noms propres, des épithètes et
des légendes, l'appareil des procédés, des divisions
métriques, tout enfin, jusqu'à l'usage d'associer
le chant aux paroles, il l'imitait avec un effort laborieux, sans voir que *pindariser* n'était pas nous
rendre Pindare. Le plus complet modèle de cette
méthode nouvelle inaugurée par Ronsard, c'est sa
fameuse ode à l'Hospital, en vingt-trois strophes de
trente-deux vers chacune, formant un total de plus
de sept cents vers, où il semble avoir eu l'intention
de dépasser même la quatrième *Pythique* de Pin-

(1) Nous verrons plus loin les tribulations que valut au pauvre Santeul l'abus du vocabulaire poétique des païens dans ses
poésies chrétiennes.

dare par la majesté d'une conception épique. Les
contemporains ne tarissent pas d'éloges pour ce
chef-d'œuvre. Aujourd'hui les plus sincères admirateurs de Ronsard n'en soutiennent pas la lecture
jusqu'au bout. M. Sainte-Beuve renonce à l'analyser
tout entière, quoiqu'il y relève quelques beautés de
détail (1). M. Gandar, après avoir promis d'être plus
courageux, finit bientôt, lui aussi, par perdre courage (2). A part quelques traits d'expression heureuse et vraiment poétique, cette longue histoire de
Mnémosyne et de ses neuf filles les Muses, histoire
finalement rattachée à celle du chancelier de l'Hospital, qui était, en latin, un disciple des Muses et un
protecteur éclairé des poëtes, a perdu, de nos jours,
tout charme pour les esprits même les plus cultivés.
L'histoire du génie poétique et de la poésie, vrai
sujet de l'Ode à l'Hospital, finit par nous échapper
sous ce luxe de fables anciennes et d'inventions plus
ou moins malheureuses. Une qualité cependant n'y
peut être méconnue, qui est certainement le fruit
des longues études de Ronsard et qui servit d'exemple désormais à toute l'école de nos vrais poëtes lyriques : il y a dans la régularité de ses strophes et
de ses antistrophes, dans l'exacte alternance et dans
la richesse de leurs rimes, une sorte de majesté,
d'ampleur un peu vide, mais qui ne déplaît pas à nos
oreilles. Le langage est généralement noble et so-
nore; rarement le poëte y laisse échapper de ces

(1) *Choix des poésies de Ronsard*, p. 89, éd. 1838.
(2) *Ronsard considéré comme imitateur d'Homère et de Pindare* (Paris, 1854, in-8°), ch. II.

mots vulgaires et bas comme en présente, à chaque page, la poésie de Marot. Il a comme un sentiment continu d'élégance et un besoin de sévérité qui lui vient de son commerce avec Horace et Pindare.

Sous cette harmonie un peu monotone, sous cette raideur artificielle d'une langue plus colorée que pénétrée de poésie, il ne reste plus qu'à mettre de fortes pensées, des sentiments profonds de patriotisme ou de piété, et l'on aura l'ode de Malherbe ou les chœurs de Racine. Le moule est trouvé, d'autres sauront le remplir.

Déjà même, il faut l'avouer, et M. Gandar l'a fait voir dans sa pénétrante étude sur le génie lyrique de Ronsard, déjà les odes du réformateur nous montrent, sous ces formes si nouvelles pour notre langue, des sentiments inconnus à l'école de Marot. Ce n'est pas en vain que le mot de *poëte* a remplacé celui de *rimeur :* il marque, en effet, dans la vie de l'homme de lettres un rang et un rôle plus relevés. Ce n'est pas en vain qu'on a ressuscité les Muses et qu'on a rouvert leur temple sur le Parnasse. Sous cette inspiration un peu factice, mais pourtant religieuse, le poëte semble s'élever, l'homme de lettres devient une puissance à côté des grands de la terre. J'ai signalé plus haut ce progrès dans quelques beaux vers d'H. Estienne (1); il se montre à chaque page dans les odes que Ronsard adresse à des rois, à des princes, à des reines. L'auteur, sans doute, y flatte beaucoup ses nobles Mécènes, mais

(1) Dans la IXᵉ leçon, p. 217-218.

il ne les flatte pas à la manière de Théocrite parmi
les Grecs (1), de Marot parmi ses maîtres français.
Comme Pindare, il mêle d'austères conseils à ses
éloges, et il use largement d'un droit qu'il croit tenir d'en haut. Même s'il rappelle à l'un de ses
protecteurs la récompense qu'il croit avoir méritée,
c'est avec un 'tour d'expression noble et presque
fière, et ce langage paraît avoir été bien compris de
ceux à qui il s'adressait. Les Valois aimaient sincèrement les lettres ; ils honoraient sincèrement les
lettrés. Charles IX lui-même traitait Ronsard avec
une familiarité affectueuse, qui honore le sujet et le
prince (2). On sait les vers touchants qui nous en
conservent le souvenir, et qui nous rappellent vraiment Pindare à la cour des rois de Sicile (3).

Ronsard et les siens étaient au plus fort de ce
pénible enfantement de l'ode pindarique, lorsque
le jeune Henri Estienne, tout frais arrivé d'Italie,
lança dans le monde son coquet petit volume contenant cinquante et quelques pièces inédites sous le
nom illustre d'Anacréon le Téien. Une préface en
grec recommandait aux amateurs la trouvaille de
l'heureux helléniste, qui, de plus, avait traduit en
latin, et cela avec une rare élégance, quelques pièces
de la collection. L'émotion fut grande parmi les

---

(1) Théocrite s'adressant au roi Hiéron, dans ses *Charites*, n'a
déjà plus cette fierté.

(2) Voir les vers réunis dans l'*Introduction* de M. H. Chevreul
à sa curieuse édition du *Livre du roy Charles, de la chasse du
cerf, publié pour la première fois d'après le manuscrit de la
Bibl. de l'Institut* (Paris, 1859, in-12), p. XLI et suiv.

beaux esprits déjà initiés aux lettres grecques.
Jusque-là on ne connaissait guère que par de
rares et courts fragments l'œuvre du poëte de Téos.
On crut désormais pouvoir l'apprécier sur une
bonne partie de ses poésies, dont la critique ancienne
avait tant de fois signalé la perfection exquise.

Deux ans à peine s'étaient écoulés, et, aux applau-
dissements de Ronsard, Remy Belleau, acquittant
une promesse d'Henri Estienne, restée sans effet,
publiait une traduction en vers de l'Anacréon. Ronsard lui-même en avait écrit la préface, sous forme
d'une élégie à Christophe de Choiseul, où il racon-
tait à sa manière les derniers événements du Parnasse français (1). C'en était un considérable, que
ces deux éditions successives, l'une grecque et latine, l'autre française, du recueil anacréontique :
je dis « anacréontique », car il est maintenant bien
démontré que, sauf deux ou trois pièces, ce recueil
ne contient que des poésies de date byzantine (2);
mais, précisément parce qu'elle n'appartient pas
à la belle et franche antiquité, cette poésie s'ac-
commodait plus naturellement au goût raffiné des
poëtes de la Renaissance. Par bien des traits,
d'ailleurs, le faux Anacréon était un écrivain naïf
à sa manière, ami, du moins, de la nature, ami

(1) Cette préface et quelques imitations, dont il sera question
plus bas, ont sans doute causé l'erreur de M. A. Firmin Didot,
qui, dans sa Notice sur Anacréon (p. 49 du tirage in-8°), cite
Ronsard parmi les traducteurs français de ce poëte, entre Belleau
(1555) et Bégat (1559).

(2) Voir plus haut, p. 23, note 2.

de la gaieté, chantant volontiers le vin et l'amour.
Par une heureuse et opportune réaction, il devait
ramener l'esprit français dans les voies d'où l'écartait l'imitation pindarique. Les sujets familiers au
faux Anacréon, les petites scènes champêtres, les
descriptions d'objets d'art, les mille riens de l'esprit
et du cœur, sur lesquels on avait déjà écrit en français tant de pièces charmantes, faisaient de ce vieux
livre comme une œuvre à la fois nationale et antique
pour notre pays. Les mignardises mêmes de l'élégance byzantine rencontraient si justement celles de
Charles d'Orléans ou de Marot, le poëte grec avait
tant l'air d'un Gaulois civilisé, qu'on le soupçonna
bientôt d'être Henri Estienne lui-même. Débuter à
vingt-cinq ans par un si merveilleux pastiche, c'eût
été un tour de force. Mais l'éditeur ne montrait à personne les deux manuscrits d'après lesquels il avait fait
sa publication, il n'en indiquait pas la provenance.
Or les livres qui sortirent ensuite de son imprimerie étaient d'un très-habile homme, et il se trouva
des gens pour l'accuser de nous avoir donné un faux
Anacréon. Il n'en était rien. Par négligence·ou par
coquetterie, H. Estienne avait omis une justification
toujours utile et qu'aujourd'hui surtout on jugerait
indispensable ; mais c'était sa seule faute. Un, deux
et même trois manuscrits successivement retrouvés,
et dont le principal est le manuscrit Palatin, bien an-
térieur à la découverte de l'imprimerie, mettent désormais hors de doute la bonne foi du premier éditeur. Ni à Paris, ni à Byzance, il n'y a eu de fraude
en toute cette affaire ; il n'y a eu que des négli-

gences et des méprises. Les Byzantins avaient écrit
des vers à la manière d'Anacréon et les avaient répandus sans prendre soin de distinguer les copies et
l'original ; les critiques modernes, après s'être égarés dans leurs soupçons sur H. Estienne, se sont trop
longtemps complu à reconnaître pour des œuvres
d'Anacréon ce qui n'était qu'une imitation habile
de sa manière.

Le seizième siècle a vu s'accréditer une autre
fraude littéraire moins séduisante, qui, même
au dix-septième, n'a pas été nettement reconnue
par le savant Huet (1) : je veux parler du roman
attribué à un certain Athénagore (2), sous le titre
suivant : *Du vrai et parfait Amour, contenant les
amours honnêtes de Théagène et de Charide, de Phé-
récyde et de Mélangénie*, qui paraît avoir pour auteur Martin Fumée de Genillé (3). La manie des
apocryphes a, de tout temps, séduit de savants esprits et fait des dupes parmi les lecteurs avides de
nouveautés.

En ce qui concerne Anacréon, on ne peut nier

(1) *De l'Origine des Romans*, p. 37, éd. 1670. Cf. Villemain,
Essai sur les Romans grecs, où le faux Athénagore est rappro-
ché du *Temple de Gnide* de Montesquieu.

(2) Dans le roman de Chariton, l'auteur se donne pour le secrétaire du Syracusain Athénagoras, qui était célèbre au temps
de l'expédition des Athéniens en Sicile. Serait-ce l'origine du
pseudonyme choisi par Fumée de Genillé ? Il faudrait pour cela
qu'il eût connu par quelque manuscrit le roman de Chariton,
puisque ce roman fut publié pour la première fois, par d'Or-
ville, en 1750.

(3) Voir Barbier, *Dictionnaire des Anonymes*, n. 1343, et
Schœll, *Histoire de la Litt. grecque*, tome V, p. 106.

que H. Estienne nous ait rendu des pages vraiment précieuses pour l'histoire de la poésie grecque ; la critique n'était pas assez avancée, au temps de Ronsard, pour comprendre que cette clarté d'un langage gracieux et surtout que cette monotonie de rhythme ne pouvaient appartenir à la grande école de poëtes lyriques qui remplit la Grèce de ses chefs-d'œuvre au sixième et au septième siècle avant l'ère chrétienne. On faisait alors bien d'autres méprises, par exemple, quand on· mettait sur la même ligne Homère et les poëtes alexandrins, comme Apollonius, Callimaque et Lycophron ; et, de nos jours encore, on voit de bons esprits tenir pour l'authenticité du recueil publié par Estienne (1). Mais peu importe ici : antiques ou demi-antiques, les petites pièces du prétendu Anacréon, par l'engouement qu'elles excitèrent, allaient réveiller dans l'école savante de Dorat le goût de la nature, des idées simples et claires, des sentiments familiers, des images et des conceptions abordables à tous les esprits. Au moment où la poésie, sous prétexte de pindarisme, tournait à l'amphigouri, et, si je puis m'exprimer ainsi, versait dans le sublime, un maître moins ambitieux vint la relever et la remettre en sa voie. Ronsard tout le premier se laissa prendre à cette aimable séduction ; il descendit du trépied pindarique pour tendre la main au poëte rieur ; dans une jolie pièce *A son laquais*, il écrit :

(1) De ce nombre est M. Ambroise-Firmin Didot, dans la *Notice* qui précède sa charmante édition grecque-française des poésies anacréontiques (Paris, 1864, in-12).

Verse donc et reverse encor
Dedans cette grand coupe d'or ;
Je vais boire à Henri Estienne
Qui des enfers nous a rendu
Du vieil Anacréon perdu
La douce lyre téienne.
A toi, gentil Anacréon,
Doit son plaisir le biberon,
Et Bacchus te doit ses bouteilles ;
Amour son compagnon te doit
Vénus et Silène qui boit,
L'esté, dessous l'ombre des treilles.

Dans l'élégie mise en tête de l'Anacréon de Belleau,
Ronsard avait dit encore, avec un retour de mauvaise -
humeur contre les difficultés de son œuvre pindarique :

Me loue qui voudra les replis recourbés
Des torrents de Pindare en profond embourbés,
Obscurs, rudes, fâcheux, et ses chansons connues,
Que je ne sais comment, par songes et par nues,
Anacréon me plaît, le doux Anacréon !

La poésie du chantre de Téos semblait le rafraî-
chir et le récréer de son laborieux commerce avec le
poëte thébain.

En effet, la veine anacréontique ne manquait pas
absolument à cet abondant génie de Ronsard. Il a
plus d'une fois, et cela même en dehors de toute
imitation, heureusement retrouvé cette poésie gracieuse et riante, qui aime à butiner au milieu des
prairies, au bord des ruisseaux, sous la franche
lumière du soleil. On croirait entendre un salut à la

muse d'Anacréon et à son aimable cortége, dans ces
vers d'une autre chanson :

> Dieu vous gard, messagers fidèles
> Du printemps, vites harondelles,
> Huppes, coucous, rossignolets,
> Tourtres, et vous, oiseaux sauvages,
> Qui de cent sortes de ramages
> Animez les bois verdelets !
> Dieu vous gard, belles pâquerettes,
> Belles roses, belles fleurettes !....
> Et vous, thym, anis et mélis,
> Vous soyez les bien revenus !....
> Oh ! que j'aime cette saison
> Et ce doux caquet des rivages,
> Au prix des vents et des orages
> Qui m'enfermoient en la maison !

Ce printemps anacréontique ressemble parfois,
sans doute, à la nature telle que la peignent les
artistes chinois : c'est le printemps des jardins,
des parterres bien alignés, des ruisseaux bien ca-
nalisés ; c'est quelquefois un printemps de serre-
chaude. Mais enfin on y respire plus à l'aise que
dans la lourde atmosphère où Pindare tenait ses
disciples enfermés, durant les années qui précé-
dèrent la publication de l'Anacréon. M. Sainte-Beuve
me dispense d'insister là-dessus. Il a fait voir l'à-
propos de cette publication, l'heureuse influence
qu'elle exerça sur notre école poétique, les excès
mêmes où elle l'entraîna quelquefois, quand, fuyant
Marot, elle tomba dans les mignardises anacréontiques. Il n'a pas non plus oublié de montrer que
Théocrite fut pour quelque part dans ce retour vers

une poésie plus voisine de la nature, et que l'Anthologie, imprimée pour la première fois chez nous en
1531, apporta, elle aussi, une ample moisson de
fleurs à tous les tresseurs de couronnes comme
Remy Belleau et Olivier de Magny. De ces choses
il a parlé lui-même en poëte, en critique ingénieux,
avec tant de grâce, de délicatesse et de mesure,
qu'il ne se peut rien de plus convenable à un pareil sujet. Après lui je n'ai donc garde de m'y engager par le détail ; je tenais seulement à bien marquer cette phase particulière dans l'histoire de notre
langue, où l'hellénisme, qui avait failli nous égarer,
vint lui-même corriger nos erreurs et rétablir l'é-
quilibre un instant ébranlé par le gigantesque effort
du faux lyrisme.

Ce n'est pas à dire que les Silènes et les petits
Amours d'Anacréon aient tout à fait mis en fuite les
Titans pindariques de Ronsard. Seulement ils leur
firent une utile concurrence. L'ode à la grande
voix resta toujours en possession d'une assez large
place dans la poétique française. Les contemporains
de Ronsard l'avaient franchement salué comme un
innovateur en ce genre. Douze ans après la mort de
Ronsard, De Laudun d'Aigaliers, dans sa *Poétique*,
définit d'abord l' « ode commune », qui n'est, à vrai
dire, que la chanson ; puis l'ode pindarique avec
strophes, antistrophes et épodes, qui est vraiment un
genre à part et supérieur, surtout par l'importance
et la sublimité du sujet, par la gravité soutenue du
langage. C'est encore l'idée qu'on s'en fera pendant
tout le dix-septième siècle, et, dans son *Discours sur*

l'ode, Boileau n'est guère plus avancé, à cet égard, que les critiques du siècle précédent. Il ajoute même à la théorie de l'ode un précepte qui a fait fortune et porté malheur à bien des poëtes, le fameux précepte du « beau désordre », que La Motte ne manquait pas de suivre à la lettre. J.-B. Rousseau n'a jamais complétement secoué cette pesante discipline, et Voltaire, à son tour, qu'on n'accusera pas de trop de déférence pour les leçons de l'École, Voltaire, l'auteur du célèbre « Galimatias pindarique », commençant par ces vers :

Sors du tombeau, divin Pindare,
Toi qui célébras autrefois
Les chevaux de quelques bourgeois
Ou de Corinthe ou de Mégare,
Toi qui possédas le talent
De parler beaucoup sans rien dire ;
Toi qui modulas savamment
Des vers que personne n'entend
Et qu'il faut pourtant qu'on admire ;

Voltaire, qui traitait ainsi Pindare sans le comprendre, reste pourtant, quand il s'avise d'écrire des odes, assez fidèle à la tradition, et il ne connaît guère que l'inspiration artificielle de ses maîtres français. Nous retrouverons plus loin encore dans notre littérature l'influence de cette maladroite imitation des procédés, non du génie de Pindare. Les érudits, qui sont rarement poëtes, comprenaient alors seuls quelque chose aux mystères de cette noble, mais difficile poésie. Les deux premiers essais

tentés pour la traduire en notre langue (1) avaient
été si malheureux, qu'ils découragèrent pour plus
d'un siècle tout effort nouveau. Ainsi, sauf de rares
exceptions, cette image du faux Pindare conçue par
un cerveau de poëte que l'érudition échauffait sans
l'éclairer, domina, obséda presque seule l'esprit de
nos lyriques, jusqu'à la Révolution française et au
delà : elle gêne encore les premiers élans de celui
qui fut chez nous le précurseur d'Hugo et de Lamar-
tine, je veux dire d'André Chénier.

(1) F. Marin (Paris, 1617), et Jean Locquehay (Paris, 1626),
sous ce titre bizarre : *le Pindare thébain traduit de grec en
françois, meslé de vers et de prose, avec des figures qui représentent les principales fables des odes.*

SEIZIÈME LEÇON.

L'ODE', LA POÉSIE DESCRIPTIVE ET LA PASTORALE
AU SEIZIÈME SIÈCLE.

———

Quelques mots encore sur les poésies de Ronsard. — Du naturel dans ses pièces lyriques. — Tort que lui ont fait ses
commentateurs. — L'églogue française. — Comment l'exemple des Romains nous a détournés, en ce genre, de la tradition grecque : l'allégorie dans la pastorale. — Préceptes de
Sibilet, de Du Bellay, de Vauquelin de La Fresnaye. — Abus
de la mythologie païenne. — Exception louable : Du Faur
de Pibrac. — Préceptes de Delaudun. — Les *Propos rustiques*
de Noël du Fail.

L'arrêt tranchant et superficiel de Boileau pèse
si lourdement sur la mémoire de Ronsard qu'il
fait d'ordinaire oublier les divers et très-sérieux
mérites de ce poëte. Une vingtaine de pièces rédigées à la façon pindarique, remplies de ces souvenirs, marquées de ce déplaisant archaïsme, ont failli
emporter dans leur discrédit toute l'œuvre du hardi
et fécond novateur (1). Négligeons, si l'on veut, les

(1) Ce n'est pas que, même avant l'édition récente des œuvres complètes de Ronsard par M. Blanchemain, même avant

Hymnes, que Pasquier admirait sans réserve, et
d'où nous avons tiré, sur son indication, une si
belle page; les *Dithyrambes*, les *Gaietés et Folâtre-*
ries, souvent bien gaies et bien folâtres en effet, le
Bocage royal, singulière imitation des recueils que
les anciens appelaient des *Silves;* les *Amours* à
Cassandre, à Marie, à Hélène, où abonde la poésie
personnelle, celle que nous voudrions appeler,
comme en Allemagne, la poésie subjective. Même
en négligeant tout cela, le seul recueil des *Odes*
tel que Ronsard l'a composé, tel qu'on le trouve
reproduit dans la suite des éditions de ses Œuvres
pendant un demi-siècle, représente à peu près
toutes les formes de la poésie lyrique, depuis les
plus légères jusqu'aux plus graves, depuis les simples couplets jusqu'à des morceaux d'une dimension épique; il offre tous les degrés de l'imitation,
depuis celle qui n'est qu'une traduction jusqu'aux
réminiscences vagues et isolées, comme en suggère
sans effort au poëte une mémoire érudite et toujours familière avec les textes anciens. Ronsard avait
débuté, dès sa jeunesse, en prenant Horace pour
modèle ([1]) ; il prit ensuite, et tour à tour, Pindare et

---

les *Choix* publiés par M. Sainte-Beuve en 1838 et par le bibliophile Jacob en 1841, le vieux poëte fût complétement négligé.
On a un Choix de ses Poésies fait en 1826 (in-12), et quelques-
unes de ses meilleures pièces figurent dans le recueil tant de
fois réimprimé des *Poëtes françois avant Malherbe*.

(1) Pelletier du Mans, p. 64 de son *Art poétique* (Lyon, 1555),
atteste que Ronsard, tout jeune encore, lui avait montré quelques odes par lui écrites à l'imitation d'Horace; ce témoignage

Anacréon. Dans cette riche collection de pièces , il s'adresse à toutes sortes de personnages, rois, reines, grands seigneurs, capitaines, prélats, artistes, poëtes, même à son page et à son laquais ; surtout il s'adresse aux femmes qu'il a soit réellement aimées, soit simplement poursuivies à travers ces rêves de l'imagination que les poëtes aiment tant à reproduire dans leurs vers. Outre l'amour, il a traité bien des sujets et sous les formes les plus diverses : la guerre et la paix, les lois et la police de l'État , la religion, les événements de cour, mariages, naissances ou morts de grands personnages ; quelquefois présentant sous forme d'allégorie ses idées, ses espérances, ses regrets , rajeunissant de mille manières tous les lieux communs de la vie ; quelquefois aussi s'exerçant sur des sujets antiques, qu'il traite à la façon d'un poëte grec ou latin. Enfin il essaye les rhythmes les plus divers ; outre la strophe, l'antistrophe et l'épóde pindariques , il a des compositions en strophes de trois , de quatre , de six et de douze vers semblables ; il accouple et il croise les rimes avec un rare bonheur de variété, si bien qu'on a pu récemment écrire un traité de sa versification (1). En toutes ces compositions, il est quelquefois inventeur, quelquefois copiste plus ou moins

est confirmé par Du Bellay, dans son Ode à Ronsard « Contre les envieux poëtes ».

(1) Büscher, *la Versification de Pindare* (Progr. du Gymnase de Weimar, 1867, in-4°), dont on rapprochera avec fruit les *Observations sur l'usage syntaxique de Ronsard et de ses contemporains*, par W. E. Lidforss (Lund, 1865, in-8°).

babile, et alors il nous rappelle ces gracieux vers de Vauquelin de La Fresnaye au second livre de son *Art poétique* :

> Et comme nous voyons beaucoup d'herbes plantées
> D'un beau terroir en l'autre, et les greffes entées
> Dessus un autre pied, de rechef revenir,
> Et de leur premier tronc perdre le souvenir ;
> Tout de même les traits, les phrases et la grâce,
> Prenant d'une autre langue en notre langue place,
> S'y joignent tellement qu'on diroit quelquefois
> Qu'un trait latin ou grec est naturel françois.

Souvent enfin Ronsard a simplement rencontré des ressemblances qu'il ne cherchait pas avec les maîtres de la poésie ancienne. L'éternelle identité du cœur humain et de la nature produit ces rencontres fortuites. Mais, au seizième siècle, on était presque aussi fier d'un souvenir que d'une invention; le savoir obtenait presque même crédit et même estime que le génie. Aussi les commentateurs de Ronsard mettent-ils un soin scrupuleux à noter tous les endroits où leur poëte rappelle, même à son insu , quelque auteur grec ou latin, un ancien ou un moderne. Leurs références savantes ont pu contribuer aux méprises des lecteurs superficiels, en prêtant à Ronsard un surcroît de pédantisme et en laissant croire qu'il ne sentait et ne pensait guère par lui-même. Ouvrez, par exemple, le premier des deux lourds in-folio que forme l'édition de 1623. Entre deux morceaux sur des sujets fort différents se lisent les trois charmants couplets à Cassandre :

> Mignonne, allons voir si la rose, etc.

Là, ils sont lourdement commentés par Richelet, qui en rapproche tantôt Clément Alexandrin, saint Jérôme et Pline, tantôt Némésien et Platon « en son Banquet ». Au moment où une heureuse inspiration de Ronsard nous met en pleine nature, le commentateur nous rejette en pleine érudition. Couvrant ces jolies fleurs sous l'uniformité de leurs notes sans justesse ni mesure, les Muret, les Richelet, les Marcassus ont fait au pauvre Ronsard autant de mal qu'ils voulaient lui faire de bien. Il y a ainsi plus d'un chef-d'œuvre de l'antiquité classique à qui ses scoliastes anciens et modernes ont parfois porté malheur.

En réalité, le poëte vendômois avait un cœur sensible, trop sensible même, à ce qu'il semble par l'histoire de sa vie ; il avait une imagination facile, et le naturel lutta toujours chez lui contre la tyrannie des traditions et des leçons de l'École. Né grand seigneur, page et familier d'un roi, ami des plus hauts personnages de l'État, et, comme tel, fréquemment séduit à vivre dans les palais, il profita de sa surdité précoce pour échapper à ces servitudes et il garda l'amitié de plusieurs rois sans faire pour cela le métier de courtisan. Il aimait tendrement son pays natal, et, s'il passait plusieurs mois sans y faire un pèlerinage, il se reprochait cette absence avec douleur. Son élégie sur la forêt de Gâtine, ses jolies stances sur « l'élection de son tombeau », maintes bluettes poétiques où il mêle la description des champs et des bois au souvenir de ses amours, témoignent d'une âme ouverte à toutes les impressions de la nature et que n'étouffait pas toujours le poids d'un savoir indigeste.

A vrai dire, si Ronsard et les autres poëtes de la Pléiade se sont souvent égarés loin du naturel, la faute n'en est pas seulement au brusque rapprochement des idées et des langues anciennes avec nos idées et notre langue française ; elle tient souvent à des causes plus profondes, à des méprises dont les Romains nous avaient donné l'exemple. J'ai déjà signalé plus haut, dans l'*Art poétique* d'Horace, d'étranges préceptes sur le drame *satyrique*, qui n'avaient et ne pouvaient avoir aucune utilité pratique pour les poëtes romains. L'erreur que commettait Horace a dû se renouveler bien des fois chez les érudits du seizième siècle, qui copiaient pêle-mêle et amalgamaient sans critique les préceptes d'Horace avec ceux d'Aristote et de Vida. L'*Art poétique* de Vauquelin de La Fresnaye est tout plein de ces erreurs grossières ; par exemple, après avoir tant bien que mal traduit les vers de l'*Épitre aux Pisons* où l'auteur traite des *satyres*, il se rappelle les *satires* d'Horace, désignées aussi sous le nom de *sermones*, et, à ce propos, le voilà qui confond en un seul deux genres de poésie absolument distincts, l'un tout grec et d'origine purement religieuse, celui dont nous avons un modèle (que Vauquelin ne connaissait pas) dans le *Cyclope* d'Euripide, et l'autre tout profane, celui dont les Romains (1) disaient : *Satira*

---

(1) Quintilien, *Instit. Orat.*, X, 1, § 93. Cf. Patin, *Études sur la poésie latine*, t. I, p. 312 (Paris, 1869, in-12).

tota nostra est. En pareil cas, les faiseurs de Poétiques étaient de fort mauvais guides pour les poëtes.
Mais, en général, il faut avouer que la littérature
latine, s'interposant entre la littérature grecque et
la française, nous a souvent empêchés de comprendre la poésie grecque dans sa franchise et dans sa
beauté originales.

La poésie pastorale surtout nous est un frappant
exemple de ces contre-sens produits par l'étude des
poëtes latins, et il vaut la peine de s'y arrêter, parce
que les critiques français (1) n'ont pas remarqué,
sur ce point, certaines dates et certains faits dont le
rapprochement est instructif.

La description de la nature et la peinture des mœurs
de l'homme des champs a, chez les poëtes grecs,
deux phases principales. D'abord, dans Homère, elle
fait partie de l'œuvre épique, elle contribue à l'u-
nité du tableau que le poëte esquisse d'un trait si
large et si profond. La vie des champs, dans Hésiode,
devient déjà la matière d'un poëme distinct; mais
elle y paraît encore dans sa simplicité, sous une
forme qui ne doit rien qu'à la richesse d'une langue
vraiment admirable en ressources pour la description du monde extérieur. C'est là, par excellence,

---

(1) Voir l'analyse de leurs principaux écrits sur ce sujet dans
le tome III (publié en 1744), p. 257 et suiv. de la *Bibliothèque
françoise* de l'abbé Goujet. J'y remarque pourtant (p. 269) que
l'abbé Genest, dans une de ses quatre Dissertations (1707),
prouvait que la poésie bucolique, qui était simple et littérale
dans la « première antiquité, est devenue de plus en plus allégorique et figurée ».

l'âge naïf de la pastorale. Plus savante est déjà la
méthode du poëte tragique, lorsque, dans un drame
où figurent des satyres, et qui leur doit son nom, il
représentait soit des dieux et des demi-dieux mêlés
aux habitants de la campagne, soit des aventures fabuleuses dont le théâtre était un bois ou une prairie
habités par les silènes compagnons du dieu Bacchus,
comme cela se voit dans le *Cyclope* d'Euripide. Le
satyre ou le silène symbolise à peu près, en ce genre
de composition, l'homme primitif, l'homme sauvage,
tout entier à ses grossiers plaisirs, ou bien tombant
en extase devant les premières inventions de l'art.
Tel est ce satyre d'Eschyle, qui, apercevant pour la
première fois le feu que Prométhée a rapporté du
ciel, en trouve la flamme si belle que, pour la saisir,
il s'y brûle la barbe et les mains (1). Tout cela,
c'est, si je peux m'exprimer ainsi, la poésie sincère
de la nature. Elle l'est beaucoup moins lorsque Théocrite lui donne un titre spécial, un cadre particulier, compose de petits dialogues où figurent seuls
des gens de la campagne, prête à ces personnages
de grossiers propos ou des chansons habilement
dialoguées, leur fait décrire les merveilles de l'art,
et marque avec une évidente affectation le contraste
de la vie pastorale et de celle des villes. Poëte ci-
tadin et courtisan, Théocrite quitte Alexandrie ou
Syracuse pour aller goûter l'air des champs, vivre
au milieu des bergers et des laboureurs, et, quand

(1) Eschyle, Fragment du Προμηθεὺς Πυρχαιεύς, conservé par
Plutarque et par Eustathe (n° 202 des *Fragmenta tragicorum
græcorum*, éd. Nauck, Lipsiæ, 1856, in-8°).

il les fait parler, c'est en un langage artistement approprié à leur caractère. Cette forme de l'idylle bucolique a certes quelque chose de très-séduisant; elle a un charme d'expression pittoresque, de verdeur naïve, parfois même de mélancolie, qui a fait la fortune de Théocrite auprès des meilleurs juges, et qui lui a valu dans l'histoire de la poésie grecque une place voisine du premier rang (1). Dans le peu qui nous reste de Bion et de Moschus, ses deux successeurs, on ne voit pas que le poëme bucolique ait changé de caractère. Les personnages n'y soutiennent pas un double rôle, ils parlent plus ou moins naïvement, mais ils parlent tous et toujours des choses de la campagne, parce qu'ils vivent au milieu d'elles et parce qu'ils s'y intéressent.

Avec l'imitation latine de Théocrite dans Virgile, commence ce que je pourrais appeler le troisième âge de la poésie bucolique, où l'églogue ne se borne plus à peindre la vie des champs et commence à poursuivre des effets d'un genre plus raffiné. Lorsque Tityre et Mélibée, dans la première pièce du poëte latin, se font part de leurs peines et de leurs joies, nous savons (car Virgile nous le laisse deviner, et d'anciens interprètes l'attestent) que Tityre est le poëte lui-même, d'abord victime des violences de la guerre civile, puis rétabli dans son petit domaine, grâce à la faveur du triumvir auquel un protecteur

---

(1) Voir Sainte-Beuve, *Théocrite*, morceau publié pour la première fois dans les *Débats* en 1846. Cf. dans mes *Mémoires de littérature ancienne*, p. 242 et suiv., le morceau intitulé : « La poésie pastorale avant les poëtes bucoliques. »

a su le recommander. Ici donc la poésie pastorale est
comme doublée d'une poésie personnelle à l'auteur : ·
les vers du poëte ont deux sens, l'un apparent, l'autre
caché, ce que les Grecs ont appelé d'abord *sous-sens*
(ὑπόνοια), et plus tard une *allégorie* (1). La même allégorie se retrouve dans la sixième églogue. Quant
au magnifique morceau intitulé *Pollion*, elle y est
si habilement engagée sous le luxe d'une prédiction
à la fois éloquente et obscure, que nul ne peut dire
aujourd'hui à quel personnage réel s'appliquent les
allusions du poëte, et, si brillante qu'elle soit, la
pièce perd quelque chose de sa beauté au mystère qui
l'entoure encore (2). Ainsi l'églogue latine n'est plus
même la poésie franchement bucolique des Alexandrins ; avec ses personnages à double rôle, elle tourne
à l'élégie politique, au dithyrambe allégorique, et
cela chez le peuple du monde le plus fait cependant
pour aimer et pour comprendre un poëte qui lui aurait parlé simplement du pâturage et du labourage.
Le pâtre et le laboureur, en effet, formaient le plus
solide fond de cette vieille population romaine d'où
sortirent tant de soldats courageux, tant d'habiles
capitaines. La littérature latine nous a laissé à elle
seule plus d'ouvrages que la grecque sur l'agriculture. On a prêté à Virgile, et non sans raison, l'intention de glorifier cet art en Italie et de le re-

_____

(1) Voir le traité de Plutarque *Sur la manière d'entendre les
poëtes*, c. IV, et les textes cités dans l'*Essai sur l'Histoire de la
Critique*, p. 61.

(2) Voir Alexandre, *Oracula Sibyllina*, II, p. 107 et suiv., et
p. 218 et suiv.

commander aux Romains dégénérés, quand il écrivit
les *Géorgiques* :

> Salve, magna parens frugum, Saturnia tellus,
> Magna virum (1).

C'était là une louable et patriotique inspiration.
Sans doute, le campagnard italiote, en sa vie de labeur et d'épargne, ne prête pas autant à la poésie
que le montagnard d'Arcadie ou le paysan de Sicile.
Les mesquines divinités qu'il adore n'ont ni la grâce
ni la beauté des divinités helléniques; mais une poésie vraiment sincère pouvait féconder ce sol ingrat,
sans le dénaturer, et c'était, ce me semble, le dénaturer que de faire, comme a fait Virgile, de la
poésie des champs une poésie à moitié politique :
ce manque de naturel, par quelque habileté qu'il
le sauve à nos yeux, est sensible dans l'églogue
latine. En tout cas, c'est le caractère un peu hybride de cette poésie qui a déterminé celui de l'é-
glogue française.

  ' Longtemps la France n'a connu l'églogue latine
que par Marot (2). Marot avait traduit l'églogue
de Tityre. Il fit bientôt une *églogue au roi*, « sous
les noms de Pan et de Robin », où figurent, plus

---

(1) *Georgica*, II, v. 173.

(2) Je ne puis compter, avec Colletet, comme premiers auteurs
d'églogues françaises les premiers traducteurs des églogues de
Virgile. S'il fallait chercher, d'autre part, des ancêtres natio-
naux à nos écrivains de pastorales, il vaudrait mieux songer
aux écrivains de pastourelles; encore *ce genre de petit poëme
n'a-t-il guère de commun que le nom avec nos pastorales modernes*.

ou moins transformés, quelques souvenirs de l'histoire contemporaine. Marguerite, sœur du roi, y est représentée par la bergère Margot ; Louise de Savoie, sa mère, s'y nomme Louisette,

> Qui maintenant au ciel prend ses ébats
> A voir encor ses troupeaux ici-bas.

Et cette mort de Louise de Savoie (1531), il la célébrait plus tard dans une pièce du même genre, assez touchante d'ailleurs, où deux bergers, Thénot et Colin, expriment leur douleur sur la perte de la noble reine, changée en une bonne fermière, qui laisse des regrets aux gens de sa ferme et aux paysans d'alentour. Tels furent les débuts de l'églogue savante en France, débuts modestes et sans prétention ; Marot n'avait point cherché malice dans ses agréables imitations de Virgile, ni voulu ouvrir chez nous une nouvelle école. Ce fut cependant son exemple, après celui de Virgile, qui décida du caractère de la poésie bucolique, et cela pour deux siècles, dans notre littérature. Quatre ans après la mort de Marot, la poétique du genre se dessine assez nettement dans les deux pages qu'on va lire de Sibilet :

« L'églogue est grecque d'invention, latine d'usurpation, et françoise d'imitation. Car Théocrite, le poëte grec, est le patron sur lequel Vergile (1) a

(1) Notons, en passant, que cette forme du nom de Virgile (*Vergilius*) est probablement la seule vraie. M. Ribbeck n'a pas craint de l'adopter sur le titre de son édition critique (Lipsiæ, 1859, in-8°). Le vrai nom d'Aristote (*Aristoteles*) est encore plus

pourtrait ses églogues, et Vergile est le moule d'où
Marot et les autres poëtes françois ont pris la forme
des siennes, et tous les trois sont l'exemplaire que
tu y dois suivre. Avise donc que ce poëme qu'ils ont
appelé Églogue est plus souvent un Dialogue, auquel sont introduits bergers et gardeurs de bêtes,
traitant, sous propos et termes pastoraux, morts de
princes, calamités de temps, mutations de républiques, joyeux succès et événements de fortune, louanges poétiques et telles choses ou pareilles, sous allégories tant claires que les dessins des noms, des
personnes et l'adaptation propre des propos pastoraux aux choses sous iceux entendues et déduites
les fassent voir tant clairement comme s'aperçoit la
peinture sous le verre : comme tu peux voir au Tityre qu'a tourné Marot de Vergile, et en l'églogue
qu'il a faite sur la mort de feue Mᵐᵉ Louise mère du
feu notre Roy François, premier de nom et de grandeur, et en celle qu'il a dressée au dit feu Roy sous
les noms de Pan et de Robin. Laquelle trouvant
sans interlocution de personnes et forme de dialogue,
retiens que l'églogue se fait élégamment de perpétuel
fil d'oraison, en sorte que les prosopopées, entremê-
lées au fil, suppléent l'interlocution et que les propos et personnes constituantes le narré sentent, avec
leur décore gardé, la bergerie (car le François ainsi
nomme l'églogue grecque et assez proprement), que
tu feras meilleure plus sera courte , et plus élégante

tristement altéré dans l'usage français, et cela sans qu'il y ait
moyen de revenir sur une erreur consacrée aujourd'hui,

de carmes de dix syllabes que de moindres. Et encore que la rime plate y soit plus commune et propre, Marot néanmoins a montré en l'églogue de feue Mᵐᵉ la Régente que la rime croisée n'y a point mauvaise grâce (1). »

Tout juste à la même date, Du Bellay, dans son célèbre manifeste, écrivait : « Chante-moi d'une musette bien résonneuse et d'une flûte bien peinte ces plaisantes églogues rustiques à l'exemple de Théocrite et de Virgile.... Que plût aux Muses qu'en toutes les espèces de poésies que j'ai nommées nous eussions beaucoup de telles imitations qu'est cette églogue sur la naissance du fils de monseigneur le Dauphin, à mon gré un des meilleurs petits ouvrages que fit onc Marot (2). » C'est, on le voit, même précepte au fond et même exemple que dans Sibilet.

Après du Bellay, après Sibilet, la poésie bucolique n'est que rapidement mentionnée dans l'*Art poétique* de Pelletier du Mans (1555) : « Je m'ébahis, dit Pelletier, que quelqu'un ne s'est au moins mis à faire églogue, matière autant propre à notre langue qu'à nulle autre, qui en avoit les termes et les personnes tout à propos. Marot nous a montré, en deux ou en trois tout au plus qu'il a faites, combien elles sont plus délectables (3). » Elle est indiquée plus

(1) Livre II, c. 8. Il est singulier que Colletet, écrivant sur le même sujet en 1656, se vante de n'avoir pas de devanciers, et que Goujet (*Bibl. franc.*, III, p. 259) n'oppose pas à cette prétention les auteurs de Poétiques du seizième siècle.

(2) *Défense et illustration de la langue françoise*, II, 4.

(3) P. 15. La troisième pièce dont il parle est probablement celle que loue du Bellay dans le texte cité plus haut.

rapidement encore dans l'*Abbréviation de l'Art poétique* publiée à la suite d'une édition de Sibilet en
1576 (p. 253) : « Dialogue ou églogue est introduction de pasteurs figurante ou déclarante la légère mutation des choses. » Ce sont peu de mots,
mais bien expressifs encore pour montrer combien
l'idée allégorique tend à s'établir comme la loi de
l'églogue. Vauquelin de La Fresnaye, au premier
chant de son *Art poétique*, ne traite ce sujet qu'en
passant :

> L'un fait une satire et l'autre une idyllie,
> Qui jusqu'aux petits chants des pasteurs s'humilie,
> Et peu, qui sont bien peu, la trompette entonnant
> Font bruire d'un rebat l'air autour résonnant.

Mais, dans ces quatre méchants vers, un trait est
frappant : c'est l'idylle qui « s'humilie » pour chanter avec les pasteurs. Virgile avait dit :

> Nostra nec erubuit silvas habitare Thalia ,

et nos poëtes grands seigneurs n'ont garde d'oublier
la distance qui les sépare des gens de la campagne,
quand ils veulent bien prêter à ceux-ci l'appareil de
leur poésie savante. Tout contribue donc à faire chez
nous de l'idylle, de l'églogue, de la pastorale, de la
bergerie, comme on voudra l'appeler, un poëme à
double sens, où de grands personnages se cachent
sous des noms vulgaires, où les rôles de la vie agri-
cole figurent, comme sous un costume d'emprunt, les
rôles de la vie citadine et de la vie politique. Les
bourgeois et les princes daignent quitter leurs mai-

sons et leurs palais pour la cabane du paysan ou
pour la maison roulante du berger ; ils changent
d'habit pour prendre la houlette ou le soc de la
charrue; mais, sous leur nouvel affublement, ils n'ou-
blient pas eux-mêmes et ils entendent bien qu'on
n'oublie pas qu'ils sont toujours de riches bourgeois, des savants, des seigneurs du grand monde,
même des princes et des rois.

Telle est la société menteuse et fardée dont se
peuplent les bocages et les campagnes dans les *Fores-
teries* de Vauquelin de la Fresnaye, dans les *Bergeries*
de Remy Belleau, et dans celles de Ronsard (1). Elle y
retrouve, ou plutôt le poëte y ressuscite pour elle tous
les dieux et demi-dieux païens, toutes les déesses
qu'y adorait autrefois l'imagination naïve du laboureur et du pâtre anciens, Pan et les Silvains, Priape
et les Silènes, les Dryades et les Nymphes : autant de
froids personnages, autant d'artifices qui nous éloi-
gnent de la vraie nature.

. C'est par exception seulement qu'un peu de naturel se mêle à cette poésie factice. Le célèbre Du
Faur de Pibrac, si connu par ses *Quatrains*, qui font
de lui une sorte de Théognis français (2), a écrit,

(1) Fontenelle, qui, dans son *Discours sur la nature de l'É-
glogue*, distingue si complaisamment les « vrais paysans » des
« bergers d'églogues », perd néanmoins patience à entendre, chez
Ronsard, la bergère Margot faisant l'éloge de Budé, de Turnèbe
et de Vatable, les premiers savants du siècle en grec et en
hébreu.

(2) Voir l'article sur la Poésie gnomique dans le Dictionnaire des sciences philosophiques ; ce morceau est réimprimé avec

avec une simplicité bien rude encore, des vers français *Sur les plaisirs de la vie rustique*, à l'honneur de
son propre domaine :

> Pybrac, je te salue, et toi, Boccoune sainte,
> Et vous, coteaux vineux qui d'une double enceinte
> Enmurez le terroir où d'un cours éternel
> Deux ruisselets, roulants par mon champ maternel,
> Non guères loin de là se vont perdre dans l'onde,
> Et dans le large sein de Garonne profonde, etc.

Il y peint naïvement une âme obsédée des souvenirs qu'entretient une éducation pédantesque, et,
après de froides allégories où figurent Pytho, Mercure et les Nymphes, il s'écrie :

> Arrière donc de moi ces fables jà moisies
> Et le feint ornement des vieilles poésies :
> On ne m'orra (ouira) pour Dieu Jupiter réclamer,
> Ni son frère Neptune, ès périls de la mer.
> Du seul Dieu des Chrétiens humble serf je m'avoue
> Et tout autre à Seigneur que lui je désavoue.
> Il m'a dès le berceau heureusement guidé,
> Et poussé plus avant que je n'eusse cuidé.
> Lorsque je veux parler, la langue il me délie
> Et m'apprend mot à mot comme il faut que je die.
> Il m'a les yeux ouvert pour du haut firmament
> Contempler à son lot le réglé mouvement
> Et des astres roulants la plaisante carole
> Et l'immobile point de l'un et l'autre pole, etc.

On sent ici l'effort, effort quelquefois heureux,
d'une imagination qui cherche à s'affranchir des tra—

---

quelques additions dans mes *Mémoires de littérature ancienne*,
p. 229 et suiv.

ditions païennes, et qui demande à la foi du chrétien une inspiration plus haute et plus sincère (1). Mais ce n'est là, je le répète, qu'une exception. La mode du siècle emporte presque tous les beaux esprits vers une étroite et fausse imitation de l'églogue grecque et latine. Ces exemples finissent par s'imposer à la pratique et par créer définitivement la théorie d'un genre de poésie bucolique inconnu à Théocrite, discrètement essayé par Virgile, et qui allait devenir par excellence un genre italien et français. De Laudun, qui écrit en 1597 son *Art poétique*, traite comme on va voir de la Bergerie (2). Ce sont des pages bien médiocres à tous égards ; mais elles ont leur intérêt pour l'histoire de nos idées, de nos préjugés, de nos erreurs en littérature. Elles peignent naïvement l'état des esprits au moment où allait s'ouvrir avec Malherbe ce grand dix-septième siècle ; elles montrent quel héritage d'idées souvent trompeuses le seizième siècle lui léguait, grâce à une imparfaite connaissance de cette antiquité que pourtant il aima et poursuivit d'une ardeur si sincère :

« Je traiterai fort brièvement de la Bergerie, parce qu'elle est assez connue. Or la bergerie est un mot français dérivé de son primitif *berger*, et est la bergerie le lieu où les bergers tiennent leurs troupeaux et où ils font leurs devis ; d'où nous les imitons en nos poëmes ou les représentons sur un

---

(1) Ces vers ont été mis en latin, sous le titre étrange d'*Agrocharis*, par Sébastien Rolliard, avocat au Parlement de Paris (Paris, 1598, in-12).

(2) Livre III, c. 8.

théâtre ou autrement. La matière est toute chose
appartenant aux bergers, parler des forêts, des montagnes, des prés, des fontaines, des brebis, des
chiens, loups et autres choses. *Sous les noms des
bergers et en leurs devis, bien souvent les bons poëtes
y mettent un sens moral et les font parler des affaires d'État, des conditions et forfunes des rois et princes. Le plus souvent tout se réfère à l'amour.* » Puis
il distingue : 1° les simples églogues, qui sont des
dialogues, comme en a fait Ronsard ; 2° celles qui
sont divisées par journées, comme dans Belleau ;
3° celles « où il y a personnages et que l'on a coutume de jouer sur les théâtres. » Cette troisième
sorte « vraiment s'appelle Bergerie et non Pastorale
comme aucuns ignorants et plutôt italiens que françois l'ont appelée ; car *Pastorale* est plutôt latin
écorché qu'autre chose.... Coutumièrement elle se
fait en vers alexandrins et élégiaques (c'est-à-dire de
douze ou de dix pieds). Il n'y a scènes ni actes ;
mais seulement, à la différence de tragédie et comédie, il y a des pauses. On ne met guère plus de six
ou sept personnages. On y introduit des loups, des
chiens, des nymphes, des sylvains, ou autres choses
que l'ancienne superstition a crues. »

Puis il explique pourquoi les chasseurs, « qui sont
toujours en mouvement, » et même les laboureurs
« qui sont toujours au travail, » n'ont pu fournir
matière à ces poëmes. « Mais le berger est plus oisif.... » et si les bergers sont préférés, c'est « aussi
parce qu'ils sont plus anciens et que le chant a été
inventé par eux. »

« Aux bergeries on traite toujours ou le plus souvent de l'amour, parce que les bergers sont oisifs...
et l'oisiveté est la mère de volupté. Il faut qu'en la
bergerie les personnages s'entre-parlent souvent,
comme témoigne Scaliger au premier livre de l'*Art
poétique*. Elle se fait toujours en rime plate, en ob-
servant exactement le masculin et le féminin. Les
moindres que l'on fasse sont de deux cents vers
jusqu'à mil et non plus ; car si elles étoient de plus,
elles n'auroient pas bonne grâce ; et si elles étoient
moins et qu'il n'y eût que trois ou quatre personnages, il n'y auroit pas cinquante vers pour chacun,
berger ou bergère. Or, s'il n'y avoit que deux personnages, ce seroit églogue, et en ce cas on la peut
faire depuis vingt carmes jusqu'à quelque nombre
complet qu'il plaise au poëte. »

C'est plus qu'une théorie, on le voit ; c'est un
règlement, auquel De Laudun ajoute l'autorité de
son propre exemple : « J'ai fait quelques bergeries
de cette façon dernière, et autres aussi. Il y a beaucoup d'auteurs qui en ont fait, auxquels je renvoie
le lecteur, comme à Ronsard et Desportes. »

Il y avait alors cinquante ans environ que la
poésie pastorale, ainsi conçue à l'antique, s'était introduite en France. On peut juger de ses rapides progrès et de l'engouement du public pour ce genre de
composition. De Laudun nous montre, à la fin du
seizième siècle, en quelles subtilités commençaient
à s'égarer les rédacteurs de Poétiques et quelle
fausse idée se faisaient les poëtes eux-mêmes d'un
genre de composition où rien ne peut suppléer à la

naïveté des sentiments et à la simplicité des peintures.

Ce n'est pas à dire que Belleau et Ronsard n'aient
jamais réussi dans leurs bergeries et dans leurs
églogues. Ils aimaient la nature et ils avaient un
heureux génie : la nature et le génie ont été plus
forts que tous les artifices où les enfermait une
théorie trompeuse. Tout le monde connaît l'exquise
description du mois d'avril par Remy Belleau. Quant
à Ronsard, même dans ses compositions allégoriques, il a des pages excellentes et dignes de servir de
modèles. Mais, ce qui est bien à l'honneur de la
sincérité en poésie comme en toutes choses, les
bonnes pages de Ronsard sont celles où ses bergers
et ses laboureurs parlent franchement de leurs
propres affaires, de leurs petites passions, de leurs
amours naïves, et si un de ces faux bergers nous séduit, c'est que, pour nous, le sens allégorique
de son langage a disparu aujourd'hui, et que nous
prenons tout simplement au mot des passages que
le poëte destinait à exercer notre esprit et à nous
donner le plaisir de la difficulté vaincue. Le temps
a déjoué ces laborieux calculs, en restituant, pour
ainsi dire, aux vers du poëte une simplicité de sens
dont il s'écartait à dessein.

Il faut sortir de la poésie, presque de la littérature, pour trouver, au seizième siècle, une description complétement naïve de la vie des champs.
On la trouve, en effet, dans les *Propos rustiques
et facétieux* par Noël du Fail (1548), un Gaulois
de la famille de Rabelais et de Henri Estienne :

c'est la nature copiée dans sa plus simple réalité. Robin le Clerc, « compagnon charpentier de la grande dolouëre », Thenot du Coing et son fils Tailleboudin, Guillot le Bridé et Phelipot l'Enfumé, Perrot, Claquedent et Gobemouche sont bien de vrais paysans, au langage franc, narquois, grossier même, contant, sur les places ou devant le feu de leur âtre campagnard, les historiettes du village, assaisonnées du plus gros sel : on croit entendre parler les personnages d'une peinture flamande ou hollandaise. Bien qu'ils soient l'œuvre d'un savant magistrat, ces tableaux de mœurs sembleraient composés par ceux mêmes qu'ils représentent, n'était je ne sais quelle pointe de malice un peu savante qui en révèle la véritable origine, mais qui ne montre pas pour cela un disciple de l'antiquité. Les *Lettres des pêcheurs*, par le sophiste Élien (1), et mieux encore le charmant discours *Euboïque* de Dion Chrysostome (2), rappellent par quelques traits les *Propos rustiques* de Du Fail; mais il ne paraît pas qu'ils aient été même connus de l'auteur français.

Quoi qu'il en soit à cet égard, il m'a paru intéressant de fixer avec précision les limites entre lesquelles naquit et se développa notre poésie pastorale, de montrer combien vite elle oublia les champs et la nature pour une vaine recherche d'allégories et de

(1) Publiées pour la première fois dans les Épistolographes grecs d'Alde, en 1499.

(2) Publié pour la première fois, à Venise, en 1551, par Alde.

sentiments raffinés ; quelle faible part eurent les
exemples de la poésie grecque dans les égarements de
la poétique française, égarements qui se prolongè-
rent jusqu'à la fin du dix-huitième siècle (1).

(1) Voir, au tome II, la **XXVII**ᵉ leçon, et, sur l'ensemble du
sujet dans les littératures de l'Europe, l'article *Poésie bucolique*,
dans l'Encyclopédie des Gens du monde.

DIX-SEPTIÈME LEÇON.

L'ÉPOPÉE FRANÇAISE AU SEIZIÈME SIÈCLE.

Ignorance commune des lettrés du seizième siècle au sujet de
notre vieille poésie héroïque. — Comment la première idée
du poëme héroïque ou épique leur fut suggérée par l'étude
de Virgile et d'Homère. — Théorie de l'épopée chez J. Du
Bellay, Th. Sibilet, J. Pelletier du Mans, dans l'*Art poétique*
de Ronsard et dans les deux préfaces de la *Franciade*; dans
l'*Art poétique* de Vauquelin de La Fresnaye. — Conclusion
sur l'irréussite finale des tentatives épiques au seizième
siècle.

Nous avons vu, dans la leçon précédente, comment
la poésie pastorale se détourna, en France, de sa
voie naturelle, pour produire, sous les noms de bergerie, églogue ou pastorale dramatique, des poëmes
où la peinture des scènes et des mœurs de la campagne n'était plus qu'un moyen de peindre allégori-
quement les mœurs et les personnages de la ville et
de la cour. La renaissance de l'épopée dans notre
littérature va nous offrir un phénomène littéraire
tout semblable, la tradition hellénique et romaine

interprétée au sens d'une imitation étroite et d'une
théorie qui en faussaient le vrai caractère.

En réalité, nous possédions, bien avant la Renaissance, un grand nombre de poëmes français répondant par leur esprit et par leur forme générale à
l'idée du poëme épique tel que nous la représentent
Homère et les poëtes de cette école. La *Chanson de
geste*, ou la *Geste*, on s'accorde à le reconnaître aujourd'hui, étant un récit en vers de faits héroïques,
est un poëme épique au même sens que l'*Iliade* et
que l'*Odyssée*. Sans les avoir, elle en reproduit souvent le naïf langage. Tout récemment encore, un éminent helléniste, M. Imm. Bekker, rapprochait maintes
formes de style tout à fait semblables dans les Gestes
du moyen âge et dans les poëmes homériques (1).
Mais il est presque incroyable à quel point la chanson
de geste était oubliée ou méconnue dans notre pays
depuis la fin du quinzième siècle. De tous ces beaux
récits du douzième et du treizième siècle il ne circu-
lait plus guère alors que des paraphrases en prose
et des imitations languissantes (2). Les plus grands
amateurs de nos antiquités littéraires, Estienne Pasquier et Claude Fauchet (ce dernier surtout est à
signaler pour son livre de *l'Origine de la langue et
poésie françoises*), n'ont qu'une idée confuse de cette
littérature demi-historique et demi-légendaire que
forment les trois cycles de Charlemagne, d'Artus et

(1) *Monatsbericht der Koeniglichen preussischen Akademie*,
1867. Cf. plus haut, p. 189.
(2) Voir G. Paris, *Histoire poétique de Charlemagne* (Paris,
1865, in-8°).

d'Alexandre le Grand. Le beau poëme de Roncevaux, apprécié aujourd'hui avec tant de faveur (1), gisait alors oublié dans les bibliothèques, et personne ne soupçonnait plus que la France eût jamais possédé des écrivains dans le genre homérique, des narrateurs naïfs, abondants, originaux de l'histoire nationale telle qu'elle existe et se propage dans l'imagination populaire. Au reste, Homère lui-même n'a été que bien tard considéré à ce juste point de vue par la critique. C'était depuis longtemps, on peut dire depuis Aristote, non pas le chef privilégié d'une grande école de chantres populaires, mais presque l'inventeur à la fois et le modèle d'un genre de composition où l'art et la réflexion étaient censés avoir eu, dès l'origine, une part presque aussi grande que l'invention et le génie (2). Apollonius de Rhodes et Quintus de Smyrne étaient, à cet égard, mis dans la même famille, sinon au même rang, que le vieil Homère, et nul ne songeait à remarquer que Virgile, écrivant sous Auguste son *Énéide*, la composa dans de tout autres conditions que celles où était née l'épopée homé-

(1) Voir une expression, vive jusqu'à l'hyperbole, de ce retour de l'opinion, dans les premiers volumes du savant ouvrage de M. Léon Gautier, *les Épopées françaises* (Paris, 1865-1869, 3 vol. in-8°). M. G. Boissier, dans la Revue des Deux-Mondes (février 1867), et M. Paul Albert, dans la VII° leçon de son Cours sur la *Poésie* (1868, in-8°), ont répondu, l'un avec mesure, l'autre avec beaucoup de vivacité, à cette espèce de fanatisme de l'admiration contemporaine pour notre vieille poésie héroïque.

(2) Cette influence d'Aristote sur les opinions relatives à Homère n'avait pas, je crois, été nettement montrée avant les *Homerische Vorschule* de W. Müller (Leipzig, 1824, in-8°).

rique. En tout cas, la désuétude avait produit l'oubli
ou l'ignorance. Ignorant une partie de notre glorieux
passé, nos pères songeaient à doter la littérature
française d'une richesse qui, selon eux, lui manquait.
Virgile n'avait guère cessé d'être lu et commenté
durant le moyen âge (1). L'imprimerie venait d'en
multiplier les éditions savantes. Homère lui-même,
imprimé depuis un demi-siècle, bientôt traduit en
latin, puis tant bien que mal en français, commençait à se répandre parmi nous sous ces formes diverses; on l'expliquait publiquement au Collège de
France. On se prenait d'enthousiasme pour cette
beauté (2), longtemps méconnue, d'un poëme aux
grandes proportions, plein de fortes peintures,
plein de sentiments généreux et de cet héroïsme qui
rappelait par quelques traits les mœurs et les vertus
de la chevalerie; c'était même par là, nous l'avons
vu plus haut, qu'Homère avait séduit son premier et
grossier traducteur, Jean Samxon (3). Mais, si on se
représentait assez nettement l'épopée dans Homère ou

(1) Je songe surtout au Commentaire de Bernard de Chartres,
sur lequel on peut lire les *Ouvrages inédits d'Abélard* publiés
par M. V. Cousin (Paris, 1840, in-4°), p. 639 et suiv.

(2) Outre les témoignages cités plus haut dans notre cinquième leçon, on lira bientôt, sur cette tradition de la poésie et
des récits homériques au moyen âge, un travail important de
M. E. Joly : *Benoist de Sainte More et le Roman de Troie*, etc.,
qui paraîtra dans le tome XXVI des Mémoires de la Société
des Antiquaires de Normandie. Un ouvrage de M. Dunger vient
de paraître sous ce titre : *Die Sage vom trojanischen Kriege in
den Bearbeitungen des Mittelalters und ihren antiken Quellen*
(Leipzig, 1869, in-8°).

(3) Voir la VIIIᵉ leçon, p. 190.

dans Virgile, on ne savait guère comment la concevoir pour la poésie française. Ce fut d'abord le *long poëme*, puis le *grand œuvre*, enfin l'*œuvre héroïque* ou le *poëme héroïque*. Voici comment, en 1548, Joachim du Bellay fait appel, en un langage éloquemment bizarre, au futur Homère français :

« Donc, ô toi, qui, doué d'une excellente facilité de nature, instruit de tous bons arts et sciences, principalement naturelles et mathématiques, versé en tout genre de bons auteurs grecs et latins, non ignorant des parties et offices de la vie humaine, non de trop haute condition ou appelé au régime public, non aussi abject et pauvre, non troublé d'affaires domestiques, mais en repos et tranquillité d'esprit acquise premièrement par la magnanimité de ton courage, puis entretenue par ta prudence et sage gouvernement; ô toi, dis-je, orné de tant de grâces et de perfections, si tu as quelquefois pitié de ton pauvre langage, si tu daignes l'enrichir de tes trésors, ce sera toi véritablement qui lui feras hausser la tête et d'un brave sourcil s'égaler aux superbes langues grecque et latine, comme a fait de notre temps en son vulgaire un Arioste italien, que j'oserois (n'étoit la sainteté des vieux poëmes) comparer à un Homère et Virgile. Comme luy, donc, qui a bien voulu emprunter de notre langue les noms et l'histoire de son poëme, choisis-moi quelqu'un de ces beaux vieux romans françois, comme un Lancelot, un Tristan ou autre, et en fais renaître au monde une admirable Iliade et glorieuse Énéide..... Que si quelqu'un n'a du tout cette vigueur d'esprit,

cette parfaite intelligence des disciplines et toutes ces
commodités que j'ai nommées, tienne pourtant le
cours tel qu'il pourra; car c'est chose honnête à
celui qui aspire au premier rang, demeurer au second, voire au troisième. Non Homère seul entre
les Grecs, non Virgile entre les Latins, ont acquis
los et réputation. Mais telle a été la louange de
beaucoup d'autres, chacun en son genre, que, pour
admirer les choses hautes, on ne laissoit pourtant de
louer les inférieures (1). »

Thomas Sibilet est encore plus modeste. C'est
dans son chapitre sur *la Version* (2) qu'il insère,
presque timidement, l'appel que nous avons lu plus
haut.

Dans tout cela, nul souvenir, nulle trace de la
théorie d'Aristote sur l'épopée : c'est uniquement
d'après quelques modèles anciens que l'on conçoit
le poëme de longue dimension que doit attendre
notre littérature. Jacques Pelletier, du Mans, qui
avait commencé à traduire Homère en vers, et qui
publia en 1555, à Lyon, son *Art poétique,* n'est pas
plus érudit sur ce sujet. Comme ses deux confrères,
il place très-haut l'œuvre qu'il appelle *héroïque.* Ce
poëme est selon lui « de tel compte et de tel honneur,
qu'une langue n'est pas pour passer en célébrité

_____

(1) *Défense et illustration de la langue françoise,* II, 5. Il est
remarquable que ce chapitre a échappé aux critiques de Charles
Fontaine dans son *Quintil Horatian,* d'ailleurs si plein d'objections futiles contre du Bellay.

(2) *Art poétique,* II, 4. Voir plus haut, dans la quatorzième
leçon, p. 330.

vers les siècles, sinon qu'elle ait traité le sujet héroïque ». C'est « une mer, une forme et image de
l'univers »; c'est le jeu du théâtre « de ce monde »,
c'en est « le miroir ». Mais, quand il arrive à le décrire plus en détail, on voit qu'il n'y fait guère entrer que les exploits des guerriers. L'épopée de Virgile, d'ailleurs, lui est plus familière que les deux
poëmes homériques, et sa théorie se borne à peu
près aux leçons qui ressortent d'une analyse admi-
rative de l'Énéide. Une fois seulement il se souvient
de nos romans français pour les louer d'un art qu'il
admire fort chez Virgile, c'est celui de suspendre la
curiosité du lecteur « désireux et hâtif d'aller voir
l'événement ». « A quoi, dit-il, je trouve nos romans
bien inventifs, et dirai bien ici en passant qu'en
quelques-uns d'iceux bien choisis le poëte héroïque
pourra trouver à faire son profit, comme sont les
avantures des chevaliers, les amours, les voyages,
les enchantements, les combats et semblables choses,
desquelles l'Arioste a fait emprunt de nous pour
nous transporter en son livre. » On voit qu'il est
loin de deviner l'importance des chansons de geste ;
peut-être les a-t-il encore moins connues que ne les
connaissait Pasquier. Ailleurs on croit voir poindre
dans ce chapitre la théorie (si elle mérite ce nom)
qui fera le fond de l'ouvrage du Père Le Bossu, au
dix-septième siècle, celle qui ramène toute épopée
au développement d'un précepte de morale. « Voilà,
dit-il, après avoir cité un des beaux traits de
l'Énéide, voilà d'où sortent les vives voix du
poëte. Voilà comment se bâtit l'œuvre héroïque et

immortel. Voilà comment *d'une idée de sagesse et de
vertu conçue par le grand esprit poétique* se forme le
grand et parfait image (1) de la vie. Voilà comment
notre Virgile a dressé son grand ouvrage. »

En 1561, Jules-César Scaliger, dans sa volumineuse *Poétique* (2), écrivait quelques pages sur l'é-
popée, d'après Aristote, mais surtout d'après l'idée
que s'en formait son esprit pédantesque et bizarre,
en rapprochant sans aucune critique Homère, Virgile,
Lucain, Héliodore et Musée. Ce rapprochement seul
est un indice de la confusion qui régnait alors
chez nos savants ; Héliodore, l'auteur d'un roman
bourgeois et en prose (3), Musée, le peintre élégant
et mignard d'une aventure d'amour, étaient placés,
comme des modèles de l'art épique, sur la même
ligne que les maîtres classiques. Entre les Grecs et
les Romains, d'ailleurs, on semblait ne voir aucune
différence, que de talent peut-être, et l'on ne tenait
nul compte de la diversité des temps et des civilisa-
tions. Avec quelques préceptes recueillis dans ce qui

(1) Pelletier fait d'*image* un mot masculin. D'ailleurs, pour
lui, moins que pour aucun autre écrivain de ce siècle, je
ne pouvais m'imposer de reproduire l'orthographe de l'édition
originale. Celle de Pelletier, comme celle de Ramus, est toute
systématique, fort complexe malgré sa prétention à la simplicité, et telle que nos yeux ont beaucoup de peine, aujourd'hui,
à s'y habituer.

(2) I, 2 et 5 ; III, 96. Quoique Scaliger sache beaucoup de
grec, il paraît le savoir mal. Je ne vois pas, par exemple, où il
a pu trouver chez les anciens l'adjectif διαλογητικός, par lequel
il désigne la poésie *dialoguée*.

(3) Voir plus haut, p. 342, les vers de Vauquelin de La Fresnaye, où Héliodore est également cité.

nous reste de la *Poétique* d'Aristote, avec quelques
règles déduites des exemples anciens, on composait,
à l'usage des faiseurs d'épopées, une sorte de règlement qu'allait subir avec une étrange soumission le
génie même de nos plus grands écrivains.

Ronsard et ses amis continuaient alors d'étudier,
soit sous la discipline de Dorat, soit en dehors
de cette école, les monuments de la poésie épique
chez les anciens. Ils se prenaient d'un vif enthousiasme pour ces études nouvelles et d'une sorte
d'ardeur irréfléchie pour imiter les œuvres qu'ils
admiraient si vivement. Ronsard était à peine en
possession de la renommée que lui firent si promptement ses premiers sonnets et ses premières odes,
et déjà il rêvait une épopée doublement française
par le sujet et par la langue. Comme d'ailleurs on ne
comprenait guère alors un grand travail littéraire
qui ne fût soutenu par la faveur et les encouragements de quelque Mécène, Ronsard, tandis qu'il préparait les matériaux poétiques de sa *Franciade*, invo-
quait pour elle l'appui des rois, des princes, des
grands magistrats, ses protecteurs et amis. Dans son
excellente étude sur Ronsard, M. Gandar a curieusement recueilli à travers les œuvres du poëte tous
les témoignages de cette longue et vive sollicitude;
il a suivi, comme d'année en année, le progrès de
l'incubation laborieuse d'où devaient sortir, en 1572,
les quatre premiers chants du poëme destiné par son
auteur à en avoir autant que l'*Iliade*. Or, en 1565,
c'est-à-dire au plus fort de ce grand travail poétique
qui occupait Ronsard et passionnait si vivement ses

amis, le poëte rédigeait pour l'abbé d'Elbene un
petit *Art poétique* en prose, qui a été plusieurs fois
imprimé de son vivant et après sa mort (1). Bien
qu'il l'ait écrit en trois heures, l'opuscule est encore
assez long pour qu'on s'étonne d'y trouver si peu de
traces du projet alors très-avancé de la *Franciade :*
point d'observation sur les divers genres de poésies,
sur les caractères et les règles qui leur sont propres ;
sur tout cela Ronsard paraît se référer à l'*Art poétique* d'Horace et à celui d'Aristote, auxquels il sait
que son jeune ami n'est point étranger (2) ; seulement
quelques principes d'une certaine élévation sur le
caractère religieux et moral du poëte, sur la différence du vrai poëte et du versificateur ; la recommandation de préférer un langage à la fois national
et savant au parler de la cour, « lequel est quelquefois très-mauvais, pour être le langage des damoiselles et gentilhommes qui font plus profession
de combattre que de bien parler » (3) ; çà et là quelques-unes de ces expressions qui sentent leur no-

(1) M. F. Wey, dans son livre estimable *Sur les Révolutions
du langage français*, commet, à ce propos, une assez grave erreur, en rapportant la composition de ce petit écrit aux derniers
mois de la vie de Ronsard, et en y voyant la preuve d'un certain
affaiblissement d'esprit.

(2) Voir, plus haut, p. 332.

(3) A ce propos, il est intéressant de voir comment l'auteur
se laisse entraîner, par son admiration pour la Grèce ancienne,
jusqu'à regretter l'unité de la France monarchique : plusieurs
princes et plusieurs cours, comme il y avait chez les Grecs plusieurs républiques, auraient, selon lui, mieux favorisé l'émulation littéraire et le développement des richesses de notre langue
(page 21, éd. 1586).

blesse de cœur et d'esprit, comme lorsqu'il parle
des qualités « qui sont les nerfs et la vie du livre
qui veut forcer les siècles pour demeurer de toute
mémoire victorieux du temps ». On reconnaît bien
à ces traits le disciple nourri aux leçons de Dorat,
familier avec le beau langage des Muses pindariques, mais on n'y trouve pas en particulier le poëte
de la *Franciade*. Ce qui est plus surprenant encore,
c'est que la première préface de la *Franciade*, celle
de 1572, un peu oubliée des critiques modernes,
hormis M. Gandar, qui l'a judicieusement réimprimée, ne contient pas non plus l'exposé que nous
attendrions de la méthode de l'auteur et de ses procédés poétiques. On n'y trouve guère (et encore cela
tient-il en quelques pages) que des remarques un
peu décousues sur la différence de l'historien et du
poëte, sur l'intention patriotique qui lui a suggéré
le choix de son héros, sur l'emploi du vers de dix
syllabes, qu'il a cru devoir préférer au vers alexandrin, puis sur quelques épisodes de son poëme.
Parmi ce détail, quelques phrases vraiment étranges
par leur naïveté montrent chez Ronsard une sorte
de faiblesse d'esprit difficile à concilier avec son
incontestable talent d'écrivain. Par exemple : « Si je
parle de nos monarques plus longuement que l'art
virgilien ne le permet, tu dois savoir, lecteur, que
Virgile, comme en toutes autres choses, en cette-ci
est plus heureux que moi, qui vivoit sous Auguste,
second empereur, tellement que n'étant chargé que
de peu de rois et de césars, ne devoit beaucoup allonger le papier, où j'ai le faix de soixante et trois

26

rois sur les bras. » Puis, à la fin, et après quelques
mots d'une modestie d'ailleurs touchante sur les im-
perfections de son œuvre, on lit cette singulière sup-
plique à son lecteur : « Je te supplierai seulement
d'une chose, lecteur, de vouloir bien prononcer mes
vers et accommoder ta voix à leur passion, et non
comme quelques-uns les lisent, plutôt à la façon
d'une missive, ou de quelques lettres royaux que
d'un poëme bien prononcé : et te supplie encore de
rechef où tu verras cette marque ! vouloir un peu
élever ta voix pour donner grâce à ce que tu liras. »
N'est-ce pas chose piquante de voir le rival français
d'Homère donner pour ainsi dire des instructions à
ses futurs rhapsodes, pour assurer le bel effet de
ses vers ? Et cependant celui qui écrivait ces lignes
connaissait au moins depuis 1565 la savante théorie
d'Aristote sur le poëme épique. En 1571, il avait
reçu à Paris la visite de Torquato Tasso, déjà illustre par son poëme de *Renaud*, et qui préparait déjà
sa *Jérusalem délivrée*. On ne comprend pas qu'une
telle familiarité avec le philosophe ancien et avec le
grand poëte moderne n'ait pas plus heureusement
influé sur l'esprit de Ronsard. On sait seulement que
lui-même, en 1584, dans la réimpression de ses
œuvres, il supprima cette préface de 1572, et qu'il la
remplaça bientôt par une autre, imprimée seulement,
après sa mort, en 1587. Celle-ci est à bon droit considérée comme son dernier mot sur le genre de
composition auquel il avait consacré tant d'efforts,
hélas ! malheureux. C'est une œuvre originale et
d'un tour assez vif, mais rédigée sans ordre, et où

les principes généraux alternent avec des prescriptions vétilleuses, quelquefois puériles. On y retrouve
la distinction de l'historiographe et du poëte, des
préceptes sur le style, un éloge enthousiaste de
Virgile, de « ce brave Virgile, premier capitaine des
Muses », qu'en effet il connaît mieux et qu'il imite
plus heureusement qu'il ne connaît et imite Homère.
Chez celui-ci, ce qu'il admire et ce qu'il s'efforce d'i-
miter, c'est la propriété et la familiarité du langage
poétique. A cet égard, il descend presque au plus
minutieux détail : « Tu imiteras, dit-il par exemple,
les effets de la nature en toutes tes descriptions suivant Homère ; car s'il fait bouillir de l'eau dans un
chaudron, tu le verras premier fendre son bois, puis
l'allumer et le souffler, puis la flamme environner la
panse du chaudron tout à l'entour, et l'écume de
l'eau se blanchir et s'enfler à gros bouillons avec un
grand bruit, et ainsi de toutes les autres choses. Car
en telle peinture ou plutôt imitation de la nature
consiste toute l'âme de la poésie héroïque, laquelle
n'est qu'un enthousiasme et fureur d'un jeune cerveau. » Singulier rapprochement entre un simple
procédé descriptif et les principes mêmes de l'inspiration poétique, que d'ailleurs Ronsard a si vivement
décrite dans une épître à J. Grévin, comme nous l'a-
vons vu dans une autre leçon (1).

Un peu plus haut, il donne des règles au poëte
héroïque sur la manière d'armer ses héros « de toutes
les pièces de leur harnois..., car cela apporte grand

(1) XIVᵉ leçon ci-dessus, p. 332.

ornement à la poésie héroïque. » — « Tu n'oublieras
pas aussi, ajoute-t-il, la piste et battement de pied
des chevaux, et représenter en tes vers la lueur et la
splendeur des armes frappées de la clarté du soleil,
et de faire voler les tourbillons de poudre sous les
pieds des soldats et des chevaux courants à la guerre,
le cri des soldats, froissés de piques, brisement de
lances, accrochement de haches, et le son diabolique
des canons et arquebuses, qui font trembler la terre,
froisser l'air d'alentour. Si tu veux faire mourir sur-
le-champ quelque capitaine ou soldat, il le faut na-
vrer au plus mortel lieu du corps, comme le cerveau,
le cœur, la gorge, les aines, le diaphragme ; et les
autres que tu veux seulement blesser, ès parties qui
sont les moins mortelles, et en cela tu dois être bon
anatomiste. » Homère se montre, en effet, très-précis
sur ce détail d'anatomie descriptive, mais il l'est sans
effort et sans recherche, comme simple observateur
de la nature qu'il peint, en cela comme dans tout le
reste, telle qu'il l'a vue sur les champs de bataille,
dans les palais ou dans les campagnes. Un habile
historien de la médecine nous a naguère montré
l'exactitude du vieux poëte en toutes ces choses (1) ;
mais, avec beaucoup de raison, il n'en a pas conclu
qu'Homère les connût à titre de savant au milieu
d'une foule ignorante. Il l'a seulement signalé comme
un interprète fidèle de notions alors communes aux
hommes de guerre ses contemporains. Homère décrit

(1) Voir la dissertation spéciale du docteur Ch. Daremberg : *la
Médecine dans Homère* (Paris, 1865, in-8°).

complaisamment les « montagnes, forêts, rivières,
villes, républiques, havres et ports, cavernes et ro-
chers » ; mais ce n'est pas précisément comme le
voudrait Ronsard, parlant à ses confrères les poëtes
modernes, « pour embellir son œuvre par là et le
faire grossir en un juste volume », ou « pour se donner réputation et servir de marque à la postérité ».
C'est parce que rien de ce qu'il raconte n'est indif-
férent à ceux à qui il s'adresse; c'est parce que la
curiosité publique s'intéresse aux moindres événements du passé, et que le poëte est, avant tout, au
service de la curiosité publique, comme il est, en matière de morale et de religion, l'interprète des opinions populaires.

Toutes ces idées, qui nous semblent aujourd'hui
fort simples, étaient à peine entrevues alors. On s'ac-
cordait volontiers à considérer le poëte épique comme
le plus profond des inventeurs, le plus habile et le
plus subtil des arrangeurs de syllabes. Une fois seulement, dans l'*Art poétique* de Vauquelin de La
Fresnaye, qui fut composé à la demande d'Henri III,
mais qui ne fut publié que sous Henri IV, on croit
apercevoir une conception plus large et plus généreuse de l'épopée; c'est dans les vers suivants du
premier livre, où respire je ne sais quel sentiment
lointain des riches et naturelles beautés que prodi-
guait le génie épique au temps d'Homère et d'Hésiode, et que ne fait pas oublier la beauté plus
savante de l'épopée virgilienne :

> Si, né sous bon aspect, tu avois le génie
> Qui d'Apollon attire à soi la compagnie,

Pour d'un ton assez fort l'Héroïque entonner,
Les siècles avenir tu pourrois étonner ;
Mais il faut de cet art tous les préceptes prendre,
Quand tu voudras parfait un tel ouvrage rendre :
Par ci par là meslé, rien ici tu ne lis
Qui ne rende les vers d'un tel œuvre embellis.

Tel ouvrage est semblable à ces fécons herbages,
Qui sont fournis de prez et de gras pasturages,
D'une haute futaye, et d'un bocage épais,
Où courent les ruisseaux, où sont les ombres frais,
Où l'on void des estangs, des vallons, des montagnes,
Des vignes, des fruictiers, des forests, des campagnes :
Un prince en fait son parc, y fait des bastimens,
Et le fait diviser en beaus appartemens :
Les cerfs, soit en la taille, ou soit dans les gaignages,
Y font leurs viandis, leurs buissons, leurs ombrages ;
Les abeilles y vont par esquadrons bruyants
Chercher parmi les fleurs leurs vivres rousoyants ;
Le bœuf laborieux, le mouton y pasture,
Et tout autre animal y prend sa nourriture.

. . . . - . . . .

En l'ouvrage héroïque ainsi chacun se plaît,
Même y trouve de quoi son esprit il repaist :
L'un y tondra la fleur seulement de l'histoire,
Et l'autre à la beauté du langage prend gloire ;
Un autre, aux riches mots des propos figurés,
Aux enrichissements qui sont élabourés ;
Un autre, aux fictions, aux contes délectables,
Qui semblent plus au vrai qu'ils ne sont véritables.
Bref, tous y vont cherchant, comme sont leurs humeurs,
Des raisons, des discours pour y former leurs mœurs.
Un autre, plus sublime, à travers le nuage
Des sentiers obscurcis, avise le passage
Qui conduit les humains à leur bienheureté,
Tenant, autant qu'on peut, l'esprit en sûreté, etc.

Et il poursuit le détail des événements et des personnages que le poëte épique peut mettre en scène :

c'est une description un peu vague, mais qui, par cela même, répond mieux à la liberté de la conception homérique, où la nature et l'histoire se développent, sinon sans mesure, au moins sans règle précise. L'épopée perdra plus qu'elle ne gagnera, dans la suite, à tomber sous l'étroite discipline des préceptes recueillis chez Aristote par la pédanterie de Paul Beni, de Rapin, du père Le Bossu.

Plus loin, en refaisant en vers alexandrins (1) le commencement de la *Franciade*, l'auteur semble proposer une réforme qui a prévalu dans l'usage. En tout cela il reste étranger aux doctrines prétendues aristotéliques. Mais bientôt vous le verrez subir lui-même l'influence des théories mesquines qui tendent à gêner l'invention dans la poésie héroïque. Aristote avait déclaré que l'épopée est « indéfinie par le temps » (2). Moins libéral que le législateur dont Scaliger et tant d'autres commentaient alors le code, Vauquelin, dans son deuxième livre, oublie sa comparaison du premier, et le voilà qui circonscrit le domaine poétique dont il a fait une si belle description :

> . . . L'héroïc, suivant le droit sentier,
> Doit son œuvre comprendre au cours d'un an entier.

La *Poétique* de De Laudun, qui ferme, en quelque

---

(1) P. 59, éd. 1862 :

> Abusé des plaisirs qui trompent la jeunesse,
> Serviteur des beaux yeux d'une jeune maîtresse,
> En vain j'ai soupiré les amours bassement, etc.

(2) Ἀόριστος τῷ χρόνῳ (*Poétique*, c. V).

sorte, le seizième siècle, nous ramène à cette étroite
législation. Le neuvième chapitre de son livre IV se
réfère à Pelletier et à Ronsard, et, de fait, ce n'est
guère qu'un résumé, quelquefois textuel, de leurs
doctrines. Ainsi De Laudun, comme Ronsard, expose
par le menu toutes les parties descriptives qui élar-
gissent le poëme épique; comme Ronsard, il conseille
au poëte d'user peu du nom propre des choses, mais
de les dire par des périphrases, conseil auquel notre
poésie n'a été que trop obéissante; il veut aussi que
le poëte « sépare son discours du vulgaire » le plus
qu'il pourra. Sur un point, toutefois, où d'ailleurs
Ronsard a un peu varié, il se permet de ne pas suivre
son avis, c'est sur l'emploi du vers de dix syllabes, au
lieu de l'alexandrin, dans les compositions épiques.
Il lui échappe aussi de différer d'avis sur l'ancien-
neté des sujets que traitera le poëte. Ronsard demandait seulement que les choses fussent vieilles de *trois
ou quatre cents ans;* De Laudun dit de *quatre ou
cinq cents.* Ce n'est pas là un témoignage de grande
indépendance. Pourtant l'honnète écrivain parait
fier, en terminant son chapitre, des préceptes qu'il
y a réunis avec si peu d'ordre. « Je m'assure, dit-il,
que si par mon moyen le poëte acquiert de l'honneur... je participerai à son honneur pour me ré-
compenser du travail et labeur que j'ai pris à le
dresser. » Et en effet, *dresser* un poëte, tel est le but
où tendent ces théories de plus en plus sévères, ces
préceptes de plus en plus minutieux, ces plans à
compartiments géométriques, ces recettes variées
pour allonger la matière ou pour produire des effets

de style. Grâce aux exemples, souvent mal compris, de l'antiquité, grâce aux règles déjà subtiles, mais plus subtilement interprétées d'Aristote, la théorie de l'épopée allait devenir peu à peu comme un chapitre d'une scolastique nouvelle. Dès 1587, le Tasse, pour défendre quelques parties de sa *Jérusalem*, avait eu recours à l'allégorie. L'allégorie deviendra bientôt un des éléments du poëme épique; quelques savants hommes prétendront même qu'elle en est l'essence. L'abbé Goujet a raconté avec une érudition exacte et candide l'histoire de ces débats sur la nature du poëme épique depuis le commencement du dix-septième siècle jusqu'à Voltaire (1). Nous y reviendrons prochainement (2). Qu'il nous suffise ici d'avoir marqué, avec autant de précision que cela nous était possible, les commencements d'une théorie où l'autorité des Grecs, une fois reconnue, a si particulièrement influé sur la direction de l'esprit français.

Après ces cinquante années, où l'on voit s'élaborer l'idée du poëme épique en France, il faut, hélas! constater l'impuissance du génie épique chez nos poëtes du seizième siècle. Un projet avorté d'*Héracléide*, par Pelletier du Mans; un projet également avorté d'*Israélide*, par Vauquelin de la Fresnaye, qui nous en a conservé le préambule dans son *Art poétique*; les quatre premiers chants, en vain remaniés, de la *Franciade* de Ronsard; *la Semaine* ou plutôt

(1) *Bibliothèque françoise*, t. III, p. 152.
(2) Voir, au tome II, la XXII° leçon.

les Semaines de Du Bartas, auxquels on ajoutera, si l'on veut, *la Diane*, « sur un sujet feint », petit poëme de De Laudun dans le genre héroïque : tels ont été les seuls résultats de ce grand effort.

M. Gandar nous a curieusement raconté l'origine, le développement et l'irréussite finale du poëme de Ronsard. M. Sainte-Beuve a revisé avec le même soin et avec son habituelle pénétration le procès de Du Bartas (1). Ce sont aujourd'hui matières épuisées, et de cet impartial examen il ressort que l'esprit français faisait fausse voie à la poursuite d'une Iliade et d'une Énéide françaises. Nous verrons bientôt si les critiques du siècle suivant, avec leurs théories plus étroitement aristotéliques, favorisaient mieux l'élan du génie épique dans notre littérature.

(1) En 1842, morceau réimprimé à la fin de la *Poésie française au seizième siècle* (p. 387, éd. 1843, in-12). Sur la longue popularité de Du Bartas à l'étranger, M. Mézières me fait connaître un curieux opuscule de C. Dunster, où sont relevés les nombreux emprunts de Milton aux *Semaines*, d'après la traduction anglaise de Sylvester : *Considerations on Milton's early reading and the prima stamina of his Paradise Lost* (Edinburgh, 1800).

APPENDICES.

CINQUIÈME LEÇON.

PREMIER APPENDICE.

(Voir plus haut, p. 95.)

DE L'ÉTAT ACTUEL DE LA LANGUE GRECQUE ET DES RÉFORMES QU'ELLE SUBIT (1).

Le manifeste généreux d'un philhellène, M. G. d'Eich-thal, et d'un savant Athénien, M. Renieri (2), invitait naguère les hellénistes et les politiques de l'Occident à employer, comme un instrument de civilisation pour tous les peuples riverains de la Méditerranée, le grec tel que le parle et l'écrit la société élégante de l'Hellade régéné-rée. Pour hâter cette alliance de l'Orient et de l'Occident, les deux auteurs demandaient que la prononciation orien-tale du grec fût substituée, sans retard, dans nos écoles,

---

(1) Extrait du premier fascicule des *Mémoires de la Société de linguistique* (Paris, 1868), reproduit ici avec quelques additions.

(2) *De l'Usage pratique de la langue grecque* (Paris, 1864, in-8°, en français et en grec moderne), avec une *Note* additionnelle qui parut quelques semaines après le Mémoire. On peut en rapprocher une lettre écrite en grec par M. Valettas à M. G. d'Eichthal, et que celui-ci a fait imprimer en 1867.

à celle qui, depuis trois siècles environ, y est seule usitée. Saisi par eux de cette grave question, le Ministre de
l'instruction publique l'a soumise à une académie compé-
tente, et celle-ci, sans méconnaître les difficultés pratiques d'une telle réforme, en a pourtant reconnu la légitimité (1). Or, un des arguments dont les Grecs ont
toujours appuyé les instances qu'ils renouvellent en ce
moment, c'est que le grec n'est pas une langue morte, et
que le romaïque se rattache en droite ligne à l'antiquité
classique, au moins à cette antiquité où l'on parlait, où
l'on écrivait dans toute la Grèce ce que les grammairiens
appellent le *dialecte commun*, κοινὴ διάλεκτος (2). Ils pré-
tendent que, si la barbarie a déformé le bel idiome de
l'antiquité, c'est seulement depuis l'invasion des Turcs ;
à ce compte, les traditions classiques n'auraient guère
subi qu'une interruption de quatre ou cinq siècles, et il
serait facile aujourd'hui d'en renouer la chaîne, comme,
après un long sommeil troublé par des rêves pénibles, la
raison ressaisit le fil de nos idées interrompues. Voilà la
doctrine que nous trouvons dans le récent manifeste de
MM. d'Eichthal et Renieri (3) ; nous la retrouvons encore
dans une dissertation que publiait, il y a quelques mois,
sur la prononciation grecque un jeune Hellène de Corfou,
M. Anastase de Lunzi (4). Elle est, d'ailleurs, fort ancienne, et peut-être faut-il l'expliquer en partie par l'é-

---

(1) Voir, dans les *Comptes rendus des séances de l'Académie des
Inscriptions et Belles-Lettres* (1864, pages 331 et suiv.), le rapport lu
par M. Dehèque, au nom de la commission à laquelle la question
avait été spécialement soumise.

(2) Voir la Grammaire de Gennadius (réimprimée en 1839, « par
ordre du gouvernement, pour l'usage des écoles publiques du
royaume »), p. 3.

(3) *De l'Usage pratique de la langue grecque*, p. 14.

(4) *De Pronuntiatione linguæ græcæ* (Berolini, 1864, in-8º).

motion même que propagèrent en Occident les Grecs réfugiés de l'Orient après la prise de leur capitale ; car, dès le seizième siècle, je vois Ronsard déclarer que « le Turc en gaignant la Grèce en a perdu la langue du tout » (1). Elle était perdue de fait depuis longtemps, s'il faut appeler perdition du langage une transformation rendue nécessaire par le changement des choses. Mais le mal, longtemps inaperçu de l'Europe, s'y révéla par la catastrophe de 1453 avec un éclat qui le rendit d'autant plus douloureux que le mouvement de la Renaissance portait alors tous les esprits studieux à l'imitation des modèles de l'art classique.

Quoi qu'il en soit à cet égard, une doctrine si répandue mérite assurément examen. Or elle peut être aujourd'hui examinée avec plus de précision que jamais ; car l'histoire et la théorie des langues se sont fait, dans notre siècle, des instruments dont l'exactitude permet de résoudre nettement certains problèmes sur lesquels hésitait ou s'égarait la science des maîtres qui nous ont précédés.

Rappelons d'abord, sur ce point, comme un principe fondamental et fermement établi par la critique moderne, qu'il faut distinguer avec soin entre le lexique ou vocabulaire et la grammaire d'une langue. L'ancienne linguistique ne tenait guère compte que du vocabulaire et des racines ; la linguistique d'aujourd'hui, quand elle compare deux langues, attache autant, sinon plus d'importance à leurs formes grammaticales qu'à leurs vocabulaires. Cela posé, demandons-nous ce que l'on entend par la barbarie du grec moderne, et quel effet on espère de son retour aux formes de l'idiome antique.

(1) Préface de la *Franciade*, page 202 des Extraits de M. Sainte-Beuve.

Pour le vocabulaire, il n'est pas douteux que le romaïque n'ait un fonds commun avec le grec ancien ; peu importe, à cet égard, qu'il ait accepté ou subi l'introduction
d'un grand nombre de mots étrangers. Il faudrait que de
telles intrusions fussent bien multipliées pour étouffer
l'originalité d'une langue. Notre français en admet tous
les jours par la force même des choses, sans rien perdre,
en vérité, de sa physionomie nationale. Chaque fois qu'une
découverte de l'industrie ou de la science transporte chez
nous de l'étranger quelque produit ou quelque procédé
nouveau, elle nous le donne d'ordinaire sous le nom
même que lui ont assigné les inventeurs. La réciproque
est notre droit, et il y a peu d'inconvénient à ce libre
échange des mots et des idées. Par conséquent, peu importe, en définitive, que les Grecs réussissent aujourd'hui
à expulser plus ou moins complétement tous ces mots
intrus, dont la présence dans leur langue leur rappelle
l'antique oppression de l'Hellade par les Romains d'a-
bord, puis par les Slaves, les Bulgares, les Italiens et les
Français, et enfin par les Turcs. Ce qu'il importe de savoir, c'est si les divisions, les principes, les formes de
leur grammaire distinguent nettement l'idiome actuel de
la langue ancienne. Or, sur ce point, rien n'est plus vrai,
selon moi, que l'opinion exprimée, il y a cent cinquante
ans, par le philologue J.-M. Lang, d'Altorf, et confirmée,
à la fin du dix-huitième siècle, par D'Ansse de Villoison (1), à savoir, que le romaïque est au grec ancien, sauf

_____

(1) *Exercitatio philologica de differentia linguæ Græcorum veteris
et novæ* (Altorf, 1707, in-4°), § 10 : « ... propius linguam barbaram
« vulgarem hodiernorum Græcorum a veteri puro sermone abesse
« quam italicam a latina. » — Villoison, Mémoire analysé dans le
Recueil de l'Académie des inscriptions, tome XXXVIII, *Histoire*,
p. 60. Cf. Norberg, *Opuscula academica* (Londini Gothorum, 1818),
t. II : *De lingua græca hodierna*.

quelques différences de moins, ce que l'italien est au latin ; en d'autres termes, qu'il est une langue néo-grecque
au même titre que l'italien est une langue néo-latine.

Les preuves de cette assertion peuvent être rapidement résumées (1). Comme les autres langues néo-latines,
et seulement à un moindre degré qu'elles, le romaïque a
simplifié la déclinaison et la conjugaison : des cinq cas
d'autrefois il n'en a conservé que quatre, s'arrêtant ainsi
à moitié chemin d'un progrès que le français a poussé
jusqu'au bout, lorsque, après avoir d'abord réduit les six
cas du latin à deux, il a fini par les supprimer absolument.
Des cinq modes de la conjugaison, il a supprimé l'optatif
et l'infinitif ; pour plusieurs temps et plusieurs modes,
aux formes synthétiques, si fréquentes dans la langue classique, il a substitué, le plus souvent, des périphrases.
Mais, à la différence des langues néo-latines, il a généralement conservé pour la voix passive des formes synthétiques. Par un effet naturel de ces changements, la syntaxe
est devenue beaucoup plus simple ; elle a moins de ressources pour varier les tours et les nuances de l'expression.

Dans le romaïque, comme dans les dialectes néo-latins,
les finales des mots tombent ou s'altèrent quand elles ne
sont pas accentuées ; en latin c'est le *m*, en grec c'est le
n qui disparaît ainsi, tantôt seul, tantôt avec la voyelle
qui le précède. Dans le romaïque, comme dans les dialectes néo-latins, les diminutifs ont pris souvent la place et
le sens des noms dont ils dérivent ; le sentiment de la
quantité des syllabes s'est affaibli, celui de l'accent toni-

---

(1) Voir, pour plus de détails, 1o l'article *Langue et Littérature
grecques modernes*, par M. Brunet de Presle, dans l'*Encyclopédie
des gens du monde* ; 2o le mémoire, qui sera cité plus bas, de M. Philippos Joannou.

que prédomine, et, par suite de cette révolution grammaticale, le système de la versification a été profondément transformé. Ces ressemblances entre le grec moderne et les dialectes romans sont si frappantes, qu'un savant français, Bonamy (1), a cru pouvoir les expliquer par l'influence même de l'occupation franque en Orient, et particulièrement dans le duché d'Athènes, opinion erronée, sans aucun doute, car les changements que Bonamy explique ainsi sont, pour la plupart, bien antérieurs à 1204, mais qui prouve, du moins, à quel point le romaïque rentre dans le plan général, et, pour ainsi dire, dans le moule des langues néo-latines. C'est qu'il y a là un phénomène, dont les causes nous échappent, mais dont on ne peut méconnaître le caractère universel dans le moyen âge gréco-latin. Les modifications qui du latin ont fait sortir les langues néo-latines, et qui ont changé le grec ancien en romaïque, sont presque toutes antérieures et étrangères aux actions du dehors. Si les idiomes germaniques et slaves, idiomes fort synthétiques, avaient directement influé sur la transformation du grec et du latin, c'eût été sans doute pour accroître, non pour diminuer le nombre de leurs formes synthétiques ; mais les modifications dont il s'agit dépendent du développement organique d'une langue abandonnée à la puissance de l'instinct populaire, durant les siècles où la tradition littéraire s'affaiblit, où la discipline grammaticale se relâche, où les maîtres du langage savant ont perdu leur autorité. C'est dans ces conditions seulement que se modifie d'une manière profonde la grammaire d'une langue ; il faut ce désarroi d'une société qui n'a plus d'écoles régulières, pour que se produisent des changements, tels, par exemple, que l'in-

(1) Mémoires de l'Académie des Inscriptions et Belles-Lettres, tome XXIII, p. 250-254.

sertion de nouveaux auxiliaires dans la conjugaison, comme
cela se voit dans le verbe romaïque, qui a deux auxiliaires
de plus (θέλω et ἔχω) que le grec ancien. Que l'on se figure, en effet, au temps où Fénelon nous conseillait de
nous enrichir par des emprunts aux langues germaniques (1), que l'on se figure un Français essayant d'accréditer dans notre langue un auxiliaire emprunté à l'anglais ou à l'allemand, et l'on sentira tout de suite quelle
distance il y a entre l'emprunt de vingt mots utiles pour
la science ou pour l'industrie et le moindre petit changement capable d'altérer la constitution organique de la
phrase française, telle que l'a réglée, dès le moyen âge,
l'instinct populaire, seul capable de créer ou de remanier
profondément un idiome.

Ainsi, la prise de Constantinople n'est et n'a pu être
que la plus éclatante catastrophe d'une période historique,
durant laquelle le grec a subi bien d'autres altérations,
parmi les révolutions et les désastres de la Grèce. Ce
ne sont ni les Arabes, ni les Français, ni les Turcs, qui
lui ont fait perdre l'usage de l'infinitif; il a fallu des siècles d'ignorance et de négligence pour que soient tom-
bées de l'usage les lettres caractéristiques de cette flexion,
si importante dans la conjugaison ancienne; et même,
l'absence de l'infinitif a paru chose si étrange à quelques
érudits, comme notre contemporain M. Fauriel, qu'ils
inclinaient à voir là moins un fait de corruption récente
qu'une tradition d'indigence primitive, rattachant ainsi
le grec moderne, ainsi que le faisait déjà l'illustre Fréret (2), au grossier idiome des Pélasges. Quoi qu'il en soit

(1) Lettre à M. Dacier, sur les occupations de l'Académie française, § 3 : « Projet d'enrichir la langue. »
(2) Mémoires de l'Académie des Inscriptions et Belles-Lettres ,
t. XLVII, p. 126.

à l'égard de cette question spéciale, on peut démontrer l'existence d'une langue populaire, inférieure et parallèle à l'idiome littéraire, non-seulement durant les siècles du moyen âge antérieurs à 1204, mais, en remontant de proche en proche, jusque dans les siècles de l'antiquité classique. C'est ce qui ressort clairement des recherches de plusieurs savants modernes, en particulier de celles de M. Beulé (1), de M. Mullach (2), de M. Zampelios (3); je me rappelle aussi combien de preuves en donnait M. Hase dans son Cours de grec moderne, et c'est en partie aux notes recueillies dans ces leçons que j'emprunterai les témoignages suivants.

Un récit de l'historien Cédrénus nous montre, au neuvième siècle, l'impératrice Théodora, femme de Théophile, surprise par le nain du palais, comme elle jouait avec des poupées ; le nain lui demandant ce qu'elle faisait là , ἡ Βασιλὶς · τὰ καλά μου, ἔφησεν ἀγροίκως, νιννία, καὶ ἀγαπῶ ταῦτα πολλά (4). Ἀγροίκως, dit, comme on le voit, le narrateur byzantin. En effet, Théodora répondait en patois vulgaire et campagnard, en romaïque.

Le même auteur, p. 518 A, nous parle de vases précieux, ἅπερ ἡ κοινολεξία καλεῖ χερνιβόξεστα.

(1) *An vulgaris lingua apud veteres Græcos exstiterit.* (Parisiis, 1853, in-8º.)

(2) *Grammatik der griechischen Vulgarsprache in historischer Entwickelung* (Berlin, 1856, in-8º), ouvrage dont le titre seul indique toute l'utilité pour la question que nous essayons de résoudre ici.

(3) Βυζαντιναὶ Μελέται. Περὶ πηγῶν νεοελληνικῆς ἐθνότητος ἀπὸ η' ἄχρι ι' ἑκατονταετηρίδος M. X (ἐν Ἀθήναις, 1857, in-8º), p. 574 et suivantes : Γλώσσης περιπέτειαι. On peut consulter aussi avec fruit le petit ouvrage de M. P. Chiotis, Περὶ Δημοτικῆς ἐν Ἑλλάδι γλώσσης (Zante, 1859, in-18), destiné surtout à la défense du grec vulgaire tel qu'on le parle dans les Sept-Iles.

(4) P. 516 de l'édition du Louvre. Cf. la nouvelle édition du *Thesaurus* d'H. Estienne, au mot Νιννίον.

Trois siècles avant cette époque, une dépêche de l'empereur Héraclius, transcrite dans le *Chronicon Alexandrinum*, nous offre plusieurs exemples du mot ἄλογον employé dans le sens d'ἵππος (1). C'est encore aujourd'hui le mot populaire pour désigner le cheval. Le même texte contient plusieurs exemples de la conjonction ἵνα employée comme elle l'est en romaïque. Cet emploi, d'ailleurs, remonte au moins jusqu'à la grécité de l'Évangile (2).

Les mots νεροφόρος et νεροχύτης, que l'on rencontre dès le quatrième siècle, contiennent le radical νερ, d'où le nom moderne de l'eau, νέρο, et il est facile de reconnaître ce même radical dans les noms anciens Νηρεύς et Νηρεΐδαι, qui désignent des divinités marines.

C'est encore ainsi que le mot βουνός, *montagne*, employé déjà par le poëte comique Philémon, mais réprouvé plus tard par les atticistes, reparaît dans la langue moderne avec le dérivé βουνάριον, βουνάρι (3). Je le crois identique avec le mot γουνός qu'Homère, Pindare et Hérodote emploient dans le même sens (4).

Les lexiques et les scoliastes, surtout le scoliaste d'Aristophane, sont pleins de ces mots populaires, cités comme synonymes de mots usités chez les classiques.

Ces exemples, que l'on pourrait multiplier, nous amènent au siècle d'Alexandre. Or, dès ce temps, les inscriptions, qui nous ont conservé tant de pages des dialectes municipaux ou patois de l'ancienne Grèce, nous font voir quelques particularités qui ont fini par s'étendre et deve-

(1) P. 398, 399, 400, 401, éd. du Louvre.
(2) Voir l'*Étude sur le texte et le style du Nouveau Testament*, par Berger de Xivrey (Paris, 1866, in-8°).
(3) Phrynichus, au mot βουνός.
(4) Voir l'article de L. Dindorf, au mot γουνός, dans le nouveau *Thesaurus linguæ græcæ*, article auquel ne manque que ce rapprochement avec βουνός.

nir les règles mêmes du langage vulgaire chez les Grecs nos contemporains. L'exemple le plus frappant en ce genre, c'est l'accusatif éolien de la première déclinaison en αις, comme τέχναις, que l'on retrouve à la fois, et dans l'usage de Lesbos, au temps de Sappho, et dans l'idiome d'aujourd'hui. Le grec moderne compte souvent comme brève l'η final des noms ou adjectifs féminins, ἐλιύθερη pour ἐλευθέρη. Or le dialecte béotien écrit par η les nominatifs pluriels de la première déclinaison et donne à leur finale la même quantité (1). Le grec moderne fait passer beaucoup de mots de la troisième déclinaison à la première ou à la seconde : c'est là un idiotisme qu'on retrouve souvent sur les inscriptions de Delphes, comme l'a déjà fait remarquer M. Ross (2). Bien plus, il y a telle forme de la déclinaison moderne, signalée, comme une corruption de date récente, dans la grécité des Septante et dans la grécité épigraphique, et qui n'est peut-être que la forme la plus antique, la forme pleine et vraiment organique. En tout cas, φλόγαν et ἀλυσίδαν pour φλόγα et ἀλυσίδα, ne sont pas seulement semblables à μητέραν et θυγατέραν, qu'on trouve dans les inscriptions, à αἴγαν, qu'on trouve dans les Septante ; ils rappellent, par une analogie bien séduisante, les anciens accusatifs de la troisième déclinaison avec le ν pour désinence et l'α pour voyelle de liaison entre le thème et la désinence (3).

Un fait plus important encore, et qui paraît n'avoir pas été remarqué, c'est que l'évolution grammaticale qui a enrichi le grec classique d'un *article* est tout semblable

---

(1) *Corpus inscr. græc.*, n. 1560. Cf. Bekker, *Anecdota græca*, p. 1215.

(2) *Fasciculus I Inscr. græc.*, p. 24.

(3) V. mes *Mémoires d'histoire ancienne et de philologie*, p. 438. — Mullach, *Griechische Vulgarsprache*, p. 162. — Cf. Bopp, *Grammaire comparée*, § 150.

à celle qui a transformé le pronom latin *ille, illa, illud*, dans les langues néo-latines. Ce phénomène apparaît déjà chez Homère ; il se montre plus clairement dans la langue d'Hérodote et dans celle des ouvrages hippocratiques. Au temps de Thucydide, le changement est accompli, et la langue littéraire possède, à côté du pronom, un mot qui, s'il n'en dérive pas, offre souvent, néanmoins, la même forme, mais qui n'exprime plus qu'une nuance affaiblie du même sens, et qui joue, dans l'usage, un rôle très-différent. Or, c'est précisément ce qui devait arriver douze siècles plus tard chez les peuples de l'Europe latine (1). Aucun exemple ne montre mieux la communauté des procédés instinctifs que pratiquèrent les peuples de race grecque et les peuples de race ou d'éducation latine, et qui, des deux côtés, à la distance de tant de siècles, ont produit des effets tout semblables.

Les Grecs ont donc tort de repousser l'assimilation de leur langue vulgaire aux langues néo-latines (2) : c'est là un trait par où ils se rapprochent de la grande famille européenne ; ils n'ont pas à en rougir. Les formes qui caractérisent le romaïque comparé au grec ancien ne sont que la dernière phase d'un travail séculaire dont les phases antérieures sont diversement représentées par une foule de monuments authentiques, depuis les inscriptions en dialecte populaire jusqu'aux œuvres mêmes des écrivains qui font l'honneur de l'hellénisme.

Quant à l'intrusion des mots étrangers dans la langue grecque, sans parler d'emprunts plus anciens aux langues sémitiques (3), elle remonte au moins jusqu'aux temps

(1) V. notre Mémoire sur Apollonius Dyscole, p. 139.

(2) C'est le sentiment trop peu réfléchi qui se révèle dans l'ouvrage cité plus haut de M. Chiotis, p. 158. Cf. p. 120 et suivantes.

(3) Voir E. Renan, *Histoire des langues sémitiques*, 3e éd., p. 205 et suiv.

de la conquête romaine en Grèce, et, dès les premiers
siècles de l'empire romain (1), le style épigraphique, qui
est celui de la chancellerie, celui des affaires publiques
ou privées, témoigne de ce fait par de nombreux exemples, dont je citerai seulement quelques-uns :

ἐν τοῖς ἄκτοις, *Corpus inscr. gr.*, n. 2927 ;

ἀκτουάριος, n. 4004 ;

τίτλος, n. 3998 ;

φίσκος, n. 1933 ;

χαρτάρις, pour χαρτάριος, n. 3310 ;

βῆλον (*velum*), n. 2748 ;

κουράτωρ, n. 3577 ; ce dernier a même produit de
bonne heure le verbe κουρατορεύω, n. 2930, 5884.

Les lexicographes du moyen âge enregistrent beaucoup
de mots de ce genre : φίϐλα, d'où le verbe φιϐλοῦν, répondant à *fibula* et *fibulare* ; τρακτεύειν, répondant à *trac-
tare*, etc. L'autorité du droit romain en Orient y multi-
plia les mots latins grécisés.

Quelquefois une analogie naturelle aidait à ces emprunts ; ainsi, dès le règne d'Auguste, le mot *patronus*
des Latins entre dans l'usage grec sous la forme πάτρων,
πάτρωνος, n. 1878, 2215, 3609, 3622, etc.

Enfin, la syntaxe latine elle-même ne resta pas sans influence sur celle du grec. Dans les dates consulaires traduites en grec, le génitif absolu traduisit d'abord l'ablatif
latin ; mais ce dernier fut bientôt remplacé par le datif
grec, avec lequel il avait plus de ressemblance (2). Ainsi

(1) Sur cette intrusion précoce des mots étrangers dans la langue
grecque, voir le titre fort significatif d'un chapitre (VIII, 2), malheureusement perdu, des *Noctes Atticæ* d'Aulu-Gelle : *Quæ mihi de-
cem verba ediderit Favorinus quæ usurpentur quidem a Græcis, sed
sint adulterina et barbara*, etc.

(2) Comparez, dans le *Corpus inscr. græc.*, le nᵒ 5879 avec les
nᵒˢ 3163, 3175, 3516, 3517.

les *latinismes* pénétraient dans la langue de Démosthène comme les *hellénismes* dans celle de Cicéron. Seulement la Grèce résistait beaucoup à cette action inévitable du latin sur le grec (1); Rome, au contraire, y aidait de bonne grâce et y voyait un moyen de s'enrichir (2).

A la lumière de ces rapprochements, on s'explique bien comment il y eut de tout temps en Grèce un ou plusieurs idiomes populaires, tantôt cachés par l'éclat de la langue littéraire, tantôt reparaissant, pour ainsi parler, au ciel et à la publicité, dans les pays ou dans les siècles qui n'avaient point de littérature.

En résumé, le grec moderne est très-proche parent du grec ancien, mais il en est très-distinct. On ne peut méconnaître son originalité grammaticale, et, à vrai dire, on ne la méconnaît pas; mais, aujourd'hui plus que jamais, on la dédaigne. Avant la guerre de l'indépendance et le triomphe de la nationalité hellénique, le grec moderne ne s'était guère produit en prose que par de grossiers écrits (3); à peine en avait-on rédigé la grammaire; le premier essai en ce genre est l'ouvrage de Simon Portus (1638), dédié au cardinal de Richelieu, et que Du Cange a réimprimé en tête de son Lexique.

La révolution de 1821 a bien donné, en Orient, quelque impulsion à la pratique littéraire du grec moderne; elle a rendu l'Europe curieuse de recueillir les moindres

(1) Voir, dans mes *Mémoires d'histoire ancienne et de philologie*, p. 259, le morceau intitulé : « De l'Étude de la langue latine chez les Grecs dans l'antiquité. »

(2) Horace, *Art poétique*, v. 53 et suiv., avec la note d'Orelli sur ce passage.

(3) Voir l'Aperçu de la littérature grecque moderne entre 1453 et le commencement du dix-neuvième siècle (en grec), lu dans les séances de la Société littéraire de Constantinople du mois de juin 1866, et imprimé dans cette ville en un volume in-8° (1867).

débris de la poésie populaire des paysans grecs et des
Palikares; mais elle n'a pu jusqu'ici rien produire qui
réponde aux justes ambitions de la Grèce régénérée.
Celle-ci rougit d'employer une langue qui porte tant de
stigmates de servitude, qui s'est tristement appauvrie
pendant plusieurs siècles, comme s'appauvrissait la pensée
même du peuple hellène, qui flotte et varie d'année en
année, de pays en pays, sans que la main d'un homme de
génie ait su la marquer d'une empreinte durable (1). De
tout cela on se laisse aller à conclure qu'il vaut mieux renoncer simplement au grec populaire et rétablir l'usage
du grec ancien.

C'est à quoi tendent d'un effort à peu près commun les
grammairiens et les littérateurs grecs de l'Orient. On
n'enseigne dans les écoles d'Athènes que le grec ancien.
La prose et la poésie, la prose surtout, tendent à en reprendre les formes une à une. On semble n'avoir d'autre
souci que de mesurer doucement à la force d'esprit du
pauvre peuple les innovations d'archaïsme auxquelles on
veut l'habituer.

Eh bien! quelque généreuse que soit l'intention qui
suggère ces réformes et qui anime ces efforts, je ne crois
pas que nos Hellènes fassent là le meilleur emploi de leur
talent. J'admire la facilité de quelques-uns d'entre eux à
parler, à écrire un langage tout voisin de celui de saint
Jean Chrysostome ou même de Plutarque; je ne lis pas
sans une vive sympathie, dans les Actes d'une société littéraire de Constantinople, des mémoires qu'Aristote au-

(1) Voir, sur cet état de la langue, les courtes mais expressives
observations qui précèdent les *Esquisses d'une grammaire du grec
actuel* (Athènes, 1857, in-8°), ouvrage d'un très-savant écrivain, dont
la plume, depuis trente ans, s'exerce dans les genres les plus divers.
Ces *Esquisses* viennent de reparaître développées dans un livre publié
à Paris, et qui porte le nom de son auteur, M. R. Rhangabé.

rait pu comprendre (1); à quelques égards, je suis charmé
de voir un savant hellène, M. Valettas, employer une langue si ancienne et si claire, tantôt pour commenter Photius (2), tantôt pour exposer à ses compatriotes ce que
nous appelons chez nous la question homérique (3). Je
rends même justice aux efforts des historiens comme Pa-
parrigopoulos, des antiquaires comme G. G. Pappado-
poulos, des publicistes comme N. J. Saripolos, des poly-
graphes comme Rhangabé, dont les ouvrages témoignent
d'une activité si féconde pour le progrès des fortes études
dans leur pays. Mais, malgré tout, je crains que le patriotisme hellénique ne s'égare en voulant remonter ainsi
le cours des siècles : c'est là faire sous nos yeux ce que
la France du onzième siècle aurait fait, si elle eût sacrifié
au latin de l'Église le français naissant des trouvères ; ce
que l'Italie du quatorzième siècle aurait fait, si elle eût
découragé Dante et Pétrarque d'ennoblir l'italien par des
chefs-d'œuvre, et si elle eût réservé toute son admiration
pour leurs vers latins ou leur prose latine (4). Qu'on ne
s'y trompe pas, en effet : si les lettrés grecs réussissent un

(1) Ὁ ἐν Κωνσταντινουπόλει ἑλληνικὸς φιλολογικὸς σύλλογος, recueil dont huit fascicules in-4° ont paru de 1863 à 1867, et qui
offre une heureuse variété d'articles sur des sujets littéraires et scientifiques.

(2) Londres, 1864, in-4°, ouvrage sur lequel il faut consulter l'u-
tile analyse de M. Miller, dans la *Revue critique* du 31 mars 1866.

(3) Ὁμήρου βίος καὶ ποιήματα (Londres, 1867, in-4°). La même
année, M. G. Mistriotis publiait, aussi en grec, une Histoire des poëmes homériques (Leipzig, 1867, in-8°), qui me rappelle trois leçons
du professeur K. D. N. Bernardaky, sur la Question homérique
(Athènes, 1863, in-4°).

(4) M. Littré paraît bien près d'appuyer cette opinion dans les
judicieux aperçus qu'il a récemment publiés (*Journal des Débats* du
13 mai 1865) sur la prononciation et sur l'usage de la langue grecque, à propos du manifeste de MM. d'Eichthal et Renieri.

jour dans leur entreprise, nous aurons assisté à la suppression d'une langue vivante et moderne, sacrifiée, par
ceux-mêmes qui l'avaient apprise de naissance, à un idiome vraiment mort depuis des siècles. Chose singulière !
les Hellènes, qui nous reprochent d'avoir créé artificielle-
ment, pour prononcer le grec, une méthode toute pédantesque, auront déserté eux-mêmes une langue vraiment populaire, pour reprendre l'usage de celle qui n'exis-
tait plus que dans les écoles et les livres.

D'ailleurs, ce renouvellement de la langue ancienne
me semble avoir plus d'apparence que de réalité. Le nouveau grec moderne satisfait les Hellènes par un air de
bonne tenue savante et d'élégance mondaine ; il est si
doux pour un Hellène de pouvoir remplacer notre mot
budget par προϋπολογισμός, et notre « salle d'asile » par
νηπιαγωγεῖον ! Mais, au fond, ce calque de la phrase antique transportée chez nous pour exprimer des idées toutes
modernes produit souvent des faux sens et des disso-
nances choquantes. Il ne suffit pas de prendre un mot
dans le lexique de Polybe ou de Plutarque ; il faudrait
encore lui conserver le sens qu'il avait chez ces écrivains,
sous peine de troubler notre esprit par des changements
dont rien ne l'avertit, et qui, à chaque instant, nous déconcertent.

En français, en italien, en espagnol, si les mots latins
reparaissent avec un sens moderne, ils reparaissent aussi
avec une forme nouvelle : c'est la double empreinte du
temps et des révolutions qu'a traversées l'esprit humain (1). Il en est ainsi des mots romaïques dans le

(1) Qu'il me soit permis de rappeler ici comme exemple l'analyse
étymologique que je donne de quelques lignes de Bossuet dans mon
mémoire intitulé : *Observations sur un procédé de dérivation très-
fréquent dans la langue française et dans les autres idiomes néo-
latins.* (Mémoires de l'Académie des inscriptions, t. XXIV, 2ᵉ partie.)

petit nombre d'ouvrages où les écrivains respectent la tradition populaire ; la langue s'y montre à peu près d'accord avec les idées. Mais ce modeste usage du romaïque devient de plus en plus rare, malgré les efforts et les plaintes de quelques patriotes convaincus, parmi lesquels je suis heureux de citer Rizo-Nerulos, l'historien même de la littérature grecque moderne (1). Les publicistes, les journalistes, les historiens, les poëtes enfin, tendent de plus en plus à reprendre purement et simplement au grec ancien ses formes grammaticales et son vocabulaire, enrichi selon le besoin des idées modernes. Cet archaïsme de langage, auquel, m'assure-t-on, le peuple déjà s'habitue après les savants, produit sur un helléniste de l'Occident une impression vraiment étrange.

J'ouvre un journal, une revue, un almanach littéraire, et à chaque page je rencontre des tours de phrases, des expressions qui n'ont du grec ancien que la forme matérielle, mais qui, en réalité, sont toutes françaises (2),

_____

(1) Voir la note 21 de son *Histoire de la littérature grecque moderne* (publiée d'abord en français), p. 111 de la traduction italienne. (Palerme, 1842, in-8°.)

(2) Voici (je le prends au hasard) un exemple tiré du journal Ἑλλάς, qui était publié en grec et en français à Athènes : Διηγήθημεν πάσας τὰς μέχρι τοῦδε περιπετείας τοῦ ὑπουργικοῦ δράματος ὅπου ἐλύθη διὰ τοῦ νέου ὑπουργείου Δεληγεώργη, ἀλλ' ἀγνοοῦμεν εἰσέτι ἐὰν ἡ λύσις αὕτη εἶναι ὁριστικὴ ἢ μόνον μία στάσις ὀλιγοήμερος ἐν τῇ σειρᾷ τῶν γεγονότων. — « Nous avons raconté toutes les péripéties du drame ministériel qui s'est dénoué par un second ministère Deligéorgi. Est-ce une solution ou un temps d'arrêt dans la série des événements ? Nous n'en savons rien. » (Numéro du 20 novembre 1865.) C'est à peu près comme si on écrivait en latin : « Nos habemus readcomputatum totas illas peripetias ministerialis dramatis quod se denodavit per unum secundum ministerium Deligeorgi. Est-ne hoc una solutio aut unum tempus arresti in fune eventorum ? Non inde sapimus rem. »

et qui justifient trop bien le spirituel axiome d'un critique moderne : « Maintenant, on écrit en français dans
toutes les langues de l'Europe. » Sous les mots grecs,
partout je retrouve le français, et souvent le plus mauvais français de la presse périodique. On dit : ἡ ἐποχὴ τῆς
Σφενδόνης, comme nous disons *l'époque de la Fronde; ὁ
ἡρωϊσμὸς τοῦ καθήκοντος, comme *l'héroïsme du devoir; ἄν-
θρωπος τῶν γραμμάτων, comme *un homme de lettres,* etc.
C'est chose assez pareille à ce qui se passait au moyen
âge, dans les siècles où l'Église, où la chancellerie royale,
où le parlement s'obstinaient à mettre toujours en latin
des idées qui depuis longtemps avaient trouvé leur expression journalière et plus populaire dans les idiomes
dérivés de cette langue. On avait beau faire, la phraséologie néo-latine s'imposait à ces documents. Des mots
anciens y prenaient un sens tout nouveau; des mots issus
du latin, et consacrés déjà par l'usage, reprenaient sous
la main des clercs une terminaison romaine; des noms
d'origine moderne, comme *appellum, menagium, prisio,*
entraient dans cette langue bizarre, avec leur déclinaison
conforme aux règles de Donat; des verbes comme *impri-
soniare,* etc., y prenaient les formes de la conjugaison
antique. Les règles les plus simples et les plus générales
de la syntaxe ancienne y étaient encore observées. De
tout cela résultait une langue hybride et bizarre, que
n'eût pas avouée peut-être un scribe de Théodoric ou de
Clovis, une langue qui, en vérité, n'avait plus guère de
latin que le nom. Par exception, quelquefois, un puriste,
Éginhard ou Saxon le Grammairien, retrouvait et pratiquait avec effort le latin classique, comme certains lettrés
grecs, Bessarion où Gémiste Pléthon, ramenaient, en
plein quinzième siècle, l'hellénisme à peine altéré des
premiers siècles de l'empire. Mais ces retours artificiels
vers des formes à jamais abolies dans l'usage public de la

langue ne font que mieux ressortir les irréparables effets du temps. Ceux-là donc étaient mieux inspirés qui, comme nos trouvères, renonçaient à parler latin et perfectionnaient par la culture un idiome moderne, encore grossier, encore obscur sans doute, mais destiné à de si magnifiques développements. Malheureusement le nombre fut bien petit des lettrés grecs qui, durant le moyen âge, daignèrent s'occuper de leur langue vulgaire ; ils l'ont laissée parvenir presque informe jusqu'au temps où elle rencontra dans les langues et les littératures néo-latines une concurrence qui aujourd'hui la décourage et la rejette, à tort selon nous, dans les laborieux efforts d'archaïsme où elle s'agite depuis cinquante ans.

De ces critiques, dont la franchise se concilie avec une vive sympathie pour la Grèce renaissante, conclurai-je que les nouveaux Hellènes doivent renoncer à réformer le langage populaire des générations qui les ont immédiatement précédés sur la scène du monde? Dieu me garde d'une telle rigueur ! L'état du romaïque au commencement du dix-neuvième siècle appelait et justifiait mainte correction de détail. On pouvait et l'on peut encore l'améliorer d'une main prudente et ferme (1) ; on peut le réformer, en un mot ; mais je supplie qu'on n'aille point jusqu'à le transformer. En général, ces ingénieux héritiers de la Grèce antique me semblent trop préoccupés de retrouver la beauté extérieure de son langage. Je voudrais, pour leur intérêt et pour leur honneur, qu'ils fussent plus préoccupés des idées que des mots, des choses que des formes, et parmi cette école, de jour en jour plus nombreuse, qui renouvelle en Grèce le culte des

(1) Je pense, en écrivant ceci, aux sages réformes proposées par M. Philippos Joannou dans un article qu'a publié l'*Almanach national grec* de M. Marino Vréto pour 1863, p. 108-135.

sciences et des lettres, j'encouragerais surtout ceux qui
songent à former des hommes. Qu'il me soit permis de
le redire (1) ici avec la plus vive conviction : quand la
Grèce se sera faite à la pratique régulière des institutions
libérales; quand elle aura reconstitué ses écoles sur un
fond d'érudition solide et sévère; en un mot, quand elle
aura en grand nombre des citoyens, des savants, des pen-
seurs, elle aura bientôt des écrivains.

(1) Je n'ai pas cessé, en effet, de m'exprimer ainsi dans mes leçons
en Sorbonne (voir, par exemple, la *Revue des cours littéraires* du
28 janvier 1865), et on retrouvera la même pensée à la fin du morceau intitulé : *De la Langue et de la Nationalité grecques au quinzième siècle.* Ce morceau, qu'on lira ci-dessous, a été traduit en
grec moderne demi-populaire par un jeune Hellène, M. Bikela, qui
est, avec M. Terzétis, du petit nombre des obstinés zélateurs de la
langue vulgaire.

CINQUIÈME LEÇON.

DEUXIÈME APPENDICE.

(Voir plus haut, p. 107.)

———

LA GRÈCE EN 1453. RÉFLEXIONS SUR QUELQUES DOCU-
MENTS HISTORIQUES DU TEMPS DE LA PRISE DE CONS-
TANTINOPLE PAR LES TURCS (1).

Tout le monde connaît ces paroles, qui terminent les
célèbres *Considérations* de Montesquieu *sur les causes de
la grandeur des Romains et de leur décadence :*

« Je n'ai pas le courage de parler des misères qui suivirent. Je dirai seulement que, sous les derniers empereurs, l'Empire, réduit aux faubourgs de Constantinople, finit comme le Rhin, qui n'est plus qu'un ruisseau
quand il se perd dans l'Océan. »

Cette comparaison, moins exacte peut-être qu'oratoire,
exprime pourtant avec vérité le sentiment de tristesse
qu'inspire au philosophe le spectacle d'un grand peuple
qui se corrompt, dépérit, succombe enfin par ses propres
fautes et sous les attaques d'ennemis indignes eux-mêmes
de le remplacer sur la scène du monde. L'abaissement

(1) Mémoire lu en séance publique annuelle des cinq Académies
de l'Institut, le 16 août 1864, reproduit ici avec quelques additions,
surtout bibliographiques.

général des sciences, des lettres, des arts, de tout ce qui
fait la force et l'honneur de l'esprit humain, marque, en
effet, les dernières années de Byzance chrétienne. L'architecture et la statuaire, mais surtout la numismatique
et la littérature, dans la grossièreté de leurs œuvres, portent de plus en plus témoignage d'une irréparable décadence. Rien n'est douloureux comme de voir ainsi s'obs-
curcir et s'éteindre les lumières de l'hellénisme sur le sol
où il avait jeté tant d'éclat. Néanmoins ce spectacle a de
quoi nous attacher encore par le contraste des souvenirs ;
il renferme des leçons utiles que, même après Montesquieu, un modeste observateur peut essayer d'en faire
sortir. Ce n'est pas en vain que l'Europe a vieilli de cent
cinquante ans depuis le livre des *Considérations*. Le progrès des événements et celui de la critique éclairent par
fois d'un jour nouveau quelques pages de l'histoire que le
génie d'un grand homme a pu jadis négliger.

Il y a, pour l'art de parler comme pour les autres arts,
deux espèces de barbarie, celle qui précède la civilisation et celle qui la suit. L'esprit se plaît à rechercher
dans la première les germes qui doivent se développer et
produire, avec le temps, des œuvres de science et de
goût ; il est alors soutenu par une curiosité pleine d'espérance. L'autre barbarie, celle qui apparaît sur les ruines
d'un passé glorieux, loin de nous attirer, nous afflige par
la comparaison de ses grossiers produits avec la fleur élégante que des siècles plus heureux ont vue s'épanouir, et
qui semble flétrie pour jamais. Les plus anciennes inscriptions latines et les premiers essais de l'éloquence
écrite, dans les fragments du vieux Caton, ont pour nous
un certain charme : la naïveté n'y est pas sans vigueur,
l'inexpérience y montre, dans ses tâtonnements pour atteindre le beau, un effort qui nous intéresse et nous donne

confiance. En présence de ces pages informes, on devine
et l'on pressent déjà la prose oratoire de Cicéron. Mais,
à voir cette beauté de la langue cicéronienne se déformer
à son tour et s'abâtardir dans les temps de décadence,
nous éprouvons je ne sais quelle impression de tristesse et
de découragement; car nous mesurons ce que l'esprit
humain a perdu, mais nous ignorons si cette perte sera
un jour réparée, et il nous est difficile d'apercevoir par
quels moyens mystérieux la Providence fera sortir un ordre nouveau du milieu de ce désordre, et comment, sur
les ruines d'une langue jadis éloquente et poétique entre
toutes, germeront des idiomes destinés à fleurir eux-mêmes par l'éloquence et la poésie.

Ce contraste de la barbarie et de la perfection classique
nous est peut-être plus pénible encore dans l'histoire de
la langue grecque que dans celle de la langue latine, parce
que nous connaissons à peine les premiers essais de la
poésie et de la prose helléniques. Le sort a voulu qu'il ne
nous restât pas, en vers, une page authentique antérieure
à l'*Iliade* et à l'*Odyssée*, et qu'il nous restât à peine quelques pages de prose antérieures à Hérodote. Ainsi le grec
se présente à nous tout d'abord, sinon avec les perfections de la maturité, au moins avec l'éclat d'une jeunesse
florissante. Nous le voyons ensuite, pendant sept ou huit
siècles, s'approprier, avec une souplesse merveilleuse, aux
mille inspirations de la poésie et de la science, aux besoins divers d'une société active jusqu'à l'inconstance, et
qu'agitaient sans cesse les plus nobles ambitions de l'âme
humaine : on croirait que cette langue est inépuisable et
que la décrépitude ne pourra jamais l'atteindre. Même
dans la décadence de l'Empire, les écoles d'Orient conservent obstinément le culte des anciens modèles. Sous les
dernières menaces de l'oppression musulmane, elles commentent encore Homère et Démosthène ; le style oratoire

28

surtout, et le style philosophique y conservent une étonnante pureté (1). Au quatorzième siècle, on déclame à Constantinople avec la même élégance qu'au temps des Antonins ou de saint Basile. Par la force même des choses, le
style théologique, moins pur et moins égal, se maintient
pourtant à un certain degré de noblesse. Le grec demi-
populaire de l'Évangile a, de bonne heure, mêlé quelques
expressions et quelques tours peu attiques au langage des
prédicateurs et des controversistes chrétiens; mais, une fois
consacrée par l'usage, cette grécité inférieure prévient,
du moins, une corruption plus grande. L'autorité des livres
saints et l'usage de les lire dans les églises, d'en apprendre
et d'en réciter quelques pages parmi les offices, empê-
chent que le langage de la religion ne se défigure, et fixent
comme un niveau moyen au-dessous duquel, pendant longtemps, on ne descendra plus.

Et pourtant ce niveau finit par s'abaisser encore; nous
allons le voir.

Il est impossible qu'un peuple en décadence préserve
sa langue de toute fâcheuse atteinte. La civilisation, en se
dissolvant, entraîne dans sa ruine les arts qui avaient
grandi avec elle; l'art d'écrire ne saurait, par privilége,
échapper à cette fatalité. Le grec des historiens, c'est-
à-dire le grec appliqué aux grandes affaires de la vie,
lutte longtemps avec succès contre la corruption générale; il faut bien qu'un jour il la subisse. Encore empreint
d'une juste dignité dans les Annales de Cantacuzène, général, homme d'État et disciple intelligent des anciens
maîtres de la parole, voyez, cent ans plus tard, ce qu'il
est devenu sous la plume de Georges Phrantzès. Le rap-

_____

(1) Voir l'important ouvrage, qui vient de paraître, de M. J.-H.
Krause, *Die Byzantiner des Mittelalters, in ihrem Staats-, Hof- und
Privatleben* (Halle, 1869, in-8°).

prochement des faits a ici une triste éloquence. Phrantzès
est l'historien de la chute de Constantinople, après en
avoir été le témoin et l'un des plus déplorables martyrs.
Chez lui, malgré un fond sérieux de bon sens, la pensée,
comme le style, offre l'image trop fidèle d'une double humiliation. Allié à la famille impériale et grand dignitaire
du palais, il conserve quelques souvenirs de l'éducation
savante qu'on s'efforçait de maintenir dans les écoles de
Byzance. La préface de son livre ne manque pas de gravité : on y retrouve la théorie de l'histoire exposée comme
jadis dans Polybe, comme dans Agathias, comme dans
Nicéphore Grégoras et Cantacuzène ; certaines expressions
y rappellent même Hérodote, ainsi que certains débris
de sculpture, enchâssés dans des constructions du moyen
âge, y rappellent le siècle de Périclès au milieu de la
barbarie. Mais une fois à l'œuvre, et quand il n'est plus
soutenu par le classique lieu commun, Phrantzès nous
laisse bientôt voir l'Hellène dégénéré. Ce n'est pas que
son langage soit tout à fait le romaïque : une lettre de
Bessarion, écrite en ce grec populaire, et qu'il a insérée
dans sa chronique, tranche assez nettement avec la couleur générale du récit ; mais le style de cette chronique,
par sa rudesse et sa négligence, descend fort au-dessous
du langage que l'étiquette officielle avait jusque-là mainte-
nu à la cour de Constantinople. Le romaïque y pénètre et,
pour ainsi dire, l'envahit de toutes parts, et, ce qui est
plus grave, les sentiments et les idées y témoignent d'un
affaiblissement général des esprits et des caractères.

Nous ne lui reprocherons pas de rendre quelque justice
à Mahomet II. Ce grand capitaine, qui savait cinq langues, le grec, le latin, le syriaque, l'arabe et le persan,
qui aimait à se faire lire les histoires d'Alexandre, d'Auguste et de Théodose, méritait peut-être le respect de

ceux mêmes qu'il venait opprimer; et d'ailleurs Phrantzès prend bientôt contre lui sa revanche d'indignation, lorsqu'il le voit installer à Constantinople un patriarche suspect de complaisance pour les Latins. Mais, sur les questions où sa conscience est le plus vivement intéressée, écoutons un instant Phrantzès, pour apprécier ce qu'était alors l'éloquence d'un patriote byzantin. Notre langue répugne un peu, avec ses habitudes séculaires de correction et de gravité, à suivre l'allure défaillante du chroniqueur grec; il faut qu'elle s'y essaye par devoir de fidélité; mais elle ne saurait reproduire cette bigarrure d'un style où l'idiotisme vulgaire se mêle à des restes d'élégance classique. Je choisis, pour en donner une idée, une page sur le célèbre concile de Florence, où la Grèce tenta sa suprême chance de salut par un essai d'alliance avec les chrétiens de l'Occident :

« Le 27 novembre de la même année, le seigneur roi Jean, avec le seigneur patriarche Joseph et le seigneur despote Démétrius, beaucoup de princes du Sénat et de l'Église, et presque tous les métropolitains et évêques passèrent la mer pour se rendre au concile qui se préparait à Florence, concile auquel rien ne pouvait servir, ou plutôt qui ne pouvait servir à rien, et où l'empereur ne réussit pas mieux que les autres (?). Je ne dis pas cela contre les dogmes de l'Église, car ce sont choses dont le jugement revient à d'autres que moi. Il me suffit à moi de la croyance que mes pères m'ont transmise, car je n'ai entendu dire à personne du parti contraire que nos dogmes soient mauvais, mais plutôt bons et anciens; et les leurs aussi ne sont pas mauvais, mais bons. Pour le montrer par une comparaison, nous traversions souvent avec d'autres la rue large et vaste qui mène à Sainte-Sophie ; quelque temps après, d'autres ont trouvé une autre rue qui mène, disent-ils, au même lieu, et ils m'en-

gagent ainsi à la prendre : « Venez, vous aussi, par cette
« rue que nous avons trouvée ; car, bien que celle que
« vous suivez soit belle aussi et ancienne et qu'elle nous
« soit connue depuis longtemps et pratiquée, pourtant
« celle que nous avons trouvée est belle aussi. » Entendant dire, d'un côté, que cette rue est belle, et, de l'autre, qu'elle ne l'est pas, et que l'on ne peut s'accorder,
pourquoi ne dirais-je pas en toute paix : « Allez à Sainte-
« Sophie par le chemin que vous voudrez ; quant à moi,
« je continue d'y aller par le chemin que j'ai longtemps
« pris avec vous, et dont vous témoigniez vous et nos
« ancêtres. » Ce n'est pas pour cela que je dis que le concile n'a servi à rien ; c'est parce qu'on n'a pu s'accorder.
(Puisse-t-il y avoir union des Églises, et que Dieu, après
cela, me prive de la vue !) Pourquoi donc l'ai-je dit ?
Parce que la réunion du concile a été la première et
grande cause pourquoi eut lieu l'invasion des infidèles
contre Constantinople, et que de là sont venus et le siége
et l'asservissement et tout notre malheur. » (II, 13.)

Le pauvre chroniqueur a raison, mais il sent les choses
plutôt qu'il ne les conçoit, et quand il veut les dire,
l'expression le trahit. Il serait injuste de comparer avec
cette indigence de langage le style d'un Xénophon ou
d'un Polybe. Mais on se rappelle malgré soi quelqu'un de
ces écrivains, déjà qualifiés pourtant d'écrivains de la
décadence, et qui, durant les dernières luttes du paganisme contre la foi chrétienne, ont eu à soutenir des thèses assez semblables à celles de l'annaliste byzantin. C'est
Libanius, s'obstinant au vieux culte de Jupiter et mau-
dissant « les hommes noirs », c'est-à-dire les moines, qui
démolissaient les temples et jetaient au feu les chefs-
d'œuvre de Phidias (1) ; c'est Thémistius, invoquant un

_____

(1) Discours pour la défense des temples, t. II, p. 144 des œuvres

peu tard le beau principe de la tolérance pour protéger
ce qui restait alors du paganisme détrôné (1). A la distance
de dix siècles, il y a un fonds d'idées communes entre
Phrantzès et les deux sophistes : même obstination dans
les deux sociétés que sépare leur foi religieuse, même intention de revendiquer au moins les libertés de la conscience. Or le langage a beaucoup d'élévation encore et
de pureté chez les deux sophistes du quatrième siècle. Au
contraire, quelle mollesse d'expression, et, j'ai presque
dit, quel désarroi moral chez ce Grec de Byzance aux prises avec sa théologie compliquée des embarras de la politique ! Voilà bien l'historien d'une société qui s'abîme
sous le despotisme ottoman.

La fin de Phrantzès fut digne, hélas ! de son œuvre.
Après maint récit des humiliations de sa race, auxquelles
s'ajoutent pour lui d'affreux malheurs domestiques, il
nous raconte que, vers le printemps de l'an 6976 du
monde, perclus de rhumatismes et trop pauvre pour remplacer son vêtement séculier, il s'est fait moine sous le
nom de Grégoire, et que sa femme Irène a suivi bientôt
cet exemple ; cela veut dire, en réalité, qu'ils entraient
tous deux à l'hôpital, où fut, en effet, rédigé par Phrantzès
le récit de la chute de Byzance chrétienne !

La critique se sent désarmée devant de pareilles misères.

On pourrait croire que la Chronique de Phrantzès marque l'extrême abaissement de la littérature chez les Grecs
byzantins ; il n'en est rien. Un contemporain de Phrantzès,

de Libanius, éd. Reiske, morceau où une lacune importante est com-
blée par la publication de deux pages inédites dans l'édition de
Fronton par A. Maï (Rome, 1823), p. 421-4. Cf. la réimpression
donnée par Sinner, *Delectus Patrum græcorum*, p. 238.

(1) Disc. Vᵉ adressé à Jovien, et XIIᵉ adressé à Valens.

le Rhodien Géorgillas (1), a déploré la chute de Constantinople en un style qui, par comparaison, relève presque celui du chroniqueur, et lui rend, à nos yeux, une sorte de valeur littéraire. De tels livres mériteraient bien l'oubli où ils dormaient depuis quatre siècles, s'il n'y avait toujours quelque enseignement à recueillir dans une œuvre authentique et sincère, dans le moindre témoignage qui se rapporte à quelque grand événement de l'histoire.

Géorgillas n'a été, pendant longtemps, connu que d'un petit nombre de curieux et d'après quelques citations que lui avaient empruntées nos lexicographes modernes. Un de ses trois poëmes est encore inédit. Le plus ancien, sa Légende de Bélisaire, a été publié récemment par un bibliophile anglais (1); le second ouvrage l'a été par M. Ellissen, dans son estimable collection de documents pour l'étude de la basse grécité (2) : c'est la Complainte ou Lamentation, en vers dits *politiques,* sur la prise de Constantinople.

On a plusieurs exemples, soit en vers, soit en prose, de ces sortes de complaintes, dont la mode remonte aux premiers siècles de l'empire d'Orient, et dans lesquelles la langue se montre souvent fort altérée (1). Pour n'en

(1) C'est du moins ce que croit avoir démontré M. Gidel, p. 66 et suivantes de l'ouvrage que nous avons cité plus haut (page 54, note 2). Mais j'avoue qu'il me reste quelques doutes sur cette attribution. Du moins, la date du *Threnos* n'est pas douteuse, et c'est ce qui nous importe ici.

(2) *Incerti scriptoris Carmen de Belisario græco-romanum nunc primum edidit e codice ms. Parisino* J. Allen Giles (Oxonii, 1847, in-8°).

(3) *Analekten der mittel- und neugriechischen Literatur*, III. Theil. *Anecdota græco-barbara.* Θρῆνος τῆς Κωνσταντινουπόλεως. *Griechisch und Deutsch mit Anleitung und Anmerkungen* (Leipzig, 1857, in-18).

(4) Exemples dans Boissonade, *Anecdota græca*, t. V, p. 373;

citer qu'un seul, il existe sur la prise de Constantinople,
en 1204, par les Latins, un petit poëme écrit par un Grec
de Nicée, après la restauration de la dynastie nationa-
nale (1) : ce n'est certes pas un chef-d'œuvre ; on n'y
pourrait pas signaler le moindre trait d'éloquence. Ce
document toutefois n'est point, par sa forme, indigne de
l'histoire, à laquelle il apporte des faits utiles à relever.
Il montre un écrivain capable de quelque soin pour la
versification et pour le style, un écrivain sans talent ,
mais qui a du moins le respect de lui-même. Le Rhodien
qui aligne les mille vers du *Threnos* sur le désastre de
1453 n'a plus même ces modestes qualités.

Né dans un pays grec que n'atteignent pas encore les
armes ottomanes, mais que déjà elles menacent, il sent
combien la Grèce est en péril après avoir vu tomber
sa capitale, et il déplore ce désastre avec la même douleur qu'un témoin oculaire. Constantinople était pour lui
la reine des villes par ses richesses, par ses monuments
religieux et civils, surtout par ses écoles savantes. Elle a

Buchon, livre cité plus haut, t. I, p. LXXXIX ; Ellissen, livre cité
plus haut, t. III, p. 96 et 264 ; Crusius, *Turcogræcia*, p. 76. Sur la
monodie en prose, cf. H. Caffiaux, *De l'Oraison funèbre dans la
Grèce païenne* (Valenciennes, 1860, in-8°), p. 211 et suiv.

(1) Publié en 1845, d'après le ms. 408 de la Bibliothèque de
Saint-Marc, par M. Buchon, t. II de ses *Recherches sur la principauté
française de Morée*. Pour la date du poëme, voir le vers 328 et les
vers 353 et suiv.

On me signale, comme un document latin tout à fait analogue à
celui-ci, la *Querella de divisione imperii*, composée en 843 par Florus,
diacre de l'Église de Lyon (dans les *Hist. de la France* de dom Bouquet, t. VII, p. 300 et suiv. Cf. Desmichels, *Histoire du moyen âge*,
t. II, p. 290, qui en donne une traduction incomplète). Cette complainte, outre qu'elle montre l'effet produit par le renversement d'un
grand empire, est aussi un témoignage curieux à consulter sur l'état
des choses en France après les réformes de Charlemagne.

commis sans doute, ou plutôt ses princes ont commis
bien des fautes ; le peuple grec tout entier est bien cor-
rompu, et il s'est attiré les châtiments du ciel. Mais le
châtiment dépasse la faute, et celui qui l'inflige, le Turc,
est un trop cruel instrument de la justice divine. Les Latins obéissent au pape, mais du moins ils sont chrétiens.
Ces serviteurs du pape, que l'on maudissait en 1204, et
auxquels on refusait le nom même de chrétiens (1), on
les invoque aujourd'hui comme des libérateurs. S'il faut
que Constantinople soit esclave, on voudrait qu'elle ne le
fût pas des Mahométans ; car une telle honte rejaillit sur
l'Occident tout entier. De l'Occident l'auteur connaît les
peuples principaux, avec leurs rois ou leurs doges ; il connaît jusqu'à l'Angleterre au nord, et, au midi, jusqu'au
royaume arabe de Grenade (2). Chacun de ces souvenirs
lui devient occasion d'un belliqueux appel à la croisade ;
il y convie le pape et ses cardinaux, le roi de France, les
Génois, les Vénitiens, le duc de Bourgogne, ami des empereurs Jean et Constantin Paléologue. Il veut que la
concorde enfin unisse tant de peuples chrétiens, tant de
princes chrétiens contre les mécréants ; que l'on se garde
surtout de faire alliance avec le Turc, race perfide, qui
ne sait pas tenir un serment. « C'est par ces alliances
qu'il a mangé le monde qu'il gouverne. Si vous le lais-
sez seulement deux ans respirer à Constantinople, j'en
jure par Dieu, il nous mangera tous (3). »

Voilà un trait qui date le livre, en même temps qu'il

(1) Vers 328, où il appelle χριστομάχοι les Latins vainqueurs des
Byzantins. Cf. v. 320, où l'opposition est marquée avec plus d'é-
nergie encore.

(2) V. 440, il signale le *noble roi de Grenade* comme un ennemi
à poursuivre, après que les Turcs seront vaincus.

(3) Vers 470 et suiv. Cf. le v. 968, qui semble marquer plus précisément l'année où la Complainte fut écrite.

en laisse voir le rude langage. Il n'y avait donc pas deux
ans que Byzance était prise ; c'est la date que confirment
d'autres allusions du poëme à Jean Huniade et au séjour
de Mahomet dans la ville d'Andrinople après la prise de
Byzance (1). Le pèlerin patriote revenait d'un voyage à
travers les contrées encore chrétiennes de l'Orient (2),
quand il épancha sa douleur en vingt-quatre longs couplets à moitié rimés, pleins de désordre et de redites,
qui sont comme le chant d'agonie d'une littérature expi-
rante. L'auteur souhaite ardemment que son cri de dé-
tresse soit entendu au loin. L'imprimerie venait à peine
de paraître ; il ne la connaît pas, et c'est aux copistes
qu'il adresse plusieurs fois la prière de répandre, autant
qu'ils pourront, ses vers dans toute la chrétienté, « chez
« les rois, les princes et les princesses, car il a confiance
« qu'il y va de l'intérêt commun des grands et des pe-
« tits. » Si haut pourtant que parle ce Jérémie de la Jérusalem byzantine, et quelque besoin qu'il ait d'une
publicité bruyante, il n'ose pas déclarer son nom ; il a
ses raisons, dit-il, pour garder là-dessus le silence ; seulement il donne à qui pourra le comprendre une sorte de
signalement de sa personne, signalement devenu pour
nous une énigme (3). Est-ce à dire que notre versificateur
fût un personnage considérable? Je ne le crois pas. S'il
faut l'appeler encore un lettré, c'est un lettré du plus bas
étage. A chaque page de la Complainte se marque le profond sentiment de sa petitesse, sentiment qui paraît,
hélas! très-légitime. Quelques souvenirs historiques de
Justinien, d'Héraclius et des gloires de l'ancien empire,

(1) Voir la préface et les notes de M. Ellissen.
(2) Voir l'énumération qu'il en fait, vers 968 et suiv.
(3) 24ᵉ couplet. Cf. Ellissen, p. 2, 12, et la dernière de ses notes
sur la Complainte.

sont à peu près le seul témoignage de son érudition (1).
Quant aux faits contemporains, c'est à peine si l'on en
relève chez lui deux ou trois qui profitent à l'histoire. Par
exemple, il semble parler sur des renseignements précis,
quand il atteste que la Porte avait alors sous les armes
« cent mille soldats d'élite, cent mille janissaires, et (je
voudrais ne pas l'en croire) trente mille renégats francs, »
qu'il appelle même des *Français* (2). D'autre part, à la
façon dont il parle de Constantin Dragazès, le dernier
défenseur de l'Empire, on ne sait vraiment pas s'il le
tient pour mort ou pour vivant (3). Peut-être, n'ayant
point vu de ses propres yeux la prise de la ville sainte,
croit-il encore que Dieu aura sauvé Dragazès. Sa piété
naïve n'espère-t-elle pas que des anges seront venus alors
du ciel pour sauver de la profanation les reliques des
saints (4)? Ainsi nous verrions commencer, avec le témoignage même d'un contemporain, la légende, encore
vivante en Orient, qui raconte que l'héritier des Cons-
tantins survécut à la prise de sa capitale par les Turcs, et
qu'il attend, caché en un réduit mystérieux, le jour d'une
éclatante réparation.

Il y a donc, on l'avouera, quelque intérêt historique
dans cette composition si peu littéraire. Elle ajoute un
ou deux traits au tableau tracé par les annalistes d'un
événement à jamais déplorable. Mais ce qui surtout est
instructif, ce qui saisit le cœur et l'imagination, c'est le
personnage même du malheureux versificateur; c'est la
sincérité de l'inspiration qui le pousse à écrire, malgré
sa faiblesse, pour la défense du nom grec et de sa reli-

(1) 13ᵉ couplet.
(2) Vers 749 et suivants.
(3) Vers 825 et suivants ; 1013 et suivants.
(4) 4ᵉ couplet.

gion. Sans cesse il revient à ces excuses, à ces protesta-
tions, comme il revient à son pressant appel pour la croisade ; et, bien que fatigants par leur monotonie, ces re-
frains font passer dans notre âme l'émotion que réveille,
autour d'un tombeau, le chant des prières funèbres. Il
semble que l'auteur l'ait compris lui-même, car il
appelle quelque part son chant de douleur un *myriolo-
gue* (1), ce qui est le nom des complaintes en vers que
les paysannes grecques improvisent sur le cercueil des
défunts. Le désespoir éclate à chaque page de ces mortels
couplets, écrits en un langage qui ne peut que le justifier.
Que penser de l'état d'un peuple où le plus ardent patriotisme, parlant pour la plus sainte des causes, ne
trouve que des accents comme ceux que je vais essayer
de vous rendre ?

« Plaise au maître, au fabricateur du monde, aux
douze apôtres, aux quatre évangélistes [qui sont] la foi du
chrétien, et qu'ils me donnent pour cela raison et science,
pour que j'écrive quelque petite chose de lamentable pour
la grande ville ! Car je n'ai pas de sagesse et de raisonnement pour cela, pour écrire sur ce sujet comme il faut et
convient. Que le Dieu puissant qui donne la science m'é-
claire, moi aussi, pour les détours du vers, et que, moi
aussi, je fasse un poëme qui n'ennuie personne, mais qui
plaise à tous. Qu'il soutienne mon esprit et mon intelligence (enfin, j'espère en Dieu !) pour qu'on l'accueille
bien, qu'il plaise à beaucoup de gens, et qu'on le trans-
crive (2), qu'on l'honore beaucoup et qu'on le prise, et
qu'on verse des larmes abondantes sur la malheureuse
ville, qu'on verse des gémissements de cœur et des con-
tritions.

(1) V. 998 : Νὰ ποίσω τίποτας μικρὸν λόγον καὶ μυριολόγι.
(2) Prière répétée v. 837 et suivants; 1008 et suivants.

« Et maintenant, seigneurs, écoutez mon discours.
Mon prologue dit qu'il sera petit ; mais il s'agit d'une
grande chose, d'une ruine du monde comme au déluge de
Noé ; et vous tous qui lisez le texte de ce discours, je vous
en conjure, ne soyez point fatigués ; parcourez-le tout
entier, allez jusqu'à la fin, et si je fais quelque faux pas
(il en fait beaucoup et de tout genre), ne m'accusez point,
priez Dieu que je fasse mon salut, que je vive avec honneur
et qu'il me donne la santé (1). »

Ce qui suit renouvelle les mêmes idées avec la même
platitude ; on n'ose plus traduire. Je saute dix feuillets
pour signaler au moins quelques lignes où le ton se relève, et cela (j'aime à le remarquer) quand l'auteur parle
de la France :

« O roi Constantin, tu as eu un pénible sort. J'en veux
donner connaissance au plus illustre prince de l'Occident,
au roi de Paris, au premier des princes du pays de l'Occident. France, pleine d'honneur et de renommée, guerriers français, mes braves soldats, ayez-en l'assurance :
la grande ville est perdue ! Que paraisse votre puissance
et votre armée ! Courez hardiment, avec sagesse et valeur,
pour faire la vengeance de l'humble ville ! Car la maison
royale venait de France (j'ignore vraiment où est la
preuve de cette généalogie). Il est donc juste de porter
secours à vos parents. Ainsi ne tardez pas et éveillez-
vous sur-le-champ, et venez avec le secours du Dieu
tout-puissant, pour faire bonne guerre aux gens de Mahomet. C'est la volonté de Dieu que vous couriez contre
les païens. »

Il y a quelque chose de touchant dans cette invocation
du nom de la France. Nous sommes volontiers indulgents
pour une telle confiance, et nous voudrions qu'elle eût

(1) Vers 1-26.

porté bonheur au poëte. Mais voyez comment il reprend
son discours et retombe dans sa plate monotonie.

« Il faut maintenant que j'abrége beaucoup. Je me
tourne vers les Anglais. Anglais sages et honorables entre
les peuples armés, je ne sais plus quelles paroles vous
dire (1), etc. »

Il faut que j'abrége ! et il écrira plus de sept cents
vers encore, pour finir, comme il a commencé, en décla-
rant que la Grèce est abattue sans ressource, et qu'aux
seuls princes de l'Occident il appartient de la relever.
Rien n'est triste et navrant comme ce cri d'une nationalité
souffrante, et à ce titre digne de compassion, mais d'une
nationalité qui s'abandonne et qui ne sait plus trouver en
elle-même la moindre force contre ses malheurs. Les
Grecs renouvelleront souvent, du quinzième au dix-neuvième siècle, la complainte de leur désespoir. Je la trouve
dans maint écrit venu de l'Orient depuis la chute de Byzance, durant cette période où l'Europe latine grandit et
s'affermit dans des luttes fécondes. Je la trouve, par
exemple, jusque dans la préface d'une grammaire de la
langue romaïque, humblement dédiée par Simon Portius,
en 1638, au puissant cardinal de Richelieu. Mais elle ne
devait être entendue que le jour où les Grecs ne se bor-
neraient plus à prier Dieu et les hommes, où ils commen-
ceraient par s'aider eux-mêmes, et par prouver, en agis-
sant, qu'ils n'étaient pas un peuple mort à jamais. On ne
peut refuser quelque pitié à l'orateur impuissant de la
Grèce, avilie par ses fautes, autant qu'opprimée par la
force de ses ennemis. Mais ces lamentations presque inar-
ticulées de Géorgillas ne sont même pas dignes des derniers défenseurs de Constantinople, chez qui brilla, au
moins par exception, quelque courage. C'est l'accent de

(1) Vers 329-347.

la mendicité, plus encore que la voix du patriotisme
vaincu, mais protestant contre sa défaite. La langue grecque ne reprendra un peu 'de vigueur que lorsque le caractère national, enfin retrempé par de longues épreuves,
enfin excité par une juste émulation à l'égard de l'Occident, tentera un énergique effort pour secouer le joug
ottoman. Les plus anciennes chansons klephtiques par-
venues jusqu'à nous marquent le moment de ce réveil
tardif ; on y entend un accent nouveau de patriotisme et
de courage ; elles font pressentir l'hymne de Rhigas et
les victoires de l'indépendance. Parmi les écrits en prose,
qu'on lise les récits de Colocotronis *sur les Événements de
la race grecque entre* 1770 *et* 1836 (1), c'est à-dire entre
une première révolte avortée et l'insurrection victorieuse
qui constitua le royaume hellénique avec le secours de
l'Occident chrétien. Dans ces mémoires écrits sous la dictée
d'un vieux Pallikare, à ce langage bien grossier, mais énergique, on reconnaît du moins les sentiments de l'hellénisme
actif, fier de sa force et confiant en ses destinées. C'est
alors, mais alors seulement, que l'on se convainc que la
Grèce va reprendre sa place parmi les nations, parce
qu'elle l'a voulu, et qu'elle s'est mise à l'œuvre sans nous
attendre. Le héros n'est pas un lettré ; comme tant d'autres Pallikares, il ne sait ni lire ni écrire, et pourtant il
marque déjà sa langue d'une empreinte particulière, qui
est celle même de la vie.

L'éditeur des Mémoires historiques de Colocotronis,
annonçant cette publication au milieu d'une assemblée
de patriotes athéniens, s'écriait dans un élan d'admiration
pour son héros : « Comme historien, Théodore Colocotronis se range parmi les nombreux auteurs qui ont raconté

(1) Διήγησις συμβάντων τῆς ἑλληνικῆς φυλῆς ἀπὸ τὰ 1770 ἕως
τὰ 1836. Ἀθήνησιν, 1846, in-8°.

les guerres de l'Asie avec l'Europe ; mais comme Grec, il
est, je crois, le troisième après Homère et Hérodote. Tous
trois se ressemblent comme trois rayons partis d'un même
centre lumineux ; tous trois ont pour patrie la Grèce, pour
sujet la guerre de l'Europe contre l'Asie ; tous trois parlent la langue hellénique, chacun à la manière de son
siècle, chacun inspiré par l'esprit de son siècle ; sa langue est nourrie de la langue du temps qui a précédé ; ce
n'est pas une œuvre d'imagination. Ils se ressemblent
pour la suite et l'enchaînement des idées et par le tableau des événements qu'ils racontent (1)... » ; et plus
bas, M. Terzétis ne craint pas d'ajouter que Colocotronis
est, en un sens, peut-être supérieur à Homère, pour avoir
raconté ce qu'il a fait lui-même avec ses pareils ; il lui
semble que son récit est pour nous ce que serait le journal
de la guerre de Troie écrit par Agamemnon, par Ulysse ou
par Diomède. Il y a plus que de l'enthousiasme, il y a quelque naïveté dans un tel rapprochement. Et pourtant ne
nous hâtons pas de sourire ; un fond de vérité soutient
ces hyperboles patriotiques. Le feu qui anime les pages
dictées par le vieux soldat à son jeune ami est bien celui
de l'hellénisme renaissant, et renaissant avec les fortes
vertus qui sont un gage assuré d'avenir.

La langue de Colocotronis n'est certes pas celle d'Homère ni celle d'Hérodote ; mais elle les rappelle par un ton
viril et sincère. Elle n'a point l'élégance énervée des rhéteurs byzantins ; elle a plutôt une vigueur populaire et
martiale. A peu près dégagée du mélange des mots turcs
et des mots francs, que tant d'invasions déposèrent, au
moyen âge, sur le sol de la Grèce esclave, elle est vrai-

---

(1) Livre cité (plus haut, p. 447), p. 10 des *Prolégomènes*, qui
sont un discours prononcé le 25 mars dans la salle de la Bibliothèque du Sénat.

ment hellénique par les racines ; mais, par la grammaire, elle se rattache aux procédés qui caractérisent les langues modernes issues du latin ; elle s'y rattache, sans imitation, par des analogies naturelles, par la communauté du travail qui, depuis mille ans environ, a transformé tous les idiomes de l'Europe : c'est là une véritable originalité. Les Hellènes d'aujourd'hui dédaignent un peu, je le sais, cette langue vraiment populaire, et, comme elle n'a point encore réussi à se fixer par des chefs-d'œuvre, ils n'ont point scrupule de lui faire violence pour la ramener à l'atticisme de Thucydide et de Xénophon. On n'enseigne pas le romaïque dans leurs écoles ; on n'y enseigne que le grec ancien, qui pénètre insensiblement dans les journaux, dans les livres d'histoire et de politique, dans les romans, non sans y prendre cette teinte uniforme, que l'esprit français répand à peu près sur toutes les littératures européennes. Le grec ancien même aujourd'hui a, pour ainsi dire, ses libres entrées dans la société élégante en Grèce. C'est en cette langue qu'un professeur de l'Université d'Athènes publie des traductions de Catulle, d'Ovide, de Virgile et de Tacite ; c'est en cette langue qu'il compose d'élégantes poésies (1). La poésie nationale résiste davantage aux influences classiques (2) ; mais à son tour elle paraît menacée de les subir. Je ne puis que regretter, pour ma part, cette imitation artificielle et inopportune de l'antiquité. Chaque langue, comme chaque nation de l'Europe moderne, a son génie propre, qui est l'expression de son histoire. La Grèce elle-même, si glorieuse qu'elle ait été jadis, ne peut renier tout à fait les siècles qui la séparent de Périclès,

(1) Πάρεργα φιλολογικὰ Φιλίππου Ἰωάννου (Athènes, 1865, in-8º).

(2) En faveur de la langue purement populaire, voir la piquante réclamation d'un jeune poëte, M. Démétrius Bikélas, dans son recueil de Poésies (Στίχοι) publié à Londres en 1862, p. 21, et les conclusions de l'ouvrage de M. Chiotis, qui sera cité plus bas.

29

d'Alexandre ou de Théodose ; elle ne peut ressaisir aujourd'hui la langue des héros de Marathon ou d'Arbèles ,
pas même celle des Pères de l'Église, pas même celle du
patriarche Photius, en qui elle s'obstine à honorer le
représentant de ses libertés religieuses (1). Mieux vaut
pour elle se résigner aux révolutions accomplies et ne pas
tenter sur le grec populaire une réforme trop radicale.
J'aime à voir l'éditeur, ou plutôt le secrétaire de Colocotronis, proclamer que l'œuvre historique du célèbre
Pallikare est, comme sa vie, une glorieuse revanche des
humiliations de la Grèce en 1453 ; mais, pour l'honneur
de son héros, mieux vaut qu'il n'ait pas même essayé de
lui faire parler le langage des salons d'Athènes et des
académies de l'Occident.

P. S. Je regrette de n'avoir pas connu, quand j'écrivais
les réflexions qui précèdent, et de ne pas connaître encore
assez le récit des dix-sept premières années du règne de
Mahomet II par le moine Critobule. De ce récit, en grec
classique, nous ne pouvons lire encore que la préface ou
dédicace au sultan, publiée en 1860 par M. Tischendorf,
dans sa *Notitia Codicis Bibliorum Sinaitici.* M. E. Miller
en signale l'importance dans un *Rapport à l'Empereur* in-
séré aux *Archives des missions scientifiques*, t. II, p. 496 ;
il croit savoir que M. Dethier, directeur du gymnase au-
trichien à Constantinople, se propose d'en donner une
édition. Il y aura matière à une comparaison intéressante,
pour les faits historiques et pour le style, entre l'ouvrage
d'un moine humble flatteur du conquérant et la Complainte
du patriote qui proteste contre la conquête de la Grèce
par les Turcs.

(1) Voir, plus haut, p. 425, note 2.

SEPTIÈME LEÇON.

APPENDICE.

(Voir plus haut, p. 152.)

———

DE LA PRONONCIATION DU GREC ANCIEN ET DU GREC MODERNE (1).

I.

Lors de la Renaissance des lettres grecques en Occident, les savants Hellènes qui apportaient en France et en Italie les chefs-d'œuvre antiques y apportèrent aussi la prononciation du grec usitée dans leur pays, et pendant un demi-siècle personne ne récusa sur ce sujet leur compétence. Puis, quand la réflexion succéda à un premier enthousiasme, quand furent publiées des grammaires destinées à fixer et à améliorer l'enseignement pratique des Gaza et des Lascaris, quelques objections s'élevèrent sur la légitimité de la prononciation de ces premiers maîtres. Mais elles firent d'abord peu de bruit. Érasme, à qui l'on

(1) J'ai eu plusieurs fois l'occasion de traiter ce sujet, en Sorbonne, à l'ouverture de mes leçons philologiques. Le morceau qu'on va lire reproduit surtout ma leçon de 1864, dont une analyse rédigée par un de mes auditeurs, M. de la Berge, a paru dans la *Revue des cours littéraires* du 18 mars 1865; j'ai librement remanié et complété cette première rédaction.

attribue. bien à tort, les règles de notre prononciation
universitaire. n'avait touché à ce sujet qu'en passant. car
l'opuscule où il aborde la question, *De recta latini græ-
cique sermonis pronuntiatione* 1528 , n'est point un traité
régulier sur la matière ; on a même prétendu. mais cela me
paraît mal prouvé, qu'Érasme fut induit à l'écrire par une
mystification dont il rougit plus tard , et dont il se garda
bien de parler (1). En tout cas, non-seulement les preuves
qu'il apporte à l'appui de ses objections sont insuffisantes,
mais il ne paraît même pas attacher un grand prix à cette
innovation. Le titre promet autre chose que ce que donne
le livre, où l'auteur, selon l'habitude de son esprit ingénieux et sceptique, pose maintes questions sans les résoudre et sans même s'y attacher avec une sérieuse attention. Il fait discourir un Lion et un Ours sur divers sujets
d'éducation, et, entre autres, sur la prononciation du
latin et celle du grec. Il se plaint finement des inconvénients de l'*itacisme*, mais sans y remédier par une méthode
satisfaisante pour toutes les voyelles et diphthongues
confondues, chez les Grecs, en cet unique son de l'*ita*.
Rien n'est plus loin d'un traité dogmatique, soit pour le
fond, soit pour la forme. Érasme était, en général, si peu
ennemi des maîtres grecs, que, lors de la fondation du
Collége des trois langues, il écrivit à Lascaris lui demandant de lui envoyer des Hellènes instruits pour y enseigner le grec (2), et il ne paraît pas avoir jamais pratiqué
lui-même d'autre prononciation que celle de l'Orient.
Mais ici, comme en d'autres matières plus graves, les
doutes et les plaisanteries d'Érasme éveillèrent les esprits

(1) Voir dans l'*Aristarchus* de G.-J. Vossius, I, 28, la petite anec-
dote qu'ont répétée à plaisir tous ceux qui ont parlé du dialogue
d'Érasme.

(2) Voir F. Nève, *Mémoire hist. sur le Collége des trois langues*
(Bruxelles, 1856), p. 200.

et les enhardirent jusqu'à des témérités qu'il n'avait pas crues possibles, qu'il blâma peut-être, et que du moins il ne paraît pas avoir jamais pratiquées. Son petit dialogue, avidement lu et réimprimé, fit grand bruit, comme le prouvent des ouvrages sur le même sujet publiés dès 1529 (1), et surtout, en 1542, le débat qui eut lieu à l'Université de Cambridge, où le recteur Étienne Gardiner prit parti pour la prononciation orientale contre la méthode des novateurs, et alla jusqu'à édicter des peines corporelles contre les écoliers coupables de préférer celle-ci (2).

La discussion se prolongea pendant le seizième siècle, et plus d'un nom illustre y est mêlé, par exemple, celui d'Henri Estienne, à qui l'on attribue le dialogue intitulé *Philopappus*, que composèrent les petits-fils du chancelier de l'Hôpital, sous les yeux et avec les notes d'un de leurs précepteurs (3), curieux témoignage de l'intérêt que prirent à ces questions les plus grands personnages de cette génération savante. Dans les éditions successives de la Grammaire, alors classique, de Clénard (4) on peut suivre les progrès de la réforme introduite par les disciples d'Érasme. Au dix-septième siècle, elle a triomphé dans toute l'Europe savante. Peu à peu avaient disparu des écoles les maîtres Hellènes qui avaient été les patrons na-

(1) Le premier est celui de J. Ceratinus, et il est dédié à Érasme. Les principaux opuscules sur ce sujet ont été réunis par Havercamp en un recueil spécial (Lugd. Batav., 1736-1740, 2 vol. in-8°).

(2) Voir la *Sylloge* d'Havercamp, t. II, p. 207.

(3) *Sylloge* d'Havercamp, t. I, p. 377 et suiv. L'auteur de ce dialogue paraît être un certain Gualterius ou Gautier. Je remarque, à la page 456, qu'il ne paraît pas bien connaître lui-même la prononciation orientale qu'il s'est donné pour tâche de combattre.

(4) Les premières éditions (1530 et suiv.) suivent la méthode dite *Reuchlinienne*, du nom du célèbre helléniste Reuchlin, qui, sans doute, ne l'abandonna jamais dans ses leçons. Les dernières enseignent à prononcer à la façon érasmienne.

turels, convaincus et autorisés, de la prononciation orientale. On ne gardait guère souvenir de leurs services ; les
représentants de la Grèce en Occident n'étaient plus les
illustres et malheureux exilés de 1453 : c'étaient les Budé,
les Ramus, les Estienne, dont l'autorité faisait oublier
celle des pauvres Hellènes. Voici comment Lancelot s'exprime dans sa préface de la *Méthode de Port-Royal*, au
sujet de la prononciation : « Il faut bien prendre garde
que ce qui nous a introduit cette mauvaise prononciation (la prononciation orientale) n'a été que cette arrivée des Grecs en France et en Italie, il y a environ
deux cents ans, qui, n'ayant plus trouvé dans l'Occident aucune trace de cette langue, nous ont donné
la prononciation que la barbarie avait déjà introduite
dans leur pays. » Et plus loin : « Il y a plus de cent ans
qu'Érasme, étant encore à Louvain, en composa un livre exprès, où nous voyons qu'il l'a établie entièrement. » Évidemment Lancelot n'avait pas lu le joli dialogue d'Érasme ; il suivait simplement une tradition qui
n'était plus discutée. Ainsi encore, au dix-huitième siècle,
Rollin dit, dans son *Traité des études :* « Le premier soin
des maîtres est de leur enseigner (aux jeunes gens) à
bien lire le grec, et de les accoutumer d'abord à la prononciation usitée de tout temps (?) dans l'Université et
recommandée si soigneusement par les savants. J'appelle
ainsi celle qui apprend à prononcer comme on écrit (1). »
Cinquante ans plus tard, Lefranc de Pompignan, dans une
note de sa traduction d'Eschyle, ne craindra pas d'affirmer que « la vraie prononciation du grec se serait perdue en France sans l'Université de Paris (2). » On ne peut
dire plus naïvement le contraire de la vérité.

(1) *Traité des Études*, t. I, p. 315, éd. 1815.
(2) 1770, p. 538. Cf. Hallam, *Hist. litt. de l'Europe*, I, p. 343 :

L'Université pourtant n'avait pas accueilli sans résistance
la prononciation érasmienne. Au dix-septième siècle, quelques savants hommes prononçaient encore à l'orientale,
et parmi eux il faut compter Ménage : « Je lis et prononce
le grec de la manière dont toute la Grèce le lit et
prononce aujourd'hui. Ceux qui lisent et prononcent
autrement ont bien de l'entêtement et de la prévention (1). » Molière, qui l'a mis en scène dans les *Femmes
savantes*, sous le personnage de Vadius, lui fait dire, comme
il prononçait en effet :

> On voit partout chez vous l'*ithos* et le pathos,

l'*ithos*, et non pas l'*êthos* comme aurait dit un Érasmien.

En 1707, Claude Capperonnier, fort habile helléniste,
saisit l'Université d'une double proposition : 1° publier
une nouvelle édition du commentaire d'Eustathe sur Homère ; 2° publier un traité de la vraie prononciation
grecque. Ces deux projets, si distincts en apparence, te-
naient en réalité fort étroitement l'un à l'autre, car Eustathe nous signale dans Homère des assonances qui ressemblent à des rimes, mais qui n'existent, pour la plupart,
que si l'on prononce les mots à la façon moderne (2). De
l'étude d'Eustathe était sorti peu à peu le gros livre de
Capperonnier en faveur de la prononciation orientale. La

« La prononciation corrompue ne tarda pas à être entièrement oubliée. » Ce que confirment bien le témoignage de Wood, *Essai sur le
génie d'Homère*, c. X, p. 212 de la traduction française, et celui de
Sablier, *Essai sur les langues* (Paris, 1777, in-8°), p. 77-79, où je
constate une égale ignorance de la langue et de la prononciation
grecques modernes.

(1) *Menagiana*, p. 391.
(2) Voir R. Holzapfel, *Ueber den Gleichklang bei Homer* (Berlin,
1851, in-8°).

proposition de l'auteur fut favorablement accueillie, mais
demeura sans effet, et son travail, plein d'une érudition
solide, est resté manuscrit au dépôt de notre Bibliothèque
impériale, où il mériterait d'être plus souvent consulté (1).
D'autres réclamations se produisirent encore çà et là
contre l'usage universitaire. Mais les événements politiques firent plus que la curiosité des érudits pour ramener
les hellénistes à la prononciation orientale. La première
insurrection grecque, encouragée par Catherine II (2), et
plus tard celle des Souliotes, émurent l'Europe. Au commencement de ce siècle, une nouvelle émigration de Grecs
savants, Coray à leur tête (3), vint plaider dans notre Occident la cause de la nationalité hellénique, et la question
qui nous occupe touche de trop près à la vie littéraire et
politique de cette race pour n'avoir pas repris dès lors
une sorte de popularité. Ne soyons donc pas surpris du
grand nombre de livres publiés sur ce sujet depuis le
commencement du siècle : la création d'une chaire de
grec moderne, qui fut si longtemps et si bien occupée
par M. Hase, et qui l'est aujourd'hui par M. Brunet de
Presle, exigeait d'ailleurs que les preuves des deux méthodes contraires fussent de nouveau et soigneusement
examinées. En 1812, Anastase Georgiadès publia à Paris
une dissertation, en latin et en grec, pour défendre la
tradition hellénique. En 1820, M. Jules David, dans son
Parallèle des langues grecques ancienne et moderne ;
en 1825, Minoïde Mynas, dans sa *Calliope ;* en 1830,

---

(1) Fonds français, n. 9185, in-folio. Cf. Jourdain, *Histoire de l'U-
niversité de Paris,* p. 292.

(2) Voir sur ce sujet le piquant article de G. D'Eichthal, dans *le
Temps* du 7 janvier 1869.

(3) Voir dans la préface de son Hippocrate (*Traité des Airs et des
Eaux,* Paris, 1800), p. 121, la vive réclamation du patriote helléniste
contre la méthode érasmienne.

Constantin Œconomos, dans un gros volume imprimé à
Saint-Pétersbourg, soutinrent la même thèse. Plusieurs
Français, MM. Fleury Lécluse, en 1829, Berger de Xivrey,
en 1828, Dehèque, en 1846, exposaient et défendaient
les règles de l'usage consacré dans les écoles grecques.
En 1846, en vue de la fondation de l'École d'Athènes,
M. Alexandre fit au ministre de l'instruction publique un
rapport sur la nécessité de réformer la prononciation
grecque dans l'Université (1). Enfin, en 1864, paraissaient
trois dissertations sur le même sujet : celle d'un jeune
Ionien, M. Anastase de Lunzi, celle de M. Gialussi et celle
de M. Dehèque (2). C'est l'année même où l'Académie des
inscriptions et belles-lettres était saisie de cette question
par M. le ministre de l'instruction publique et y répondait par un avis favorable à ce que l'on pourrait appeler
une contre-réforme (3). Plus récemment encore, l'Association pour l'encouragement des études grecques en France
s'en est justement préoccupée dans plusieurs de ses séances. Je ne parle pas des autres pays de l'Europe latine où
les maîtres de grec l'ont également discutée (4).

(1) Ce rapport, daté de Smyrne, 24 mai, fut alors reproduit dans
le *Journal général de l'instruction publique*, dans la *Revue de l'instruction publique* et dans la *Gazette de l'instruction publique*, et il
suscita des discussions intéressantes.

(2) A. de L. : *De Pronuntiatione linguæ græcæ* (Berolini, in-8°);
A. G. : *De la véritable prononciation et de la lecture de la langue
grecque* (Paris, in-8°) ; F. D. : *Théorie sommaire de la véritable prononciation du grec* (Paris, in-8° ; publiée pour la première fois dans
1 *Gazette de l'instruction publique*, août 1846).

(3) Rapport publié dans les *Comptes rendus* des séances de cette
Académie, 1864, p. 331.

(4) Voir, par exemple, Stuart Blackie, *The prononciation of Greek.
Accent and Quantity* (Edinburgh, 1852, in-8°) ; — G. Schuch, *Ueber
den Jotacismus der griechischen Sprache* (deux programmes de l'U-
niversité de Munich, 1861 et 1863); — J. Telfy, *Studien über die*

Voilà, bien sommairement résumée, l'histoire en quelque
sorte extérieure, du débat. Essayons maintenant d'entrer
au fond des choses, et d'établir aussi brièvement ce qui
nous semble être la véritable méthode pour éclairer et
résoudre, s'il est possible, ce problème épineux.

II.

Il doit sembler étrange que cette discussion, prolongée
avec une égale bonne foi et beaucoup de science de part
et d'autre, n'ait pas abouti à un résultat définitif et accepté de tous : c'est que la question n'est effectivement
pas susceptible d'être résolue d'une façon complète et
précise : on prétend retrouver la prononciation des anciens Grecs, et ce but ne peut être atteint avec les instruments dont nous disposons.

Rien n'est plus varié que les sons de la voix humaine;
rien, par conséquent, n'est plus difficile que de noter les
inflexions de la parole par des signes auxquels on puisse
attribuer une valeur invariable et distincte, une valeur
que chacun retrouve à l'inspection seule des caractères
qui la représentent dans l'écriture. Il suffit d'ouvrir, pour
nous en convaincre, une grammaire d'une langue étrangère quelconque. En anglais, en allemand, il y a des
combinaisons de consonnes, il y a des diphthongues dont
aucun précepte grammatical ne saurait enseigner, dont
aucune combinaison de signes alphabétiques ne saurait
figurer exactement la prononciation. Nous pouvons, à
cet égard, approcher plus ou moins de la vérité, sans

*Alt- und Neugriechen und über die Lautgeschichte der griechischen
Buchstaben* (Leipzig, 1863). Dans une lettre à l'Académie des inscriptions, en date de Pesth, 8 janvier 1865, M. Telfy conclut, comme
dans son livre, en faveur de la méthode orientale, sans avoir eu connaissance de la délibération de l'Académie sur ce sujet.

jamais l'atteindre. Il y a longtemps que cette impuissance
de l'écriture à traduire exactement la parole a été remarquée. Par exemple, Quintilien nous dit qu'il est impossible de représenter dans l'écriture certains défauts réels
de prononciation, qui cependant n'avaient pas de nom
en latin, et qu'il désigne par leurs noms grecs : « *Et
illa per sonos accidunt*, QUÆ DEMONSTRARI SCRIPTO NON
POSSUNT, *vitia* ORIS *et* LINGUÆ : ἰωτακισμοὺς et λαμϐδα-
κισμοὺς, ἰσχνότητας et πλατειασμοὺς *feliciores fingendis
nominibus Græci vocant : sicut* κοιλοστομίαν, *quum vox
quasi in recessu oris auditur* (1). » Le grammairien Festus,
au mot *Quingentum*, dit qu'on écrivait anciennement
Quincentum, en faisant longue la première syllabe qui,
depuis, était devenue brève. Ici encore il y a une différence de prononciation cachée sous l'identité de l'écriture
quin, et que nous ne pouvons découvrir, car, dans les
deux cas, cette syllabe est, pour nous, également longue.

Le premier livre des *Institutiones grammaticæ*, où Priscien compare l'alphabet latin avec le grec, abonde en
exemples de semblables difficultés ; à cet égard nous ne
saurions trop en recommander la lecture.

Il faut donc réserver une part d'erreur et d'incertitude
dans les conclusions que l'on tire des monuments écrits
sur la question qui nous occupe. Or, au sujet de la prononciation grecque, les Érasmiens, aussi bien que les
Hellènes, invoquent à l'envi les témoignages écrits pour
appuyer leurs prétentions contradictoires ; les deux partis tombent donc dans la même erreur :

> Iliacos intra muros peccatur et extra.

On a voulu aussi s'autoriser des transcriptions du grec
en latin ou en d'autres langues, telles que les langues sémi-

---

(1) *De Instit. Orat.*, I, c. 5, § 32.

tiques, et l'on a interrogé là-dessus les textes et les inscriptions (1). D'après ce que nous venons de dire, on
conçoit combien cette méthode offre peu de garanties.

Les transcriptions d'ailleurs ne sont pas toujours faites
pour l'oreille ; elles le sont quelquefois pour les yeux.
Enfin les copistes du moyen âge ont pu souvent altérer,
selon l'usage de leur propre orthographe, les transcriptions
d'un auteur ancien. Par exemple, quelle confiance avoir
dans celles que nous offre Plutarque, quand on lit tour à
tour chez cet historien : Σκηπίων pour *Scipio* (Vie de Fabius, c. 26), Νομήτωρ pour *Numitor* (Romulus, c. 3),
'Ρῆξ pour *rex* (Cicéron, c. 9), βῆγας pour *reges* (Numa,
c. 21), πότηνς pour *potens*, μαιώρης et ἰουνιώρης pour *majores* et *juniores* (Numa, c. 9 et 19), etc. ?

Même incertitude en ce qui regarde les dérivations
d'une langue dans l'autre, et les rapports étymologiques,
sur lesquels abonde, entre autres, le volumineux traité
d'Œconomos. Les Hellènes, qui prononcent β comme notre
v, rapprochent volontiers *volo* de βούλομαι et *vorare* de
βορά, pour établir cette identité phonique du *b* et du *v*.
Mais il peut y avoir eu permutation du β et du *v*, sans que
ces lettres, qui sont de même organe, aient exactement
le même son ; et quand on voit dans une même langue
une gutturale se changer en labiale, et réciproquement,
comme chez les Grecs, où l'on disait βλέφαρον et γλέφαρον,
γουνός et βουνός, on reconnaît que l'identité radicale de
deux mots peut se cacher sous des divergences considérables d'orthographe et de prononciation. D'ailleurs, dans
le cas discuté ici, *imber*, qui offre certainement le même
radical qu'ὄμβρος, témoignerait contre l'identité primitive

_____

(1) Voir la précieuse dissertation que M. E. Renan a simplement
et judicieusement intitulée : *Éclaircissements tirés des langues sémitiques sur quelques points de la prononciation grecque* (Paris, 1849,
in-8°).

des sons β et *v*. Réciproquement, le *v* des Latins était jadis transcrit en grec par ου ; il l'a été plus tard par β. Ainsi, pour *Valerius*, on trouve d'abord Οὐαλέριος, puis Βαλέριος (1). Il n'y a donc à tirer de ces rapprochements aucune conclusion générale et absolue.

On ne peut pas davantage demander aux transcriptions latines la preuve que le θ et le χ des Grecs, que nous confondons respectivement, dans la prononciation universitaire, avec le τ et le κ, fussent aspirés. Si, en effet, le Latin les a transcrits ordinairement par *th* et *ch*, cependant *lat,* dans *lat-ere,* est évidemment le même que λαθ, dans λαθεῖν, et *pat,* dans *pat-i,* est le même que παθ, dans παθ-εῖν. L'étymologie contredirait ici la preuve tirée des transcriptions.

Une autre cause d'erreurs se trouve dans les arguments empruntés aux dialectes locaux de la Grèce. Par exemple, dans les inscriptions béotiennes, les désinences des noms de la dernière déclinaison, au pluriel, sont souvent υ pour οι, καλύ, ἐμύ, au lieu de καλοί, ἐμοί. On y écrit aussi κή par καί (2). Cela prouve l'analogie des sons υ et οι, η et αι, mais non leur identité. En tout cas, ces variétés dialectiques forment un arsenal où les deux partis peuvent puiser avec le même avantage et avec les mêmes périls. Car si, par exemple, la diphthongue αι avait chez les Béotiens le son du η, que les Grecs aujourd'hui confondent avec ι, cette diphthongue devrait avoir aussi le son ι, que les Grecs lui donnent seulement quelquefois, comme dans le mot Παλαιολόγος.

Enfin on a eu recours aux allitérations, aux jeux de mots épars dans les poëtes comiques, et dont les oracles

---

(1) Il y a là-dessus un témoignage formel de Denys d'Halicarnasse, *Antiquités romaines,* I, 20, que confirment beaucoup d'exemples épigraphiques.

(2) V. Ahrens, *de Dialecto Æolica,* p. 98, 196, 218.

ne se faisaient pas faute. Thucydide (1) rapporte que, au
moment de la peste d'Athènes, on se rappela cet ancien
oracle :

> Ἥξει Δωριαχὸς πόλεμος καὶ λοιμὸς ἅμ' αὐτῷ.
> (Viendra la guerre Dorienne, et la peste avec elle.)

« A ce sujet, il s'éleva une contestation ; quelques-uns
soutenaient que, dans ce vers il y avait anciennement
non pas la peste (λοιμός), mais la famine (λιμός). Cependant le premier de ces mots prévalut, comme de raison, à cause de la circonstance ; les hommes mettaient
leurs souvenirs d'accord avec leurs maux. » Faut-il
invoquer ce vers à l'appui de la prononciation orientale
qui donne le même son à οι et à ι ? Non ; il suffit qu'il y
eût analogie de prononciation pour que la confusion ait
été possible, et Thucydide nous explique d'ailleurs assez
bien comment la superstition populaire se prêtait à cette
confusion.

On a souvent cité aussi le vers suivant d'une comédie
de Cratinus, conservé par Eustathe, d'après le grammairien Ælius Dionysius :

> Ὁ δ' ἠλίθιος, ὥσπερ πρόβατον, βῆ, βῆ λέγων βαδίζει.
> (Et le niais s'avance en disant *bé, bé,* comme une brebis.)

Nous ne savons si l'acteur prononçait *bé, bé,* ou *vé, vé ;*
mais la prononciation moderne· *vi, vi,* n'est pas même
à discuter ici, puisque Cratinus a écrit certainement βε,
βε, l'η étant alors inconnu à l'orthographe attique. D'ailleurs, et en général, les onomatopées sont de mauvaises
preuves dans une pareille discussion, parce qu'elles ex-

_____

(1) *Guerre du Péloponnèse,* II, 54. Cf. Hésiode, *OEuvres et Jours,*
v. 241.

priment seulement une imitation, qui varie selon les peuples, du cri des animaux. Le cri même des brebis en est
un frappant exemple, si l'on songe qu'il est imité en grec
par le nom μῆλον, qu'il l'est en latin par le verbe *balare* (1), qu'il l'est en allemand par *blöcken*, en danois par
bräge, en suédois par *bräka*. Le bruit du tonnerre exprimé en grec par βροντᾶν, en latin par *tonare*, marque
encore mieux ces divergences naïves de l'instinct d'imitation. Les onomatopées peuvent donc fournir des indices
approximatifs de la prononciation de telle ou telle lettre;
elles n'ont pas d'autorité décisive dans les questions qui
nous occupent.

Descendrons-nous maintenant, comme on l'a fait souvent, jusqu'aux jeux de mots et aux calembours? Ils
nous fourniront des indices plus vagues encore de l'ancienne prononciation. Diogène le Cynique, suivant Diogène de Laerte (2), voyant dans un bain un homme qui
avait volé des habits, lui dit : « Viens-tu ici pour oindre
ton corps ou pour voler un autre habit ? » (ἐπ' ἀλειμμάτιον
ἢ ἐπ' ἀλλ' ἱμάτιον). Même prononcés suivant la méthode
universitaire, les deux mots se ressemblent assez pour
satisfaire aux lois d'un genre de plaisanterie où l'on se
contente de l'à peu près. La confusion du mot Χριστός
(l'*oint*) avec χρηστός (le *bon*) et de leurs dérivés respectifs

---

(1) Varron, *de Re Rustica*, II, 1 : « Ea sua voce Græci appellarunt
μῆλα, nec multo secus nostri ab eadem voce, sed alia littera, *bela*
vocarunt (non enim *me* sed *bee* sonare videntur oves vocem effe-
rentes), a quo *balare* dicunt extrita littera, ut in multis. » Capperonnier, p. 432 de son ouvrage manuscrit sur la prononciation grecque, avoue que, selon le grammairien Théodose (ms. n° 3230 de la
Bibl. royale), le bêlement des brebis est une φωνὴ ἀγράμματος,
c'est-à-dire qui ne peut s'exprimer par des lettres de l'alphabet. Rien
n'est plus sage que cet aveu.

(2) *Vies des Philosophes*, VI, 52.

Christianus et *Chrestianus* ne prouve pas davantage que
le son de l'*êta* fût identique avec celui de l'*iota* dès le
deuxième siècle de l'ère chrétienne (1).

Tous ces exemples, nous le répétons, sont peu con-
cluants, et, sur ce sujet, tout système absolu est, par cela
même, erroné. La prononciation ancienne, en admettant
qu'il ait existé, à l'âge classique, une seule prononciation
dans toute la Grèce, ne pourrait être retrouvée par les
moyens dont nous disposons. Mais cette prononciation
que l'on cherche n'a jamais existé. Les inscriptions et les
témoignages des grammairiens montrent également la
variété des dialectes et des prononciations chez les divers
peuples helléniques ; dès l'antiquité, l'usage avait maintes fois changé chez ces peuples eux-mêmes. Platon, dans
le *Cratyle* (2), fait dire par Socrate à Hermogène : « Tu
sais que nos ancêtres faisaient un grand usage des lettres
ι et δ, ce qu'on remarque encore dans le langage des femmes, qui conservent plus que nous l'ancienne tradition ;
tandis qu'aujourd'hui nous substituons l'ε ou l'η à l'ι et le
ζ au δ, parce que ces lettres nous paraissent avoir plus
de noblesse. » Si le grec avait subi de telles modifications
au temps de Platon, quels changements n'ont pas dû
s'opérer depuis Platon jusqu'à nos jours !

Ce qu'on peut raisonnablement chercher, c'est donc la
prononciation en usage dans telle ou telle contrée de la
Grèce, à telle ou telle époque de l'antiquité. Dans ces
limites, les témoignages écrits peuvent avoir une certaine
valeur, et, parmi eux, quelques témoignages explicites
des grammairiens et des rhéteurs sont d'un grand prix.

---

(1) S. Justin, *Apologie*, I, c. 4 et 12 ; Clément d'Alex., *Stromates*,
II, 4, § 18 ; Tertullien, *Apologie*, c. 3 ; Lactance, *Instit. Div.*,
IV, 7.

(2) P. 418 B, éd. H. Est.

Malheureusement, on les a souvent confondus avec mainte
note sans valeur extraite des glossaires et des traités sur
l'orthographe, où l'orthographe même est d'ordinaire
altérée par les copistes du moyen âge. Tout ce vain luxe
écarté, il reste dans les écrits des anciens bien peu de
pages dont nous ayons à faire quelque profit. Par exemple, au temps d'Auguste, Denys d'Halicarnasse (1) range
les voyelles longues dans l'ordre suivant, d'après les mouvements de la bouche nécessaires pour les prononcer : α,
η, ω, υ, ι ; ce qui prouve clairement que η, υ, ι, ne pouvaient avoir pour lui un seul et même son, celui de l'ι,
qu'ils ont dans la prononciation moderne. A la fin du
deuxième siècle de notre ère, Sextus Empiricus, dans son
livre *Contre les grammairiens*, identifie pour le son les
diphthongues αι avec ε et ει avec ι, et en cela il donne
raison à l'usage consacré chez les Grecs modernes comme
on va le voir : « Ce qui fait reconnaître qu'un élément
(une lettre, στοιχεῖον) est un élément, c'est qu'il ne peut
se décomposer et qu'il ne forme qu'un seul son ; comme
par exemple *a, e, o*, et les autres. Or, puisque αι et ει ont
chacune un son simple et uniforme, ce seront autant d'é-
léments. Voici maintenant la preuve qu'elles ont un son
simple et unique. Le son composé ne dure pas jusqu'à la
fin tel qu'il a frappé l'ouïe au commencement, il se change
en se développant ; au contraire, le simple, qui a la valeur d'un véritable élément, demeure jusqu'à la fin identique à lui-même (exemple d'un son composé *ra*, qui,
par conséquent, n'est pas un élément). Il n'en est pas de
même si on prononce le son αι : la voix y garde le même
caractère depuis le commencement jusqu'à la fin ; αι est
donc un élément. Cela étant, comme le son de ει et celui
de ου sont aussi, du commencement à la fin, uniformes,

(1) *De l'Arrangement des mots*, c. 14.

simples et identiques à eux-mêmes, il s'ensuit que ce sont autant d'éléments (1). »

Mais, un peu plus bas, le même auteur se retourne contre la prononciation moderne et confirme l'autorité de Denys d'Halicarnasse ; car il démontre que l'α bref est à l'α long, comme l'ε est à l'η, comme l'o est à l'ω, ce qui ne permet pas de croire que, de son temps du moins, l'η se prononçât comme un *i*.

Les inscriptions confirment pour une période déjà ancienne l'identité de la diphthongue ει avec l'ι, surtout avec l'ι long (2). Elles montrent que, dès le siècle de Périclès, le ν final se changeait, dans la prononciation, en un λ devant le λ initial d'un mot suivant, en γ devant une gutturale, en μ devant une labiale (3) ; ce qui est conforme à l'usage moderne.

Ce sont là autant de faits démontrés pour telle ou telle partie de l'alphabet grec, pour telle date ou tel pays. Mais il y a loin de ces résultats partiels à une série de preuves qui puissent justifier dans son ensemble, soit la prononciation des Hellènes, soit celle des philologues de l'Occident. Il faut même reconnaître que poursuivre une telle démonstration, c'est poursuivre une chimère. La prononciation du grec a eu ses variations séculaires comme la langue elle-même. Celle d'aujourd'hui convient souvent mal à des textes anciens où elle produit les plus gê-

---

(1) § 115, p. 241, éd.˙Fabr. Cf. Plutarque, *Sympos.*, IX, 2, § 2. De même, en ce qui concerne la diphthongue αι, le grammairien Jean d'Alexandrie appelle ἰδιῶται les gens qui prononcent βαϐαί en trois syllabes, au lieu de βαϐαί (Ap. Bekk., *Anecd. gr.*, p. 1352).

(2) Par exemple, dans les mots τείω, τειμή, τειμάω, et dans leurs composés ou dérivés. Voir Franz, *Elem. epigr. græcæ*, p. 136, 150, 232, 247.

(3) Voir les exemples réunis dans mon mémoire sur Apollonius Dyscole, p. 294.

nantes confusions. On ne peut croire, par exemple que les pronoms de la première personne et de la seconde, ἡμεῖς et ὑμεῖς, fussent prononcés tous deux par les anciens comme ils le sont par les modernes, c'est-à-dire *imis* ; c'est même, évidemment, à cause de cette confusion qu'ils ont été remplacés dans l'usage moderne, l'un par ἐμεῖς et l'autre par ἐσεῖς.

En général, le système de la déclinaison et de la conjugaison grecques suppose, dans son développement, un système phonétique que ne représente plus l'alphabet grec prononcé à la façon orientale. A cet égard, la comparaison du grec avec le sanscrit et les autres idiomes de la même famille fournit contre l'usage actuel des arguments que n'ont pu soupçonner les Érasmiens du seizième siècle, mais dont la force nous frappe vivement aujourd'hui (1). Plus les Hellènes feront de progrès dans la science, encore peu répandue chez eux, de la grammaire comparative, plus ils s'habitueront à discuter froidement les témoignages anciens, sans complaisance patriotique, moins ils s'obstineront à défendre, comme absolument vraie pour une haute antiquité, la prononciation qui prédomine chez eux depuis les premiers siècles du moyen âge. De leur côté, les Érasmiens de l'Occident renonceront sagement à défendre comme ancienne une prononciation tout artificielle et fondée en partie sur des méprises d'interprétation.

Depuis longtemps les deux partis seraient d'accord sur les seuls faits qui peuvent être établis par des preuves certaines, si l'on avait songé plus tôt à ranger par ordre de date et de pays les témoignages relatifs au son de chaque lettre de l'alphabet grec. C'est la méthode indiquée déjà

(1) Voir deux excellents articles de M. Bréal, dans la *Revue de l'instruction publique* du 17 novembre et du 1er décembre 1864.

par G. Hermann en 1802 (1), et par Georgiadès en 1812, et appliquée par Liskovius (2), dans un livre dont nous ne saurions trop recommander la lecture, et qu'il serait facile de mettre au courant de la science par un certain nombre d'additions et de corrections. En dehors de ces discussions savantes, il nous semble sage d'accepter, malgré ses défauts, la prononciation orientale, qui est la tradition de tout un peuple, et qui nous met en communication facile avec les Hellènes régénérés. Considérée sans partialité, elle représente le plus souvent avec assez d'exactitude, surtout pour les consonnes, la prononciation la plus commune dans les premiers siècles de l'ère chrétienne.

Quatorze lettres n'ont pas dû changer, savoir :

$$\alpha,\ \varepsilon,\ \iota,\ o,\ \omega,\ \delta,\ \theta,\ \lambda,\ \mu,\ \rho,\ \varphi,\ \chi,\ \psi,\ \xi.$$

Sept ont été à peine modifiées :

$$\sigma,\ \zeta,\ \pi,\ \varkappa,\ \tau,\ \gamma,\ \nu.$$

Trois seulement ont tout à fait changé de son :

$$\eta,\ \upsilon,\ \beta.$$

De très-bonne heure, $\varepsilon\iota,\ \eta,\ \iota,$ se sont confondus. De très-bonne heure aussi υ et $o\iota$ se sont confondus entre eux, mais non avec le premier groupe. La confusion des cinq sons, désignée sous le nom d'iotacisme, est de date récente, et ne remonte peut-être pas plus haut que le huitième siècle.

(1) *De emendanda ratione Grammaticæ græcæ*, p. 5.

(2) *Ueber die Aussprache des Griechischen*, etc. (Leipzig, 1825, in-8°). C'est aussi la méthode de Henrischen dans un livre écrit en danois sur le même sujet, et qui a été traduit en allemand par Friderichsen (Parchim et Ludwigslust, 1839, in-8°).

Il est un point, d'ailleurs, où la prononciation orientale garde sur la nôtre un incontestable avantage, c'est
l'accent, qu'elle a conservé sans altération notable tel que
l'appliquaient les Grecs des siècles classiques : cela seul
donne aux auteurs anciens lus à la façon moderne un
charme musical que rien chez nous ne peut remplacer.
L'accent des langues néo-latines, que nous appliquons
obstinément aux mots grecs, les défigure presque plus
que ne fait mainte autre altération des voyelles (1). Là-
dessus il est surprenant que nos maîtres ne se hâtent pas
de réaliser une facile réforme. Depuis longtemps on est
revenu du préjugé qui attribuait aux grammairiens du
moyen âge l'accentuation figurée sur les manuscrits ; on
sait que les manuscrits reproduisent, au contraire, une
tradition des plus anciennes, fixée par un ensemble de signes spéciaux au moins depuis le troisième siècle avant
notre ère (2). Il ne reste plus qu'à consacrer par la
pratique ce que tout le monde admet en théorie. Ce serait faire un pas considérable pour le rapprochement des
écoles de l'Orient avec celles des pays de race ou d'éducation latine. Ce progrès une fois accompli, d'autres sui-
vraient sans doute, et qui sait si les Grecs, à leur tour,
n'essaieraient pas de corriger dans les écoles d'Athènes,
de Smyrne et d'Alexandrie, quelques-unes des pratiques
évidemment reconnues pour contraires à la prononciation
antique ? C'est du moins l'espoir de plusieurs savants

---

(1) Une moitié du livre d'Œconomos (Saint-Pétersbourg, 1830)
est justement consacrée à l'accentuation, et, sur ce point, on doit
avouer que le savant Hellène défend à bon droit la tradition de ses
ancêtres. L'ouvrage de Liskovius lui en donnait déjà l'exemple.

(2) Qu'il me soit permis de renvoyer, sur ce sujet, à l'avant-propos
et au chapitre 1er de la *Méthode pour étudier l'accentuation grecque,* que j'ai publiée en collaboration avec mon ami M. Ch. Galusky
(Paris, 1844, in-12).

philhellènes, entre autres du successeur de M. Hase dans
la chaire de grec moderne, à notre École des langues
orientales vivantes (1). J'aime à partager cet espoir, et je
souhaite sincèrement qu'un premier effort de conciliation
amène de prompts résultats. Il serait temps de mettre fin
à des controverses qui n'ont pas été jadis sans quelque
profit pour la science, mais qui, en se prolongeant,
perpétuent un regrettable esprit de discorde entre les
défenseurs des opinions rivales.

(1) Voir aussi les conclusions d'un intéressant mémoire sur ce
sujet, par M. G. d'Eichthal, dans l'Annuaire de l'Association pour
l'encouragement des études grecques (1869).

9 780353 983458